Gabelmann · Thälmann ist niemals gefallen?

THILO GABELMANN

THÄLMANN ist niemals gefallen?

EINE LEGENDE STIRBT

1946 - 1996

VERLAG DAS NEUE BERLIN

Einführung
Mariechen oder: Legenden und Geschichte

Da strahlt Mariechen: »Tscha, Ernst, das war'n Mann. Soo'n gibs keinen zweiten«, sagt sie begeistert. Mariechen spricht »missingsch«. Es ist das Hochdeutsch der alten Hamburger, die ihr Leben lang meist plattdeutsch gesprochen haben. »Tscha, und Ernst hatscha auch meist immer platt gesprochen«, meint Maria. Und die mußte es wissen. Immerhin war sie, als sie das erzählte, fast neunzig Jahre alt und war mit Thälmanns Schwester Frieda in die Schule gegangen. Sie konnte über die Kindheit Thälmanns erzählen und davon, welch guter Schüler unser Ernst einst war, und daß er, so Mariechen, »weil er so gut lern' konnt, noch inne Schule Roßberg kam, wo das ne ›Selecta‹ gab für besonders gute Schüler«. War es nicht dort, wo er seine »erste und nachhaltige Bekanntschaft mit Marx und Engels und Lenin« machte, sich dem wissenschaftlichen und praktischen Kommunismus zuwandte und beschloß, Politiker zu werden? Kommunistischer natürlich – so wie ... ach, das war vielleicht doch erst später? Mariechen deckt schon lange der grüne Rasen ... Wenn auch selbst legendär, so war sie wichtig für die Legende um den KPD-Vorsitzenden. Und dafür wurden viele Mariechens gebraucht – Mariechens vieler Nationen und unterschiedlichen Alters. Mariechens für alle Lebenslagen und Lebensetappen. Ein anderes Mariechen berlinerte. Und sie fuhr immer mit der U-Bahnlinie A. »Ich bin eingestiegen am Wittenbergplatz. Da saß Thälmann schon drin. Er las die Zeitung, hatte seine blaue Mütze auf mit so einer Kordel vorne dran. Und ich möchte sagen, fast jeder Arbeiter, der reinkam und Teddy sah, begrüßte ihn mit: ›Rot Front, Teddy!‹ und zeigte ihm die Faust. Und Teddy grüßte freundlich wieder mit ›Rot Front‹ und las seine ›Rote Fahne‹ weiter. Er fuhr dann bis zum Bülowplatz, arbeiten. Das war 1932.« Unser Berliner Mariechen, die eigentlich Gisela hieß, fuhr immer mit. Tag für Tag. Hat sie Teddy auch die Faust gezeigt? Das hat sie uns nicht verraten.

Ja, die einen Mariechen sprachen »missingsch«, die anderen berlinerten, sprachen parteichinesisch oder ein gepflegtes Hochdeutsch … oder auch russisch wie Iwan Stepanowitsch K. und Grigori S. W. aus Moskau. Der eine, ein Kominternfotograf, verdankte Thälmann eine »Leica«-Kamera, und der zweite hat ihm im Winter 1926/27 »eine komplette Kommandeursuniform Größe 5« verpaßt und konnte nur mit »Schwierigkeiten, unter Lachen und Beifall, auf Thälmanns mächtige Schultern den Uniformmantel gleicher Größe ziehen«. Thälmann war nämlich »Ehrenmitglied unserer Kurse« geworden, eines »Lehr- und Versuchsbataillons«. 1928 wurde er auch »Ehrensteuermann« des Schlachtschiffes »Oktjabrskaja Revoluzija«.

In langen Reporterjahren habe ich unzählige Zeugen der Thälmannlegende kennengelernt. Prüfte ich ihre Schilderungen nach, stellte ich viele Male fest, daß die einen mich ungehemmt anlogen, die anderen ebenso ungehemmt ihrer Phantasie die Zügel hatten schießen lassen. Die bewußten Lügner kannten ihren Part in der SED-Geschichtsdarstellung ganz genau und spielten ihn auch gehorsam und beispielhaft.

Die phantasievollen Erzähler schmückten ihre Geschichten von Mal zu Mal märchenhafter aus, vermengten unlösbar Erlebtes mit Gehörtem oder Gelesenem und eigenen Wunschvorstellungen. Am Ende glaubten sie selbst felsenfest an die Wahrheit ihrer Hirngespinste. Diese »Zeugnisse« für die SED-Geschichtslegenden waren der eigentliche Anstoß, sie in den Archiven nachzuprüfen, die Tatsachen aus dem großen Wust von »Erinnerungen der alten Genossen« herauszufiltern. Das war äußerst schwierig – nicht nur, weil viele Archive dem »normal« Forschenden verschlossen blieben. Hinzu kam auch, daß viele KPD-Funktionäre früher, auch schon vor der Nazizeit, unter Decknamen operiert hatten. Das begünstigte, wie der führende KPD-Funktionär Anton Ackermann bitter notierte, »die Erscheinung, daß sich viele Genossen im grotesken Widerspruch zu den Geboten der Leninschen Parteimoral und des einfachen Anstandes Verdienste und Leistungen zuschreiben, die sie nie und nimmer aufzuweisen haben – meist auf Rechnung und Ansehen derer, die nicht mehr protestieren können, weil sie als Opfer im Kampf gefallen sind«. Auch hier wieder nur die halbe Wahrheit. Viele sind nicht als Opfer im Kampf gefallen, sondern in Stalinschen Vernichtungslagern umgebracht oder nach einer Farce von Gerichtsverhandlung sofort erschossen worden. Mancher ist auch erst nach 1945 in irgendeinem der Speziallager des NKWD ums Leben gekommen. Unter diesen, von Ackermann vergessenen Opfern sind nahezu alle, die in irgendeiner Beziehung zu Thälmann standen.

Die ausgeschmückten Erlebnisberichte spiegelten nicht nur die eigene, nachsichtig zu belächelnde Sicht der Erzähler auf die Geschichte wider. Sie waren immanenter Bestandteil einer großangelegten Geschichtslüge. Die »Erzähler« spielten darin die Wahrheitszeugen. Deshalb waren sie für die eigentlichen Fälscher unerläßlich.

Ein Leipziger Historiker meinte Mitte 1990, daß die Zeit »einer kritischen Revision des Thälmannbildes« gekommen sei. Er aber wollte keine »emotionsgeladene Bilderstürmerei«. Gleichzeitig fragte er recht aggressiv: »Stirbt Thälmann nun einen zweiten, einen moralischen Tod?« Nur: die SED-Geschichtsschreibung war keinesfalls an den Verstand gerichtet. Sie versuchte vielmehr Emotionen hochzupeitschen. Und gerade sie hat Thälmanns Persönlichkeit so vollkommen ausgelöscht, daß alles, was nun über ihn gesagt wird, nur noch eine Korrektur dieses Zerrbildes sein kann.

1979 erschien die viele hundert Seiten starke Thälmann-»Biographie«. Sie sollte Thälmann zeigen, wie er wirklich war. Dr. Erika K., eine Mitarbeiterin an dieser »Biographie«, sagte dazu im April 1980: »Eine chronologisch lückenlose Darstellung des Lebens Ernst Thälmanns konnte nicht gegeben werden.« Sie führte das darauf zurück, daß zu wenig dokumentarisches Material über den KPD-Vorsitzenden vorhanden war. Die Autoren hätten auch mit einem Bruchteil des wenigen auskommen können, was sie als Quellen angegeben haben, denn auf Befehl der Partei hatten sie die Legende festzuschreiben. Und diesen Auftrag erfüll-

ten sie. Kaum jemand konnte ihre Wahrheiten anzweifeln, da die wesentlichen Belege für diesen Zweifel im Zentralen Parteiarchiv der SED (ZPA) gesperrt worden waren. Und wer diese Wahrheiten kannte und darüber sprach, dessen Schicksal war doch auf jeden Fall besiegelt.

Darin gab es nur den klugen und menschlichen Thälmann, den makellosen und hehren kommunistischen Helden. 1986 listete die Berliner Stadtbibliothek mehr als 350 Bücher, Zeitungs- und Zeitschriftenartikel auf, in denen dieser Thälmann beschrieben und dargestellt wurde. Kein anderer. »Er war ein prinzipienfester Kommunist«, so das SED-Politbüromitglied Horst Sindermann 1986 in einer Laudatio auf Ernst Thälmann, »begabt mit dem Vermögen, die Dialektik der Dinge zu erfassen und anderen zu verdeutlichen, durchdacht argumentierend und geduldig überzeugend, ein proletarischer Kämpfer.« Sie schauten in den (Thälmann-)Spiegel und sahen ... nur sich selbst. Sie waren wie Thälmann ... und Thälmann war wie sie.

Ein Mariechen aus Kassel: »Und Thälmann reichte uns seine feste Arbeiterhand. Er mußte gehen, wurde er doch von anderen Genossen erwartet.« Der Arbeiter Thälmann, der Musterproletarier. Thälmann »wuchs als Arbeiter unter Arbeitern heran und blieb ein Arbeiter auch dann, als er an der Spitze einer großen kommunistischen Partei stand«, heißt es in der »Biographie«. Abgesehen davon, daß er als KPD-Vorsitzender ein wohlbestallter und gutbezahlter Parteibeamter auf Lebenszeit und auch ein ebenso gu bezahlter Abgeordneter war, entstammte er keineswegs der Arbeiterklasse.

Ein Jahr, nachdem im parteieigenen Dietz Verlag die Thälmann-»Biographie« erschienen war, läuteten im ZPA die Alarmglocken. Eine westdeutsche Zeitschrift für Familienkunde hatte nach den Vorfahren Ernst Thälmanns geforscht und einen gediegenen umfangreichen Artikel darüber veröffentlicht. Obwohl die Zeitschrift für den DDR-Normalbürger sowieso nicht zugänglich war, wurde sie nun noch zusätzlich im ZPA gesperrt. Jetzt konnten sie dort noch nicht einmal die »einfachen« Parteihistoriker lesen. Die gründlichen Rechercheure der Zeitschrift hatten sechs Generationen aus der Ahnenreihe Thälmanns erforscht: »Ernst Thälmann, so zeigte der Streifzug durch seine Ahnenschaft, war – wie andere Persönlichkeiten der deutschen Arbeiterbewegung auch, z. B. Karl Liebknecht, Clara Zetkin, Ruth Fischer – seiner Herkunft nach kein ›Sohn der Arbeiterklasse‹, wie so oft behauptet wird, auch wenn er sich, frühzeitig dem Vaterhaus entwachsen, ohne geregelte Berufsausbildung und im Hamburger Arbeitermilieu heimisch geworden, gern diesen Anschein gab. Er war der Sohn eines Geschäftsmannes, der, aus einfachen ländlichen Verhältnissen stammend, sich mit Fleiß und Ausdauer eine selbständige bürgerliche Existenz geschaffen hatte, und der Nachkomme von Bauern, Dorfhandwerkern, Tagelöhnern und Knechten im Holsteinischen und im Vierländischen Umland von Hamburg.«

»Im Juni 1929«, schrieb jemand, der dabeigewesen war, »schritt Thälmann in den verstummenden Tagungssaal des 12. (des sogenannten Weddinger) Parteitages nach der Manier Stalins. Türen wurden weit aufgerissen, er erschien, im Schlepptau sein Gefolge von treuen ›Untergebenen‹ – ein König mit seinen Untertanen. Jeder blickte verlegen drein, auch Thälmann selber, der an das Protokoll noch nicht gewöhnt war.« Nicht lange darauf hatte er längst Gefallen gefunden an diesem »operettenhaften und an Lächerlichkeit grenzenden Führerkult getreu dem sowjetischen Vorbild«, wie es eine andere Zeitzeugin ausdrückte. »(Er) verlor schließlich alle Maßstäbe; er wurde schrullig und größenwahnsinnig. (…) Doch hinter alldem verbarg sich nur das Dilemma dieses unglücklichen Menschen, den die Komintern (…) zum proletarischen Aushängeschild der KPD erkoren hatte und der für diesen Posten, obgleich er ursprünglich über einen gesunden Menschenverstand verfügte, gänzlich ungeeignet war. Thälmann besaß das Niveau eines Provinzfunktionärs der KPD. (…) Verworrenes Wortgedröhn, gewundene Sätze, deren Ende er zu verlieren pflegte, mißverstandener marxistischer Jargon – ich war beschämt und erschüttert. (…) Dieser Mann (war) nicht mehr als Marionette in der Hand von Mächtigen, die er nicht einmal als seine Kontrolleure zu erkennen fähig war (…)«

Angenommen, Thälmann hätte die Nazidiktatur überlebt: wäre er dann noch benötigt worden von jenen, die an den Marionettenfäden gezogen hatten? Das Schicksal anderer und nicht minder treuer Stalinisten zeigte doch, wie einfach es war, sie für immer los zu werden – wenn sie unbequem und überflüssig wurden oder anderen im Wege standen. Thälmann ist nie wie seine Genossen Pieck oder Ulbricht in die Lage gekommen, als Statthalter Stalins einen kommunistischen Staat zu regieren. Sie – und ihre Nachfolger – haben für eine gründliche Enthüllung des von ihnen so gepriesenen Sozialismus als eine gegen das Volk gerichtete Diktatur gesorgt. Hätte Thälmann anders gehandelt?

Er konnte nach 1945 keine Antwort mehr geben auf diese Fragen, kein anderes Beispiel bieten als seine Genossen aus der KPD-Führung. So ist er als ein Mensch im Bewußtsein geblieben, der zwar vieles falsch gemacht hat, aber eben ein »anständiger Kerl« war. Wer fragte danach, wie sich dieser ehrliche Kerl in den jahrelangen hitzigen Gefechten zwischen Rechten, Ultralinken und Versöhnlern behaupten konnte? Immer ist er unbeschadet – und noch dazu als Sieger – hervorgegangen aus den erbarmungslosen Schlammschlachten der einzelnen Cliquen in der Führung der KPD. Alle, die ihm im Laufe der Jahre ans Leder wollten, hat er gegeneinander ausgespielt, sie letztlich beiseite geschoben. Er besaß die Eigenschaften, die ein KPD-Funktionär haben mußte, um an die Spitze dieser Partei zu kommen und auch dort zu bleiben. Mit dem politischen Kredit des ehrlichen Kerls wucherten seine selbsternannten Nachfolger. In ihren Darstellungen und Legenden war er immer makellos und hat »alles richtig gemacht«. In »seinem Geiste verwirklichten« sie »sein Vermächtnis«. In ihrer Impertinenz merkten sie nicht, daß sie ihn so gründlich diskreditierten. »Tscha; Ernst das war'n Mann«, hatte das Hamburger Mariechen gesagt. Er war der (Thäl)Mann für alle Fälle. Handhabbar für alle Lebenslagen.

»Das, wofür unser unvergessener Ernst Thälmann gekämpft und gelitten hat, wofür er gefallen ist – das ist in unserem sozialistischen Vaterland Wirklichkeit geworden«, rief der erwähnte Horst Sindermann 1986 in seinem Hymnus auf Thälmann aus. Sindermann war nicht nur Politbüromitglied, sondern auch Volkskammerpräsident der DDR. Er mußte es also wissen. Die Wirklichkeit des sozialistischen Vaterlandes ist längst sang- und klanglos verschwunden. Nach der von Sindermann vorgetragenen Politbüro-

logik hat also auch Ernst Thälmann vergebens gekämpft und gelitten, ist er umsonst gefallen.

Jedoch: Die Nazis haben ihn nicht als Gallionsfigur einer künftigen DDR umgebracht. Sie haben ihn ermordet, weil er einer ihrer unversöhnlichen und von ihnen nicht zu korrumpierenden oder zu vereinnahmenden Gegner war. Er blieb es bis zum Ende. Ihn zu beseitigen, hatten sie von Anfang an im Sinn. Als Opfer des Faschismus verdient er unseren Respekt. Sollte aber dieser Respekt nicht auch eine gerechte und differenzierte Einschätzung und Beurteilung einschließen? Man kann ihn nicht einfach links – oder auch: ganz links – liegen lassen. Wer ihn als Ikone behalten will, wird dies auch weiterhin tun. Wer ihn gehaßt hat oder noch haßt, wird davon auch kaum ablassen. Wir wollen weder diesen noch jenen bestärken.

Die hier vorgelegte Schrift will und kann nicht eine Biographie des KPD-Vorsitzenden Ernst Thälmann ersetzen. Was sie enthält, sind Randbemerkungen zu dieser Biographie und zur Legende um Thälmann. Wie immer gibt es bestimmt manchen, der alles und besser weiß. Vielleicht hat er sogar recht. Das aber wird sich erst erweisen, wenn sich andere Archive geöffnet haben. Einer aber wird daraus mit Sicherheit nicht emporsteigen: jener Superheld, als den ihn die SED-Geschichtsschreibung in der DDR auftragsgemäß aus durchsichtigen politischen Gründen aufs Schild gehoben hat.

Der Umgang mit der Geschichte ist schon ein eigen Ding. Jedes Regime fordert dazu auf, aus dieser Geschichte zu lernen. Und sagt auch gleich dazu, was. Letztlich läuft diese kollektive Aufforderung immer darauf hinaus, zu lernen, daß die gerade herrschende Macht die einzig richtige ist, von der Geschichte legitimiert. Im realexistierenden Sozialismus wurde auch das Bewußtsein entdeckt – die Norm, nach der gedacht und gehandelt werden sollte. Die Legenden wurden zum »Geschichtsbewußtsein« geformt. So wurde diese Geschichtsschablone zur Ideologie, zum Denkkorsett. Es war schwer, sich daraus zu befreien. Das hing nicht nur vom eigenen Willen ab, sondern auch von der Erziehung, von der eigenen Geschichte. Wer es schaffte, hatte der nicht schon aus der Geschichte gelernt? Ist deshalb Beschäftigung mit der

Geschichte nicht immer auch eine Beschäftigung mit sich selbst? Da das Leben ständig im Fluß ist, wäre ein Beharren auf den Erkenntnissen von gestern töricht. Mein Denken von heute kann nicht das von gestern sein. Und so ist auch mein Handeln. Geschichte in ihrer Gesamtheit ist das Vergangene. Und der Historiker ist, nach Friedrich Schlegel, ein »rückwärts gekehrter Prophet«. Mit Recht aber wird er sagen: Wie will man Gegenwart begreifen, wenn sie sich nicht – frei nach dem von Thälmann so geliebten und regelrecht verinnerlichten Eduard Spranger – »in der Geschichte spiegelt«? Nur: auf den Spiegel kommt es an und darauf, wer ihn belegt hat.

Wieviel Schindluder wird mit dem Wort »historisch« getrieben. Es hat eine lange Tradition, ist also historisch, alles so zu bezeichnen, was der jeweiligen Politik dienlich scheint. Dabei spielt es keine Rolle, ob es die Gegenwart oder die erdachte und erwünschte Zukunft betrifft. 1993 hörte ich im Radio einen Moderator mit der Frage an einen Historiker: »Gibt es in der Geschichte so etwas wie eine Flucht nach vorn?« Der so gefragte rückwärts gewandte Prophet bemühte sich, positiv zu antworten. Warum hat er nicht einfach gesagt: »Vielleicht flieht die Geschichte nun endlich vor sich selbst?« Dann wären wir sie doch los – die gute und auch die böse Geschichte … und unseren Zwang, daraus zu lernen. Auch ein prominenter Politiker aus dem fernen Bonn sprach davon, daß sich die Geschichte »beschleunigt«. Wird sich die Geschichte nun gar so »beschleunigen«, daß sie sich selbst überholt? Wie stellt sie das nur alles an – diese Geschichte? Hatte denn nicht der Theologe Karl Barth recht mit seiner Feststellung, daß die Geschichte »als solche impotent« und nur ein »registriertes und fotografiertes Chaos« ist? Lernen wir daraus – was wir wollen und können.

Der Autor dankt allen, die ihn zu dieser Schrift ermutigt haben, besonders dem Mannheimer Historiker Professor Dr. Hermann Weber, dem Berliner Journalisten Manfred Rexin und seinem Freund und Kollegen Jan Eik. Doch warum sollte er jene dabei vergessen, die ihn im Laufe der Jahre mehr und mehr zum Widerspruch herausgefordert haben? Die Mariechens und die anderen

Legenden- und Geschichtsmärchenerzähler aus Hamburg und Berlin oder anderswo. Manche von ihnen werden hier genannt. Damit wird nichts über sie als »Menschen von heute« gesagt. Großen Dank auch an Christina, die Tochter ihres computerlosen Vaters, für ihre tatkräftige Unterstützung.

Zahlreiche hier zitierte oder erwähnte Dokumente entstammen dem heute zum Bundesarchiv gehörenden ehemaligen Zentralen Parteiarchiv der SED und anderen Stellen des Bundesarchivs. Allen Archivaren, die uns nach ihren Kräften und Möglichkeiten geholfen haben, ein herzliches Dankeschön.

Geschichtskobolde

Kobold oder Feldmaus – für beide sind die Getreidefelder riesig hohe Wälder, die kahlen Stellen darin weite Lichtungen. Die Lerche aber kümmern die einzelnen Halme wenig. Sie trällert ihren Jubelruf über dem goldgelben, im Winde wogenden Getreidemeer. Und jene, die im realen Sozialismus die Vergangenheit aufschrieben, das Gewesene erforschten und ausdeuteten? Waren sie die Kobolde, die das Garn der Geschichte spannen, wie der 1974 verstorbene Miguel Angel Asturias in seinen »Legenden aus Guatemala« schrieb? Tappten sie blind durch den hohen Wald aus Getreidehalmen oder erhoben sie sich beschwingt in »schwindelnde« Höhen? Tranken sie an den vielerlei sprudelnden Quellen den Wein der Wahrheit? Konnten sie selbst unterscheiden nach richtig und falsch, nach gut oder böse für das Volk? Wir wissen, jemand sagte es ihnen: »Was Geschichte ist, bestimmen wir!« Oder: »So müßt ihr das sehen, Genossen!« Und sie hörten auf diese Stimme.

Am 11. September 1979 beschloß das SED-Politbüro, das Kollektiv der Ernst-Thälmann-Biographie vom Staatsrat der DDR mit dem Nationalpreis I. Klasse für Wissenschaft und Technik auszeichnen zu lassen. Der, wie es das Protokoll dieser Politbürositzung ausweist, »hervorragende Beitrag zur Erforschung und Darstellung der Geschichte der deutschen Arbeiterbewegung« war der Parteiführung immerhin eine Prämie von 100.000 Mark wert ... »Teurer Genosse Thälmann!« Es war keinesfalls die erste »Biographie«, die über Thälmann verfaßt worden war.

Thälmann selbst soll sich – so behauptet die Legende – gegen solcherart Würdigung gesträubt haben. Irgendwann in seiner langen Haftzeit hatte er einmal beklagt, daß manchmal »kalt und ohne menschliches Gefühl oder ohne Gerechtigkeitssinn« über Menschen geschrieben wird, die wehrlos sind und sich nicht mehr dagegen verwahren können. Zu seiner Zeit kannte er nur die vielen Lobhudeleien, die in der »Roten Fahne« oder anderen kommunistischen Zeitungen über ihn verfaßt worden waren. Selbstverständlich hatte er auch jene biographische Skizze gelesen, die Peter Maslowski 1932 in einem Leipziger Verlag in einer Broschürenreihe über große Männer – zu denen der Verlag auch den italienischen Faschistenführer Mussolini und den Nazichef Hitler zählte – herausgegeben hatte. Darüber nun war Thälmann keineswegs erfreut. Peter Maslowski war kein unbeachtetes KPD-Mitglied. Die Zentrale bediente sich noch lange seiner Feder. Im März 1939 aber schloß ihn die Politbürofiliale in Paris aus. Er gehörte, wie im Beschluß formuliert wurde, zur Münzenberg-Gruppe. Und die war »parteifeindlich«. Anders als sein Mentor, das bekannte ZK-Mitglied Wilhelm Münzenberg, überlebte er diese »Partei-Säuberung« jedoch.

Weit verbreitet allerdings kann Maslowskis »Werk« nicht gewesen sein. Nicht einmal die ansonsten allwissende Gestapo kannte es, wie ein Schriftvorgang von 1934 beweist. Im Oktober jenes Jahres wandte sich eine antikommunistische Vereinigung aus Berlin an die Gestapo und bat, ihr doch eine Thälmann-Biographie zu beschaffen. Damit wollte sie »der im ganzen Ausland von marxistischer und jüdischer Seite« verbreiteten »Hetzpropaganda gegen Deutschland« entgegentreten. Bekanntlich werde dazu ja der »Fall Thälmann ausgenützt«. »Eine Thälmannbiographie als solche dürfte kaum bestehen und müßte erst zusammengestellt werden«, ließ die Gestapo wissen. Als Maslowkis Heft erschien, waren keinesfalls alle in der KPD-Führung damit einverstanden. Ihre Einwände aber haben andere kommunistische Autoren nicht davon abhalten können, sich dieser Ausarbeitung Maslowskis als Quelle zu bedienen. Gehörte auch der Genosse Willi Bredel dazu?

Sein 1948 im Berliner Dietz Verlag veröffentlichtes »politisches Lebensbild« über Thälmann läßt das vermuten. »Der

Vater kauft ihm (Ernst Thälmann) eine Zither. Er soll etwas Freudiges erleben. Aber das Ding macht ihm keinen Spaß. Lieber sitzt er, mehr oder weniger heimlich, hinter allerhand Schmökern (...)«, hatte Maslowski geschrieben. Und Bredel? »Vater Thälmann ... kaufte ihm eine Zither (...) Zu des Alten Enttäuschung wußte der Sohn jedoch mit dem Ding nichts anzufangen (...) Mehr liebte der Junge das ›Schmökern‹ (...)« Doch vor Bredel hatte noch ein anderer seinen Parteiauftrag in Sachen Thälmann zu erfüllen: Wilhelm Florin. Dieser führende KPD-Funktionär schrieb im Moskauer Asyl auf Befehl der Komintern und der KPD-Führung Thälmanns Biographie.

Über Florins Arbeit äußerte später der in den DDR-Anfangsjahren führende Parteihistoriker Rudolf Lindau – wie Thälmann Hamburger und wie dieser auch erst Sozialdemokrat und später Kommunist –, daß sie schon »in der Anlage mißlungen« sei. Der Verfasser habe noch nicht einmal die »kategorische Forderung Stalins« beachtet, daß die Chronologie immer »das Gerippe geschichtlicher, also auch jeder politisch-historischen Darstellung« zu sein habe. Stalin, der Erfinder nicht nur des Automobils und der Wasserspülung, sondern auch der »historischen Chronologie«! Weder Florin noch Bredel haben diese Stalinsche Lehre beherzigt. Von Stalinisten kann demzufolge nicht die Rede sein!

Wie bei Florin stimmten auch bei Bredel einfache biographische Daten nicht. Zum Beispiel ließ Bredel Thälmann mitmarschieren, als am 5. November 1918 die streikenden Hamburger Werft- und Hafenarbeiter in die Innenstadt zogen. Der, wie er später selbst einmal schrieb, treu und zuverlässig dienende kaiserlich-deutsche Soldat Thälmann kehrte allerdings erst am 11. November 1918 in seine Heimatstadt zurück. Wenn schon Revolution – dann bitte nicht ohne Thälmann.

Schon als Anfang August 1914 der erste Weltkrieg ausbrach, hatte sich Thälmann – zumindest wußte das Bredel so – als Revolutionär bestens bewährt. »In den ersten Kriegstagen 1914«, schrieb er, »war die Empörung der Hamburger Arbeiter so stark, daß der Vorstand der Sozialdemokratie Delegiertenversammlungen einberufen mußte. An sieben dieser Versammlungen nahm Ernst Thälmann teil und griff leidenschaftlich die Kriegspolitik der Partei an (...)« Der damals kleine Gewerkschaftsfunktionär und in der Sozialdemokratischen Partei recht aktive Thälmann soll also bereits zu jener Zeit mit voller Klarheit erkannt haben, daß die Sozialdemokratie der Hauptfeind der Arbeiterklasse war. Andere, die gründlicher recherchierten als Bredel, fanden heraus, daß Thälmann in keiner der erwähnten sieben Delegiertenversammlungen aufgetreten war. Der genannte Rudolf Lindau warnte kurz nach dem Erscheinen von Bredels Thälmannbuch davor, Thälmann in »irgendeiner Weise zu idealisieren« und ihm neben »gründlichem marxistischem Wissen« auch noch »tiefe Einsichten bereits vor dem ersten Weltkrieg« anzudichten. »Im Gegenteil!« meinte Lindau, der Thälmann genau kannte. Mehr noch, Lindau war überezugt daß der proletarische Revolutionär Ernst Thälmann wie andere seinesgleichen nicht zuerst die theoretischen Fragen löste, um »danach sein Handeln zu bestimmen«.

Der Dichter Bredel machte – wie ebenfalls Maslowski – aus dem Vater Thälmanns, der gemeinsam mit seiner Frau, also Thälmanns Mutter, wegen Hehlerei zu einer mehrjährigen Haftstrafe verurteilt worden war, einen politischen Kämpfer, den natürlich »die Klassenjustiz wütend verfolgte.«

Thälmann war, um mit den Worten des ehemaligen SED-Politbüromitglieds – und natürlich »Kampfgefährten« Thälmanns – Hermann Matern zu sprechen, nicht nur ein »Volkstribun«. Er war auch ein »Sohn der Arbeiterklasse und wurde einer ihrer größten Helden, ein von Beginn an unversöhnlicher revolutionärer Kämpfer. Unter seiner Führung beschritt der revolutionäre Kern der Partei den von Stalin aufgezeigten Weg (später ließ man den dann unzeitgemäß gewordenen Stalin einfach weg). Er führte unversöhnlich den Kampf gegen die Ultralinken, die verbrecherische Clique schlimmster Doppelzüngler. Er schlug die Rechten und auch die Zentristen, entlarvte deren parteizersetzende Tätigkeit. Thälmann war ein hervorragender Lehrer und Propagandist der Theorie des

Marxismus-Leninismus. Er kämpfte nicht nur gegen die Überreste des Luxemburgismus in der KPD, sondern auch gegen die Archivratten. Das sind solche Leute, die – so Stalin – überall nach Papierchen herumstöbern, statt die lebendige Praxis einer revolutionären Partei zu betrachten. Er war der glühendste Verfechter der Einheitsfront der Arbeiterklasse und ihres engen Bündnisses mit der Bauernschaft, führte aber einen schonungslosen Kampf gegen die Sozialfaschisten aller Schattierungen. Thälmann war ein heldenmütiger Bannerträger im Kampf um den Frieden und ein glühender Verteidiger der Sowjetunion. Er erzog die Partei im Geiste Stalins in fester Verbundenheit zur KPdSU(B) und der Sowjetunion (...)« Ja: er liebte weder den Alkohol noch den Tabak und fuhr auch nicht Fahrrad. Dafür beherrschte er aber das seemännische Winkeralphabet.

Das ließ einst seine Tochter Irma die staunende Nachwelt wissen. Auf diese Weise kommunizierte er zum Beispiel mit Soldaten einer Flakeinheit, die auf dem Dach des Gefängnisses in Hannover postiert waren. »Die Flaksoldaten hatten ihn durch Winkzeichen verständigt, daß ich das Gefängnis betreten hatte«, schrieb Thälmanns Tochter in ihren »Erinnerungen an meinen Vater«. Und: »Vater war glücklich über die Verständigung, nun konnte er wieder mehr am Leben teilnehmen.« Und seine Tochter war sicher auch glücklich, hat sie doch nicht nur über die außerordentlichen Fähigkeiten ihres Vaters berichtet, sondern auch darüber, wie bekannt sie damals – 1943 – bereits selbst war. Immerhin hatten sie sogar die Flaksoldaten vom Gefängnisdach herunter erkannt. Ihr Vater habe, so die (auch) in ihrer Familiengeschichte bewanderte Lieblingstochter, das Winkeralphabet während seiner Seefahrerzeit gelernt. Da hat Ernst wirklich ein beachtliches Lernpensum bewältigt – in diesen etwas mehr als zweieinhalb Monaten, die er 1907 als Kohlentrimmer vor den Feuerschlünden der riesigen Kessel tief unten im Bauch eines Dampfers verbrachte. Sicher haben sich dort die Heizer und Trimmer ab und zu freundschaftlich zugewunken. Das vergißt man eben nie. Das Winken nach seemännischer Art allerdings wurde in der Handelsmarine nicht gepflegt. Das gehörte nur zu den Verständigungs- und Signalmitteln der Kriegsmarine. Doch was tut's, Mariechen? Winkeralphabet hin oder her – zur sozialistischen Erziehung vor allem der DDR-Jugend hatte auch das herzuhalten. Diese Jugend sollte nach dem Entschluß der Parteioberen so werden wie ER. Viele haben es auch guten Willens versucht. Die von Matern benannten Thälmannschen Eigenschaften vor Augen kann man sicher verstehen, daß es ihnen nicht gelungen ist. Und haben sie es in diesem oder jenem Punkt wirklich erreicht, sind sie letztendlich wahrscheinlich am Winkeralphabet gescheitert.

Um nun noch einmal auf Florin zurückzukommen: Seine biographische Auftragsarbeit bildete eine der Quellen für die SED-Auftragsarbeit über Thälmann. »Wir schreiben Geschichte für die Gegenwartsbedürfnisse der Partei«, so der noch einmal zu nennende Rudolf Lindau bereits Anfang der fünfziger Jahre.

Eine bedrückend verkehrsreiche, laute Straßenecke im Berliner Zentrum wird von einem siebenstöckigen schwungvoll gebogenen Gebäude beherrscht. Hohe Säulen schützen seinen Eingang. Es ist groß und weit ausladend, aber grau und unansehnlich. Einst war es ein Kaufhaus. Die Nazis verjagten seine jüdischen Besitzer, brachten dort ihre Reichsjugendführung unter. Hier residierten der 1946 im Nürnberger Prozeß als Kriegsverbrecher verurteilte Baldur von Schirach und auch sein Nachfolger Axmann. Einige Zeit nach dem Zweiten Weltkrieg zog hier der Parteivorstand (später Zentralkomitee) der SED ein. Das Gebäude wurde zum Haus der Einheit – so genannt nach der im April 1946 aus KPD und SPD in der sowjetisch besetzten Zone zusammengezimmerten SED. Zwei Bronzetafeln am Eingang erinnerten an dieses nicht nur für Ostdeutschland einschneidende Ereignis. Sie zeigten steckbriefähnlich die Köpfe von Grotewohl und Pieck, bis April 1946 Chefs der SPD und der KPD in der Ostzone, danach gemeinsam Vorsitzende der SED. Als das ZK später in das weitaus größere Reichsbankgebäude am Werderschen Markt umzog, vermachte es Ende 1958 das Eckhaus einer seiner wissenschaftlichen Einrichtungen, dem Institut für Marxismus-Leninismus (IML).

Dessen Tätigkeit wurde von wachsamen Polizeiposten bewacht. So ohne weiteres konnte man also nicht das weiträumige, kalt anmutende Vestibül betreten und mit einem der altersschwachen Fahrstühle in die Büroetagen fahren. Die unteren Geschosse waren der Bibliothek des Instituts mit ihren vielen hunderttausend Büchern vorbehalten – ein großer Teil davon war allerdings für »normale« Leser, und dazu zählten selbst die vielen einfachen Institutsmitarbeiter, gesperrt. Sie hätten daraus Wahrheiten erkennen können, die ihre Überzeugung ins Wanken gebracht und sie unfähig gemacht hätten zur geforderten kritiklosen Darstellung der von der Partei befohlenen »wissenschaftlichen« Theorie. Das gleiche traf auch auf das im 5. Stockwerk befindliche Zentrale Parteiarchiv zu. Seine Bestände allerdings lagerten hauptsächlich hinter meterdicken Stahltüren in einem der Tiefkeller der ehemaligen Reichsbank, des nunmehrigen SED-Zentralkomitees, des – im Insiderjargon – Großen Hauses. Im Laufe der Jahre hatte sich das Institut immer weiter ausgedehnt, so daß auch danebenliegende Wohnhäuser okkupiert werden mußten.

Neben der Herausgabe der »wegweisenden« Auslassungen des jeweiligen SED-Generalsekretärs und seiner Politbürocrew und »richtungsweisender« Geschichtspropagandaschriften hatte das IML auch den Parteiauftrag, als »geschichtsleitende« Einrichtung die »Ideologie der Partei« in den anderen Geschichtsinstituten der DDR durchzusetzen. Es bestimmte Auswahl, Tendenz und Inhalt deren Arbeit, ihrer Forschung und ihrer Publikationen. Als Instrumente nutzte es dafür den Rat für Geschichtswissenschaft oder die sogenannten Problemräte. Widerstände fand es kaum. Im Gegenteil: seine Anleitungen und Hinweise wurden meist brav befolgt. Viele Anregungen für die Tätigkeit des Rates für Geschichtswissenschaft zum Beispiel kamen von den Universitäten oder von der Akademie der Wissenschaften. Diese Einrichtungen waren oft »ZKer« als das ZK, zeigten sich meist nicht weniger dienstwillig als die Mitarbeiter des IML. Viele ihrer leitenden

Mitarbeiter gehörten auch den einzelnen Räten und sogar deren Leitungen an, ja, standen ihnen vor – trugen also sehr wohl Mitverantwortung für die Misere der Geschichtswissenschaft in der DDR.

»Die Geschichte des Instituts für Marxismus-Leninismus beim ZK der SED ist von Anfang an eng verknüpft mit dem ideologischen Kampf und der theoretischen Arbeit der Sozialistischen Einheitspartei Deutschlands.« Mit diesem Kernsatz wird eine Broschüre eingeleitet, die zum vierzigjährigen Bestehen des IML herausgegeben worden ist. Diese enge Verknüpfung läßt auch ein Vorgang deutlich werden, der so ganz nebenbei den von der SED als ihr immanent beanspruchten Antifaschismus nahezu schlaglichtartig erhellt.

1964 wandte sich die Westberliner Generalstaatsanwaltschaft an die DDR und bat darum, ihr in der DDR lagernde Unterlagen des ehemaligen nazistischen Reichssicherheitshauptamtes, also der Zentrale des Naziterrors, auszuhändigen. Erst mit Hilfe dieses Materials hätten die Westberliner Staatsanwälte Anklage gegen Naziverbrecher erheben können. Auf Einspruch des zum IML gehörenden Zentralen Parteiarchivs der SED (ZPA) und des Direktors des IML, Lothar B., wurde die schon vereinbarte Übergabe gestoppt. Das IML protestierte vor allem dagegen, daß die bei ihm vorhandene und für die Übergabe bereits ausgewählte vollständige Personalliste des RSHA mit übergeben werden sollte. »Sie enthält alle Namen und Adressen vom Leiter bis zum Heizer, einschließlich aller Sonderkommandos …«, heißt es im IML-Protestschreiben. »Wir haben immer darauf hingewiesen, daß diese wertvollen Materialien nur mit Zustimmung der Genossen Norden und Mielke abgegeben werden können.« Albert Norden war seinerzeit im Politbüro für die Propaganda gegen die Bundesrepublik und die »Enthüllungen über Naziverbrecher in Diensten der BRD« zuständig. Mielkes Verantwortungsbereich ist bekannt.

Diese Liste sucht man heute in den Beständen des ZPA vergebens. Es ist anzunehmen, daß sie zu jenen Archivalien gehörte, die das Ministerium für Staatssicherheit dem ZPA – wie auch den anderen Archiven – entnahm. Gegen solcherart Plünderung hatte ein mutiger Mitarbeiter des ZPA übrigens 1963 direkt bei Mielkes Archivchef protestiert. Erfolglos, wie sich denken läßt. Wie erfolgreich der IML-Protest gegen die Herausgabe der RSHA-Liste aber war, zeigt der Abschlußbericht über die Verhandlungen: »Es wurde vereinbart, die Verhandlungen dann wieder aufzunehmen, wenn wir zu den von ihnen (von den Westberliner Staatsanwälten) übergebenen Namenslisten bzw. Verbrechenskomplexen (...) entsprechende Beweisdokumente zur Verfügung stellen können. Damit ist die Möglichkeit gegeben, Beweisdokumente zu jedem von uns gewünschten Zeitpunkt anzubieten, durch die solche ehemaligen Angehörigen des RSHA betroffen werden, an deren Belastung die DDR Interesse hat.«(!) Dieser Mechanismus funktionierte auch, wie Recherchen ergaben, als sich die bundesdeutsche Justiz auf Antrag der Thälmann-Witwe (und später der Tochter) viele Jahre erfolglos bemühte, Licht in das Dunkel der Ermordung Thälmanns zu bringen. »Antifaschismus« der Tat.

In diesem Eckhaus in Berlins Mitte wurde vieles formuliert und auch unternommen, was nicht für die Öffentlichkeit bestimmt war. Erst der Zusammenbruch der SED und der DDR läßt heute manches deutlich werden, was damals als geheim oder vertraulich eingestuft worden war. Zwar geheim, aber keineswegs ein Geheimnis, war, was zum Beispiel 1972 im IML für die Wissenschaftsabteilung des ZK als Aufgabe für die Geschichtswissenschaft der DDR aufgeschrieben wurde: »Durch Darlegung und vertiefte Ausarbeitung des marxistisch-leninistischen Geschichtsbildes hat die Geschichtswissenschaft zum tieferen Verständnis der Politik der Partei beizutragen und mit ihren Mitteln die weitere Verbreitung der marxistisch-leninistischen Weltanschauung, des proletarischen Internationalismus und des sozialistischen Patriotismus in der Arbeiterklasse und unter den Werktätigen der DDR zu fördern. Die Grundrichtung der geschichtswissenschaftlichen Tätigkeit besteht in dem Nachweis, daß das um die Sowjetunion zusammengeschlossene sozialistische Weltsystem gesetzmäßiges

Ergebnis des gesamten Verlaufs der Weltgeschichte bildet und das Beispiel für die Zukunft der Menschheit schafft (...)« Als Geschichte getarnte Politik.

Nicht vergessen wurde die »offensive ideologische Auseinandersetzung mit der imperialistischen, rechtssozialdemokratischen und revisionistischen Geschichtsschreibung und Geschichtsideologie«. 1976 wurde letzteres zur »offensiven Auseinandersetzung mit allen Spielarten imperialistischer Ideologie« zusammengefaßt. Zu einer Zeit, als die SED-Führung vorgab, »ein neues Verhältnis zur Sozialdemokratie« zu suchen, und als sich nicht nur Funktionäre beider Parteien, sondern auch bereits SED- und SPD-Geschichtswissenschaftler regelmäßig trafen, beauftragte das SED-Politbüro seine Historiker – wie es das IML dann formulierte – sich mehr als bisher mit der »Sozialdemokratie im imperialistischen System«, mit dem »Zusammenhang von Imperialismus und Opportunismus (Sozialreformismus)« zu befassen. Man wollte einer wegen der Kontakte befürchteten »sozialdemokratischen Infektion« vorbeugen. Die unselige Behauptung vom »Sozialfaschismus«, von der »besonderen Gefährlichkeit des Sozialdemokratismus« war für die SED-Führung noch lange nicht vom Tisch. Sie lebte nach wie vor ... nur mit anderen Floskeln getarnt.

Die allgemeine Aufgabenstellung für die Geschichtswissenschaft der DDR steckte auch den Rahmen ab für die Thälmann-»Biographie«, deren Ausarbeitung am 23. Januar 1973 vom SED-Politbüro beschlossen wurde. In der dafür vom IML vorgelegten Konzeption heißt es bezeichnenderweise u. a.: »Die Thälmann-Biographie soll eine möglichst große direkte ideologische erzieherische Wirkung anstreben (...) ein unmittelbarer Beitrag zur Propagierung der revolutionären Traditionen unserer Partei und zur sozialistischen Bewußtseinsbildung sein (...) Sie soll Ernst Thälmann als (...) typische Verkörperung der vom Leninismus und von der kommunistischen Internationale geformten Kämpfer für die Partei neuen Typus (...) deutlich machen. Sein ganzes Streben (...) war auf die Entwicklung der Partei zu einer festgefügten, kampfgestählten, fest mit den Massen verbundenen Partei nach dem Vorbild der KPdSU (...) gerichtet.«

Mariechens Thälmann sollte auf vielen hundert Seiten entstehen. Abgesehen davon, daß die in der DDR vorhandenen Quellen überhaupt nicht ausreichten und die in der Sowjetunion zurückgehaltenen Unterlagen nicht zugänglich waren, ließen auch die Wünsche des Politbüros und die von diesem ausgeübte strikte Zensur gerade dieses Buches eine immer wieder betonte »akribische wissenschaftliche Arbeit« überhaupt nicht zu. So steht in einem Schreiben des IML an das für die Ideologie zuständige Politbüromitglied Hager von Stellen, »die auf Grund Deiner Vorschläge und Bemerkungen verändert worden sind«. Diese Änderungen sind in einer langen Liste aufgeführt. Es gab noch viele solcher Änderungen und Wünsche, besonders auch von Honecker. Und alle wurden selbstverständlich berücksichtigt. Im erwähnten Brief an Hager wurde auch auf »einige« Funktionäre »aus der (KPD-)Parteiführung bzw. aus der näheren Umgebung Thälmanns« hingewiesen, »die in unserer Literatur zur Parteigeschichte bisher nicht oder nur selten erwähnt wurden«. Sie sollen, so heißt es im Brief, in ihren Funktionen, »zumeist als Mitarbeiter Thälmanns« genannt werden, »ohne daß in der Biographie auf ihre spätere Entwicklung, die in einer Reihe von Fällen zum Parteiausschluß führte, eingegangen wird«. Unter diesen Mitarbeitern Thälmanns waren hohe und höchste Funktionäre der KPD, sogar einige Politbüromitglieder. Die »Biographen« wußten selbstverständlich: Diese Funktionäre hatten keine spätere Entwicklung, weil sie nicht nur aus der Partei, sondern in ihrer übergroßen Mehrheit in ihrem Exilland Sowjetunion durch Genickschuß aus dem Leben ausgeschlossen worden waren.

Die »Biographie« wurde 1979 aufgelegt. Die erwähnte Broschüre zum 40. Jahrestag der IML-Gründung feierte sie als eine überragende wissenschaftliche Leistung. »Vor allem gelang der Nachweis, daß mit Thälmann aus der Klasse selbst ein Arbeiterführer mit einem ausgeprägten Gespür für die Stimmungen und Bedürfnisse der werktätigen Massen, ein

Mann mit großem theoretischen Verstand und der Fähigkeit zu konzeptionellem Denken hervorgewachsen war.« Diese den Tatsachen hohnsprechende Eloge wird verständlich, wenn man weiß, daß die Thälmann-»Biographen« auch zu den Autoren der erwähnten Broschüre gehörten. Sie vergaßen auch nicht hinzuzufügen, daß Erich Honecker selbst auf einer Tagung des SED-Zentralkomitees im Dezember 1979 das »Erscheinen dieser Biographie als ein großes Ereignis im Leben unserer Partei und unseres Volkes« gekennzeichnet hat.

Das Buch erschien zuerst in einer Auflage von 18.000 Exemplaren. 3.000 davon waren durch den Dietz Verlag für den westdeutschen Verlag »Marxistische Blätter« mitgedruckt worden. Da bei solch einem wichtigen Werk das ansonsten in der DDR äußerst knappe Druckpapier – das für viele belletristische Bücher nicht vorhanden war – natürlich keine Rolle spielte, wurden noch 1979 rund 50.000 Exemplare auf holzfreiem und Kunstdruckpapier nachgedruckt und außerdem sofort auch eine broschierte Ausgabe mit 100.000 Exemplaren auf holzhaltigem Papier nachgeliefert. Später wurden noch weitere Ausgaben herausgebracht. Im August 1986 meldete einer der »Biographen« stolz in der Zeitung »Neues Deutschland«, daß »die Biographie bereits in mehr als 800.000 Exemplaren erschienen ist«.

Müßig zu sagen, daß das Politbüro gleich mit der Auslieferung der »Biographie« festlegte, wie das Buch zu »propagieren und zu studieren« sei. Alle Institutionen – von der Volksbildung bis zur Nationalen Volksarmee und dem Ministerium für Staatssicherheit – wurden verpflichtet, dafür zu sorgen, daß dieses »historische Volksbuch« emsig und genau studiert wird. Jede nur erdenkliche Möglichkeit – vom sogenannten Parteilehrjahr bis zu Lehrgängen in Betrieben, an Hochschulen und Akademien – sollte dafür genutzt werden. Auch an die Medien in der DDR ergingen genaue Anweisungen zur Propagierung dieses Buches. Die Propagandawalze wurde auf Hochtouren gebracht. Diese Biographie Thälmanns soll helfen, »die Kampfkraft unserer Partei weiter zu stärken«, hieß es in einem vom Politbüro am 11. September 1979 beschlossenen Maßnahmeplan. Die Biographie soll den »Werktätigen« und vor allem der »jungen Generation die Richtigkeit unserer revolutionären Ziele vermitteln, ihre Siegeszuversicht und ihren kämpferischen Optimismus bei der Erfüllung der Beschlüsse des IX. Parteitages stärken (...)« Nicht zuletzt sollte sie als Stimulus bei der Erfüllung der wirtschaftlichen Pläne der SED wirken.

Heute kann man mit Gewißheit sagen: Die ihr gestellte Aufgabe hat diese Thälmann-«Biographie« in keiner Hinsicht erfüllt ... und konnte es auch gar nicht. Aber sie hat die bereits zitierte Feststellung Rudolf Lindaus bestätigt: »Wir schreiben Geschichte für die Gegenwartsbedürfnisse der Partei!« Wissenschaftlich akribisch selbstverständlich. Und daß man so oder so aus der vielzitierten Geschichte lernen kann, bewies der in diesem Abschnitt ebenfalls erwähnte nationalpreisgekrönte Dichter Willi Bredel: »Die Geschichtsschreibung war bislang auch ein Privileg der Herrschenden und wurde nach den Bedürfnissen der Machthaber zurechtgestutzt und auch skrupellos verfälscht.« Wer kann denn daran zweifeln?

»Edelste der Kommunisten ...«

Es war irgendwann nach dem großen Krieg. Die Deutsche Demokratische Republik war noch nicht gegründet, eine Demokratische Deutsche Republik aber schon im Gespräch ... bei denen, die sich dazu berufen fühlten oder dazu von ihren uniformierten Chefs in der Sowjetischen Militäradministration berufen worden waren. Wir lebten noch in Thüringen, in Deutschland – und nicht in irgendeinem der Bezirke. Von unserer kleinen Stadt führten noch immer viele Wege über die grüne Grenze nach Hessen oder Bayern. Schmugglerpfade des Mittelalters waren zu jenen der Neuzeit geworden. Lebendige Geschichte.

Noch wurde allgemein vom Zusammenbruch und noch längst nicht von Befreiung gesprochen. Die Befreier kamen zu uns ja auch etwas später. So wie es die Antihitler-Alliierten schon lange zuvor bestimmt hatten. Anfang Juli 1945 zogen sie mit ihren Panjewagen, denen kleine struppige Mongolenpferde vorgespannt waren, in unsere Stadt ein. Das war einige Monate nach den hohen amerikanischen Sherman-Panzern, den von lässig dahingeflegelten, Kaugummi kauenden, Plastehelm behüteten, schwarzen, braunen oder weißen Soldaten gelenkten Jeeps und MG-bestückten Dodges. Stumm aber interessiert hatten wir sie, an diesem ersten etwas wärmeren Frühlingstag am Straßenrand stehend, staunend betrachtet.

Es dauerte nicht lange, und auch wir kauten Kaugummi, probierten unser Schulenglisch aus und verhökerten unsere Hitlerjugend-Dolche und -Abzeichen gegen Schokolade und Breakfast-Päckchen – »kuddeten«, wie das bei uns hieß. Wenn sich die Gelegenheit bot, »organisierten« wir auch, das heißt, wir griffen in die Handschuhfächer der vor dem Kino abgestellten und meist unbeaufsichtigten Jeeps, machten dabei hin und wieder gute Beute. Die Panjewagen hatten keine Handschuhfächer. Auch waren sie gut bewacht. Warum eigentlich? An uns halbwüchsigen Jungen hatten die Russen auch kein Interesse. Und wir konnten nicht eine Silbe Russisch.

Das änderte sich bald. »Dawai, dawai« – das waren wohl die ersten Vokabeln, die wir aus dieser Sprache lernten. Von den saftigen Flüchen ganz zu schweigen. Langsam zog nun auch die Politik in unser Leben ein. Sie knüpfte an das an, was wir »vorher« gelernt hatten: Disziplin, Fahnen, Freude am Aufmarsch, Gemeinschaftsgeist, Fanfarenzug, Trommeln und Getöse. Ich habe mich später oft gefragt: wie wohl hätten wir uns verhalten, wenn die Uhr um einige Jahre zurückgedreht worden wäre. Sicher hätten wir unsere blau eingefärbten Hemden wieder ausgezogen und hätten nahtlos dort weitermachen können, wo wir im Frühjahr 1945 aufhören mußten. In den Geschichtsbüchern der DDR allerdings steht, daß sehr bald das »große Umdenken« einsetzte. Stimmt das wirklich? Oder war es nicht vielmehr das große Anpassen – das nur allzu verständliche und lebensnotwendige? Dieses frühzeitige Umdenken führte dann in der Propaganda – und damit auch in den Geschichtsbüchern – dazu, daß aus den Verlierern Sieger oder zumindest Mitsieger der Geschichte wurden. Wie konnte es auch anders sein? Immerhin waren wir doch nun mit den historischen Siegern, denen auf den Panjewagen, fest und unlösbar verbunden ... worden. Und wo schon setzen sich Sieger selbst herab, indem sie sich mit Verlierern verbinden?

Historische Sieger hieß auch nicht nur, daß sie in der Vergangenheit – in der Geschichte – immer und überall gesiegt hatten, sondern daß diese nur allzu willfährige Geschichte sie auch zu Siegern in der Zukunft bestimmt hatte, zu Siegern immerdar also. Um dazu zu werden, brauchten wir andere Vordermänner als bislang. Die ersten, die uns von diesen erzählten, waren welche, die in den Konzentrationslagern »gesessen« hatten. In Buchenwald zum Beispiel, das nicht weit von unserem Städtchen lag. Sie waren, wie sie stolz zu uns sagten, echte »Bolschewisten von der Thälmannschen Garde«. Thälmann kannten wir nicht. Woher auch? Aber von ihnen, diesen »echten Bolschewisten«, lernten wir auch ein Lied, das nie mehr aus unserem Gedächtnis schwinden sollte – nicht zuletzt auch, weil es uns das Leben rettete.

Es muß an einem Sommerabend gewesen sein. Auf jeden Fall war es warm, und an verschiedenen Stellen der Stadt wurde – hier und da durch »Eisfahnen« angezeigt – wäßriges Eis angeboten. Wir, eine Gruppe von Jugendlichen, »liehen« uns solch eine Fahne aus und zogen damit durch die Stadt. Von den Häuserwänden widerhallte unser Lied: »Bolschewisten, Bolschewisten, edelste der Kommunisten. Erst durch euch, ihr Bolschewisten, ward die Freiheit Wirklichkeit!« Gestoppt wurden wir durch einen kleinen Leutnant und einen baumlangen Sergeanten der Roten Armee mit roten Armbinden. Militärstreife. Auf der Militärkommandantur wurden wir vernommen. Werwölfe seien wir, Faschisten. Das Lied kannten die Vernehmer zu unserem großen Erstaunen nicht. Wir erklärten es ihnen. Am Mittag des nächsten Tages konnten wir nach Hause gehen. Mittlerweile hatten sich unsere »sowjetischen Freunde« bei ihren »deutschen Genossen« kundig gemacht.

Den Streifenoffizier, dann nicht mehr Leutnant, sondern Kapitän, habe ich übrigens einige Jahre später wiedergesehen – in der Bahnhofsgaststätte und vor einer fast geleerten Flasche mit Nordhäuser Doppelkorn ... und noch immer mit der roten Armbinde: Kommandantura. Am Saaleingang saß schlafend sein Begleitsoldat, mit der Kalaschnikow im Arm. Wir hatten Glück auf der Kommandantur. Und dieses Glück war unser Lied von den Bolschewisten, den »edelsten der Kommunisten«. Manche andere unserer Freunde sind über die Kommandantur einen anderen Weg gegangen – und nie mehr wiedergekommen. Buchenwald war noch immer nah. Und von dort war es nicht weit bis ins ferne Sibirien. Der rechte Aufenthalt, wie man meinte, für Werwölfe – und für jene, die dafür gehalten wurden. Wie viele Unschuldige mußten diesen Weg gehen, darunter übrigens auch viele alte Bolschewisten, die edelsten der Kommunisten? Vielleicht sind sie aber gar nicht erst in irgendeines der unzähligen Lager im Archipel Gulag gekommen.

Nach der Wende besuchte ich erneut das Lager Buchenwald, die antifaschistische Gedenkstätte, um einen Artikel vorzubereiten über die Selbstbefreiung des nazistischen KZ. War dieser Besuch die eigentliche, die persönliche Wende? Zum erstenmal erfuhr ich die schreckliche Wahrheit über Buchenwald in der Zeit nach 1945, über das Speziallager Nr. 2 des NKWD. Nichts davon stand in den wahrheitsgetreuen Geschichtsbüchern der DDR ... auch nicht in der Thälmann-»Biographie«, die ausführlich die Legende von Thälmanns Ermordung in Buchenwald wiedergibt, und auch nicht in den jährlich wiederkehrenden Berichten über die ebenso wiederkehrenden Massenaufmärsche in Buchenwald zum Gedenken an Thälmann. »Der Sieg der Sowjetunion öffnete auch dem deutschen Volk den Weg zu grundlegenden revolutionären Umgestaltungen. Nun konnte auch auf deutschem Boden das Wirklichkeit werden, dem Ernst Thälmann sein ganzes bewußtes Leben gewidmet hatte ...«

So steht es in dieser »Biographie«, diesem Geschichtsbuch mit aktuellem Auftrag. Ich stand – auf deutschem Boden – an einer Stelle im Buchenwald, etwas außerhalb des eigentlichen Lagers. Hier war es, wo Waldarbeiter Jahr um Jahr Totenköpfe fanden, und wo erst nach der Wende nachgegraben wurde, wo man ein Massengrab nach dem anderen entdeckte: Hunderte, Tausende Erfrorene, Verhungerte, auf irgendwelche andere Weise Umgekommene, die nächtens – oder später auch am Tage – von ihren Leidensgenossen auf Karren geladen und in den Wald gefahren, dort abgekippt und verscharrt worden waren. Zeugen echter – bolschewistischer Humanität. »Bolschewisten, Bolschewisten, edelste der Kommunisten...«

Die KPD zu »bolschewisieren« war nicht erst, wie es manche Historiker hinzustellen versuchen, ein Unterfangen der späten zwanziger Jahre. Die Thälmann-»Biographie« vermeidet diesen Begriff weitgehend. Wo er nicht zu umgehen ist, gibt sie ihm einen anderen Inhalt. So beschreibt sie die Bolschewisierung der kommunistischen Parteien ganz nach der Auslegung durch die Kommunistische Internationale als eine »Entwicklung zu wahrhaft marxistisch-leninistischen

Kampfparteien« und verknüpft sie gleichzeitig mit dem Begriff »revolutionär«. So eine revolutionäre Kampfpartei war ja auch die SED.

Von 1920 stammt der »Schwur eines Kommunisten«, den vor Jahren ein Gesprächspartner aus einem Schrankfach kramte. »Ja, das habe ich noch geschworen, mit hocherhobener Hand und voller Stolz, dazuzugehören«, sagte er. Wir lasen auf dem vergilbten Blatt: »Ich (...) gebe mein Wort, alle Kommunisten (...) als meine Familie zu betrachten; für die Arbeiter- und Bauern-Macht zu kämpfen bis zu meinem letzten Atemzug; (...) die Sowjetmacht, ihre Ehre und Würde zu schützen durch persönliches Beispiel. (...) Ich gelobe: dem Tod für die Befreiung des Proletariats vom Joch der Unterdrückten würdevoll und gelassen entgegenzutreten; die Feinde der Werktätigen weder in Gefangenschaft noch im Kampf um Gnade zu bitten; vor den Feinden wegen persönlicher Vorteile oder Gewinnsucht nicht den Andersdenkenden zu spielen. Ich sage mich los: von der Anhäufung persönlichen Reichtums. Glücksspiele, Trinken und Handel sehe ich als Schande an; ich halte es für unzulässig, die Menschen nach ihrer Religion, Sprache oder Nationalität einzuteilen, da ich weiß, daß alle Werktätigen in Zukunft zu einer Familie zusammenwachsen werden. Wenn ich mein Gelöbnis bewußt breche (...) das bedeutet, daß ich mich belogen habe, die Genossen belogen habe, mein Gewissen belogen habe und nicht wert bin, Mensch zu heißen.« So, sagte der alte Mann, stellten wir uns die Bolschewisten vor. Sie waren aber anders als in unserer Vorstellung, fügte er resigniert hinzu.

Als 1924 der V. Kongreß der Komintern vorbereitet wurde, listete Walter Ulbricht in einem Mitteilungsblatt für Funktionäre in fünf Punkten seine Vorstellungen von einer bolschewistischen Partei auf. Einige davon waren die Forderungen nach einem »straffen zentralistischen Aufbau« und nach der »Organisierung von Arbeiterkämpfen«. »Die konkreten Kampferfahrungen in Westeuropa haben die Sektionen der Komintern gelehrt, daß die bolschewistischen Organisationsformen auch für die westeuropäischen Bruderparteien volle Gültigkeit haben«, schrieb Ulbricht. Eingangs hatte er übrigens Lenins Ausführungen über den »organisatorischen Aufbau der kommunistischen Parteien und über die Methoden und den Inhalt ihrer Arbeit« zitiert. Lenin hatte 1921 die straffe Ausrichtung dieser Parteien auf die russische Partei gefordert.

Thälmann verlangte später, das »geistige Schwert Lenins« zu nutzen. Im Verständnis Thälmanns war dieses geistige Schwert die Gewalt. Revolutionär hieß nun, die Revolution zu organisieren – unabhängig davon, ob die zu Organisierenden das wollten oder nicht. Ein ehemaliger Redakteur von Thälmanns Leib- und Magenblatt, der kommunistischen »Hamburger Volkszeitung«, faßte das im Nachwort zu einer Broschüre in die Worte: »Taten der Partei (...) Sie entwuchsen nicht dem revolutionären Massenwillen der Arbeiterschaft, sie waren Produkt der Ausweglosigkeit der KPD. Das Mittel der Revolution, die Gewalt, wurde umgefälscht in die Revolution schlechthin.«

»Die Bolschewisierung unserer Partei ist ebenso wenig ein friedlicher Prozeß wie die deutsche Revolution selbst«, schrieb 1925 Heinz Neumann, seinerzeit einer der führenden Ideologen der KPD, auf den auch Thälmann baute, den er u. a. als Redenschreiber brauchte – ehe er ihn in Grund und Boden verdammte. Die SED-Geschichtsschreibung, die Neumann als Ultralinken verketzerte und dem sie bei dieser Gelegenheit auch gleich viele Fehler Thälmanns und seiner Freunde in die Schuhe schob, vergaß immer zu erwähnen, daß Neumann und Thälmann lange Jahre Brüder im Geiste waren. Neumann wurde im November 1937 von Stalins Henkern erschossen.

Selbstverständlich war die Bolschewisierung mit dem »schärfsten Kampf gegen die sozialdemokratischen Organisationsformen« verbunden, wie Ulbricht in dem erwähnten Artikel schrieb. Und: »Die Durchführung der bolschewistischen Organisationsprinzipien in den westeuropäischen Parteien erfordert eine systematische Kontrolle der Arbeit durch die Organe der Komintern.« Da aber bereits damals die Komintern durch die russischen Kommunisten beherrscht wurde – diese

Beherrschung wird im Laufe der Jahre noch viel stärker zunehmen –, hieß Bolschewisierung eben vor allem Russifizierung. Die KPD wurde, wie die anderen kommunistischen Parteien auch, eine Dependance Moskaus, und »Heil Moskau« auch zum Lieblingsgruß ihrer Mitglieder. Durch Beauftragte wachte die Komintern – sprich: die KPdSU – über die Linie der einzelnen Parteien. Dieser Beauftragte, der »Freund«, nahm auch an allen Sitzungen des Führungsgremiums der KPD teil, eine Methode, die später in der SED fortgesetzt wurde. Der nationale Charakter der einzelnen Parteien – auch der KPD – wurde vollends aufgegeben. Sie wurden zu Instrumenten der KPdSU, das heißt der russischen Außenpolitik, und hatten alle Wendungen dieser Politik mitzumachen. Anders konnte die KPD gar nicht mehr, war sie doch auch materiell völlig von der Komintern abhängig. In der Thälmann-»Biographie« wird man darüber nichts finden.

Der Mannheimer Historiker Hermann Weber zitierte in einem seiner Artikel aus einem 1927 auf einer Tagung der deutschen Polizei-Nachrichtenleiter – also der politischen Polizei – vorgelegten Bericht über die Finanzlage der KPD. Danach bezog die KPD einen monatlichen Kominternzuschuß von etwa 150.000 Mark. Dazu kamen Sonderzuwendungen für bestimmte Aktionen, so 1926 für die Frauenarbeit 60.000 Mark und für den Volksentscheid für die Fürstenenteignung 120.000 Mark, für den Kongreß der Werktätigen 100.000 Mark. »Die finanzielle Unterstützung an die KPD war beachtlich. Sie betrug vermutlich zwischen einem Drittel und der Hälfte der KPD-Einnahmen überhaupt«, schrieb Weber. Ohne diese durch Geheimkuriere überbrachten regelmäßigen Zuwendungen hätte die KPD niemals ihre Funktionäre bezahlen können und auch nicht ihre Zeitungen, die sich wegen ihrer geringen Abonnentenzahl kaum selbst trugen. Die Ausgaben für die geheimen Dienste der KPD – also für die Abwehr, den Militärapparat, den Kurierdienst, die Paßfälscherzentrale, den Zersetzungsapparat, die Terrorgruppen usw. – wurden vollkommen von der Komintern, das heißt von den Geheimdiensten der UdSSR, getragen. Thälmann und seine Freunde wußten schon, warum sie nichts auf die Sowjetunion kommen ließen.

1926 schrieb Thälmann in einem Artikel (oder besser: ließ schreiben), daß jede Kritik an der Sowjetunion nicht nur ein Verstoß gegen die russische kommunistische Partei sei, sondern auch ein Verstoß gegen die Komintern und gegen die westeuropäische Revolution. Massiver ging es nicht mehr. Die Mitglieder der SED werden sich an ähnliches erinnern – etwas anders formuliert, im Grunde aber gleich. Kritik an der KPdSU oder an der Sowjetunion war Häresie, gefährlich für Partei und vor allem für das Mitglied.

In einer Reichstagsrede sagte Thälmann am 11. Februar 1930 unter dem – wie das Protokoll vermerkt – »stürmischen, langanhaltenden Beifall der Kommunisten«: »Wir kämpfen, um an Stelle des jetzigen Young-Deutschlands ein Sowjetdeutschland zu errichten.«

Natürlich blieb auch vielen Kommunisten nicht verborgen, daß die totale Hinwendung der KPD zur KPdSU ihre Ursache in der erwähnten materiellen Abhängigkeit hatte. Viele von ihnen verlangten deshalb auch die finanzielle Unabhängigkeit der KPD. Hatte Sinowjew, damals noch Vorsitzender des Exekutivkomitees der Komintern und später eines der prominentesten Opfer von Stalins Genickschützen, noch im Juli 1925 an den 10. KPD-Parteitag geschrieben, daß »Gedankenschattierungen natürlich vollkommen zulässig« seien in einer bolschewistischen Partei, so formulierte Heinz Neumann kurz darauf weit zutreffender: »Wir verwerfen für unsere Partei das kapitalistische Recht auf Meinungsfreiheit.« So wurde nun unter der Losung Bolschewisierung auch ein heftiger Kampf gegen den »Luxemburgismus« geführt, ein Kampf, der bis in die fünfziger Jahre hinein in der SED anhielt. Die Partei warf so aus liebedienerischen Gründen gegenüber ihrem bolschewistischen Vorbild ihre Geschichte weg, kämpfte gegen ihre eigene Tradition, war doch ihre Gründung kaum ohne Rosa Luxemburg denkbar. In der »Resolution über die Tätigkeit der Zentrale« beschloß der erwähnte 10. Parteitag der KPD u. a.: »In einer bolschewistischen Partei darf für Fraktionen und

Gruppierungen kein Platz sein.« Als diese Resolution über den Charakter einer bolschewistischen Partei am 2. Verhandlungstag von 165 Delegierten angenommen wurde, fünf hatten dagegen gestimmt, führte ein Mann den Vorsitz dieser Tagung, der zwei Jahre danach Mitglied im Zentralkomitee der KPD werden und wieder ein Jahr später in der KPD und im Leben Thälmanns eine sehr unrühmliche Rolle spielen sollte: John Wittorf aus Hamburg. Über ihn wird noch zu sprechen sein.

Auf diesem Parteitag wurde die bisherige Vorsitzende Ruth Fischer in ihrem Amt bestätigt. Und auch, wie Ruth Fischer sagte, »ein so guter Kerl wie Thälmann« kam wieder in die Zentrale der Partei, die nun Zentralkomitee hieß. Mit dem Zentralkomitee kam der Apparat mit seinen Apparatschiks, die mehr und mehr die Politik der Partei bestimmten. Thälmann war noch immer völlig auf der Linie seiner Vorsitzenden, nicht weniger ultralinks und nicht weniger fern von den Realitäten. Als er gemeinsam mit Ruth Fischer dann einige Wochen später, im August, nach Moskau gerufen wurde, wurde er dort sehr schnell geläutert. Aus dem Saulus wurde über Nacht der Paulus Thälmann. Ohne zu schwanken wendete er sich sofort von seiner »Freundin« Ruth Fischer ab, als er merkte, daß ihr der bolschewistische Wind nun ins Gesicht blies. Er warf auch den ersten Stein auf sein ehemaliges Vorbild, für das er wenige Wochen zuvor auf dem Parteitag kein kritisches Wort gefunden hatte. »Als proletarisches Schmuckstück in Ruth Fischers Zentrale hatte er eine sehr hübsche Figur gemacht«, schrieb eine ihm keineswegs übel gesonnene Zeitzeugin. Nicht lange danach wurde er für seine bolschewistische Haltung, für seine Kominterntreue belohnt.

Nach dem Willen Stalins erhielten die KPD-Mitglieder einen neuen Vorsitzenden, obwohl sie ihn gar nicht gewählt hatten. Doch Bolschewismus hieß ja in erster Linie »eiserne Disziplin« und nicht »bürgerliche Demokratiespielerei«. »Ernst Thälmann tritt an die Spitze der Partei« überschrieben seine »Biographen« den entsprechenden Abschnitt in ihrer »Biographie«. Und sie beendeten ihn so: »Ernst Thälmann war 39, als ihn das Vertrauen der revolutionären deutschen Arbeiterklasse und der Kommunistischen Internationale an die Spitze der zweitstärksten kommunistischen Partei der Erde berief.« Die »revolutionäre deutsche Arbeiterklasse und die Kommunistische Internationale« – das war die Umschreibung der »Biographen« für Stalin. »An seiner Sprache erkennt man das Regime«, schrieb Heinrich Mann. Man muß die Sprache seiner Apologeten beherrschen, um zu verstehen, was sie meinen … und was sie verstecken und verschweigen wollen. Die erwähnte Zeitzeugin ergänzte Thälmanns Charakteristik: »Ihn zum unangreifbaren Führer des deutschen Kommunismus zu machen hieß jedoch, die Bewegung zu enthaupten und zugleich einer höchst attraktiven, fähigen Persönlichkeit den Boden unter den Füßen wegzuziehen und sie zu einer bloßen Marionette zu degradieren.«

Übrigens wurde nun auch der Begriff »Führer« mehr und mehr zur Bezeichnung Thälmanns. Seine »Biographen« haben sie unbedenklich für ihr dickes Buch übernommen. Thälmann, der – so die erwähnte Zeitgenossin – »als Denker dürftig und zu theoretischen Studien nicht geschaffen war, dem sogar die Selbstdisziplin fehlte, sich das kulturelle und theoretische Niveau des guten Durchschnittsgenossen zu erarbeiten«, erkannte seine Grenzen nicht, sonst hätte er seinen neuen Posten niemals angenommen.

»Die Politik wird ohnehin aus Moskau kommen«, war Thälmanns Kommentar.

»Die Infarmierung

... dieser 3 Genossen und Gen. Thälmann. Gen. Ewert weiter unternimmt diese Infarmierung weiter trotz Komission die alles durchgeprüft ...« – fotokopierte handschriftliche Notizen Thälmanns von einer Sitzung der Deutschen Kommission beim Exekutivkomitee der Komintern, Anfang Oktober 1928. Das Original wird sicher noch in Moskau liegen. Als Thälmann dies niederschrieb, war eigentlich schon alles vorbei, war die Welt für ihn fast wieder in Ordnung. Moskau wird wenige Tage später sein Machtwort sprechen, und Thälmann kann wieder lachen. Einige Wochen zuvor aber hatte er bitterlich geweint, hatte ihn doch »sein« Zentralkomitee fallenlassen wie eine heiße Kartoffel.

Begonnen hatte es am 22. September 1928 am Valentinskamp in Hamburg, nahe dem Gänsemarkt. Und wie aufgeschreckte Gänse schnatterte dort im Parteibüro auch die Hamburger KPD-Elite durcheinander, hackte wütend zischend nach allen Seiten, verteidigte sich, griff an.

Das heißt: angefangen hatte das, was die Funktionäre der Waterkant so maßlos aufregte, schon viel früher, im sonnigen Frühling.

Zu jener Zeit wurden dem Genossen Rieß 3.000,- Mark übergeben. »Von einer Stelle, die ich hier nicht nennen will«, erklärte er dem vom Zentralkomitee nach Hamburg geschickten Politbüro-Mitglied der KPD, Hugo Eberlein. Ihm sei Schweigegebot auferlegt worden, sagte Rieß. Auf jeden Fall aber habe er dem Genossen Wittorf das Geld, das zur Unterstützung der Wahlarbeit gedacht gewesen sei, gegeben.

John Wittorf, »Jonny«, wie ihn seine Kumpels riefen, war Hamburger, wie sein Freund Thälmann. Der frühere

Hilfsarbeiter und spätere Hafenarbeiter war Ende 1920, wie Thälmann auch, aus der USPD zur KPD gekommen. Es war Thälmann, der ihm zu seiner Polit-Karriere verhalf. Schon Mitte der zwanziger Jahre war er wohlbestallter und gutbezahlter hauptamtlicher Funktionär der KPD, ab März 1927 sogar Polleiter, das heißt Vorsitzender, im Bezirk Wasserkante. Auf dem 11. Parteitag der KPD wurde er außerdem zum ZK-Mitglied gewählt. Uns' Jonny gehörte auch der Hamburger Bürgerschaft an, dem Parlament der Hansestadt. Er war dort Vorsitzender der 27köpfigen KPD-Fraktion, der zweitstärksten nach der SPD. Fast 115.000 Hamburger hatten 1928 für die KPD gestimmt, 4.000 mehr als ein Jahr zuvor. Der stets elegant mit Anzug, Stehkragenhemd und Fliege gekleidete Mann mit dem verlebten Gesicht, dem fleischigen, bulligen Kinn, den dichten Augenbrauen, der gefurchten Stirn, dem kurzen lockigen Haar und den ruppigen Manieren und der kruden Ausdrucksweise, herrschte wie ein russischer Zar über seine Hamburger Parteisoldaten.

Und russisch war auch das Geld, das ihm Rieß übergeben hatte – besser: war die Geldquelle. Soweit sich das aus den Unterlagen herauslesen läßt, war Rieß Betriebsratsvorsitzender in der von einem Konsul geleiteten russischen Handelsvertretung in Hamburg. »Er log uns das Blaue vom Himmel herunter«, sagte Eberlein später. Auf jeden Fall war er der Geldbote vom russischen Konsul zum KP-Sekretär Wittorf. Diese 3.000,- Mark waren bereits im August 1927 jenem Konto entnommen worden, das eingerichtet worden war, um Nahrungsmittel für die Millionen hungernden Kinder in Sowjetrußland einzukaufen. Zumindest erzählte das die bolschewistische Regierung ihrer Bevölkerung und auch der übrigen Welt. Was interessierten sie die hungernden Kinder in Sowjetrußland. »Kinderaugen sehen Dich an!« Sie waren nur für die Propaganda gut. Das Konto wurde dazu gebraucht, die kommunistischen Hilfstruppen in anderen Ländern zu unterhalten, nicht zuletzt auch, wie sich an Wittorf und anderen zeigte, damit deren Funktionäre sich für dieses Geld ein schönes, sorgloses Leben machen konnten. Tatsache nun war, daß die erwähnten 3.000.-

Mark nie in die Kasse der Hamburger Bezirksleitung gelangten. Wittorf hatte dieses Geld unterschlagen. Die Thälmann-«Biographie« spricht von Parteigeldern und auch davon, daß Thälmann letzten Endes die Untersuchung darüber in Gang gebracht habe. Im Gegensatz zu dem moralisch einwandfreien Verhalten Thälmanns aber hätten andere in der Partei den Vorfall nur dazu benutzt, politisches Kapital daraus zu schlagen und den Vorsitzenden zu diffamieren – zu »infarmieren«, wie Thälmann sagte. Gerade dieser Abschnitt ist ein Meisterwerk dialektischer Verdrehungskunst, ein klassischer Purzelbaum SED-kommunistischer Geschichtsschreibung. Rieß sagte, er habe später Bedenken bekommen, ob Wittorf dieses Geld auch abgeführt habe. Viel Vertrauen hatte er also von vornherein nicht in seinen Polsekretär Wittorf. Er wandte sich an seinen Kumpel Willy Presche, der für ihn als ein zur russischen Handelsvertretung delegierter Genosse zuständig war. Presche leitete den Abwehrapparat der KPD in Hamburg, also den Geheimdienst der Partei, hatte in dieser Eigenschaft auch die »Kader« zu überprüfen. Dafür war er bereits von 1924 bis 1925 auf der Militärpolitischen Schule in Moskau geschult worden. Als Mitglied der Hamburger Bürgerschaft gehörte er auch jener Kommission an, die die Polizei des Stadtstaates kontrollierte, der Polizeibehörde. Presche war noch bis 1931 in Hamburg. Dann mußte er verschwinden. Kurz darauf hören wir wieder von ihm aus Odessa. Sechs Jahre später, 1937, verlieren sich seine Spuren. Wohin? Wenn sich alle Archive öffnen, werden wir erfahren, wo das NKWD Presches 49jährigen Lebensweg beendete.

Wieder Hamburg: Hier führte Presches erster Weg nach der Unterhaltung mit Rieß zu Wittorf. Drei Tage später, war – wie Eberlein sagte – der Vorgang in der Kasse der Bezirksleitung … der Vorgang, aber nicht das Geld. Wittorf schob die Schuld auf Dehmel, den Kassierer der Bezirksleitung, und warf ihn hinaus. Presche hatte aber auch John Schehr unterrichtet, der damals der Organisationssekretär des Bezirks Wasserkante war. Und wie hätte er das werden können, wäre er nicht wie auch Jonny Nr. 1 – Wittorf und Presche – eng mit Thälmann befreundet gewesen? Später stellte sich heraus, daß sich Rieß, Schehr und Presche mit Wittorf bei ein paar Köhm in Presches Wohnung getroffen hatten, um die ganze Sache zu besprechen. Dort gab Wittorf unumwunden zu, daß er das Geld »versoffen« habe, dieses Geld und weitere 300,- Mark. War das alles? Wittorf unterschrieb in Presches Wohnung einige Schuldscheine und versprach, das Geld zurückzuzahlen. Eine Abmachung unter guten Kumpels. Wittorf wähnte sein Geheimnis bei seinen »Freunden« so gut gehütet, daß er später zu Eberlein sagte, er »werde jeden in die Fresse hauen, der ihn irgendeiner Unterschlagung bezichtigt«.

Und Thälmann – hat er nichts davon gewußt? Eberlein suchte, wie er sagte, Thälmann in dessen Hamburger Wohnung auf. Und der erklärte ihm, er habe erst am 1. Mai erfahren, daß der Kassierer Dehmel Unterschlagungen begangen habe. Eberlein hatte mit Thälmann darüber nur gesprochen, weil die Hamburger Presse über die mißlichen Zustände in der KPD-Organisation Wasserkante berichtet hatte. So hatte eine dieser Zeitungen u. a. am 22. September 1928 geschrieben:

»In der BL (Bezirksleitung) toben die heftigsten Cliquenkämpfe. Der ›kleine Teddy‹ – Wittorf – soll stürzen (...) Wir wundern uns nicht, daß das Gehalt nie reicht. Denn wer mit Teddy durchhalten will bei ›Köhm und Bier‹ usw., muß schon saftige ›Zuschüsse‹ haben. Wer von Teddy auch abgeguckt hat, wie man sich auf der Rennbahn und am Toto räuspert und spuckt, der muß ›Darlehen‹ nehmen. Und wer schließlich den Gesellschaftsklub ›Zentrum‹ am Gänsemarkt (Spielklub) besucht, der braucht ›Zaster‹. Nicht wahr, Wittorf? Der hat dann auch keine Zeit, Politik zu machen, zumal er wie Wittorf sowieso nur vom ›großen‹ Vorbild und Meister lebt. Und was sagen die Ortsgruppen des Bezirks Wasserkante? Sie werden nicht gefragt (...) Wir sind gespannt, mit welchen Ausfällen die ›Volkszeitung‹ die Beschuldigungen zu vertuschen sucht.«

Die kommunistische »Hamburger Volkszeitung« sagte erst mal gar nichts dazu. Ihre Redakteure waren gehorsame Parteisoldaten. Sie achteten die Gebote und Verbote ihrer Parteiführung. Und doch rettete auch das den Chefredakteur nicht davor, kurze Zeit nach der Wittorf-Affäre wegen Verletzung der Parteidisziplin geschaßt zu werden. An diesem 22. September hatte die »Volkszeitung« also nichts über Wittorf berichtet, aber davon, daß die SPD-Führung den Panzerkreuzerbau unterstützt, also »die gegen die Sowjetunion gerichtete Kriegspolitik«. Außerdem erfahren wir aus der »Volkszeitung« von den geplanten weiteren großen Erfolgen der sowjetischen Industrie im Wirtschaftsjahr 1928/29 und daß die Reformisten gegen die Abwehr des Faschismus sind. Usw. usw. Erst später, als nichts mehr zu vertuschen war, wird die »Volkszeitung« – wie auch das Zentralorgan »Die Rote Fahne« – die parteioffiziellen Verlautbarungen über den Fall Wittorf abdrucken. Nicht müde aber wird sie, Korruptionsfälle in anderen Parteien, vor allem beim Hauptfeind SPD, aufzudecken. Die Grundlage dafür lieferte eine vom KPD-ZK besorgte Zusammenstellung. Sie kam auf sieben Fälle. Später wird der KPD-Vertreter bei der Komintern, Fritz Heckert, bei der klärenden Sitzung in Moskau sagen: »Ich könnte hundert Fälle anführen« – von Korruption und Unterschlagungen ... in der KPD versteht sich. »Wir hatten einen Polsekretär in Breslau«, plauderte Heckert. »Er war ein absoluter Bandit. Wir haben ihn monatelang auf seinem Posten gelassen, obwohl wir das wußten. Er war Reichstagsabgeordneter.«

Heckert war – gemeinsam mit Ulbricht – der erste, der sich gegen jene wandte, die die Verfehlungen Wittorfs aufgedeckt hatten. Wie in den anderen von Heckert erwähnten Fällen war in erster Linie nicht das Verbrechen, waren nicht Korruption und Unterschlagungen für die KPD schädlich, sondern deren Bekanntwerden. Was Wittorf betraf: auch in diesem Falle suchte die Hamburger KPD-Leitung zuerst den Verräter, der Interna an den Klassenfeind übermittelt hatte. Ein Fall für Presche und seine Genossen von der Abwehr.

Es ist also schon zu verstehen, warum sich auch Thälmann »infarmiert« und nicht mitschuldig fühlte. Natürlich hatte er frühzeitig von Wittorfs aufwendigem Lebensstil, seinen – wie eine Zeitung schrieb – Weibergeschichten und den Unterschlagungen gewußt ... obwohl er dies lange Zeit vehement leugnete. Thälmann kannte selbstverständlich ebenfalls die überall, also auch in Hamburg, von der KPD angewandten Methoden, zusätzlich Geld in die Kassen zu bekommen. So wurden in den Ortsgruppen höhere Beiträge erhoben als erlaubt. Der Kassierer ließ einfach auf irgendwelche Beitragsmarken höhere Summen aufdrucken. Da niemand genau wußte, wieviele solcher Marken neu bedruckt wurden, konnte auch niemand die Höhe der Gewinne. Auf jeden Fall war mehr Geld für Marken vorhanden, als überhaupt Marken von der Zentrale herausgegeben worden waren. Üblich waren auch »Verlustmeldungen« von Marken. Den Kassierern der Partei wurde großes Vertrauen entgegengebracht. Häufig genug aber wurde es auch mißbraucht. In einer Sitzung der Hamburger Bezirksleitung, an der Thälmann teilnahm, machte er eine fllapsige Bemerkung über Wittorfs Verhalten: »Vielleicht ist noch einer so verrückt und kommt auf den Gedanken, daß ich davon gewußt habe!« Gleichzeitig plädierte er für den Parteiausschluß von Wittorf, Rieß, Presche und Schehr. Als nun, wie erwähnt, die Hamburger Bezirksleitung am Sonnabend, dem 22. September 1928 am Valentinskamp zusammentrat, um darüber zu beschließen, war Thälmann nicht dabei. Aber er war in Hamburg, hatte sich mit dem aus Berlin angereisten Eberlein in einer Kneipe am Bahnhof verabredet. »Als er kam«, so Eberlein später, »sagte er mir, daß Schehr mich vor der Sitzung sprechen wolle. Ich sagte, wenn Schehr kommt, werde ich mit ihm sprechen. Darauf erklärte Thälmann, daß es besser sei, wenn er mir vor der Sitzung folgende Mitteilung mache: Er habe von der Korruption seit dem 20. Mai gewußt (...) Ich kam durch diese plötzliche Mitteilung in eine ungeheure Lage.«

Die Bezirksleitung wartete nämlich auf Eberlein, um u. a. zu klären, was Thälmann von der ganzen Affäre gewußt hatte. Die Sitzung dauerte lange, bis weit in den Sonntag hinein. Fast 50 Diskussionsbeiträge verzeichnet das Protokoll. Was Wittorf betraf, war die Meinung einhellig. Er nahm übrigens nicht mehr an der Auseinandersetzung teil. Etkar André, der Chef des Hamburger Roten Frontkämpferbundes, sprach aus, was viele dachten: »Wittorf ist in den Augen aller ein Lump, der, wenn er in Rußland wäre, erschossen werden würde.« Wittorf war aber nicht in Rußland. Er überlebte die Jahre der Nazidiktatur lange und vor allem unbehelligt. André hingegen wurde von den Nazis hingerichtet. Weniger einhellig war die Auffassung über den Parteiausschluß von Schehr, Presche und Rieß. So machte sich Max Maddalena, der einige Jahre später zur illegalen Landesleitung der KPD gehören und 1943 im Nazizuchthaus sterben sollte, zum Fürsprecher der drei. »Sie wollten die Partei vor Unannehmlichkeiten schützen«, sagte er, vertrat also den gleichen Standpunkt wie etwas später Heckert und Ulbricht. »Mit jenem System im Bezirk, das es ermöglicht hat, eine monatelange Korruption in der Parteispitze, in Parteiorganen des Bezirks und des ZK zu verschleiern, muß endlich Schluß sein«, hielt ihm sein Genosse Unger entgegen. Dieses System bestand in einer gewissenlosen Cliquenwirtschaft in der Leitung, in einer fortgesetzten Vergewaltigung der Parteidemokratie, in einer außerordentlichen Entfremdung der Leitung von den »Parteimassen«, im Ersticken jeder geistigen Regung und jeder Diskussion, meinte Unger unter dem Beifall seiner Freunde. Otto Unger, zu jener Zeit Agitations- und Propaganda-Sekretär der Hamburger Bezirksleitung, wurde 1933 von den Nazis verhaftet, kurz darauf aber wieder freigelassen. Danach emigrierte er sofort in die Sowjetunion und wurde dort im März 1938 vom NKWD ermordet. Die Pro- und Contra-Thälmann-Gruppen standen sich scharf gegenüber. Eberlein deckte auf, daß auch Schehr, der zu dieser Zeit ja bereits Kandidat des Zentralkomitees war, mit großer Hartnäckigkeit geleugnet hatte, von den Unterschlagungen durch Wittorf gewußt zu haben. Schehr wurde übrigens 1933, nach der Verhaftung Thälmanns, von der Komintern zu seinem Nachfolger bestimmt. Die Nazis verhafteten ihn bald und ermordeten ihn.

Nachts um halb zwölf, als die Sitzung in der Bezirksleitung ihrem Höhepunkt zusteuerte, wurde Eberlein aus dem Zimmer gerufen. Draußen verlangte Schehr von ihm, dafür zu sorgen, daß die Angriffe gegen ihn und seine beiden Freunde Presche und Rieß gestoppt werden. »Wenn in der Sitzung nicht alles zurückgenommen wird, dann lasse ich Thälmann hochgehen«, drohte er. Eberlein verwehrte Schehr daraufhin den Zutritt zur Sitzung. Aber dessen Freunde agierten dort für ihn. So meldete sich ein Genosse v. d. Reith mit den Worten zur Geschäftsordnung: »Ich stelle fest, daß zu derselben Zeit, wo der Genosse Eberlein solche Auskunft gab (daß Thälmann nichts gewußt habe), er eine Erklärung der drei Genossen (also Rieß, Presche und Schehr) in der Tasche hatte, in der einwandfrei ausgesagt ist, daß Genosse Thälmann über die ganze Angelegenheit informiert war.« Sein Kollege Robert hielt ihm entgegen: »Und selbst, wenn diese Sache stimmt, möchte ich bemerken, daß ein Vertreter des ZK das Recht hat, manche Dinge zu verschweigen.« Im Verlaufe der Diskussion kam auch zutage, daß Wittorf bereits vor der bekanntgewordenen Unterschlagung dem Bezirksleitungsmitglied Skjellerup große Summen für den Aufbau eines Betriebes geliehen hatte. Auch Johann Skjellerup ist seit 1937 in der Sowjetunion verschollen.

Klar wurde, daß Thälmann bereits am 13. April 1928, also noch vor der internen Zusammenkunft von Schehr, Presche, Rieß und Wittorf in Presches Wohnung von Wittorfs Unterschlagung gewußt hat. Die Angelegenheit »unter sich zu regeln«, war seine Idee gewesen.

Die Entscheidung über Disziplinarmaßnahmen delegierte die Bezirksleitung Wasserkante letztendlich an das Zentralkomitee in Berlin. Doch zuerst einmal bestätigte das Polbüro dieses ZK den von der Hamburger Bezirksleitung beschlossenen Ausschluß Wittorfs aus der Partei. Das war am 25. September. Einen Tag später gab das ZK in seiner übergroßen Mehrheit dem Antrag Thälmanns statt, ihn von seiner Funktion »zu entbinden«. Auch seine Freunde Schehr, Presche und Rieß wurden ihrer Funktionen enthoben. Parteimitglieder blieben sie aber. Das ZK machte, wie eine Hamburger Zeitung bissig bemerkte, »aus der Not eine Tugend«: »Das Zentralkomitee der KPD hat die Stirn, die Absetzung Thälmanns als Beweis anzuführen für die Reinheit und Festigkeit der kommunistischen Reihen (...) Die langen Parteiauseinandersetzungen aber, die im Laufe der Jahre stattgefunden haben, haben gezeigt, daß die KPD alles andere ist, nur keine proletarische Partei, in der die organisierten Mitglieder zu Worte kommen können.«

Knapp zwei Wochen später sollte sich diese Behauptung wieder bestätigen. Denn da war Thälmann lorbeerbekränzt wieder Parteivorsitzender, und auch seine Freunde waren wieder in Amt und Würden. Nur Wittorf blieb ausgeschlossen. Das allmächtige Exekutivkomitee der Kommunistischen Internationale hatte gesprochen. Schließlich hatte Stalin seinen Mann nicht auf den KPD-Thron gesetzt, um ihn einige Jahre später ruhmlos stürzen zu lassen.

Getagt hatte die Deutsche Kommission dieses Komitees, wie eingangs erwähnt, am 2., 4. und 6. Oktober 1928 in Moskau. Neben Thälmann, Ulbricht und den anderen maßgeblichen KPD-Funktionären Heckert, Remmele, Dengel, Ewert und Eberlein nahmen auch Stalins Beauftragte Pjatnitzki und Molotow an diesen Sitzungen teil. Und dort wendete sich das Blatt. Die Angeklagten wurden zu Anklägern und die Ankläger zu Angeklagten. Zuerst wurde der nahezu einhellige Beschluß des Zentralkomitees der KPD verdammt, sodann die Veröffentlichung dieses Beschlusses in der »Roten Fahne« als »schwerstes Verbrechen gegen die Partei« gebrandmarkt. Denjenigen, die die Untersuchung in Hamburg geführt hatten, wurde unterstellt, »sie spielten den Feinden der UdSSR in die Hände«, und »sie wollten die Partei zum Kampf unfähig machen«. Wie Eberlein wurde vor allem auch Ewert scharf angegriffen, der angeblich von den sogenannten Versöhnlern als »neuer Führer und als neuer Heiland« gedacht war. Sie, diese Versöhnler, hätten »alles von langer Hand vorbereitet und den Plan zum Sturze Thälmanns sorgfältig ausgearbeitet«. Später hätten sie auch »andere noch mit in den Strudel gerissen« – vor allem Pieck und Schneller. Dengel war wie Ewert und Eberlein zu jener Zeit Politbüromitglied. Im ZK hatte er mit am schärfsten gegen Thälmann gesprochen. Nun auf einmal erklärte er: »Ich selbst habe in dieser Affäre vollständig kopflos und unverantwortlich gehandelt. Irgendeine Entschuldigung kann es nicht geben.« Er gehörte neben Pieck, Ulbricht und Heckert zu denen, die später vom NKWD unbehelligt blieben.

Und Thälmann? Seine Ausführungen sind im Protokoll handschriftlich stark redigiert – in seiner eigenen großen und steilen Sütterlinschrift. Danach nannte er eine ganze Reihe anderer Unterschlagungsfälle in der KPD, zum Beispiel einen Buchhalter in der »Roten Fahne«, der 4.000 Mark veruntreut hatte. Sein Schweigen über Wittorf begründete er mit der »schwierigen Situation in Hamburg«. So sei dort gerade auch das Pfingsttreffen des RFB vorbereitet worden. Er habe auch nicht gleich etwas gesagt, »weil alle anderen gesagt hatten, Thälmann wisse von nichts. Das war ein besonderes Verantwortungsgefühl gegenüber diesen Genossen (...) Und: lag ein Bedürfnis bei den Massen vor? Nein, es lag ein Bedürfnis bei den Genossen um Ewert vor, die Sache zu veröffentlichen, um nicht nur Thälmann zu diskreditieren, sondern auch die Autorität der Partei in der ganzen Öffentlichkeit zu diskreditieren.«

Ewert: »Soll das hier so weitergehen, auch mit Schimpfwörtern? Es wird ganz offensichtlich der Versuch gemacht, den Spieß umzudrehen«. Und Eberlein: »Ich bin sehr erstaunt über die Entwicklung des Genossen Thälmann in den letzten Tagen. Zuerst seine Einsicht, schwere Fehler gemacht zu haben und seine Bereitschaft zur vollen Verantwortung. Heute aber ist er völlig unschuldig und hat nur aus politischer Zweckmäßigkeit gehandelt (...) Was sind das für brave Funktionäre. Wenn es ihnen an den Kragen geht, lassen sie Thälmann hochgehen. Ich habe einen anderen Begriff von Makellosigkeit. Nein, sie waren Versippte, sie hatten sich verpflichtet und konnten nicht schweigen. Was der eine sagte, sagten alle anderen – und am Schlusse auch Thälmann. Es ist meiner Überzeugung nach unmöglich, daß Thälmann in der nächsten Zeit der Führer der deutschen Partei sein kann (...) Es ist unmöglich, daß wir unter seiner Führung arbeiten können (...) Wenn ihr Thälmann einsetzt in alle seine Funktionen, dann können wir in der Führung, in der ich seit Gründung der Partei stehe, nicht mehr mitarbeiten.« Die Antwort Remmeles steht für die Heckerts und einiger anderer, die nun das alleinige Sagen hatten: »Ich habe auf die Infamie Eberleins nichts zu erwidern. Das steht mir zu niedrig, um darauf Antwort zu geben«. Und Ulbricht: »Eberlein und Ewert haben versucht, an die Stelle der Politik die Scheinmoral zu setzen.« Pieck blieb vorerst bei seiner Meinung, »daß das Urteil des ZK richtig war«. Der Bulgare Kolarow, der zur Exekutive der Komintern gehörte, meinte, daß sich das »Exekutivkomitee nicht mit dem Beschluß des ZK der KPD solidarisieren dürfe«. Ausschlaggebend war die »Meinung« Molotows, die in Wirklichkeit jene Stalins war. Er sprach, wie die anderen Exekutivmitglieder auch, Thälmann »das volle Vertrauen der Komintern« aus.

Letzten Endes wurde der ZK-Beschluß vom Tisch gewischt. Eberlein meinte dazu: »Es wird der Eindruck erweckt, daß ein schweres Verbrechen nur deshalb milde beurteilt wird, weil Thälmann daran beteiligt war.« Und: »an Stelle der politischen Auseinandersetzung tritt nun ein persönlicher Vernichtungskampf in der Partei.«

Wie recht er hatte, und zwar im wörtlichen Sinne seiner Vorhersage, konnte Eberlein zu dieser Zeit nicht wissen. Diesem aufrechten Kommunisten waren noch einige Jahre vergönnt, die er im illegalen antifaschistischen Kampf und mit angestrengter Arbeit in der Komintern verbrachte. Dann wurde er »vernichtet« – im Auftrage Stalins durch das NKWD. Wann genau, weiß man nicht. Ewert emigrierte später nach Brasilien, wurde von dort an die Nazis ausgeliefert. Die Komintern rührte für ihn keine Hand, hatte sie aber, so wird stark vermutet, bei dieser Auslieferung mit im Spiel. Er überstand das »dritte Reich« und starb danach, schwerkrank und hilflos. Für die KPD blieb er, auch noch in der Thälmann-»Biographie«, als »Versöhnler« verdammt.

Doch Thälmann war ein ehrenwerter Mann – auf Beschluß der Komintern. Seine Motive, wie auch die seiner Freunde, waren lauter, ihre Handlungsweise aber »ein zu rügender politischer Fehler« ... so im Oktober der Brief des »Politischen Sekretariats des Exekutivkomitees der Kommunistischen

Internationale« an die Zentralkomitees der Sektionen der KI, also auch an das ZK der KPD. Diejenigen aber, die die ganze Sache aufgerollt hatten, wurden, wie schon gesagt, als »versöhnlerische Elemente« verketzert, die die KPD-Führung in die Hand bekommen wollten, um diese nach eigenem Sinne zu verändern. »Die deutsche Bruderpartei muß aus dieser Angelegenheit die politischen Konsequenzen ziehen«, forderte denn auch das Zentralorgan der sowjetischen KP, »Prawda«. Es ist klar, daß die »Bruderpartei« gehorchte.

Das Zentralkomitee der KPD, das kurz zuvor noch nahezu einstimmig Thälmann abgesetzt hatte, zog nun diesen Beschluß mit 25 gegen 6 Stimmen zurück, erfüllte damit, wie es hieß, seine bolschewistische Pflicht. Es begrüßte vorbehaltlos die Resolution des Exekutivkomitees der Kommunistischen Internationale. Und es beschloß den »Kampf gegen die rechten Abweichungen und gegen die versöhnlerische Strömung« als Hauptaufgabe des innerparteilichen Kurses. Na also.

Kurz darauf kam Thälmann stolzgeschwellt als Sieger aus Moskau zurück – in der erwähnten Sitzung und vor allem vom VI. Weltkongreß der Komintern neu gestählt und voller Elan und Kampfesmut. Auf der 2. Parteiarbeiterkonferenz der KPD am 3. November wurde, wie es in der Thälmann-»Biographie« heißt, »der Sieg der marxistisch-leninistischen Mehrheit der Parteiführung über die rechtsopportunistische Fraktion und die versöhnlerische Richtung bekräftigt«. Thälmann hielt dort eine flammende Rede, wetterte gegen die linken SPD-Führer, gegen die Rechten und gegen die Versöhnler: »Genossen, war es ein Zufall, daß im Fall Wittorf der Vorstoß der Rechten und der Versöhnler in einer so explosiven Form erfolgte? (...) Die ideologischen Wurzeln für diese Strömungen und Gruppierungen bestanden schon lange in der Partei.« Doch nun sollten sie endgültig herausgerissen werden. Und vor allem sollte nun auch der Kampf gegen die »sozialimperialistische und sozialfaschistische« SPD, gegen die, wie die »Hamburger Volkszeitung« am 9. November 1928 schrieb, »Sozialdemokratie, die Partei der Spitzel und der Korruption«, wieder schärfer geführt werden. Die letzte Chance, die die Auseinandersetzungen während der Wittorf-Affäre für eine eventuelle demokratische Entwicklung der KPD eröffneten, war vertan und dahin. Der Naziführer Hitler konnte sich ins Fäustchen lachen.

Am Anfang eines langen Weges

Es ist ein regnerischer Freitag, dieser 3. März 1933. Der Südwestwind treibt neue Wolken vor sich her, bringt den Fröstelnden aber auch ein wenig Wärme. Es scheint, als verjage nun endlich der langersehnte Frühling den Winter, der sich nur noch nachts mit schon schlaff gewordenen Eisfingern an Bäume, Sträucher und Boden klammert. Zeit des Aufbruchs.

Am Nachmittag dieses 3. März steht in der Nähe des Hauses Nr. 9 in der Lützower Straße, gleich hinter dem prachtvollen Rathaus in Berlin-Charlottenburg, abfahrtbereit eine große dunkle Reiselimousine. Thälmanns Sekretär Hirsch ist in einer Wohnung im ersten Stockwerk dieses großen Mietshauses damit beschäftigt, irgendwelche Papiere im Ofen zu verbrennen und gemeinsam mit Thälmann einige Koffer zu packen. Sie lassen sich Zeit, lachen und scherzen dabei. Kurz nach drei aber klopft es gebieterisch an die Wohnungstür. Martha, die Frau des Wohnungsinhabers Hans Kluczynski, öffnet und ... herein stürmen die Polizeiwachtmeister Kamprowski, Golinski, Boye, Hansch, Krumpa und Stegemann vom 121. Revier am nicht weit entfernten Wilhelmplatz. Sie werden angeführt von ihrem Revierleiter, Hauptmann Baumann. Ernst Thälmann wird später in seinem sogenannten »Brief an einen Kerkergenossen« von »einem Leutnant und zwanzig Mann« erzählen, die ihn – »Revolver in der Hand und dann los auf mein Zimmer« – verhaftet hätten. Es war Thälmanns Zimmer, sondern die Wohnstube der Familie Kluczynski.

Zwei Stunden später wird Baumann - der Leutnant, der ein Hauptmann ist - seinem Kollegen Hauptmann Grigoleit vom 144. Polizeirevier in Spandau am Telefon sagen, daß Thälmann ruhig und brav mitgegangen sei. Vorher habe er aber noch ein kleines Köfferchen mit etwas Wäsche gepackt. Er sei erst zum Revier gebracht und dann von dort durch die Abteilung Ia vom Polizeipräsidium am Alexanderplatz abgeholt worden. Auch der zweite Festgenommene habe keinen Widerstand geleistet. Der allerdings konnte keine Wäsche einpacken. Sie wird ihm später nachgebracht werden. Kurz nach den beiden sei ein Dritter in die Wohnung gekommen. Auch der sei ohne Schwierigkeiten festgenommen worden. Abends dann, gegen 20.00 Uhr kam noch ein Vierter. Fünf Stunden also nach dem Polizeiüberfall auf Thälmanns Wohnung lief noch einer in die Falle. Das wirft ein Schlaglicht darauf, wie die KPD ihren Vorsitzenden geschützt hatte. Gab es dort keinen Sicherungsposten für Thälmann, niemanden, der das Haus im Auge behielt?

Am nächsten Tag meldete das Nazi-Hauptblatt »Völkischer Beobachter« auf seiner zweiten Seite: »Kommunistenführer Thälmann verhaftet.« Noch am 3. März hatten die Zeitungen berichtet, daß Thälmann bereits geflüchtet wäre. Vermutlich sei er nach Kopenhagen entkommen, hieß es. Nun schrieb der »Völkische Beobachter«, die Politische Polizei habe gewisse Anzeichen dafür, daß Thälmann bereits auf dem Weg ins »Sowjetparadies« gewesen sei. War er es nicht? Die KPD-Propaganda und auch die Geschichtsschreibung der DDR aber werden es als die Thälmann eigene Tapferkeit werten, daß er in Deutschland bei seinen Genossen geblieben war. Ist den Agitprop-Experten der KPD nicht klar gewesen, in welches Licht sie damit die anderen Führungsmitglieder der Partei stellten? Deren Flucht wurde damit begründet, daß sie sich dem Zugriff der Polizei entziehen mußten, um die KPD nicht führerlos werden zu lassen. Die Nazizeitung nannte nur drei der Festgenommenen, nämlich Thälmann, Hirsch und Birkenhauer, namentlich. Der vierte, Kattner, blieb unerwähnt. An anderer Stelle wird der Hintergrund dafür erhellt werden.

Die beiden Polizeioffiziere Grigoleit und Baumann wurden vom damaligen Preußischen Minister des Innern – das war der Obernazi Hermann Göring – für »ihre vorbildliche Dienstauffassung« belobigt. Die sechs Wachtmeister, die an der Festnahme Thälmanns beteiligt waren, erhielten je eine Prämie von zehn Mark. Diese Anerkennung und Geldbelohnung wurde in ihre Personalunterlagen eingetragen. Wie spätere Ermittlungen bestätigten, haben auch sie, nicht zuletzt dank ihrer »tatkräftigen Beteiligung bei der Festnahme des KPD-Führers Thälmann«, ihren Weg in der Nazipolizei gemacht. Einer von ihnen, Willy Stegemann, »von deutschblütiger Abstammung«, wie es in seiner Personalakte heißt, brachte es sogar zum Polizeioberleutnant. Er erhielt nicht nur den »Ehrenwinkel für alte Kämpfer«, sondern auch andere Auszeichnungen. Als Angehöriger der berüchtigten Ordnungspolizei sorgte er vorbildlich für »Ruhe und Ordnung« im okkupierten Polen und in Rußland. Auch Hauptmann Baumann war 1943 mit seiner Familie in die Nähe von Kattowitz »übergesiedelt«. Sein Kollege Grigoleit quittierte zur gleichen Zeit wegen irgendwelcher Differenzen mit seinen Dienstherren als Polizeimajor den Dienst. Nach 1945 arbeitete er als Bauarbeiter in Berlin.

Vierzehn Jahre später, am 7. Oktober 1947, wird irgend jemand im – nun antifaschistischen – Berliner Polizeipräsidium notieren: »Im Heizungskeller des ehemaligen Polizeidienstgebäudes in der Gothaer Straße 19 wurde ein stark mitgenommener Band betr. die Inhaftnahme des kommunistischen Reichstagsabgeordneten Ernst Thälmann vorgefunden (...)« Dieses Schreiben ist sorgfältig abgeheftet und aufbewahrt worden. Die Akte aber fehlt. Es ist anzunehmen, daß sie eilfertig dem sowjetischen »Freund«, dem unter dem Pseudonym »Oberst Krüger« im Polizeipräsidium amtierenden Beauftragten der russischen Geheimpolizei NKWD ausgehändigt worden ist. Und das NKWD wird sie den anderen in seinen Archiven lagernden Thälmann-Unterlagen zugefügt haben. Für die KPD-Führung war es damals, als die nazistische Terrormaschine bereits auf Hochtouren lief, nicht einfach, die Umstände von Thälmanns Verhaftung zu erforschen. Damit wurde von Hans Kippenberger, der den Abwehrapparat der KPD führte, sein Mitarbeiter Vehlow beauftragt. Vehlow war später, während des spanischen Bürgerkriegs, unter dem Namen »Schuster« Offizier in den »Internationalen Brigaden«.

Dort ist er im Dezember 1936 gefallen. Über die Umstände und den Ort seines Todes ist nichts bekannt. Vehlow und seine Genossen hatten in detektivischer Kleinarbeit einiges zusammengetragen, was das – gelinde gesagt – unkluge Verhalten Thälmanns erhellte und auch seinem Umfeld einige Konturen verlieh. Die genauen Umstände aber, die zu Thälmanns Verhaftung geführt hatten, konnten sie nicht ermitteln.

Warum hatte Thälmann trotz drängender Aufforderung durch die Quartiermacher nicht eines der für ihn vorbereiteten konspirativen Quartiere bezogen? Vier davon waren Stadtwohnungen. Eines dieser Zimmer wurde später von Ulbricht und danach von Thälmanns Nachfolger Schehr benutzt. Und obwohl der gewarnt wurde, daß diese Wohnung nicht mehr »sicher« sei, hat sie Schehr weiter verwendet und wurde denn darin auch im Herbst 1933 verhaftet. Zielstrebig verlangte die Gestapo dabei von dem Wohnungsinhaber auch die Herausgabe der Koffer Thälmanns, die dort von Kattner untergestellt worden waren. Diese konspirativen Quartieren waren zu gefährlichen Fallen geworden, hatte die Gestapo doch den Quartiermann, der für die Beschaffung der illegalen Quartiere der leitenden Funktionäre verantwortlich war, als ihren Agenten angeworben. Verhältnismäßig sicher war nur, wer sich selbst ein illegales Quartier besorgt hatte, wie zum Beispiel Herbert Wehner.

Erhalten geblieben ist auch ein Bericht von Hans Kippenberger vom Februar 1935. Kippenberger war der unmittelbare Vorgesetzte von Hermann Dünow. Der war ein führender Mitarbeiter in der Geheimabteilung der KPD. Er überlebte im Nazigefängnis. Kippenberger aber wurde im Oktober 1937 – wie viele andere KPD-Funktionäre vor und viele nach ihm – im Auftrage Stalins vom NKWD ermordet. Kippenberger berichtete, daß er und Dünow einige Landhäuschen in der Umgebung Berlins für Thälmann gesucht und gemietet hatten. Die »Konspiration« in der KPD-Führung war so eng, daß dort schon bald ein breiter Kreis zumindest von zwei dieser Häuser wußte, so daß sie schnellstens wieder aufgegeben werden mußten. Für das dritte wurde, um die neugierige Umgebung an die Statur des neuen Pächters zu gewöhnen, sogar ein Double Thälmanns gesucht und in der Person des Kunsthändlers Christian F. auch gefunden.

1934 mußte Dünow bei einer der durch Prügel und anderen Zwang gekennzeichneten »verschärften Vernehmungen« bei der Gestapo zugeben, daß F. in seinem Auftrage dieses Waldhaus in der Nähe von Buckow gepachtet hatte. F. aber habe von der eigentlichen Absicht nichts gewußt. Bei dieser Aussage blieb übrigens F. bei all seinen Verhören. Er wurde daraufhin auch nicht von der Gestapo belangt. F. war aber bereits im November 1933 – also ein Dreivierteljahr vor Dünow – über das Waldhaus vernommen worden. Woher nur hatte die Gestapo den Hinweis? Von Kattner, der das Haus ebenfalls kannte? Oder auch vom erwähnten Quartiermann, dem Spitzenagenten der Gestapo, dem zahllose KPD-Funktionäre zum Opfer fielen? Thälmann, der dieses versteckt liegende Waldhaus Ende Februar 1933 selbst besichtigt hatte, war – nach Kippenberger – davon begeistert. Anstatt es aber nun, wie vorgesehen, gleich zu beziehen, verlangte er noch eine Verstärkung des bereits vorhandenen Zaunes. Der Umzug wurde dann auf den 3. März 1933, abends 18.00 Uhr, festgesetzt. Drei Stunden früher aber wurde Thälmann verhaftet. Das nahe der Lützowstraße Nr. 9 bereitgestellte große Auto mußte ohne ihn und seine Freunde abfahren. Wäre er in diesem Jagdhaus »Horrido« seiner Verhaftung entgangen? Das ist kaum anzunehmen. Später wird die Gestapo sich darüber amüsieren, daß in dieses von der KPD-Geheimabteilung angeblich so konspirativ vorbereitete Jagdhaus bei Buckow Möbel gebracht worden waren, die als Eigentum des ZK der KPD gekennzeichnet waren! So trugen die Schreibmaschine, die vier Feldbetten, der Schrank und das Liegesofa den Stempel des ZK der KPD. Dem Kunsthändler F. konnte aber auch dabei keine Kenntnis nachgewiesen werden. Er sagte, daß Dünow, der sich ihm als »Börner« vorgestellt habe, auch diese Möbel preisgünstig besorgt hatte. Später wird Dünow enthüllen, daß der Kunsthändler F. lange Jahre bewußt und intensiv mit der KPD zusammengearbeitet hat. Die Panne mit den Möbeln beweist, wie leichtfertig die Freiheit und sogar das Leben eines gutwilligen Freundes der Partei aufs Spiel gesetzt wurden. Das einsam gelegene Waldhaus wurde zu DDR-Zeiten dann von einem »volkseigenen« Berliner Unternehmen als Betriebs- und Kinderferienheim, aber wohl auch als Absteige für seine Funktionäre, genutzt.

Spitzelei und Ignoranz

In Kippenbergers Bericht findet sich eine Bemerkung, die in keiner der bislang zugängigen Unterlagen über Thälmanns Verhaftung je wieder auftaucht. Der 15-16jährige Junge der Quartierleute Thälmanns habe in diesen Tagen – also Anfang März 1933, als in allen Zeitungen über den Aufenthalt Thälmanns gerätselt und, wie gesagt, auch Thälmanns »Flucht nach Kopenhagen« gemeldet wurde – der psychischen Belastung, »zu Hause wohnt der am meisten gesuchte Th.«, nicht standgehalten und sich zu einem Dummejungen-Streich verleiten lassen. Er habe anonym beim Revier angerufen. Über den Inhalt dieses Anrufs kann man nur mutmaßen. Da, wie Kippenberger schrieb, »diese Angelegenheit seit dem verhängnisvollen 3.3.33 wiederholt besprochen worden ist«, kann man wohl annehmen, daß die Empfänger dieses Berichts, die Führung der KPD und der Komintern in Moskau, die Einzelheiten und Zusammenhänge genau kannten. Dieser Sohn der Quartierleute Thälmanns konnte nach dem Kriege nicht mehr befragt werden, da er, nach Auskunft seiner Mutter, am 16.7.1944 als Soldat der deutschen Wehrmacht in Nordrußland gefallen war. Auch er wurde in den DDR-Geschichtsbüchern nicht erwähnt. Sie und auch die archivierten Unterlagen aber bezeichnen einen gewissen Hermann Hilliges als »Verräter Thälmanns«.

Als ich die Suche nach ihm in einer Gartenkolonie am westlichen Stadtrand von Berlin beginne, ist wieder Frühling. Es duftet aus den Gärten. Die Veilchen blühen bereits. Zartgrün sind die Hecken. Hohe alte Bäume – Fichten, Kiefern, Birken – stehen an den breiten Kieswegen. Es könnte hier so ruhig sein. Aber über mir jaulen und dröhnen englische

Militärflugzeuge, die nahezu pausenlos vom nahen Flugplatz aufsteigen und dort landen. Die alles in sich aufsaugende, brodelnde Großstadt jedoch scheint weit entfernt. Ich spüre die mißtrauischen Blicke, die mich durch die Gardinen in den Fenstern der kleinen Siedlungshäuschen oder der Hütten in den Gärten verfolgen.

Fremde fielen schon immer auf, hier, wo sich alle kennen. Verständlich deshalb, daß sich auch an jenem 3. März vor einigen Jahrzehnten mit Windeseile in der Siedlung herumgesprochen hatte, Thälmann wäre in der Stadtwohnung des Kolonisten Kluczynski verhaftet worden. Einen Tag später, am 4. März 1933, gleich früh um 8.20 Uhr, rief denn auch ein Herr B. aus dieser Siedlung bei der Politischen Abteilung im Berliner Polizeipräsidium am Alex an und teilte aufgeregt mit, daß »gestern, nach der Verhaftung des Thälmann, der Schlosser Kluczynski von einem Auto abgeholt worden« sei. Es habe sich dabei um einen Sechssitzer mit dem Kennzeichen IA 29178 gehandelt. Zwar nicht Thälmann, wohl aber sein Chauffeur Joswig hatte mehrmals mit Thälmanns großem Auto Kluczynski besucht. Es ist anzunehmen, daß Thälmann von diesen Fahrten gewußt oder Walter Joswig selbst hingeschickt hat. Nahm er an, es fällt nicht auf – in dieser kleinen Siedlung, wo sogar jedes herabfallende Blatt ein kleines Erdbeben verursacht? Einer der beiden Männer in dem Sechssitzer, teilte der Anrufer mit, sei klein und schwarzhaarig, also bestimmt ein Jude gewesen. »Bei den vorstehend beschriebenen Personen«, so heißt es in dem kurzen Vermerk unter dieser Meldung, »handelt es sich um Kriminalsekretär Raben und Kriminalassistent Giering, die sich mittels PKW nach G. begaben und die Laube des K. durchsucht haben.« Übrigens war vor ihnen schon der Landgendarm Laube dagewesen und hatte sich in der Hütte umgesehen. Der kleine und dunkelhaarige Gestapobeamte, der »bestimmt ein Jude gewesen ist«, war Raben. Der größere von beiden aber war Karl Giering.

Bald wird er als »Kommissar« und dann sogar als »Kriminalrat« unter seiner Anschrift in der Gervinusstraße am S-Bahnhof Charlottenburg im Berliner Adreßbuch stehen. Bereits damals gehörte Giering, den Zeitzeugen als einen der »erfahrensten Kriminalisten Deutschlands« bezeichneten, zur Abteilung I Ad II, zum Außendienst der Politischen Polizei ... zu einer der vielen operativen Abteilungen der Gestapo. Die Abteilung I Ad II befaßte sich mit linksradikalen Parteien und Organisationen, das heißt auch mit der Kommunistischen Partei Deutschlands. Giering verfügte bereits über große Erfahrungen auf diesem Gebiet, als ihn – wie viele andere aus der Politischen Polizei der Weimarer Republik – 1933 die Gestapo übernahm. Thälmann schrieb über ihn als »Schweinehund erster Güte«, der ihn und viele andere bei den Vernehmungen gequält habe.

Später wird sich Giering vor allem einen Namen machen als Leiter der operativen Gestapogruppe, die die sogenannte »Rote Kapelle« aufspürte. Ursprünglich vom Geheimapparat der KPD gegründet, war diese Organisation sehr bald von der sowjetischen Militäraufklärung übernommen und europaweit ausgebaut worden. Antifaschistischer Widerstand vermischte sich wider jede Vernunft mit Spionage, eine Mischung, die nur allzu gute Ansatzpunkte für die Gestapo und deren Spürhunde, wie Giering, bot. Überlebende seiner Verfolgungen sagten, »baumlange Giering« litt in seinen letzten Jahren an Kehlkopfkrebs. Er konnte dann seine Verhafteten nicht mehr anbrüllen. Seine Stimme war heiser. Sein Gesicht war erdfarben. Nur seine tief eingesunkenen Augen brannten nach wie vor fanatisch ... ein besessener Jäger bis zu seinem letzten Tag. Vom 15. Mai 1944 stammt sein letzter Krankenbericht. Die noch heute in Rußland wohlgehüteten Unterlagen über die »Rote Kapelle« würden sicher auch über Giering genauere Auskunft geben können.

Giering also hatte mit dem »Sechssitzer IA 29178« Kluczynski aus seiner Laube in der Gartenkolonie abgeholt und zum Polizeipräsidium am Alex gebracht. Zuvor aber war er in der Lützowstraße gewesen und hatte von dort Martha Kluczynski mit in die Kolonie genommen. Sie und ihr Mann wurden bei der Gestapo gründlich verhört. Beide sagten erst aus, daß Ende Februar ein »ihnen unbekannter« Mann ein Zimmer in ihrer Wohnung für Thälmann gemietet hatte. Thälmann hätten sie dem Namen nach, aber nicht persönlich gekannt. Am 1. März habe er das Zimmer bezogen. Mit dieser dünnen Ausrede allerdings konnten sie Giering nicht beeindrucken und rückten bald mit der Wahrheit heraus. Hans Kluczynski war 1920 Mitglied der KPD geworden, seine Frau 1923. 1923 lernte Hans Thälmann kennen, im Herbst des gleichen Jahres machte er seine damals 33jährige Frau mit ihm bekannt. Seitdem wohnte Thälmann bei seinen Berlinaufenthalten regelmäßig bei den Kluczynskis. Zum letzten Male zog er dort gleich nach den Weihnachtstagen 1932 ein und wohnte dort bis zu seiner Festnahme. Nach Aussage von Frau Kluczynski erfuhr Thälmann auch vom Reichstagsbrand erst von ihr. Er war spät, in den Nachtstunden des 27. Februar 1933 nach Hause gekommen. Als ihm Martha von der Rundfunkmeldung über den Reichstagsbrand erzählte, sagte Thälmann, daß er sich schon gewundert habe, daß er auf dem Nachhauseweg so viele Feuerwehren getroffen habe. »Er schlug nun vor, schlafen zu gehen.«

Hans und Martha Kluczynski wurden noch einmal gemeinsam vor dem Landgericht Moabit vernommen. Hans allein vernahm die Gestapo danach noch fünfmal. Dabei blieb es seltsamerweise. Sie wurden nicht wie andere, die irgendeinem mehr oder minder bedeutenden KPD-Funktionär Unterschlupf gewährt hatten, von der Gestapo verfolgt und in der Folgezeit auch keinen Repressalien ausgesetzt. Im September 1945 wurde Hans und wenige Monate darauf, 1946, Martha Kluczynski von sowjetischen Geheimpolizisten nach den Umständen von Thälmanns Verhaftung »befragt«. Die Protokolle darüber waren bislang nicht einzusehen. Hans wurde bei seiner Vernehmung 1945 seinem Gartennachbarn Hilliges gegenübergestellt, wobei dieser zugab, den Aufenthaltsort Thälmanns der Polizei mitgeteilt zu haben. Das politische Kommissariat der neuen Polizei vernahm 1947 beide noch einige Male. In einem dieser Protokolle lesen wir Marthas Angabe: »Jedesmal, wenn er (Thälmann) in Berlin war, (war er) bei mir(!) ein ständiger Gast. Manchmal waren es Tage, manchesmal nur Stunden.«

Niemals wurde in den Geschichtsbüchern der DDR versucht zu erklären, warum ausgerechnet der Parzellennachbar von Hans Kluczynski, Hermann Hilliges, in der Lage war, Thälmanns Aufenthaltsort so genau anzugeben. Dieser Frage ging jedoch bereits im Oktober 1947 ein Kriminalsekretär K. nach. »Doch«, so notierte der Kriminalist, »die Aufklärung darüber kann nicht erfolgen, da Hilliges bis zum heutigen Tage dem Einfluß der deutschen Polizei entzogen wurde.«

Nichts erfährt man aus den DDR-Geschichtsbüchern auch über den weiteren Lebensweg der Kluczynskis. Man sucht ihre Namen vergebens in den langen Listen der so hochgeehrten wie sorgsam ausgewählten Antifaschisten und der Kampfgefährten Thälmanns, von denen es ja nach 1945 aus vielerlei Gründen nicht mehr allzu viele gab. Dabei war zumindest Martha bereits am 1. Oktober 1950 von Westberlin nach Pankow im Osten umgezogen. Hier hat sie noch lange gelebt. Als Bürgin für den heroischen antifaschistischen Kampf der KPD taugte sie wohl nicht. Dafür aber wäre sie eine ideale Zeugin für die Ignoranz der Männer um Thälmann und auch Thälmanns eigener gewesen. Ihr Mann Hans, der 1947 als Beruf Verwaltungsangestellter mit einem Nettogehalt von 253 Mark angegeben hatte, war im April 1950, einige Monate vor Marthas Umzug nach Pankow, im städtischen Krankenhaus Hohengatow (Westberlin) an seiner chronischen Lungenerkrankung gestorben.

Bereits kurz nach Thälmanns Verhaftung hatte der KPD-Geheimdienst ermittelt, daß sehr viele Menschen, KPD-Mitglieder und ehemalige Mitglieder, den Aufenthaltsort Thälmanns und auch sein Verhältnis zu Frau Kluczynski genau kannten. In der ganzen Umgebung war außerdem bekannt, daß beide Kluczynskis KPD-Mitglieder waren. Bereits Tage vor der Verhaftung Thälmanns wurden in der Umgebung der Wohnung Haussuchungen durchgeführt. Thälmann tat die Warnung davor als »Scheißhausparole« ab. Eine von den KPD-Schlapphüten befragte Freundin sagte aus, daß Hans Kluczynski, »bei dem ja Thälmann wohne, manchmal trinke«. Und Martha enthüllte ihnen, daß ihr Mann kein allzu gutes Verhältnis zu Thälmann hatte. Kunststück bei ihrer desto engeren Beziehung zum KPD-Vorsitzenden.

Wie sich nach 1945 herausstellte, hatte die Polizei Anfang 1933 tatsächlich eine ganze Reihe von Hinweisen auf die Kluczynskis erhalten. Da es aber mehrere hundert Anzeigen von Leuten gab, die angeblich immer genau wußten, wo Thälmann wohnte, ist sie gar nicht dazu gekommen, alle Anzeigen sofort zu überprüfen. So hatte eine Frau J. der Abteilung I Ad II gemeldet, daß Frau Kluczynski Thälmanns »vertrauteste Freundin« sei und »seit 1924 von Thälmann ausgehalten« werde. »Ich habe Thälmann schon dort gesehen«, berichtete sie. Nach 1945 wollte sie sich übrigens nicht mehr an ihre Spitzelberichte erinnern. Auch ein Nazi aus dem Wohnhaus der Kluczynskis, der – so ein Gestapobericht – »bis Anfang des Jahres der KPD nahegestanden und sich erst in letzter Zeit der NSDAP zugewendet hat«, meldete seine Wahrnehmungen der Polizei. Dieser Spitzel H. hatte auch wie Kluczynski eine Parzelle in der beschriebenen Gartensiedlung. Es gab noch andere, die Thälmanns Aufenthaltsort der Polizei kundtaten. Sie alle buhlten nach der Festnahme Thälmanns um die dafür ausgeschriebene Belohnung. Ihre beschämend denunziatorischen und speichelleckerischen Schreiben an die Politische Polizei sind nach 1945 aufgefunden worden.

Belohnt aber wurde letzten Endes der damals 53jährige Hermann Hilliges. Er war, wie gesagt, der Parzellennachbar der Kluczynskis. »Dessen Vertrauen zu gewinnen, war nicht schwer. Ich freue mich, der Partei einen kleinen Dienst geleistet zu haben«, schrieb Hilliges im Juni 1933 in seinem Ergebenheitsbrief an das Geheime Staatspolizeiamt, Zimmer 23a. In diesem Brief beschrieb er noch einmal, welche Anstrengung es ihn gekostet hatte, mit seiner Meldung Erfolg zu erzielen. Nicht nur den Landgendarm Laube habe er bemüht, sondern sogar die SA. Deren Motorstaffel 1 überbrachte Hilliges Meldung noch einmal der Polizei, und zwar an das vom Parteigenossen Hauptmann Grigoleit geführte 144. Revier in Spandau. »Ich wollte diesen Fang mit SA besorgen, wegen der Wichtigkeit und des Mangels an Zeit überließ ich im Einvernehmen mit Hauptmann Grigoleit der Polizei die Durchführung der Festnahme«, schrieb der Führer der Motorstaffel 1, ein SA-Sturmbannführer, ein paar Tage später an die Oberstaffel Berlin-West. Er habe gehört, fügte der Sturmbannführer hinzu, daß »nach Lage der Dinge eine Prämie in Frage käme«. Er wollte sie beileibe nicht für sich, sondern für den SA-Mann R., einen kleinen Droschkenbesitzer, der für das Überbringen der Meldung das letzte aus seinem Wagen herausgefahren und dabei vor allem sein eigenes Benzin verbraucht habe. Im Juni 1933 erhielt die Motorstaffel 1 in Sachen Thälmann eine Belohnung von 75 Mark.

Wieviel Geld Hilliges bekam, ist nicht bekannt. Auf jeden Fall aber blieb er nicht Kassierer, sondern wurde Vorstandsvorsitzender des Kleingartenverbandes in Berlin-Spandau. In seinem erwähnten Schreiben an die Gestapo hatte er – dabei staunt man, wieviele orthographische Fehler in solch einem kurzen Schreiben unterzubringen sind – zwar noch geschrieben: »(...) in diesem Sinne und in dieser Form möchte ich für die Partei gern weiter arbeiten.« Aber: »Obwohl ich nicht Mitglied der NSDAP bin«, so hatte er sich wenig später dem Stadtrat D. in Spandau erfolgreich als Vorstandsvorsitzender der Kleingärtner angeboten, »habe ich der Partei wohl den größten Dienst erwiesen, indem ich den Führer der KPD, Ernst Thälmann, durch meine Beobachtung der Gestapo aushändigen konnte.« Es war ein Zufall, daß dieses Schreiben nach 1945 gefunden wurde. Es wurde unverzüglich an Wilhelm Pieck übermittelt, den nunmehrigen KPD-Vorsitzenden. Hilliges war bereits im Juni 1945 vom NKWD festgenommen, nach wenigen Tagen aber wieder entlassen worden. Seine endgültige Verhaftung erfolgte dann im Juli 1945, nachdem sein Schreiben an den Spandauer Stadtrat D. bekanntgeworden war. Er »wurde am 11.7.1945 dem zuständigen Kommandanten als Verräter übergeben«, notierte am 27.10.1947 ein Beamter der Kriminalpolizei. Für Hilliges zuständig war zu dieser Zeit bereits die britische Militärbehörde. Ausgeliefert aber wurde er an das NKWD. Er war und blieb seitdem verschollen. Der erwähnte Hermann Dünow wollte wissen, daß Hilliges »in der sowjetischen Untersuchungshaft seinem Leben selbst ein Ende gesetzt« habe. Nichts findet sich in den Akten über die Aussagen von Hilliges vor den sowjetischen Untersuchungsbehörden. Auch sie verschwanden wie der Mann selbst.

In der Kleingartenkolonie erfahre ich im besagten Frühling Jahrzehnte später nichts mehr über Hermann Hilliges. Seine Familie hat vor einigen Jahren die Parzelle aufgegeben und ist weggezogen.

Die 1928 eingerichtete Gartenanlage hat sich natürlich im Laufe der Jahrzehnte verändert. Geblieben sind die Wege und auch ihre Bezeichnungen. Die Zäune und Hecken zwischen den Parzellen sind höher geworden. Anstelle vieler einstiger Lauben stehen jetzt kleine Häuschen mit Garagen. Kam man früher nur an den Wochenenden oder im Urlaub hierher und nur dann wochenlang, wenn man – wie Hans Kluczynski – Invalide oder arbeitslos war, so wohnen heute viele Familien ständig hier. Hilliges' Laube war schon vor langen Jahren solch einem kleinen massiven Haus gewichen, wo er, der achtbare Vorstandsvorsitzende mit seiner Familie auch wohnte. Auch die kleine und niedrige Holzlaube der Kluczynskis ist erhalten geblieben. Sie ist etwas modernisiert worden. Daß die Kluczynskis aus der Siedlung, die früher als »links« galt, verschwanden, dafür hat damals schon der freundliche Nachbar Hermann Hilliges gesorgt. Als ehrbarem Bürger war ihm schließlich nicht zuzumuten, mit »Kommunistengesocks« Tür an Tür – oder besser: Zaun an Zaun – zu wohnen. Auf diesem und jenem Türschild steht ein Name, den man auch auf den Spitzelberichten in den Gestapounterlagen findet. Es sind die Enkel oder vielleicht auch die Großnichten oder -neffen, die heute hier wohnen, und die die Grundstücke geerbt haben. Sie wissen, daß Hilliges »seinerzeit von den Russen abgeholt« worden ist. Von Thälmann kennen sie zumeist noch nicht einmal den Namen.

Schlagt die Faschisten! Nur: welche?

Obwohl er später über diese Tage Ende Januar 1933 sagen wird: »Große Nervosität war überall vorhanden, aber am wenigsten bei mir«, war Thälmann innerlich keineswegs so ruhig, wie er sich nach außen gab.

Wenn er nicht weiterwußte oder irgendwelchen für ihn unangenehmen Situationen ausweichen wollte, floh er nach Hamburg. Nur dort war er tatsächlich zu Hause. Dort waren seine Freunde, die einzigen, denen er wirklich vertraute. Er dachte und fühlte wie sie, sprach deren Sprache. Von ihnen holte er sich Zuspruch und Rat. Noch in den Jahren seiner Haft wird er von der Erinnerung an seine nordische Heimat zehren. Sie wird ihm inneren Halt geben. Wehmütig wird er eines Tages schreiben: »Herzschlag der Menschen und Herzschlag der Natur sind dort eng verbunden, diese ins Herz dringende Innerlichkeit, diese ungekünstelte Verbindung von tiefer Wesensart mit dem deutschen Empfinden.« Aufmerksame Korrektoren werden auch diesen Satz weggestrichen haben, als sie sich Anfang der sechziger Jahre daranmachten, einige seiner Briefe aus dem Gefängnis zu veröffentlichen.

Der D-Zug Berlin-Hamburg ist pünktlich abgefahren. Nun rast er durch den eiskalten Januarmorgen, an flachen braunen Feldern, kahlen Bäumen, durchsichtigen Wäldern, erwachenden Dörfern und Städten vorbei. Die weißgrauen Dampfschwaden der Lokomotive legen sich über die lange Wagenreihe, verkräuseln sich erst weit hinter ihr. Längst hat die wohlige Wärme in den Waggons die dick vereisten Fenster wieder durchsichtig werden lassen, wenn sich nun auch der Atem der Passagiere an ihnen niederschlägt.

In seinem 1. Klasse-Sonderabteil, das ihm als Reichstagsabgeordnetem zusteht, kämpft Thälmann mit der Müdigkeit. Letzten Endes besiegt sie ihn. An der Tür zum Gang sitzt sein Begleiter. Er muß wachbleiben, seinen schlafenden, ab und zu aufschreckenden Chef bewachen. Seine Aufgabe ist nicht leicht und auch nicht ungefährlich. Die Abteilvorhänge sind zwar zugezogen, aber vielleicht hat sie doch jemand beobachtet und erkannt. Nicht jedermann ist Thälmanns Freund, und besonders in diesen Tagen sind die Emotionen aufgepeitscht. Eigentlich ist es äußerst leichtsinnig, gerade jetzt mit dem Zug nach Hamburg zu fahren, denkt sein Bewacher. Wenn es schon notwendig war, so hätte Thälmann auch das Auto benutzen können. Die Fahrt hätte zwar bedeutend länger gedauert, wäre aber sicherer gewesen. Oder wollte er durch diese Fahrt signalisieren, daß die Situation gar nicht so ernst und beängstigend war, wie er es selbst unermüdlich in seinen Reden dargestellt hatte? Ja, er hatte eindringlich davor gewarnt, nur keinen »legalistischen Illusionen« zu verfallen. Mitte Februar, schreibt er später in einem Kassiber aus der Haft, will er noch einmal in Hamburg gewesen sein. Ist das wahr? Oder gehört das zu seinem angestrengten Bemühen, Aufenthaltsorte und Tätigkeit in diesen kritischen Wochen nachzuweisen und dafür Zeugen zu finden? Seine »Biographen« notieren für diesen zweiten Hamburg-Aufenthalt die Tage vom 18. bis zum 21. Februar. Er hätte »noch einmal« seine Familie besucht. Vor allem aber habe er den leitenden Funktionären des KPD-Bezirks Wasserkante »unter strengster Beachtung der Regeln der Konspiration im Hinterzimmer einer Kutscherkneipe am Hafen« die Beschlüsse der Parteiführung erläutert.

An diesem Januartag fährt der Zug fahrplangenau im Hamburger Hauptbahnhof ein. Thälmann wird von seinem Begleiter wachgerüttelt, nimmt seinen kleinen Koffer und steigt aus. Wird er zuerst »unter strengster Beachtung der Regeln der Konspiration in die Hinterstube einer Kutscherkneipe am Hafen« auf ein Glas Bier mit seinen Kumpels gehen oder zu seiner Familie, zu Frau und Kind?

Neun Jahre später, 1942, erheiterte ein Oberregierungsrat Taubert vom faschistischen Reichspropagandaministerium seinen Minister Joseph Goebbels mit dieser Episode: »Als Schleicher (der General Kurt von Schleicher war am 3. Dezember 1932 zum Reichskanzler berufen worden) zurücktrat (das war am 28. Januar 1933), begab sich am Mittag Torgler (der Vorsitzende der KPD-Reichstagsfraktion) zu Thälmann und schlug ihm vor, doch einen Bereitschaftsdienst (...) für Sonnabend und Sonntag anzuordnen, da man doch mit der Machtergreifung durch Hitler rechnen müsse. Daraufhin Teddys klassische Antwort: ›Die Bourgeoisie läßt doch Hitler nicht ran! Wir fahren nach Lichtenberg kegeln.‹ Das geschah denn auch. Thälmann, Torgler und noch ein dritter feierten einen schönen runden Kegelabend, bei dem es Eisbein, Korn und Molle gab.«

Ob es stimmt, was Taubert erzählte? Denkbar ist es schon, war doch Torgler einer seiner zuverlässigsten Informanten. Längst hatte der seinen Frieden mit den Nazis geschlossen und sich in deren Propagandaapparat einspannen lassen. Außerdem bestand 1942 für die Nazis kein Grund mehr für eine Agitation gegen Thälmann. Er konnte ihnen nicht mehr gefährlich werden. Wer außer seinen Genossen kannte ihn schon noch? Diese Notiz Tauberts ist archiviert worden.

Dr. Eberhard Taubert hat sich lange Jahre mit Thälmann befaßt. Er saß auch 1935 mit in der großen Nazirunde, die über die Durchführung oder Nichtdurchführung eines Prozesses gegen Thälmann beriet. Zuletzt leitete er als Ministerialrat die Abteilung Ost im Propagandaministerium. So konnte er seine bereits frühzeitig erworbenen und gepflegten antikommunistischen Erfahrungen verwerten. Auch als ehrenamtlicher Richter am Volksgerichtshof konnte er sie in die böse Tat umsetzen. Seine Leistungen dort waren so gut, daß er am 29. Januar 1940 erneut vom »Führer und Reichskanzler« für fünf Jahre in diese Aufgabe berufen wurde. Zu jener Zeit war er noch Oberregierungsrat und Sturmführer der SA. Seine Auffassung: Kommunisten gehörten »ausgemerzt« – und erst recht, wenn sie dazu noch Juden waren. Was überwog bei ihm – sein Antikommunismus oder sein Antisemitismus? Eines seiner Hauptwerke war der antisemitische Hetzfilm »Der ewige Jude«, für den er den Text verfaßte. Im Januar 1989 zitierte daraus der Westdeutsche Rundfunk: »Wo Ratten auftauchen, tragen sie Vernichtung ins Land, zerstören sie menschliche Güter und Nahrungsmittel. Sie sind hinterlistig, feige und grausam und treten meist in Scharen auf. Sie stellen unter den Tieren das Element der heimtückischen, unterirdischen Zerstörung dar, nicht anders als die Juden unter den Menschen.« Auf die »Verdienste« dieses Mannes wollte nach 1945 die Bundesrepublik nicht verzichten. Anfang 1995 beschrieb eine Zeitung seine nach Kriegsende begonnene neue Karriere. Danach soll zuerst der Geheimdienstapparat seine Kenntnisse genutzt haben. Später habe er den »Volksbund für Frieden und Freiheit« gegründet. Dieser menschenfreundliche Begriff sagte nichts über den wahren Inhalt dieses Bundes aus. Taubert, der Kämpfer für Frieden und Freiheit, war auch – so der WDR in der erwähnten Sendung – »Begründer der psychologischen Aufrüstung in der Bundesrepublik«. Die entsprechende Bundeswehr-Akademie in Waldbröl bei Bonn profitierte von seinen Erfahrungen. WDR: »Mehrere 10.000 Soldaten und angeworbene Zivilisten durchlaufen jährlich die Waldbröler Psychoakademie.«

Mag Tauberts Anekdote über Thälmann stimmen oder nicht, Tatsache ist, daß Thälmann die Drohung von Hitlers Machtübernahme nicht allzu ernst nahm, treu und brav verfocht er die Auffassung der Komintern. Jahre später, 1937, erzählte Rosa Thälmann dem von der Parteiführung zu ihr nach Hamburg geschickten Kurier von einem Gespräch zwischen ihrem Mann und dessen Freund Hermann Schubert. Der war bis 1933 sogenannter Pol-Sekretär, also Vorsitzender der KPD im Bezirk Wasserkante und danach Mitglied des Politbüros der illegalen KPD. Mitte der dreißiger Jahre wurde er in seinem Moskauer Exil verhaftet und vom NKWD umgebracht. Schubert soll irgendwann vor 1933 zu Thälmann gesagt haben: »Wenn wir kommen, dann laufen die Faschisten davon.« Thälmanns Antwort darauf sei gewesen: »Was, die Faschisten haben keine Macht? Die werden uns ihre Macht noch zeigen. Darauf kannst Du Dich verlassen. Und die werden noch stärker werden und noch mehr Macht bekommen.« Rosa fügte hinzu: »Thälmann wußte schon, wie die Lage wirklich war. Er hat mehr als einmal herausbekommen, daß man ihm unwahre Stimmungsberichte gegeben hat. Diese falschen Berichte haben ihm seine Arbeit ungeheuer erschwert.« Rosa Thälmann sagte leider nicht, welche faschistische Gefahr ihr Mann klar erkannt hatte. Er war ein Mann der Komintern, ihr gläubig ergeben. Und für Komintern und KPD bestand längst eine faschistische Diktatur in Deutschland.

Sie bestand, wie Thälmann im August 1932 in einem Zeitschriftenartikel formulierte, in Form der Regierung des Zentrumspolitikers Franz von Papen, seines Reichswehrministers General Schleicher und des Essener Oberbürgermeisters und kommissarischen Innenministers Franz Bracht. Bereits im Februar des gleichen Jahres hatte Thälmann gesagt: »Niemand wird heute mehr daran zweifeln, daß wir recht hatten, als wir im Dezember 1930 von einer ausreifenden, noch nicht ausgereiften faschistischen Diktatur sprachen.« Thälmann bezog sich auf den erbitterten Widerstand der KPD gegen die Regierung des ebenfalls von der Zentrumspartei gestellten Reichskanzlers Heinrich Brüning. Unter dessen »ausreifender, noch nicht ausgereiften faschistischen Diktatur« aber konnte die KPD recht gut leben und sich entwickeln. War es nicht vor allem diese eklatante Fehleinschätzung, die die Partei regelrecht entwaffnete, als dann die wirkliche Diktatur Hitlers und seiner Nazis mit einer nicht erwarteten und bislang nie gekannten Brutalität zuerst auf die KPD losschlug und vor allem deren darauf nicht gefaßten Mitglieder traf? Die wohnten in Städten und Gemeinden, hatten Familien, Nachbarn und Bekannte. Sie konnten nicht untertauchen.

Im Verständnis Thälmanns und seiner Führung waren Hitlers Nazis der terroristische Flügel des bereits bestehenden Faschismus. Sein gemäßigter Flügel, das waren die Sozialdemokraten. Sie waren gleichzeitig die »soziale Hauptstütze der Bourgeoisie«. Dementsprechend wurde in den wortreichen Lageberichten der KPD-Führung auch als Gegner zuerst die SPD genannt. Erst weit danach folgte die NSDAP. So stand die KPD – wie sie meinte – zwischen Scylla und Charybdis. Gegen wen sollte sie zuerst und am härtesten kämpfen?

1946 erklärte der Vorsitzende der KPD, Wilhelm Pieck: »Einen weiteren Fehler begingen wir in der Einschätzung der sozialdemokratischen Partei, in der wir jahrelang unseren Hauptfeind sahen, und gegen den wir das Hauptfeuer unseres Kampfes selbst dann noch richteten, als bereits die Faschisten ihre Mordbanden gegen die Arbeiterklasse führten.« Drei Jahre später hatte Pieck, der 1949 Präsident der neugegründeten DDR wurde, allerdings seine Wahrheit von 1946 wieder vergessen: »Thälmann erkannte die große Gefahr, die der Arbeiterklasse durch den aufkommenden Faschismus drohte. Immer wieder rief er die Arbeiterschaft zum einheitlichen Kampf gegen diese Gefahr auf.« Dabei war Pieck doch dabei, als Thälmann im Oktober 1932, drei Monate vor Hitlers Machtergreifung, auf der 3. Parteikonferenz der KPD stolzgeschwellt ausrief: »Wir haben in Deutschland im Rahmen der ideologischen Offensive des Zentralkomitees gegenüber manchen abweichenden und unklaren Auffassungen die richtige Auffassung entsprechend der Stalinschen Definition von den Zwillingen durchgesetzt (...) wonach Faschismus und Sozialfaschismus nicht Widersacher, sondern Zwillinge sind, die sich nicht gegenseitig ausschließen, sondern einander ergänzen.« Deshalb war es eine Lüge, wenn in der SED-Geschichtsschreibung behauptet wurde, daß Thälmann und die Führung der KPD »unermüdlich auf eine Einheitsfront mit den Sozialdemokraten orientierten«.

Diese rote Einheitsfront, das war nach diesem Verständnis das Zusammengehen der KPD mit den einfachen SPD-Mitgliedern ... natürlich unter Führung der Kommunisten. Die rote Einheitsfront wird das »braune Mordgesindel und seine Auftraggeber hinwegfegen«, schrieb die KPD-Zeitschrift »AIZ«, die »Arbeiter-Illustrierte Zeitung«, wenige Tage nach der Nazi-Demonstration am 22. Januar, 1933 vor dem Karl-Liebknecht-Haus, der Zentrale der KPD. Die Nazis wollten, so hatten ihre Zeitungen verkündet, es »der Kommune mal so richtig zeigen, sie das Fürchten lehren«. Drei Tage später, am Mittwoch, dem 25. Januar nun wollte auch die KPD es den Nazis mal so richtig zeigen, wollte ihre Macht demonstrieren und ihre Entschlossenheit, diesen »bürgerlichen faschistischen Staat Weimarer Republik« durch eine Diktatur des Proletariats zu ersetzen. Der SED-Geschichtslegende blieb es später vorbehalten, diese Demonstration so umzudeuten, als sei ihren Arrangeuren vollkommen bewußt gewesen, daß die Hitlerdiktatur unmittelbar bevorstand. Dieser Aufmarsch von 120.000 KPD-Anhängern sei somit als letzte Warnung davor gedacht gewesen.

Später wird die SED ihre Probleme haben mit den Bildern, die während dieser Demonstration aufgenommen wurden. So zeigt die Thälmann-»Biographie« acht Personen auf der Tribüne vor dem Karl-Liebknecht-Haus. Und sie tragen Mützen, was bei der klirrenden Kälte auch verständlich war. Im ein Jahr früher von den gleichen Autoren veröffentlichten Bildband waren nur drei Personen zu sehen – Thälmann, Schehr und Ulbricht. Alle anderen waren wegretuschiert worden. Auch im 1. Band von Ulbrichts »Geschichte der deutschen Arbeiterbewegung« (1953) wurde dieses bearbeitete Bild verwendet. Im 1986 von den Thälmann-«Biographen« editierten Bildband über Thälmann zählen wir wieder sechs. Hier nun fehlt das Politbüromitglied Hein, der als Verräter bezeichnet wurde oder anderweitig in Ungnade gefallen war, wie der Hauptkassierer Artur Golke, den »man« im sowjetischen Exil umgebracht hatte.

»Unermüdlicher Kampf gegen den Faschismus!« Nur: gegen welchen? Im erwähnten Zeitschriftenartikel von August 1932 hatte Thälmann sich gegen die Auffassung gewandt, daß es früher zwar richtig war, den »Hauptstoß gegen die Sozialdemokratie« zu führen, nun aber der Hauptgegner die Nationalsozialisten seien. »Eine solche schematische Einstellung sieht völlig von unserer Klassenpolitik ab«, schrieb er. Und: »Der Einfluß der Sozialdemokratie auf entscheidende Teile der Arbeiterklasse muß mit der größten Anstrengung unsererseits gebrochen werden (...) Der Kampf gegen den Hitlerfaschismus erfordert zugleich, die SPD zu schlagen.« Gleichzeitig sah Thälmann voraus, daß der »Aufstieg des Hitlerfaschismus theoretisch durchaus denkbar, wenn auch unwahrscheinlich ist.«

Es ist immer wieder faszinierend, zu lesen, wie unbekümmert theoretische Aussagen getroffen wurden. So stellte Thälmann auf der erwähnten 3. Reichsparteikonferenz im Oktober 1932 fest, daß »die nationalsozialistische Bewegung aller Wahrscheinlichkeit nach ihren Höhepunkt überschritten hat«. Er sah er auch für die KPD die »Möglichkeit heranreifen (...) die von der SPD und von Hitler enttäuschten Massen aufzufangen, zu sammeln und in die revolutionäre Klassenarmee einzugliedern.« Und wieder: »Unsere Strategie (schafft) gerade durch den Hauptstoß gegen die Sozialdemokratie überhaupt erst die Voraussetzung für eine wirksame Bekämpfung des Hitlerfaschismus.« Die Nazis zu überschätzen, das sei ein Hauptfehler und opportunistisch. Ebenso falsch aber sei es auch, sie zu unterschätzen. Wenn Thälmann selbst daran glaubte, was er vortrug, so hätte er sich eigentlich am schärfsten anklagen müssen.

Zwei Tage nach der, wie es hieß, machtvollen Demonstration vom 25. Januar 1933 vor dem Karl-Liebknecht-Haus gegen die ernste Gefahr des Hitlerfaschismus schrieb er einen Brief an Fritz Heckert, den KPD-Vertreter bei der Kommunistischen Internationale in Moskau. Die Naziprovokation vor dem KL-Haus vom 22. Januar habe die »Widersprüche in der Regierung verschärft«. Die Regierung Schleicher führe »eine scharfe Kriegspolitik« durch. Also war es nur logisch, daß die KPD den Sturz dieser Regierung forderte und anstrebte. Thälmann rechnete damit, daß am 31.1.1933 der Reichstag über einen Mißtrauensantrag gegen die Regierung debattieren würde. So jedenfalls steht es in seinem Brief an Heckert. Doch die Regierung Schleicher trat schon am 28. Januar zurück, der Weg für Hitlers Kabinett war frei. Thälmann aber stellte noch einen Tag zuvor im Brief an Heckert eine »Steigerung der Einheitsfrontstimmung im ganzen Proletariat« fest, eine »neue Welle antifaschistischer Massenstimmung«: »Der Drang der Massen, ihr Machtbewußtsein für den Sozialismus steigt immer mehr!« Vor allem auch »bei der Jugend und bei den Arbeiterinnen und unter den Frauenmassen (!)« sei eine »steigende Revolutionierung zu verzeichnen«.

Bereits lange vorher hatte Thälmann einen »Rückgang der nationalsozialistischen Bewegung« registriert. Warum sollte man dann gegen diesen Feind den Hauptstoß richten? Thälmann genügte es wenige Tage vor der Nazidiktatur, wie er an Heckert schrieb, »neue Methoden zur ideologischen Zersetzung der Nazianhänger« zu suchen. Das wichtigste aber sei der »prinzipielle Kampf gegen die SPD«. Eine Auffassung, der er sogar noch lange nach der Machtübernahme Hitlers anhing, wie seine Gefängniskassiber zeigen. Im Brief an Heckert schrieb Thälmann auch davon, daß die KPD »Massenstreiks« und andere »Massenaktionen« vorbereitet.

Später wird die faschistische Anklagebehörde Thälmann u. a. vorwerfen, daß sich die KPD Anfang 1933 ernsthaft mit Plänen für einen Putsch, einen bewaffneten Aufstand trug. Thälmann selbst verneinte das. Um ihre Anschuldigung zu erhärten, bereiteten die Nazis abtrünnige und auch inhaftierte KPD-Funktionäre als Zeugen für den Prozeß gegen Thälmann vor.

Einer dieser Zeugen sollte Hermann D. sein, aus dem die Gestapo weitgehende Aussagen herausgeprügelt hatte. D. war ein maßgeblicher militärpolitischer Funktionär und Abwehrspezialist der KPD. In der Anklageschrift gegen ihn listete der Oberreichsanwalt im Mai 1935 eine Reihe von Maßnahmen auf, die seiner Meinung nach eindeutig auf einen von Thälmann und der KPD-Führung vorbereiteten bewaffneten Aufstand zielten. So wird angeführt, daß die KPD bereits im November 1930 eine Anzahl ihrer Funktionäre an die militärpolitische Schule nach Moskau entsandt hatte, die dort in der illegalen Arbeit, in Strategie und Taktik, im Waffengebrauch und in der Herstellung und Verwendung von Sprengmitteln ausgebildet wurden.

Solche Lehrgänge wurden bereits seit Anfang und dann verstärkt seit Mitte der zwanziger Jahre durchgeführt. Im September 1935 äußerte Wilhelm Pieck, der wenige Tage später in Moskau auf der sogenannten Brüsseler Konferenz der KPD als Nachfolger Thälmanns KPD-Vorsitzender wird, die

Befürchtung, daß mit Sicherheit auf dem Prozeß gegen Thälmann eine Reihe von Lenin-Schülern als Belastungszeugen auftreten werden. Sie werden bekunden, schrieb Pieck an den Generalsekretär der Komintern, Dimitroff, »daß sie auf Sowjetboden zum Kampfe gegen die deutsche Regierung geschult wurden«. Im Herbst 1931, so die Naziankläger, wäre Kippenberger, der Leiter des militärpolitischen Apparates der KPD und unmittelbare Vorgesetzte D.s, damit beauftragt worden, Richtlinien für »antimilitärische Maßnahmen in Berlin« auszuarbeiten. Sie sollen auf 20 Schreibmaschinenseiten niedergelegt worden sein. Darin sei auch ein Beispiel für einen Aufstandsplan enthalten gewesen. Der Anklageschrift nach habe D. bei seinen Vernehmungen angegeben, daß die KPD von ihren vier stärksten Zentren ausgehen wollte. Diese waren Berlin, Hamburg, das Ruhrgebiet und Oberschlesien. »Falls an einer Stelle der Aufstand aufflackere«, so D. nach dieser Anklageschrift, »müßten die drei anderen gleichfalls sofort zu kriegerischen Maßnahmen übergehen mit dem Endziel, sich baldigst miteinander zu verbinden (...)«

Die Anklageschrift gegen D. führte auch die geheimen Dienste der KPD auf, die bei diesen Plänen eine entscheidende Rolle spielen sollten. Thälmann hat später alle Vorhaltungen dieser Art abgestritten und auch die Existenz dieser Apparate heftig geleugnet. Das waren Schutzbehauptungen, die in der SED-Geschichtsschreibung als Beweise dafür genommen wurden, daß es in der KPD-Führung keinerlei Putsch- oder Aufstandspläne gegeben haben konnte, weil für ihre Durchführung überhaupt keine Voraussetzung bestanden. Anton Ackermann, ehemals hoher KPD-Funktionär und später – bis er in Ungnade fiel – Kandidat des SED-Politbüros, bemerkte 1970: »Im Zentralkomitee der Partei hatte Ernst Thälmann die Leitung des militärpolitischen Apparats der KPD inne.« Ackermann nannte die zwei Hauptsäulen dieses Apparats: Die Aufklärung und die Abwehr. Die politische Aufklärung holte danach Informationen aus dem Staatsapparat, aus den Parteien, den Organisationen, den Gewerkschaften und bürgerlichen Sportverbänden. Die militärische Aufklärung drang in die

Reichswehr ein, in die Polizei, in paramilitärische Organisationen wie Stahlhelm, SS und SA. Sie sammelte auch Informationen aus der Wissenschaft und aus der Technik, die für die Sowjetunion von Interesse waren. Die Aufklärung stützte sich auf Menschen aus dem bürgerlichen Lager. »Wenn ein Ingenieur der Partei beitrat, ging sein Mitgliedsbuch sofort nach Moskau.« Die Abwehr versuchte, Spitzel in den eigenen KPD-Reihen zu enttarnen und abzuwehren. Eine dritte Säule war – nach Ackermann – die »Zersetzung« ... zum Beispiel in der Reichswehr, der Polizei, den paramilitärischen Organisationen, den reaktionären Parteien. Kippenberger war der operative Leiter des militärpolitischen Apparats. Später, nach der Errichtung der faschistischen Diktatur, gingen die Aufklärungsdienste der KPD mehr und mehr vollständig in sowjetische Hände über. Ein bekanntes Beispiel dafür ist die sogenannte »Rote Kapelle«. Sie war ursprünglich eine Gruppe des militärpolitischen Apparats der KPD. Der Apparat hatte auch Waffen und Sprengstoff zu beschaffen. Er unterhielt eine Terrorgruppe und eine Paßfälscherzentrale. Diese war bereits Anfang der zwanziger Jahre durch Hugo Eberlein eingerichtet worden. Als Abteilung Bücherei wurde sie in der Struktur des ZK geführt. Geleitet wurde sie von Richard Großkopf.

Der 1897 in Berlin geborene gelernte Kartograph Großkopf war bereits in der Weimarer Republik im Visier der politischen Polizei. Bald nach Hitlers »Machtergreifung« wurde er gemeinsam mit anderen Mitgliedern der KPD-Fälscherzentrale verhaftet, das war am 3. Mai 1933, und zwei Jahre später vom Volksgerichtshof zu neun Jahren Zuchthaus verurteilt. Nachdem er 1945 aus dem KZ Buchenwald, wo er zum militärischen Apparat der dortigen illegalen KPD-Organisation gehört hatte – zurückgekehrt war, wurde er Inspekteur (Oberst) der Volkspolizei und sinnigerweise Abteilungsleiter für das Paß- und Meldewesen. Ab 1951 durfte er als Oberst im Ministerium für Staatssicherheit weiterfälschen, diesmal im Auftrage des Staates. Mielkes Ministerium verstand sich sicher berechtigt als Hüterin der KPD-Aufklärungs- und Abwehrtradition. Großkopf starb 1977.

Die politische Polizei Preußens – und zwar der in diesem Buch mehrfach genannte spätere Gestapobeamte Giering – hob Großkopfs Paßfälscherzentrale in der Kaiserallee 48a in Berlin bereits im November 1932 aus. Die Fälscher selbst konnte sie damals meist nicht erreichen, sie waren untergetaucht. Wie Großkopf auch wurden sie dann Anfang 1933 aufgespürt und verhaftet. Sie hatten mit Hilfe eines parteilosen Druckereibesitzers eine neue Fälscherwerkstatt eingerichtet. Die Gestapo fand hier eine Unmasse von Fälschungshilfsmitteln. Über die Ausstattung einer Paßfälscherzentrale der KPD gab Anfang 1994 ein Zeitungsartikel Auskunft. Danach waren der politischen Polizei 1932 in der Kaiserallee insgesamt 2.109 Stempel in die Hände gefallen, davon waren 1.584 Gummistempel, 485 Faksimilestempel und 40 Prägestempel. Weiter wurden 35 Pässe gefunden, 680 lose Paßblätter, 807 Paßfotografien, 300 Urkunden, 757 Gebührenmarken, 57 Steuerkarten, 72 Quittungskarten, 30 Arbeitsbücher und Arbeitsbescheinigungen, 165 Zeugnisse, 700 polizeiliche Formulare sowie 650 Briefbogen verschiedener Firmen, Abmeldebescheinigungen, Schriftproben, Tinten und viele andere Fälschungsutensilien.

Kurz nach der Machtergreifung Hitlers wurde auch die illegale Paßfälscherzentrale der KPD in der Sternwarte Berlin-Treptow von der Gestapo ausgehoben. Es heißt, sie sei von Alfred Kattner verraten worden. Doch erklärte sich Kattner erst im Sommer 1933 zur Zusammenarbeit mit der Gestapo bereit. Mit dem Hinweis auf Kattner wollte die KPD vermutlich davon ablenken, daß es der Gestapo gelungen war, ihre Spitzel in einflußreichen Stellen der Partei zu plazieren. Die umfangreichen Festnahmen beweisen dies. Nach dem Auffliegen ihrer Zentralen in Berlin fälschte die KPD im Saarland weiter, später in Prag und in Paris. Sie versorgte die Illegalen, die Funktionäre und die Kuriere mit falschen Pässen und Papieren. Nicht alle waren so ordentlich gefälscht, daß sie den Prüfungen an den Grenzen und durch die Polizei in Deutschland oder in anderen Staaten standhielten. Mancher Kurier oder andere Illegale ist mit so einem Buch – wie der gefälschte Paß im KPD-Jargon hieß – »hochgegangen.« Im

Dezember 1938 warnte die Gestapostelle in Potsdam die Landräte Brandenburgs vor gefälschten Pässen. Sie teilte mit, daß – »wie erst jetzt bekannt wurde – im März 1937 gegen 100 schweizerische Paßformulare (...) entwendet worden« waren. Prompt wurde mit solch einem gestohlenen schweizerischen Paß von der Gestapo auch der Thälmannkurier »Edwin« gefaßt, als er zum wiederholten Male die deutsche Grenze passieren wollte.

Und Thälmann, für den selbst eine Reihe falscher Pässe angefertigt worden war? Er habe, sagte er, von der Paßfälscherei und von all den anderen Spezialdiensten der KPD nichts gewußt!

Der Abwehr unterstand übrigens auch die Reichskassenverwaltung der KPD. Dies, damit die Herkunft des Geldes für die KPD, vor allem die Zuwendung aus der UdSSR, gut verschleiert werden konnte.

In seinen Ausarbeitungen für den gegen ihn geplanten Prozeß notierte Thälmann stichpunktartig: »Tatsächlich haben wir nicht die Umwälzung unmittelbar vorbereitet. Es lag kein im einzelnen bestimmter Aktionsplan vor (...) Die Voraussetzungen reiften heran, waren aber bisher nicht gegeben (...) Selbstverständlich hat die KPD niemals Zweifel darüber gelassen, das Endziel Eroberung der politischen Macht, Errichtung der proletarischen Diktatur (...) nur durch proletarische Revolution möglich (...) Aufstand wäre damals Selbstmord gewesen.« Wurde er nur deshalb nicht ausgelöst?

Thälmanns detaillierte Angaben darüber, welche Maßnahmen seine Partei bei einem Aufstand ergriffen hätte, zeigen auch, daß er sich intensiv und bis ins einzelne mit diesem Fall aller Fälle beschäftigt hat. Es ist wohl mit Recht anzunehmen, daß die Machtergreifung der Nazis einem Aufstand der KPD, der sich noch in der Phase der Planung befand, zuvorgekommen ist. Eine genaue Untersuchung dieser Aufstandsthese steht noch aus.

Ein holländischer Jurist, der für die Komintern arbeitete, sprach im Oktober 1935 auch mit den Rechtsanwälten Thälmanns. Über diese Gespräche berichtete er an seine

Auftraggeber in Moskau. Danach hat er sich auch mit dem Rechtsanwalt Ludwig unterhalten. »Er behauptete, daß T(hälmann) zugibt, daß die KPD nicht nur den bewaffneten Aufstand im Programm hat, sondern auch den bewaffneten Aufstand für sofort im Auge hatte. Die Bestreitung dieser Tatsache würde nach Ludwig aussichtslos sein.« Für diese Annahme sprachen auch die Erklärungen der Komintern. Damit befaßte sich zum Beispiel der Historiker Heinz Kühnrich, ein intimer Kenner der KPD-Geschichte. In einem Zeitungsartikel schrieb er, daß die Komintern noch im Juli 1933 auf »einen revolutionären Ausbruch in Deutschland orientierte.« Auch das (nun illegale) Zentralorgan der KPD, »Die Rote Fahne«, erschien in der zweiten Juniwoche 1933 mit der Hauptüberschrift: »Proletarier! Auf die Schanze!« Die so aufgerufenen Proletarier aber waren realistischer als die KPD-Führung. Sie waren nicht bereit, stellvertretend für die Führer dieser Partei vor die Maschinengewehre der Nazis zu laufen, für den – wie es in dieser Zeitung weiter hieß – Sozialismus, den »einzigen Ausweg aus Krise, Krieg, Massenelend und faschistischer Barbarei«.

Montag, 30. Januar 1933. Kurz vor halb zwölf Uhr ernannte Reichspräsident von Hindenburg den Naziführer Hitler zum deutschen Reichskanzler. Am Abend zog dann eine nahezu endlose Kolonne von jubelnden und fackeltragenden SA-Leuten an ihm und Hitler vorüber – »irregeleitete Proleten«, nach Auffassung Thälmanns und seiner Genossen. Jubelnde und fackeltragende Marschierer hat das Berliner Zentrum viele gesehen im Laufe der Jahrzehnte.

Die SED-Geschichte behauptete später, daß sich noch am gleichen Tage, also am 30. Januar 1933, Ulbricht im Auftrage von Thälmann an den Parteivorstand der SPD gewandt habe, gemeinsam den Generalstreik zu proklamieren und so die faschistische Regierung zum Rücktritt zu zwingen. Thälmann aber wird selbst sagen, daß er nichts wußte von diesem Angebot. Er sei ja an diesem 30. Januar auch gar nicht in Berlin gewesen. »Hoffentlich ist auch der Bote nicht mehr zu ermitteln«, schrieb er aus dem Gefängnis an seine Genossen. Er werde jedoch die politische Verantwortung dafür übernehmen, »wenn das im Interesse der Partei liegt«. Er wußte, daß diese bereits 1933 aufgestellte Behauptung vom angestrebten Generalstreik wie ein Bumerang auf ihn zurückschlagen würde. Solch ein Generalstreik nach der Bildung der Hitlerregierung zielte auf deren Sturz. Die Anklage wird dies Thälmann nach dem geltenden Gesetz als Staatsverbrechen auslegen. »Soll ich mein frisches und geistig noch gesundes Leben, die besten Jahre meines Lebenskampfes im Zuchthaus verbringen? Ich füge mich jeder revolutionären Disziplin. Wenn man das so will, so soll man das ganz offen sagen«, schrieb er am 26. August 1935 in einem Gefängniskassiber. Am 1. Dezember 1936 (!) erreichte dieser Brief die Komintern in Moskau und erhielt die Posteingangsnummer 5401. Thälmann mußte eine Notlösung suchen. Außerdem wollte er von dem Vorwurf ablenken, die KPD habe einen bewaffneten Aufstand vorbereitet. Er fand den Ausweg in einem Generalstreik *vor* der Regierungsbildung. Das wäre legal gewesen, »beinahe zu verfassungstreu, aber taktisch glänzend und gut«, lobte er sich selbst. Im Kassiber schlug er verschiedene Punkte vor, die den Inhalt dieses Generalstreikvorschlags ausgemacht haben könnten. Achtzehn Jahre später wird das Marx-Engels-Lenin-Stalin-Institut (das spätere Institut für Marxismus-Leninismus beim Zentralkomitee der SED) auf eine Anfrage antworten müssen: »Es ist uns leider nicht möglich, Abschriften von den Einheitsangeboten der KPD an die SPD im Juli 1932 und Januar 1933 zu beschaffen ...«

Thälmann war, wie gesagt, trotz der gespannten Lage am 29. Januar nach Hamburg gefahren. Einen Tag später hörte er im Radio von der Ernennung Hitlers zum Reichskanzler. Man sollte meinen, daß er nun zumindest mit dem nächsten Zug nach Berlin zurückfuhr. Doch erst Stunden später rief er aus der Redaktion der »Hamburger Volkszeitung« Wilhelm Pieck in Berlin an.

Thälmanns Haltung entsprach genau einer Beobachtung des langjährigen Politbüromitglieds der KPD, Hermann Remmele. Der wandte sich im April 1933 mit einem Brief an die Kominternführung. »Während der langen Regierungskrise von Mitte Januar bis 30. Januar«, schrieb er, »nahm die Leitung (der KPD) keinerlei Stellung zu den politischen Ereignissen. Es fanden keine Sitzungen des Politbüros statt, trotzdem noch in den Räumen des Karl-Liebknecht-Hauses voll gearbeitet wurde und alle Büros dort intakt waren (...) Die mögliche Bildung einer Hitlerregierung wurde als Phantasterei, als unmöglich weit abgelehnt und viel Hohn und Spott über das ›Winseln Hitlers um Ministersessel‹ vergossen (...) Jede Warnung vor der Gefahr und der geradlinigen Verschärfung der Lage wurde als ›Panikmacherei‹ (...) und ›Pessimismus‹ abgetan (...) Am 30. Januar wurde die Hitlerregierung geboren. Abermals kein Zusammentritt der Führung und Analysierung der Lage (...) Auch jetzt wieder abwarten, was Moskau sagt (...)«

Remmele sollte seine Kritik später schwer büßen. Im November 1933 flog er aus allen Parteifunktionen. Dreieinhalb Jahre danach wurde er vom NKWD verhaftet und zwei Jahre später ermordet. Ein Jahr zuvor war bereits sein Sohn Helmut von Stalins Mordbuben umgebracht worden. Auch seine Frau entging den Schikanen nicht. Sie starb 1947 an den Folgen der Torturen im Gulag. Die Thälmann-»Biographen« erwähnen die Absetzung Remmeles und auch, daß sein Nachfolger als Sekretariatsmitglied Ulbricht wurde. Im erwähnten Kassiber von August 1935 freute sich Thälmann über die »Abfertigung und sachgerechte Verurteilung der Gruppe Neumann-Remmele«. Die »Freunde« hatten seine Rechnung mit beiden gleich mit beglichen. Die spätere endgültige Abfertigung Remmeles wie auch Neumanns allerdings hat er nicht, wie von Pieck und Ulbricht und anderen gewünscht, freudvoll begrüßt. Als ein Gestapobeamtern ihm in seiner Zelle die Erschießungen seiner Genossen in Rußland vorhielt, meinte er, daß man auch »anders« mit den Parteifeinden hätte abrechnen können. Den ganzen Umfang der Verfolgungen und Liquidierungen allerdings konnte er nicht einmal ahnen. Als Neumann und Remmele abgesetzt wurden, schrieb er aber, sie trügen einen »Teil der Mitschuld und Hauptverantwortung, daß unsere

Partei nicht rechtzeitig aktiver und lebendiger auf einzelnen Gebieten des Massenlebens« war. Wer trug den anderen Teil? Über sein eigenes Versagen liest man nichts. Dafür aber: Remmele und Neumann wären »sektiererisch, opportunistisch und kabalistisch« gewesen. Thälmann schrieb »kaabistisch«. Er benutzte sehr oft Fremdwörter. Neben dem »Klassengegner« aber waren sie seine meistgeliebten Feinde.

Erst am 1. Februar, zwei Tage nach Hitlers Regierungsantritt, kehrte Thälmann nach Berlin zurück. Schon die Sitzung des Sekretariats, der operativen Führungsgruppe der KPD, am gleichen Abend unter seiner Führung, bewies erneut die totale bürokratische Verkrustung des gesamten Parteiapparats der KPD. Er war eben in keiner Weise in der Lage, zumindest jetzt flexibel und wirksam auf die neue Situation zu reagieren und die Mitglieder der starken Partei darauf zu orientieren.

Auch am 1. Februar 1933 faßte das Sekretariat der KPD seine lebensfremden Beschlüsse. Nahmen die Verfasser sie eigentlich selbst ernst? Es ist anzunehmen. So wurde ein Flugblatt an die Nazianhänger beschlossen, um ihnen ihr falsches Verhalten darzulegen. Mit der Führung der SPD wollte man nach wie vor nichts zu tun haben, dafür aber – wie jahrelang propagiert – mit den Mitgliedern und »unteren Funktionären organisatorisch zusammenarbeiten«. Dabei sollte aber die Politik der Sozialdemokratie bei der »Hindenburgwahl und ihre Spaltung der Arbeiterklasse vor den Massen aufgezeigt werden«. Im Falle eines Verbots der KPD wurde an diesem 1. Februar 1933 auch ein Massenstreik beschlossen. Wieder wurde festgelegt, mit einem Flugblatt und in der Presse zum Generalstreik aufzurufen. Es wurde verlangt, die sozialdemokratischen Polizeipräsidenten sollten die Straße für Arbeiterdemonstrationen freigeben. Selbstverständlich sollten die »Freunde« über diese Sitzung informiert werden.

Es scheint, daß an diesem 1. Februar 1933 der »Freund« nicht an der Sekretariatssitzung teilnahm. Sonst aber waren die »Freunde« immer dabei. Hinter diesem Begriff verbargen sich Stalins Aufpasser – die Führungsoffiziere aus der KPdSU. Auch später saßen bei den Politbürositzungen der SED die »Freunde«

mit in trauter Runde. Meist waren das die sowjetischen Botschafter oder ihre Beauftragten. Auch für die KPD in der Bundesrepublik war ein bestimmter »Freund« zuständig. Er hatte bei Entscheidungen des Parteivorstandes gemeinsam mit dem Generalsekretär der SED das letzte Wort. Deutlich zeigte sich dies auch bei den Verfolgungen führender Parteikader der SED und der KPD durch das NKWD und die Staatssicherheit der DDR in den fünfziger Jahren. Wie bereits die KPD in den zwanziger und dreißiger Jahren war auch die KPD in der Bundesrepublik bis zu ihrem Verbot eine fremdbestimmte Partei. Darüber gibt es eine ganze Reihe von Publikationen. Der Begriff »Freunde« wurde nach dem Krieg für die sowjetischen Kontrolleure nicht nur in der Partei, sondern auch in der Armee, der Polizei, der Staatssicherheit und im gesamten Staatsapparat der DDR übernommen. Lebendige Tradition.

Anfang 1933 trug der »Freund« im KPD-Politbüro den Decknamen »Jürgen«. In seinem Beisein beschloß dieses Politbüro am 3. Februar 1933 die »stärkste ideologische Offensive unter den Nazianhängern«. Eine Woche später meinte das Sekretariat, daß nun die Zeit für »eine Stunde Proteststreik gegen den faschistischen Mordterror« gekommen sei. Dabei sollten auch die Verkehrsbetriebe fünf Minuten lang stillgelegt und anschließend »Massendemonstrationen gegen die Hitler-Papen-Regierung« durchgeführt werden. Die massenverbundenen Führer der KPD waren von diesen Massen so weit entfernt wie der Erdmond vom Planeten Pluto. Wenn sie von den »Massen« sprachen, dann meinten sie die in ihren Funktionärshirnen erdachten. Ob diese »Massen« überhaupt wollten – danach fragten Thälmann und seine Genossen nicht. Sie beschlossen: »Entwaffnet die faschistischen Mordbanden! Hungernde und Frierende holt euch Kartoffeln und Kohlen! Öffnet die Lebensmittelspeicher, Mieten, Güterwagen und Kohlehalden. Besetzt die leerstehenden Wohnungen der Reichen! (...) Streik, Massenstreik! (...) Marschiert in Massen vor die Rathäuser und Finanzämter! (...) Massenaktionen der Betriebe, Stempelstellen und Dörfer zum Sturz der faschistischen Diktatur Hitler-Hugenberg-Papen!« usw. usw. Das verstand Thälmann, wie er bereits im August 1932 geschrieben hatte, unter dem »revolutionären Ausweg aus der Krise«. Die Partei sollte – so Thälmann – die »Massen durch die Steigerung aller Formen des antifaschistischen Freiheitskampfes praktisch auf den revolutionären Ausweg führen«. Eine proletarische Klassenarmee sollte »für mächtige entscheidende Kämpfe formiert« werden.

Thälmann wird später gegen die Feststellung in der Anklageschrift, er habe richtungsweisend an allen Sitzungen teilgenommen, protestieren und behaupten, daß er selten oder überhaupt nicht dabeigewesen sei. Die Parteileitung in Moskau wird dann auch, wie es in einschlägigen Papieren hieß, »Dokumente herstellen«, in denen bewiesen wird, »daß das ›Aufstandsdokument‹ und die ›Thesen zur Lage‹ Fälschungen sind«. Außerdem wird sie in diesen »Dokumenten« nachweisen, daß weder am 10.2. noch am 15.2.1933 Politbürositzungen der KPD stattgefunden haben. Nun legte die Anklagebehörde aber, wie angeführt, Protokolle von Sekretariatssitzungen vor, zumindest am 10. Februar. Remmele schrieb in seinem erwähnten Brief an die Komintern auch von einer Politbürositzung am 10.2. Dieser Brief wirft übrigens ein Schlaglicht auf die so oft besungene »kameradschaftliche Atmosphäre« im Thälmannschen Politbüro. Interessant ist darin auch die Einschätzung über Thälmann.

Der vor allem von Ulbricht angefeindete Remmele schrieb: »Endlich am 10. Februar (...) wurde das P. B. (das Politbüro) zusammengerufen (...) Typisch, wie diese Sitzungen einberufen wurden, war gerade diese Sitzung. Ich wurde für nachmittags 2 Uhr zu einem Treff bestellt, zu dem sich auch Schu(bert) einfand und uns eröffnet wurde, daß die Sitzung abends 6 Uhr stattfinde, da und da. Als ich um 6 Uhr in das Lokal kam, stellte sich heraus, daß die Sitzung schon seit 3 Uhr tagte. Schu., der in meinem Beisein auch auf 6 Uhr bestellt worden war, war aber schon seit Beginn der Sitzung um 3 Uhr anwesend. Auf meine erstaunte Frage, wie dies komme, erklärte mir dieser, unterwegs sei er ›zufällig‹ U(lbricht) begegnet, der ihm gesagt habe, daß die Sitzung schon um 3 Uhr beginne. Wozu diese Betrugsmanöver durchgeführt wurden, erfuhr ich dann erst viele Wochen später. In jener Sitzung hatte man vor meinem Eintreffen die Nachfolgerschaft für die einzelnen Funktionen beschlossen, von denen ich als einziger ausgenommen sein sollte. Es kam in dieser Sitzung das sogenannte ›Vermächtnis‹ zustande, nachdem an Stelle von Th(älmann) (wenn dieser ins Ausland geht oder sonst verhindert sein sollte) Sche(hr), und wenn dieser ausscheidet oder sonst verhindert würde, Schu(bert) an dessen Stelle treten solle. Die erbliche Nachfolgeschaft bis in das dritte und vierte Glied. Dabei war in der provinziellen Mentalität des Führers (!) die Hauptsorge, daß die Hamburger Nachfolgeschaft erhalten bleibe (...)«

Mit den ihnen in die Hände gefallenen originalen Protokollen konnten die Ankläger die Anwesenheit Thälmanns an den Sitzungen des Politbüros und des Sekretariats nicht schlüssig beweisen. Dort wurden die Teilnehmer nur mit Nummern bezeichnet. Die Nazis beriefen sich aber auf eine Aussage des bereits genannten Hermann D. Danach führte Thälmann die Nummer 92. Nach seiner Verhaftung wäre sie auf seinen Nachfolger Schehr übergegangen. Thälmann stritt auch das ab. War er nicht dabei, so konnte er eben für die »anstößigen Beschlüsse« auch nicht zur Rechenschaft gezogen werden. In einem Kassiber aber beschwor er seine Genossen, ja eventuelle Zeugen für seinen Prozeß so vorzubereiten, daß sie nichts über die Gastwirtschaft in »Steglitz-Schöneberg« aussagen, »wo wir im Januar und Februar viel getagt haben«. Es ist tatsächlich möglich, daß Thälmann an einigen der Anklagebehörde bekannten Sitzungen nicht teilgenommen hat, weil er gar nicht in Berlin war.

Er selbst gab an, krank gewesen zu sein. Er hätte die Grippe gehabt. Aber zu stark wiederum auch nicht – das würde, meinte er, unglaubhaft aussehen. Also »leichtere oder mittlere Grippe mit Fieber«. Auf jeden Fall hätte er das Bett hüten müssen. Als Zeugin führt er seine Wirtin an. Die halte auf jeden Fall dicht. Wo aber war er nun wirklich? Hat er sich illegal in

Kopenhagen oder im Saargebiet oder irgendwo in Frankreich oder anderswo mit verantwortlichen »Freunden« getroffen, mit ihnen die Lage erörtert? Mußten auch deshalb alle sterben, die enger mit ihm zu tun hatten und über ihn genauer Bescheid wußten? Eines Tages werden auch darüber die bisher noch gehüteten Archive Auskunft geben.

Teilgenommen hat Thälmann aber an der »Ziegenhalser Tagung«. Im Lokal »Sporthaus« in Ziegenhals südöstlich von Berlin war am 7. Februar 1933 das Zentralkomitee der KPD zu seiner letzten Sitzung zusammengekommen. Auch darüber hat Mariechen viele und schöne Geschichten erzählt. Es war die letzte Zusammenkunft von Bezirkssekretären, Abteilungsleitern und anderen wichtigen Funktionären der Partei. Die SED-Historiker haben nie die genaue Liste der Teilnehmer an dieser Tagung veröffentlicht. Konnten oder durften sie es nicht? Auf jeden Fall durften sie es nicht. In den bisher drei Protokoll-Publikationen ist diese Liste immer unterschiedlich. Vielleicht liegt es auch daran, daß einige der Teilnehmer später zu offenherzig gegenüber der Gestapo geworden oder ganz in deren Dienst getreten sind. Andere – wie Hans Kippenberger – sind von den »Freunden« umgebracht worden. Wer in diesem Protokoll erscheinen durfte, bestimmte die Kaderabteilung des SED-Zentralkomitees. Die Autoren der Ziegenhals-Publikation – es sind die der Thälmann-»Biographie« – gehorchten selbstredend dem Parteibefehl.

In der Thälmann-»Biographie« wird auch Mariechens Erzählung wiedergegeben, daß Thälmann sein Referat nicht zu Ende halten konnte. Die Tagung sei durch Ulbricht abgebrochen worden, da ein SA-Überfall befürchtet worden wäre. Die SA sei auch zwei Stunden später wirklich erschienen. Allerdings habe sie nun nichts mehr ausrichten können. In der Broschüre über die Ziegenhalser Tagung aber wird in einer Fußnote gesagt, daß Thälmann zu Ende geredet hätte und dann die Tagung beendet worden wäre. Eine Diskussion über seine Rede sei sowieso nicht vorgesehen gewesen. Die Thälmann-»Biographen« hätten also gut daran getan, vor ihrer neuen großen Publikation ihre eigenen früheren Auslassungen noch einmal durchzulesen. Der Wahrheitsgehalt allerdings wäre sicher auch nicht umfangreicher geworden. Der im Protokoll abgedruckte Teil von Thälmanns Rede folgt einer Niederschrift, die einer der Teilnehmer der Gestapo übergeben hatte. Die erwähnten Autoren der Broschüre über diese Tagung, die das wußten, sprechen von Auszügen »unbekannter Herkunft«. Danach redete Thälmann auch darüber, daß man den faschistischen Terror nicht mit Parolen und Protesten beantworten kann. Wieder: »Es muß unsere ganze Aktivität und Anstrengung darauf gerichtet werden, die Massen so rasch wie möglich an den Machtkampf heranzuführen (...) Wir müssen erwägen, ob nicht in rascher Frist das Bedürfnis für ein bestimmtes Kampfprogramm der Partei gegeben sein wird.« Beherrschte ihn nicht doch die Illussion von einem bewaffneten Aufstand? Thälmann wird später – als Schutzbehauptung gegen die Anklage – davon sprechen, daß »die vorliegende Rede keine Wiedergabe meiner damaligen Ausführungen ist«. Die im Archiv vorhandenen Auszüge aus Thälmanns Rede in Ziegenhals wurden vor ihrer Veröffentlichung von Walter Ulbricht mit dicken Blau- und Rotstiften gründlich »korrigiert«, der offiziellen Geschichtsschreibung über die KPD und über Thälmann angepaßt.

Über »falsche Helden« hatte Johannes R. Becher geschrieben, sie benötigten einen firnishaften Glanz, um Leuchtkraft vorzutäuschen. Über Ernst Thälmann aber meinte er: »Der proletarische Held wirkt einfach, offen, selbstverständlich!« Wie so oft aber korrigierte auch hier die Wirklichkeit des Dichters Wort. Und offenbar haben dabei auch ein paar Rot- oder Blaustiftstriche kräftig nachgeholfen.

Mord in Nowawes

Schon am Vorabend hatte ein dichtes Schneetreiben eingesetzt. Das Thermometer war auf minus zwei Grad gefallen. Im Berliner Sportpalast hatte der »Führer« den ersten Jahrestag seiner »Machtergreifung« bei einem großen Platzkonzert seiner SS gefeiert. Trotz des winterlichen Wetters wurde an der Reichsautobahn weitergebaut, die Strecke von Berlin nach Stettin zwischen Finow und Altenhof in Angriff genommen. Die Zeit drängte. Das Verlangen nach neuer Weltgeltung war nicht ohne einen Krieg zu stillen. Mobilität der Truppen setzte gute, panzertragende Straßen voraus. Natürlich sprach Hitler vom Frieden, wenn er auch Krieg meinte. Der auf Hochtouren laufende Autobahnbau holte viele Arbeitslose von der Straße, dämpfte Unzufriedenheit, ließ manche bereits Verzweifelten aufatmen, brachte nach Jahren der Entbehrung und der Not wieder Geld in die Familien. Er verhieß einen Neuanfang, Zukunft. Wer wußte schon, daß diese Verheißung trügerisch war? »Hitler – das ist der Krieg!« Bei wem fand diese kommunistische Losung – eine von unsagbar vielen – ein nachhaltiges Echo? Die Gegenwart zählte.

Am folgenden Donnerstag, es war der 1. Februar 1934, wirbelten noch immer die Flocken. Es war ein Wetter, das man am liebsten vom Fenster aus beobachtete.

Am frühen, noch düsteren Morgen dieses Tages beugte sich ein vielleicht 30jähriger Mann über den verrosteten Rennlenker seines Fahrrads, den Hut tief ins Gesicht gezogen. Schwer trat er gegen den Schnee an, der ihm die Sicht nahm, und der sich an den Reifen und den Speichen seines auffällig bunten Rades – schwarzer Rahmen, gelbe Felgen, rote Mäntel – festsetzte.

Er hätte diesen Weg auch bei völliger Dunkelheit fahren können, war er ihn doch schon mehrere Male sehr aufmerksam gegangen, alles in seinem Gedächtnis speichernd, was für ihn bedeutsam sein könnte. Die einzigen Schwierigkeiten waren der nach den für diese Jahreszeit recht milden und trockenen Tagen unerwartete Schneefall und das Fahrrad, das er erst ein paar Stunden zuvor irgendwo in Potsdam gestohlen hatte. Vielleicht hatte es auch jemand für ihn hingestellt. Der Sattel war ziemlich hoch, und es hatte Mühe und wertvolle Minuten gekostet, die eingerostete Schraube zu lösen und ihn tiefer zu stellen. Deshalb war er später dran, als er eigentlich gerechnet hatte. Noch aber lag er im selbst aufgestellten Zeitplan. Trotz aller Widrigkeiten mußte er ihn einhalten, den ihm erteilten Befehl genau befolgen. Undenkbar, ihn nicht auszuführen. Es hieß, dieser Befehl sei von »ganz oben« gekommen. Er hatte es als große Ehre empfunden, daß gerade er für diese Aktion ausgewählt worden war. Sie wußten eben, er hatte Erfahrungen, die ihn dazu empfahlen. Und er war viele Male geprüft worden, war absolut zuverlässig.

Sein Ziel, die Husarenstraße Nr. 5 in Nowawes, heute Potsdam-Babelsberg, war greifbar nahe, als er mit einem Seufzer der Erleichterung vom Rad stieg. Er stellte es an die Hauswand, gleich neben den Eingang. Er fühlte nach seiner Mauserpistole, die ihm – wie eh und je – Sicherheit einflößte. Sie hatte ihn lange begleitet. Es tat ihm leid, daß er sich von ihr trennen sollte. Aber die Genossen hatten wohl recht, als sie ihm sagten, er solle sie danach wegwerfen. Was nicht bei ihm gefunden würde, könnte ihn nicht belasten. Alle Fingerspuren hatte er sowieso schon sorgsam abgewischt. Nun trug er Handschuhe. Aber auch damit würde er sicher schießen. Übung machte eben den Meister. Es würde sein vorerst letzter Auftrag dieser Art sein. In der nächsten Zeit brauchte er diese Pistole nicht mehr. Auf ihn warteten bereits andere Waffen und eine gründliche Ausbildung daran. Wie diese Strecke in Nowawes war auch sein zukünftiger Weg genau vorgezeichnet. Auf verschlungenen Pfaden würde er ihn nach Moskau führen, dorthin, wo Stalin lebte und arbeitete, und wo Thälmanns

Kampfgenossen die Partei führten ... seine Partei, die ihm diesen ehrenvollen Auftrag erteilt hatte.

In der Husarenstraße Nr. 5 aber ging er die Treppe hinauf in die erste Etage. Dort läutete er an der Wohnungstür der Witwe B. Die Frau, die ihm öffnete, schlug er ins Gesicht, wandte sich zielstrebig zum Schlafzimmer des Untermieters. Dort fielen die Schüsse. Er rannte die Treppe hinunter, warf dabei seine leergeschossene Pistole weg und verlor im Treppenhaus seinen Hut. Draußen schwang er sich auf sein Fahrrad. Die Frau war ihm nachgeeilt. Mit ihren lauten Rufen alarmierte sie die paar Leute, die zufällig am Haus vorbeigingen. Den Schützen aufhalten aber konnte niemand. Sie sahen ihn noch in Richtung Bahnhof fahren. Dann war er weg.

Am nächsten Tag meldeten die Zeitungen einen »rätselhaften Mord« an dem »38jährigen Tischler Alfred Kattner«, eine »Bluttat, deren Motiv völlig im Dunkeln liegt«. Kattner war in seinem Bett mit Schüssen in den Kopf und in die Brust getötet worden. Natürlich kannte die Gestapo die Zusammenhänge ganz genau.

Der 1896 in Schwiebus im Regierungsbezirk Frankfurt/Oder geborene Alfred Kattner gehörte zu den Gründern des Spartakusbundes und der Kommunistischen Partei Deutschlands. Er war das, was man einen »alten Kommunisten« nannte. Lange Zeit saß er im Vorzimmer Thälmanns, als dessen rechte und linke Hand. Immer war er zuverlässig, erledigte alles, was ihm von seinem Chef und Freund aufgetragen wurde. Und das war viel. Es betraf die legale Arbeit der Partei, aber auch die vielen Angelegenheiten, die das Licht der Öffentlichkeit scheuten. Er kannte die illegalen Verbindungen der KPD-Führung, die konspirativen Quartiere, die Decknamen der Funktionäre, die Code-Nummern Thälmanns und der Mitglieder seines Sekretariats für die Sitzungsprotokolle und den internen Schriftverkehr. Was er nicht aus seiner engen Verbindung mit Thälmann erfuhr, das wurde ihm von schwatzhaften Mitarbeitern des Geheimapparats zugetragen. Und Kattner wußte alles über Thälmann, kannte auch dessen nicht gerade mönchisches Privatleben. Er selbst liebte Wein, Weib und Gesang und lebte, wie seine guten Freunde sagten, auf großem Fuße … wenn er Geld in der Tasche hatte. Aber das unterschied ihn nicht allzusehr von vielen anderen in seiner Umwelt. Kattner hat jahrelang in der KPD-Zentrale gearbeitet. Bis 1925 war er in der Poststelle, kam dann in die Organisationsabteilung, in der auch die vielen illegalen Fäden zusammenliefen. Er wußte viel, kannte alle und alles – auch die geheimsten Beziehungen Thälmanns. Und warum sucht man ausgerechnet seinen Namen vergebens in der Thälmann-»Biographie«?

Am 3. März 1933 wurde er gemeinsam mit Thälmann und dessen anderen Mitarbeitern Thälmanns, Hirsch und Birkenhauer, in der Wohnung der Kluczynskis in Berlin-Charlottenburg verhaftet. Kattner und auch die anderen Verhafteten kannte die Gestapo ganz genau. Nicht umsonst hatte ja die politische Polizei jahrelang die KPD-Zentrale ausgespäht. Die dafür zuständige Abteilung im Berliner Polizeipräsidium wurde von Polizeirat Reinhold Heller geleitet. 1933 kam er in gleicher Funktion zur Gestapo. Er war ein Experte auf dem Gebiet der Kommunismusbekämpfung, kannte alles und jeden in der KPD, hatte in deren Zentrale im Laufe der Jahre seine Zuträger und Spitzel eingebaut. Es ist anzunehmen, daß sie Kattner besonders genau im Visier hatten. Sicherlich schien er Heller auch für eine Anwerbung als Spitzel geeignet.

Als sie ihn endlich hatten, behandelten sie ihn deshalb entsprechend … mit Butterbrot und wohl mehr mit Peitsche. Er wurde vor allem »reif« geprügelt, körperlich und seelisch gefoltert. Eine Spezialität des bereits an anderer Stelle »gewürdigten« Gestapobeamten Karl Giering. Heißt es in der Hymne über Thälmann: »Maßlos gequält und gepeinigt (…)«, so trifft dies wohl in erster Linie auf andere und auch auf seinen Mitarbeiter Kattner zu.

»Handle so gegen andere, wie du an ihrer Stelle behandelt zu werden wünschtest«, lautete der vierte von zehn Grundsätzen für die Polizei jener Zeit. Einige Monate nach Kattners Ermordung zeigte der nach diesen ethischen Grundsätzen behandelte Gestapohäftling Walter Benzmann den damaligen Kriminalassistenten Karl Giering beim 2. Senat des Volksgerichtshofes an. Noch vor der Nazidiktatur, Ende 1932, hatte die politische Polizei, zu der auch Giering gehörte, die kommunistische Paßfälscherzentrale ermittelt. Dazu gehörte auch Benzmann. Er war am 27. Februar 1933, also am Tage des Reichstagsbrandes, von Giering festgenommen worden. In seiner Anzeige schilderte Benzmann die sadistischen Quälereien durch Giering.

Im Prozeß, am 9. Januar 1935, wurde auch Giering zu den Anschuldigungen gehört, weil Benzmanns – und später auch Thälmanns – Offizialverteidiger Fritz Ludwig mutig diesen Brief seines Klienten als Verhandlungsgegenstand gefordert hatte. Giering blieb unvereidigt. Die Öffentlichkeit wurde ausgeschlossen. Diejenigen, die im Gerichtssaal bleiben durften, wurden unter Androhung von Strafe besonders zum Schweigen verpflichtet. Benzmanns Angaben wurden als Greuelpropaganda abgetan. Er erhielt 8 Jahre Zuchthaus ... Giering konnte weiterprügeln. Die Vernehmung von Benzmann war übrigens im Karl-Liebknecht-Haus erfolgt, in der ehemaligen Zentrale der KPD, die die Gestapo als Hauptquartier besetzt hatte.

Benzmann und viele andere wuchsen, geschunden und gequält, weit über sich hinaus. Kattner aber versank dadurch im Nichts. In diesen wohl finstersten Stunden seines Lebens flackerte irgendwo ein Licht, das Weiterleben bedeutete. Einer von denen, die dieses Lichtlein angezündet hatten, schrieb am 8. Februar 1934 in seinem Bericht an den Gestapochef Diels in einem Nachruf über Kattner: »Erst im Sommer vorigen Jahres hatte sich Kattner soweit umgestellt, daß er nunmehr seine Kenntnisse über das ZK preisgab. Sie waren äußerst wichtig und bildeten die eigentliche Grundlage für die jetzt besonders einsetzende polizeiliche Tätigkeit. Die wichtigen Funde in den Geheimräumen des Karl-Liebknecht-Hauses waren nicht zuletzt auf die Fingerzeige des Kattner zurückzuführen (...)« Alfred Kattner erkaufte sich so sein Leben und kam erst einmal, nun schon als Gestapo-Agent, in das KZ Sonnenburg. Dort wurde er am 15. November 1933 entlassen. Die eintausend Mark, die ihm bei seiner Verhaftung abgenommen worden waren, erhielt er zurück. Auch die seinerzeit bei Thälmann beschlagnahmten fast eintausendzweihundert Mark wurden von der Gestapo vollständig an seine Frau ausgezahlt ... 30 Mark einen Monat nach seiner Verhaftung, 1.063 Mark und 59 Pfennige am 7. November 1938. Um Kattner zu tarnen, entließ die Gestapo noch zwanzig andere Kommunisten aus dem KZ Sonnenburg.

Entlassen wurden auch die gemeinsam mit ihm und Thälmann verhafteten Hirsch und Birkenhauer. Für Hirsch hatten sich Verwandte beim damaligen preußischen Ministerpräsidenten und damit auch Chef der Polizei, Hermann Göring, eingesetzt. Hirsch und Birkenhauer führten später ihre Entlassung auch darauf zurück, daß die Gestapo nichts über sie gewußt hätte. War dies Dummheit oder grenzenlose Naivität? Beide waren, wie auch Kattner, lange Jahre wichtige Funktionäre der KPD gewesen, Hirsch u. a. auch Chefredakteur der zentralen Zeitung »Die Rote Fahne« und Birkenhauer verantwortlicher Schriftleiter der kommunistischen Zeitung »Ruhr-Echo«, wie es in einem Gestapodossier über ihn hieß. In diesem Dossier war sein politischer Werdegang vollständig aufgelistet, auch die Strafen, die er dafür erhalten hatte, inklusive der Nummern der Verfahren.

Solche Dossiers gab es selbstverständlich auch über Hirsch und Kattner. Später schrieb der erste Gestapochef Diels in seinem Memoirenbuch »Lucifer ante portas«: »Die Namen der Funktionäre waren in der Weimarer Zeit in den Ia-Abteilungen im Lande registriert (...) Die Listen der Severingschen Polizei bedurften nach dem 30. Januar 1933 keiner Ergänzung.« Das war gelogen. Selbstverständlich wurde die Aufstellung der politischen Polizei ständig ergänzt, nicht zuletzt durch weitgehende Aussagen festgenommener KPD-Funktionäre und freiwillig übergebener oder beschlagnahmter Dokumente. Eine außerordentliche Erweiterung erfuhren sie, als am 3. Januar 1934 in der Wohnung des Kellners H. in Berlin das komplette Abwehrarchiv der KPD in die Hände der Gestapo gefallen war. Darin hatte die Abwehr, die Geheimabteilung der KPD, alles gespeichert, was sie über die Gegner der Partei – und dieser Begriff war sehr weit gefaßt – erfahren hatte ... und auch alles, was sie über die Funktionäre im Parteiapparat der KPD zusammengetragen hatte. Diese Angabe beruht auf einer Feststellung des Abwehrapparats der KPD selbst. Giering, der diesen Apparat – auf vertraulichem Wege, wie er am 10. Januar 1934 in seinem Bericht schrieb – ermittelt hatte, sprach jedoch von einem »Abwehrarchiv im Hause Holsteiner Ufer 25-26, bestehend aus einer Kartei mit ca. 5.000 Kartenblättern sowie vier Koffern mit schriftlichem Material«. Dieser »Erfolg« Gierings dürfte wohl auch mit auf Kattner zurückzuführen sein. Das Archiv bildete eine der besten Quellen für die Tätigkeit der Gestapo.

Für die KPD-Führung unter Pieck und Ulbricht aber war die nach mehr als einjähriger Haft erfolgte Entlassung von Hirsch und Birkenhauer kein Grund, sie zumindest vorerst von der illegalen Tätigkeit fernzuhalten. Später, im sowjetischen Exil, beschuldigten beide sich unter den Prügeln der NKWD-Leute selbst oder klagten sich gegenseitig oder gemeinsam andere an, Thälmann verraten zu haben. Wie unzählige andere, die in der Sowjetunion, dem Land ihrer Sehnsucht, Schutz vor den nazistischen Verfolgungen gesucht hatten, wurden auch sie von Stalins Schergen ermordet. Zuvor aber waren sie als »trotzkistische« oder »zionistische Verräter« oder auch als »Naziagenten« von der Parteiführung in Moskau aus der KPD ausgeschlossen und so dem NKWD als »vogelfrei« preisgegeben worden. Sie teilten ihr Schicksal mit allen, die in irgendeiner Weise mit Thälmann in Verbindung gebracht werden konnten. Es bleibt die hypothetische Frage: Was wäre aus Thälmann geworden, wenn ihm die Flucht aus Nazideutschland geglückt wäre?

Die Gestapo, die den Werdegang von Hirsch und Birkenhauer genau verfolgte, rechnete auch bei Kattner damit, daß er wieder Zugang zur illegalen KPD und zu seinen ZK-Genossen finden würde. Sie sollte sich nicht getäuscht haben. Sie hatte aber noch mehrere Eisen im Feuer. Bereits im September 1933 hatte die KPD-Abwehr erfahren, daß die Gestapo einen Agenten unter der Bezeichnung 365 in der illegalen Berliner Bezirksleitung eingebaut hatte und beabsichtigte, diese Leitung bis Weihnachten »aufzurollen«. Gleichzeitig war aus Leipzig eine Mitteilung eingetroffen, daß die Gestapo in den Kurierapparat der KPD eingedrungen war. Mit Hilfe dieses Agenten sollte das gesamte ZK ausgehoben werden. Das geschah dann ja auch.

Giering, der maßgebend bei diesen Aktionen und auch bei der Festnahme Schehrs beteiligt war, schrieb darüber Anfang Januar 1934 in seinem Bericht u. a.: »Während es den Angehörigen des Sekretariats des ZK noch nicht so lag, ihre konspirative Arbeit vor dem Zugriff der Polizei zu schützen, war es dem Apparat Kippenberger (das war der Geheimapparat der KPD) gelungen, in den ganzen Jahren des Bestehens (also vor allem in der Weimarer Republik) die Organisation so zu tarnen, daß bis jetzt kaum ein klares Bild über die Arbeit noch Näheres über die darin befindlichen Personen zu geben möglich war.« Das erreichte sie, so scheint es, hauptsächlich durch Kattner. Aber auch die Festgenommenen selbst trugen mit ihren Aussagen dazu bei. So machte der damalige Abwehrleiter Rudolf Schwarz so ausführliche Angaben, daß der Gestapo auch die letzte Einzelheit des Geheimapparats der KPD deutlich wurde. Mit ihm zusammen fiel ihr auch das erwähnte Abwehrarchiv in die Hände. Seine bestimmt mit den bekannten Gieringschen Methoden geförderte Auskunftsfreudigkeit rettete Rudolf Schwarz nicht vor der Ermordung durch die Gestapo. Die KPD brauchte lange, um den Schaden zu begrenzen und neue illegale Beziehungen aufzubauen. Lange brauchte auch ihr stark angeschlagener Abwehrdienst, um die Quelle der hohen Verluste zu erkennen.

Ehe er nun Kattner enttarnte (von den anderen hatte er keine Ahnung), hatte er erst einmal versucht, den »gefährdeten Genossen Alfred« ins Ausland zu bringen, zuerst nach Prag und von dort nach Moskau. Dort allerdings hätten Stalins Henker schnell vollendet, was die Gestapo nicht getan hatte. Das Schicksal der anderen mit ihm Verhafteten und ebenfalls Freigelassenen beweist es. Kattner sagte ja zu den Plänen seiner Genossen, zögerte die Ausführung aber hinaus. Als er dann enttarnt worden war, sollte er wieder nach Moskau geschickt werden, zur »Behandlung im Sanatorium«, wie das Politbüromitglied Dahlem vorschlug. Dieser hielt sich zu jener Zeit zur »Schadensbegrenzung« illegal in Berlin auf. Er war wohl der einzige, der später, in seinen 1977 erschienenen Erinnerungen, zumindest auch Kattners Namen nannte. Jedoch bezeichnete er ihn, seine wirkliche Bedeutung bewußt herunterspielend, als einen der »früheren Kuriere des Sekretariats des Zentralkomitees«. Kattner war, nach Dahlem, einer der »relativ wenigen Verräter« innerhalb der KPD. Er wußte es natürlich besser. Kein Wort sagte Dahlem über die Verbindung Kattners zu Thälmann.

Die »Verschickung (Kattners) ist lediglich eine Geldfrage«, hieß es in Dahlems Bericht nach Moskau. »Wir müssen tatenlos zusehen, wie unsere Filialen der Ansteckung unterliegen«, schrieb er an die »lieben Freunde« in Moskau. Die Filialen, das waren die Leitungen der illegalen Organisationen und Gruppen. Die Ansteckung, das war ihre Infiltration durch weitere Agenten der Gestapo. Zur gleichen Zeit, als das Geld für die illegale Arbeit im Lande fehlte, beschwerten sich übrigens Illegale über die nach ihrer Meinung zu hohen Gehälter der Parteifunktionäre in der Emigration. Alfred Kattner blieb also im Lande. Er sorgte für Unsicherheit in der illegalen KPD-Organisation, lähmte sie. Ihre Akteure schauten sich nicht nur ein- oder zweimal um, wenn sie in ihre konspirativen Quartiere gingen, zum Treff in einem Lokal oder auf der Straße. So gesehen war er eigentlich noch nützlich für die Partei. War sie doch durch ihn in der immer wieder angemahnten »Erziehung zur Konspiration« ein großes Stück weitergekommen.

Kurze Zeit zuvor hatte das Zentralsekretariat der illegalen KPD beschlossen, Kattner »umzulegen«. Einen Tag nach der Tat wurde die Ausführung dieses Beschlusses in einem siebenseitigen Brief nach Moskau gemeldet. Dieser Brief sollte auf Befehl der Kominternzentrale eigentlich vernichtet werden. Doch wo in der Welt trennen sich Bürokraten schon gern von etwas Geschriebenem. So verbrannte man eben das Original und heftete dafür den Durchschlag ab. Die KPD hatte auch Rundschreiben mit einem Steckbrief Kattners verteilt:

»Alfred Kattner, z. Zt. wohnhaft Nowawes bei Berlin, Husarenstraße 5. Er war früher im Karl-Liebknecht-Haus als technische Kraft beschäftigt. Heute ist er Provokateur der Gestapo und veranlaßte eine Reihe wichtiger Verhaftungen. Er ist 1,76 m groß, schlank, blond, Scheitel, bartlos, Augen braun, spitzes, ziemlich blasses Gesicht, ziemlich tiefliegende Augen. Wir empfehlen Euch, dort in diesem Gebiet in unmittelbarer Nähe der Wohnungen Flugblätter zu verteilen (...) In den Flugblättern müßt Ihr die Schuftigkeit und Judasrolle dieser Subjekte brandmarken.«

Ursprünglich war gar nicht daran gedacht worden, Kattner zu töten. In der KPD gab es, im Gegensatz zu Dahlems Behauptung, viele Verräter. Darunter waren hochrangige Funktionäre – Bezirkssekretäre, ZK-Mitglieder, Reichstagsabgeordnete und sogar ein Politbüromitglied. Alle haben der Partei großen Schaden zugefügt, haben viele ihrer Genossen auf dem Gewissen. Die KPD hat sie nicht umgebracht. Sie wurden als Verräter gebrandmarkt, auf die Verräterlisten gesetzt, »abgehängt« und isoliert oder außer Landes geschickt, meist nach Prag oder auch nach Moskau. Das letztere aber klappte gewöhnlich nicht. In der Sowjetunion wurden vor allem die »guten« Genossen umgebracht, die ehrlichen und ihrer Partei treuen. Warum also gerade Kattner?

Die Erklärung dazu bietet sicher ein Kassiber Thälmanns. Für den Prozeß, den die Nazis gegen ihn vorbereiteten, sammelten und präparierten sie ihre Belastungszeugen, darunter zahlreiche KPD-Mitglieder und Funktionäre. Einer ihrer wichtigsten Belastungszeugen sollte Kattner sein. Der kannte Thälmann sehr genau, wußte mehr über ihn als die meisten anderen. Viele Jahre später schrieb der damalige Mitarbeiter in der KPD-Abwehr, der nachmalige Oberst im Ministerium für Staatssicherheit der DDR, Heinrich Fomferra: »Kattner war im Vorzimmer des Genossen Thälmann und durch seine Hände ging fast alles. Als Belastungszeuge gegen Thälmann konnte er natürlich für die Nazis sensationelle Aussagen machen.« Die Erinnerungen Fomferras wurden im SED-Parteiarchiv sorgsam gesperrt.

Welche sensationellen Aussagen hätte Kattner machen können? Neben den vielen Parteiinterna und den persönlichen Geheimnissen Thälmanns kannte dessen unentbehrliches Faktotum sicher auch Thälmanns Wege in den Wochen nach dem 30. Januar 1933, die dieser beflissen geheimhalten wollte. Er wußte, wen Thälmann vermutlich in diesen Wochen getroffen und mit wem er sich beraten hatte und auch wo, um die – nach seiner und der Komintern Meinung – revolutionäre Situation zur Errichtung der Diktatur des Proletariats auszunutzen.

Im erwähnten Kassiber nun fragte Thälmann: »und was wichtig ist, der Tischler (Thälmann nannte vorsichtigerweise keinen Namen, jeder Eingeweihte aber wußte, daß Kattner gelernter Tischler war). Haben sie beim Tischler was gefunden oder nicht?? (...) Tischler ist *der einzige, der noch im Wege ist* (...) Nur die Frage Tischler ist das Problem!!! Irgendetwas ist doch da, sonst hätten sie damals nicht so gesucht. *Wenn dieser Zahn gezogen, dann ist alles in bester Ordnung.*« (Im Original nicht kursiv.)

Am Morgen des 1. Februar 1934, als der Nordwestwind die Schneeflocken vor sich hertrieb, wurde dieser Zahn gezogen. Fomferra: »Um zu verhindern, daß Kattner Schaden anrichtet (damit war nicht der Verrat an zahlreichen seiner Genossen gemeint, die dadurch zu Tode oder zumindest zu langen Zuchthausstrafen kamen, sondern seine erwartete Zeugenaussage im Thälmannprozeß), erhielt der Genosse Hans Schwarz den Auftrag, Kattner zu erledigen (...)«

Den direkten Mordbefehl an Schwarz, so enthüllte später der führende KPD- und SED-Funktionär Anton Ackermann, erteilte K. Dieser war seinerzeit sogenannter Reichstechniker der KPD. Er war der illegalen Landesleitung der Partei zugeteilt worden. Nach Feststellungen der KPD-Abwehr soll er bereits zu diesem Zeitpunkt mit der Gestapo zusammengearbeitet haben. Das allerdings ist unwahrscheinlich, da die Gestapo kein Interesse an der Ermordung Kattners haben konnte. Anzunehmen ist vielmehr, daß er im Verlaufe der Ermittlungen nach dem Kattnermörder ins Visier der Gestapo gekommen und von dieser als wichtiger Spitzel angeworben worden ist. Später, im Prager Exil, soll er sich sein Zubrot als Agent des militärischen Geheimdienstes der Tschechoslowakei verdient haben. Nach dem Einmarsch der deutschen Truppen in die CSR wurde er vom Volksgerichtshof zum Tode verurteilt und hingerichtet.

Mehrere Tage nach dem Mord entdeckte die fieberhaft nach dem Mörder suchende Potsdamer Mordkommission in einem Hausflur in der Nähe des Bahnhofs das Fahrrad des Täters. Ein Foto davon wurde in den Zeitungen veröffentlicht. Es sollte auf die Spur des der Polizei noch unbekannten Schwarz führen. Auf seinen Kopf waren mittlerweile 5.000 Reichsmark Belohnung ausgesetzt worden. Andere Sachzeugnisse waren die weggeworfene Mauserpistole vom Kaliber 7.65 und sein Hut, den er bei seiner hastigen Flucht im Hausflur verloren hatte. Der darin eingezeichnete Name war nicht mehr vollständig zu entziffern. Der Vorname war Max, vom Nachnamen war nur ein B. zu erkennen. Aber es steckte noch ein Zettel im Hut mit einer längeren codierten Notiz. Unter anderem kam darin auch der Name Schwarz vor. Die Polizei – oder besser die Gestapo – entschlüsselte die Notiz jedoch nicht. Sie legte diesen Hut den von ihr festgenommenen KPD-Abwehrleuten vor. Ihr war klar, daß nur der Abwehrapparat der KPD für diesen Mord an Kattner in Frage kam. Auf die Spur von Schwarz jedoch kam sie vorerst nicht. Der war verschwunden und blieb es.

Aus Archivunterlagen ist zu erfahren, daß dieser Hans Schwarz 1909 in Berlin geboren wurde und Bäcker von Beruf war. 1918 war er in die »Rote Jungfront« und den Kommunistischen Jugendverband eingetreten, hatte es dort erst zum Zugführer und dann zum Abteilungsführer gebracht. Er gehörte danach dem RFB an, dem »Roten Frontkämpferbund«, der militärisch aufgezogenen Wehrorganisation der KPD, deren Ehrenvorsitzender Thälmann war. Dort war er Kameradschaftsführer und danach Untergauführer, hatte also die Karriereleiter ziemlich hoch erklommen. Natürlich gehörte Schwarz zur Abwehr der KPD. Seine Sporen soll er sich im Berliner Unterbezirk der KPD Neukölln verdient haben. Das ist jene Parteiorganisation, die sich Ende 1931 mit einem kaltblütigen Mord an einem Gastwirt in der Richardstraße einen Namen machte. Zu ihr und ihrer Geheimorganisation gehörten auch einige, die Einbrüche und Überfälle ausgeführt hatten. Angeblich wollten sie damit Geld für Waffenkäufe beschaffen. Ihren Verbrechensertrag von mehreren tausend Mark aber vertranken sie nach Ganovenart. Schwarz paßte in diese geheime Welt der KPD. Nach ihren Maßstäben war er ein Mann mit vorbildhafter kommunistischer Moral, deshalb auch »frei von jeder bürgerlichen Sentimentalität«, wie Thälmann, laut »Biographie«, von den Mitgliedern der von ihm geführten Partei gefordert hat. Diese Moral war – nach Mark Twain – die »verborgene wahre«, die lauthals verkündete aber die »öffentlich vertretene künstliche«.

Nach dem Mord an Kattner ging Hans Schwarz nach Prag, zu seinen Auftraggebern in der KPD-Auslandsleitung. Die schickten ihn, wie besprochen, weiter nach Moskau. Dort blieb er tatsächlich am Leben, wurde weiter ausgebildet. Der bewährte Genosse berechtigte zu größeren Hoffnungen. Einer seiner Lehrer dort, auf der Militärpolitischen Schule der Komintern, war Paul Eckener. Das war Erich Mielke, der nachmalige Minister für Staatssicherheit der DDR. Schwarz steht unter dem Decknamen »Bruno« auf der Liste des IX. Lehrgangs. Es ist sicher, daß ihn auch die Gestapo dort entdeckte. Sie besaß ja, wie von ihr Verhaftete erschreckt feststellen mußten, komplette Übersichten über die einzelnen Lehrgänge dieser Schule – mit Schulnamen, Parteidecknamen, Originalnamen und sämtlichen Personalangaben. Es konnten keine Schüler, die einander nur mit Decknamen kannten, gewesen sein, die diese Unterlagen der Gestapo zugespielt hatten. Nur die Lehrgangsveranstalter hatten die vollständigen Übersichten. Die Gestapo hatte eben außer Kattner noch andere für sie ergiebige Quellen.

Die Spuren von Hans Schwarz verwischen sich später. Er soll Mitte der dreißiger Jahre im Bürgerkrieg in Spanien gewesen sein, in der Abwehr der Internationalen Brigaden, sicher wieder unter seinem vortrefflichen Lehrer Mielke. Nach anderen Angaben war er auch in Ungarn und in der Slowakei als Beauftragter der Aufklärung der Komintern, der sowjetischen Spionage. Eine folgerichtige Entwicklung. 1944 soll er vom Kreisgericht Preßburg in der Slowakei zu zwölf Jahren Zuchthaus verurteilt worden sein. Durch Einspruch des Staatsanwalts aber wurde das Urteil nicht rechtskräftig. Keine Erklärung dazu. Später ist Schwarz nicht mehr aufgetaucht. Haben ihn die Nazis nicht gefangen, so haben eben die Henker des NKWD die Akte Schwarz geschlossen.

Sein Mord an Kattner hatte ein schlimmes Nachspiel für andere. Die wutentbrannte Gestapo, die mit Kattner einen ihrer besten Agenten verloren hatte, vernahm viele KPD-Funktionäre und prügelte dabei auf sie ein. In diesem Zusammenhang wurde auch Thälmann in die Gestapozentrale geholt und unter Prügel verhört. Einen Tag nach dem Mord erschoß sie Thälmanns Nachfolger John Schehr und weitere drei führende Funktionäre der KPD – Erich Steinfurth, Eugen Schönhaar und Rudolf Schwarz. Schehr hätte gerettet werden können. Am 23. Oktober 1934 berichtete Hans Kippenberger, der Leiter des Geheimapparats der KPD an das Politbüro, daß Schehr sehr bald nach seiner Verhaftung in das KZ Oranienburg gebracht worden war. Zuvor, so Kippenberger, war er »einige Zeit lang mit ergebnislosen Vernehmungen traktiert« worden. In Oranienburg, wo Schehr mit Erdarbeiten außerhalb des Lagers beschäftigt wurde, hatte Kippenbergers Apparat Verbindung mit ihm. »Wir erörterten mit ihm gemeinsam einen Fluchtplan. Er war bezüglich dieser Fluchtmöglichkeit sehr optimistisch und vertrat dabei den Standpunkt, daß er auch einen hohen Prozentsatz Risiko auf sich nehme.« Vielleicht war dieser Prozentsatz für ihn zu hoch oder es ist aus anderen bisher nicht bekannten Gründen nicht zur Flucht gekommen. Was Schehr nicht gelang, führte der sozialdemokratische Reichstagsabgeordnete Gerhart Seger erfolgreich aus. Ohne jede äußere Hilfe und Vorbereitung, ohne jeden Apparat floh er am 4. Dezember 1933 von einem ebensolchen Erdarbeitskommando aus dem KZ Oranienburg.

Nach dem Mord an Kattner also sollten Schehr und seine drei Genossen mit einem offenen Streifenwagen der Polizei zu einer Vernehmung von Berlin aus nach Potsdam gebracht werden. Der geschlossene Gefangenentransportwagen hätte zu so später Stunde, um 22.00 Uhr, nicht mehr zur Verfügung gestanden, hieß es. In Potsdam, so die Gestapo, sollten sie Zeugen gegenübergestellt werden, die den Mörder Kattners gesehen hätten. Sie kamen bis zum Kilometerberg in der Nähe des Golf- und Landklubs Wannsee. Ein paar Wochen danach wurde übrigens damit begonnen, diesen Kilometerberg abzutragen. Er war einer neuen Straße im Wege. Der erste, mehr als zwei Kilometer lange und achteinhalb Meter breite Abschnitt dieser, wie Zeitungen schrieben, 24 Meter breiten Prachtstraße wurde dann im Herbst 1935 vollendet. Die Olympischen Spiele standen vor den Toren Berlins. In Wannsee sollten u. a. die Ruder- und Segelwettbewerbe ausgetragen werden. Hier, an diesem Kilometerberg, konnte der Streifenwagen angeblich nur im Schritt fahren, da die Steigung zu stark war. Dann mußte der Fahrer das Auto noch langsamer fahren lassen, da der Motor überhitzt war. Das sollen, laut Gestapo, die vier Gefangenen zur gemeinsamen Flucht genutzt haben. »Die Beamten nahmen sofort die Verfolgung auf«, heißt es im Gestapobericht darüber. »Die Anrufe der Beamten wurden von den Flüchtlingen außer acht gelassen (...) Da die Gefahr bestand, daß sie über einen Berg verschwinden konnten, machten nunmehr die Beamten pflichtgemäß von ihrer Schußwaffe Gebrauch.« Trotz der Dunkelheit trafen die Gestapoleute aber sehr genau! »Die Flüchtlinge brachen in dem Feuer der Beamten nacheinander zusammen. Die Beamten mühten sich um die Verletzten. Die erlittenen Verletzungen der Flüchtlinge waren aber so schwer, daß sie in kurzer Zeit an Ort und Stelle verstarben (...) Durch diesen Vorfall erübrigte sich die Weiterfahrt nach Potsdam (...) Eine Leichenöffnung wird von hier aus nicht für erforderlich gehalten.« Sie hätte die Nahschüsse an den wehrlosen Gefangenen erkennen lassen. Den Mordbericht unterschrieb der Kriminalkommissar Sattler vom Dauerdienst der Gestapo in Berlin.

Der am 17. April 1898 in Schmargendorf geborene Bruno Sattler war zuletzt als Kriminalrat einer der ranghohen Gestapobeamten. Seit 6. Juli 1993 gehörte er zur Gestapo. Unter Kriminalrat Heller bearbeitete er die »kommunistische Bewegung« und auch die Sopade, den Sozialdemokratischen Parteivorstand, und unterhielt einen Stamm eifriger Agenten. 1938, zwei Jahre vor Heller, ließ er sich wegen Differenzen mit dem Gestapochef Müller und dessen Clique im Reichssicherheitshauptamt – den Bajuwaren – nach Potsdam versetzen. Der Nazistaat aber brauchte nach Kriegsbeginn 1939 den aktiven und einsatzfreudigen Sattler auf anderen Posten. So gehörte er bald zu jener Einsatzgruppe, die zur Vernichtung der polnischen Intelligenz eingesetzt wurde. Er hat das Kriegsende überlebt. Er wurde – wie Polizeiberichte, aber auch Suchmeldungen in Zeitungen, wie im sozialdemokratischen »Telegraf« vom 24.8.1947, beweisen – nach Kriegsende eifrig gesucht.

Der vom NKWD als Leiter der Pressestelle im Berliner Polizeipräsidium eingesetzte ehemalige KPD-Abwehrmann Dünow lud im Januar 1946 die in Berlin-Tempelhof wohnende Frau Sattler höflich zu einem »Gespräch« vor. Sie hatte wenige Tage vor dieser Einladung einen Brief ihres Mannes erhalten. Die Postkontrolle klappte also sehr frühzeitig. Nach diesem Brief, so Frau Sattler, sei er in Ungarn. »Meines Wissens war Treckbetreuung sein letzter Auftrag.« Welcher Art Treck war es? Ein sogenannter »Judentransport« oder ein Flüchtlingstreck gen Westen? Über die »Arbeit« ihres Mannes wußte sie nicht viel zu sagen. »Ab Sommer 1940 kam er über Brüssel, Paris, Jugoslawien nach Ungarn.« Von den Vernichtungsaktionen in Polen erwähnte sie nichts. »Wir hatten das familiäre Ziel, uns eine kleine Landwirtschaft zu erwerben.« Nach eingehender Befragung, so vermerkt es das Protokoll, ob ihr V-Leute ihres Mannes bekannt seien, nannte sie vier Namen. Es waren Agenten, die gegen die Sopade eingesetzt waren. Das Protokoll enthält auch einige russische Bemerkungen.

16 Jahre nach der Bluttat am Wannseer Kilometerberg, 1950, stand Bruno Sattler in Halle vor dem Obersten Gericht der DDR. Wie er dorthingekommen war, ist in den uns zugäng-

lichen Unterlagen nicht dokumentiert. Nun sollte man meinen, daß er vor allem für den Mord an Schehr und dessen drei Genossen, der in der SED-Propaganda eine so große Rolle gespielt hat, und auch für seine Taten in den Einsatzgruppen zur Rechenschaft gezogen werden sollte. Das jedoch lassen die zur Verfügung stehenden Niederschriften nicht erkennen.

Der Prozeß gegen Sattler hatte vor allem herzuhalten für die Propaganda der SED gegen die westdeutschen Sozialdemokraten. Sattlers Agenten seien direkt auf die führenden Funktionäre der SPD in der Emigration angesetzt gewesen, so auf Wels, Ollenhauer, Hans Vogel und andere. Es wird suggeriert, daß die SPD während der Nazizeit mit Gestapoagenten durchsetzt war. Damit sollte nicht nur die SPD diffamiert, sondern auch von gleichen, und wie die Tatsachen zeigten, berechtigten Vorwürfen gegen die KPD abgelenkt werden. So war einer der V-Leute Sattlers, der 1939 oder 1940 gegen die sozialdemokratische Emigration in Dänemark eingesetzt wurde, jener Agent, der sich 1934 in die illegale Landesleitung der KPD eingeschlichen und sie komplett ausgehoben hatte. Er war weit wirkungsvoller als der ermordete Kattner, weil er direkt im Zentrum der illegalen KPD-Führung saß, wohin Kattner erst gelangen sollte.

In einem Prozeß gegen Gestapobeamte und einige ihrer V-Leute nach dem Krieg in Hamburg wurde zum Beispiel enthüllt, daß es der Gestapo gelungen war, den Freund Thälmanns, ZK-Mitglied und Abschnittsleiter der KPD in Kopenhagen, Heinrich W., als V-Mann anzuwerben. Er gab alles preis, verriet alles, was nur zu verraten war. Da er auch direkt im Exil-Politbüro in Moskau gesessen hatte, wußte er nahezu alles über die KPD, hielt darüber bei der Gestapo regelrechte Lektionen ab. Er diktierte den Vernehmern dickleibige Schriftstücke über die Organisationen der KPD, ihre Funktionäre, deren Namen und Decknamen und Aufenthaltsorte und Verbindungen, über ihre Ausbildung vor allem in der Sowjetunion. Wen er selbst nicht mehr genau im Gedächtnis hatte, identifizierte er nach ihm vorgelegten Fotos oder schriftlichen Unterlagen. Vom Volksgerichtshof wurde er pro forma wegen Vorbereitung zum

Hochverrat zu einer hohen Zuchthausstrafe verurteilt. Wie manch anderer brauchte auch er davon nicht einen Tag abzusitzen. Dafür saß er gemeinsam mit anderen ehemaligen KPD-Funktionären in den konspirativen Büros der Hamburger Gestapo, half ihr, unter den Antifaschisten »aufzuräumen«.

Die KPD aber war sauber und rein. So wollte es das SED-Politbüro. Konnte man vielleicht Nachfahre und Erbe einer von Gestapoagenten unterwanderten Partei sein? Verrat in den eigenen Reihen? Hat es nicht gegeben! Schon gar nicht im Umfeld Thälmanns. Und kommunistischen Fememord wie den in Nowawes? Niemals!

Thälmann und Thälmann vor allen

»Ich bin im Leben stets ein Glückskind gewesen und bin es auch heute noch«, schrieb Thälmann 1935 in eines der blauen Hefte, in denen er Auszüge aus Büchern, Zeitungen und auch seine Gedanken dazu notierte. Manches davon findet sich in seinen (Original-)Briefen an seine Angehörigen wieder, vieles vor allem aber in seinem »Brief an den Kerkergenossen«. Mit seiner großen, steilen und nicht gerade einfach zu lesenden Sütterlinschrift hielt er in diesen Heften auch diesen und jenen Gedankensplitter fest oder – »aus Freude am schönen Reim«, wie es in der Thälmann-»Biographie« heißt – einen Vers. Zum Beispiel die Moritat über den Massenmörder Haarmann:

In Hannover an der Leine,
in der Grabengasse Nummer acht,
wohnt der Massenmörder Haarmann,
der aus Menschen Hackfleisch macht.
Warte, warte nur ein Weilchen,
bald kommt Haarmann auch zu dir.
Kommt mit seinem Hackebeilchen
und macht Schabefleisch aus dir.

Das Glück hatte ihm – laut Heft – auch den Obernazi Göring beschert, der zufällig dazukam, als er, Thälmann, nach dem Kattnermord in der Gestapozentrale mißhandelt wurde und der ihm aus der Bredouille half. Manch einer meiner Freunde ist aus dieser Zentrale nicht wieder herausgekommen, notierte er. Wie eng aber war die Freundschaft zu diesem oder jenem, dessen Namen er noch nicht einmal niederschrieb?

Großen Raum nehmen in diesen Heften seine Prozeßvorbereitungen ein. Manches liest sich wie eine Lebensbeichte oder auch wie eine Rechtfertigung. Nur, vor wem mußte er sich denn noch rechtfertigen? »Ich habe mich in meinem festen Glauben nicht durch rechts, weder links abschweifen lassen, durch keine Querschläge und Fehlschläge entmutigen lassen.« Immer wieder betont er seine Bescheidenheit, die »einfache Lebensweise in meinem Leben«, die »Hingabe zu den schaffenden Menschen, Opfer und Kampfbereitschaft in gegenseitigen Entbehrungen durch Solidarität bewiesen«.

Einer dieser schaffenden Menschen war Kurt B., KPD-Mitglied, roter Sportler. Über ihn gibt es kein Lied. Es ging kein Bericht über Kurt B. an die Führung von KPD oder Komintern. Kommunist Namenlos. Mit knapp 17 Jahren kam er, Monate nach Thälmann, in das Untersuchungsgefängnis Berlin-Moabit. Wie dieser notierte auch er sich viel in dieser Zeit, schrieb ein regelrechtes Tagebuch – ungekünstelt, ohne jede Überhöhung. Er wollte kein Held sein, wollte weder Ruhm noch Nachruhm. Man findet in seinen Notizen nicht ein Wort darüber, daß er ein einfacher und bescheidener Mensch ist oder gar – wie Thälmann – »Blut vom Blute des deutschen Arbeiters«, daß er das »werktätige Volk mit der Leidenschaft seines Herzens liebte«, immer ein »warmes Herz für die kleinen Leute, für die Söhne der Armen« hatte«. Warum auch sollte er etwas für ihn Selbstverständliches aufschreiben? Kurt B. war einer der vielen Kommunisten aus Thälmanns Partei, die wenig verstanden haben von rechten oder linken Abweichlern, diese aber beschlußgemäß verdammten, für die sich jede Faschismustheorie vor allem in eine braune Naziuniform kleidete, der sie tagtäglich begegneten. Sie prügelten sich nicht mit Brüning oder Schacht oder diesem und jenem auf der Regierungsbank, sondern mit den Nazis aus der Nachbarschaft, mit Arbeitern und einfachen Leuten, wie sie selbst welche waren. Es stimmt: ab und zu störten sie auch eine Versammlung der »Sozialfaschisten«, teilten dort Schläge aus … oder bezogen welche. Es sollte nicht viel Zeit vergehen, bis sie diesen oder jenen SPD-Genossen im Zuchthaus oder im KZ wiedertrafen. Hier erst wurden sie Kameraden.

In der Hauptsache aber bewegten sich die Gedanken von Kurt B. um den Sport, um seinen Verein, nach dem die Nazis nach ihrer Machtergreifung grapschten, den er und seine Freunde aber erhalten wollten. Einer der leitenden Funktionäre seiner Sportorganisation hatte ihn verraten. »Wir haben ihn sogar für einige Zeit bei uns untergebracht, obwohl wir es selbst eng genug hatten«, erzählte vor einigen Jahren Kurt. B.s Frau. Noch heute ruft der Name dieses Funktionärs Abscheu in der Familie B. hervor. Nicht zuletzt ihm hatte Kurt B. die vier Jahre Zuchthaus zu verdanken, zu denen er nach langer Untersuchungshaft verurteilt wurde. Kein Tag davon wurde ihm geschenkt. In seiner Zuchthauszelle sorgte er für große Aufregung bei der Gestapo. Sogar aus Berlin kamen Beamte. Einer ihrer Spitzel in B.s Massenzelle hatte dort einen Detektorempfänger entdeckt, mit dem alle anderen Insassen regelmäßig Nachrichtensendungen abhörten. Die Gestapoleute konnten B. diese Tat nicht nachweisen. Das rettete vorerst sein Leben. Natürlich hatte der Radiomonteur B. diesen Empfänger gebaut. Die bereits in Moabit angefertigte Konstruktionszeichnung dafür befindet sich noch immer in seinem Tagebuch, das einer der Aufseher aus dem Moabiter Untersuchungsgefängnis mit herausgenommen und der Familie zugestellt hatte. Später übrigens wird sich einer der Zellengenossen von B. dessen Leistung und Mut zuschreiben. Doch dann ist B. längst tot und der »Held« auf B.s Kosten bereits General in der DDR … und ein »lebendiges Beispiel für die Klugheit und den Opfermut eines wahren Kommunisten«. B. hätte ihm diesen Triumph sicher gegönnt. Der Verdacht der Gestapo aber hielt ihm das Tor zur ersehnten Freiheit für immer verschlossen. So kam er vom Zuchthaus aus direkt ins KZ.

Als der Zweite Weltkrieg in eine neue Phase trat und die Verluste der deutschen Wehrmacht immer höher wurden, mußte auch Kurt B., obwohl »wehrunwürdig«, die Soldatenuniform anziehen, um vielleicht doch noch den »Endsieg« mit erringen zu helfen. Soldaten wie er kamen zur Strafdivision 999. Mit ihr hatte er in den Krieg zu ziehen. Sein Kriegsschauplatz wurde Griechenland. Auf irgendeiner der vielen Inseln dort kam er ums Leben. Seine Familie erhielt keine Todesnachricht, weiß bis heute weder Umstände noch Ort und Datum seines Todes. Nach 1945 wurden von der damals noch bestehenden und später aufgelösten VVN (Vereinigung der Verfolgten des Naziregimes) auch die aus politischen Gründen zur Strafeinheit 999 Gepreßten erfaßt. In den SED-Kreisleitungen wurde dann in Zuverlässigkeitsprüfungen entschieden, wer von ihnen geehrt, ja überhaupt öffentlich genannt werden durfte. Kurt B.s Name stand auf keiner Liste. Kurt B., »einfacher Mensch und einfacher Kommunist«, war ebenso einfach vergessen worden. Geblieben ist von ihm nur die Erinnerung in seiner Familie und bei seinen wenigen Genossen und Freunden, die die Nazidiktatur überlebt haben – und sein Tagebuch über mehr als zwölf Monate Gefängnisleben in Moabit, seine mehrere hundert Seiten umfassende einfache und gerade deshalb so erschütternde und tief berührende Niederschrift seiner Gedanken und Erlebnisse, seine Lebensbeichte.

»Donnerstag, 28.3.1935 – Gleich wird die Sonne hinter den gegenüberliegenden Häusern verschwunden sein. Die Zelle ist für heute das letzte Mal geschlossen worden. Bald ist wieder ein Tag vorbei. Heute habe ich mich dauernd beschäftigt, um ja nicht immerzu voll Trauer am Fenster zu stehen. Was kann ich denn dafür, daß ich die Natur und die Freiheit so gern habe? Ein Segen und eine Last, diese Liebe zur Natur. Zelle 389 ist wieder belegt. Politisch. RGO (Rote Gewerkschafts-Opposition). Diese Zelle hat ihre politische Tradition. Wo kommen nur die Menschen alle her – oder besser: hin? In der Zeitung, die mir einer der Wärter ab und zu mal zusteckt, lese ich, es werden wenige Politische verurteilt. Wieviel Jammer, Elend und Leid stecken hinter jedem Urteil? Ihr zielt nach dem Täter und trefft die Mutter, die Frau und die lieben Kinder. Welche Not, welches Drama verbirgt sich hinter jedem Eurer Sprüche. Zwölf Jahre! Mal mehr, mal weniger. Können jene, die solche Urteile fällen, überhaupt noch glücklich sein? Was sagen sie ihren Frauen? Können sie ihren Kindern in die Augen schauen oder müssen sie nicht den Blick niederschlagen?

Sonnabend, den 30.3. – Trudchen hat nach meiner Rechnung Mk. 50.35 zum ›Leben‹. Miete, Licht und Feuerung ab, hat sie für sich und die beiden Kinder genau 5.50 Mark die Woche. Ist das nicht eine Schande? Und das bloß, weil der Staat glaubt, ich wäre strafbar. Eben kam die Kantinenware: 1/2 Pfund Schmalz = 50 Pfennige, vier Schreibfedern = 10 Pfennige und ein Paket Zahnputzpulver = 18 Pfennige. Alles zusammen: 78 Pfennige. Liebes Muttchen, liebe Frau, wie soll ich Euch dies danken? Nicht nur Herzeleid – nein, auch noch Geldausgaben, wo Ihr selbst nichts habt.

Sonntag, 7.4. – Heute hörte ich, daß man einen Anwalt gestellt bekommt. Bin gespannt, ob er sich Mühe gibt. Für mich – oder für den Staat? Wes Brot ich ess', des Lied ich sing'. Besser sind vielleicht die dran, die sich einen eigenen Rechtsanwalt leisten können.

Montag, 1.7. – Heute Kantinenware für 1.38 Mark. Hatte auch für Otto in Zelle 389 ein halbes Pfund Schmalz mitbestellt. Er hat sich gefreut wie ein Kind. Das war ich meinem Gewissen schuldig. Wie kann mir der Speck schmecken, wenn ich sehe, daß er trocken Brot ißt? Ich möchte mir gern eine Tageszeitung halten. Aber das sind wieder 65 Pfennige in der Woche. Zusätzlich geht das nicht. Ich kann meiner Frau, meinem kleinen Jungen und meiner Ullimaus nicht noch mehr vorenthalten. Kaufe ich mir kein Schmalz, kann ich mir die Zeitung halten. Das hieße aber, immer trocken Brot zu essen, wenn es nicht in der Anstalt mal geschmierte Stullen gibt. Also, am Fett ist schwer zu sparen. Aber hat man keine Zeitung, ist man nicht informiert, was gerade in unserer Sache von Nachteil sein kann. Meine Tinte kann ich verdünnen, die Schreibfedern, die ich als schlecht weggelegt habe, immer noch einmal vorkramen. Ich werde den Speck weglassen. Ich glaube, dann geht es. Wenn ich dann meine Schmalzstullen esse, werde ich die Zeitung lesen und vom ›Belag‹ träumen. Na, wenn ich keinen Speck mehr habe, brauch ich nicht mehr so zu zirkeln beim Abschneiden und beim Essen …«

Am 10. Juli 1935 notierte Kurt B., daß er Thälmann gesehen habe, zum erstenmal überhaupt. Er »macht einen sehr verbissenen Eindruck«.

Ein paar Monate später berichtete die Gestapo an den »Führer und Reichskanzler« über die Haftbedingungen für Thälmann. Obwohl er nach dem Willen des »Führers« unter den gleichen Bedingungen »zu halten« sei wie die anderen Untersuchungshäftlinge auch, heißt es in diesem Bericht, mußten ihm doch »eine Reihe besonderer Vergünstigungen gewährt werden«. So dürfe er Besucher empfangen, mit seinen Verteidigern unbeschränkt zusammentreffen und genauso unbeschränkt korrespondieren. Die Gestapo habe aber festgestellt, daß er mit seiner Frau unerlaubte Informationen austauscht, sie ihm Nachrichten zukommen läßt. Die zwischen Eheleuten verabredete Sprache sei kaum zu kontrollieren. Im Bericht wird hervorgehoben, daß die Frau Thälmanns ständig große Summen aus dem Ausland erhält – zu ihrem eigenen Unterhalt und zur Finanzierung der Rechtsanwälte. Außerdem überbringe sie ihrem Mann große Pakete mit allen möglichen Delikatessen »in Fabrikpackungen«, darunter Ölsardinen, Spargelsalat, Weintrauben, Feigen, Datteln, Schinken, verschiedene Wurstsorten, ausgelassene Butter usw. Obwohl vorgeschrieben sei, daß keine geschlossenen Behältnisse in das Untersuchungsgefängnis gebracht werden dürfen, sei eben bei Thälmann eine Ausnahme gemacht worden. »Deshalb habe ich verfügt«, schreibt der Berichterstatter, »daß Thälmann ungeöffnete Konservenbüchsen ausgehändigt werden und daß sie in Gegenwart eines Beamten geöffnet werden.« Die Gestapo empfahl jedoch, das bislang herrschende Regime so zu verändern, daß alle Gegenstände und Nahrungsmittel, wie für die anderen Gefangenen auch, in der Kantine des Untersuchungsgefängnisses bestellt und gekauft werden.

Ein Jahr später wandte sich die Gestapo erneut an das Büro Hitlers. Wieder beklagte sie sich über die Sonderstellung Thälmanns, was die Belieferung mit Lebensmitteln betraf. So habe der Kantinenpächter nur mit großer Mühe die von ihm gewünschten blauen Weintrauben auftreiben können, »die es im Monat Mai in Berlin kaum gibt«. Zu seinem 51. Geburtstag bestellte Thälmann – laut Feststellung des Kriminalrats Heller – in der Gefängniskantine folgende Waren: 1 Pfund grobe Wurst, 1 Pfund feine Wurst, ein halbes Pfund Schweinebraten, ein halbes Pfund Butter, ein halbes Pfund Käse, ein Pfund Schinken, zwei Dosen Heringe in Tomaten, fünf Jaffa-Apfelsinen, zwei Pfund Bosco(Boskop)-Äpfel, drei Zitronen, zwei Knoblauchzwiebeln, zwei Pakete Feigen, ein Pfund blaue Weintrauben, einen Blumenstrauß. »Um aber den ständigen unberechtigten Angriffen im Ausland über eine behauptete schlechte Behandlung Thälmanns (...) in geeigneter Weise entgegentreten zu können«, schrieb Heller in seinem Bericht an den »Führer und Reichskanzler«, war mit dem Leiter des Untersuchungsgefängnisses vereinbart worden, »die Lebensmittel nur gegen Empfangsbescheinigung (...) auszuhändigen. Bei der Übergabe der Gegenstände weigerte er sich jedoch (...) den Empfang zu quittieren (...) und meinte, seine Frau, die die Absenderin der Ware sei, könnte ja unterschreiben (...) Die Lebensmittel wurden daraufhin nicht ausgehändigt.« Einem KPD-Bericht nach hatte Thälmann seine Unterschrift mit der Bemerkung verweigert, »ob man diese Aufstellung für die z. Zt. in Deutschland anwesenden ausländischen Kongreßteilnehmer benötige?« Gemeint war der Olympische Kongreß 1936.

Natürlich hat die Gestapo diese weit aus dem Rahmen fallenden Lebensmittelbestellungen für ihre Propaganda ausgenutzt: »Es ist für diesen Kommunistenführer bezeichnend, daß er sich auf der einen Seite als Märtyrer seiner Sache fühlt und den Anschein erwecken will, als ob er es im Gefängnis außerordentlich schlecht habe, daß er andererseits jedoch keine Hemmungen hat, sich derartig ausgesuchte Lebensmittel und Delikatessen zustecken zu lassen.«

Thälmann wußte natürlich von seinen Vorzügen gegenüber anderen Häftlingen. Sicher fühlte er sich dabei nicht wohl in seiner Haut. So ist zu erklären, daß er diesen Mitgefangenen einiges von seinen Gütern abgeben wollte. In einem Bericht vom Juli 1936 an die Parteiführung heißt es, daß er von der

Gefängnisleitung dafür bestraft worden ist. Er hatte aus dem Fenster seiner Zelle anderen Gefangenen Zigaretten und auch Wurst zugeworfen.

Dem KPD-Vorsitzenden wurden immer mehr Hafterleichterungen zugestanden als seinen Mitgefangenen. Er konnte auch nahezu unbeschränkt Bücher aus der Gefängnisbibliothek ausleihen. In einem Bericht an die »werten Genossen« in der Kominternführung über die Haftbedingungen für Thälmann schrieb sein späterer Nachfolger Pieck im Juni 1935, daß Thälmann »schon alle 3.000 Bände dort durch hat«. Das war natürlich übertrieben. Sicher haben weder Pieck noch die »werten Genossen« nachgerechnet. Sonst wären sie darauf gekommen, daß Thälmann nach dieser Rechnung an jedem Tag seiner Haft mehr als sieben Bücher gelesen haben mußte. Thälmann hat später selbst einmal eine Liste jener Bücher aufgestellt, die er von Mai 1936 bis August 1939 im Gefängnis gelesen hat. Er kam auf genau 231. Und das war, als er schon bedeutend mehr Zeit hatte, denn von 1933 bis 1935 hatte er sich ja auf seinen Prozeß vorzubereiten. Dem erwähnten Bericht Piecks nach konnte Thälmann zwei Zeitungen halten und täglich zweimal einen Spaziergang machen. Auch kaufe er sich Zusatznahrung, hieß es. Später übrigens wird die Parteizentrale besorgt registrieren, daß Thälmann im Gefängnis sehr stark zugenommen hatte. Ab 1938 konnte er in seiner Doppelzelle Radio hören. Er erhielt auch einen elektrischen Kocher, damit er die ihm gelieferten Konserven aufwärmen konnte. In seine Zelle in Bautzen wurden größere Fenster eingebaut. So erzählte Thälmanns Frau, die ihn regelmäßig besuchen durfte, Anfang 1938 dem aus Paris zu ihr gekommenen Kurier »Edwin«, daß bei ihrem jüngsten Besuch bei Thälmann im Gefängnis in Hannover extra ein »Chaiselongue« in die Zelle gestellt worden sei. »Wir haben es Ihnen etwas gemütlich gemacht«, habe der Aufsichtsbeamte zu ihr gesagt.

Zwei Jahre zuvor hatte sich Rosa Thälmann beim gleichen Kurier darüber beschwert, daß sie nun kein Geld mehr von der Partei bekomme. »Erst haben sie mir so große Beträge geschickt, dann haben sie die Beträge so ermäßigt, daß es nicht reichte. Und jetzt ist es ganz aus.« Ursprünglich wollte Thälmanns Frau überhaupt kein Geld von der Partei haben. Der Vorgänger des Kuriers »Herbert« hatte es ihr regelrecht aufdrängen müssen. Im Juli 1934 berichtete er: »Sie ist noch immer nicht ganz damit einverstanden. Aber sie ist jetzt doch schon so weit, daß sie es nicht wieder zurückweist.« 1936 nun hatte sie sich offensichtlich daran gewöhnt, und vor allem war sie darauf angewiesen. Der Kurier äußerte sein Unverständnis darüber, daß »die Sendung diesmal ganz ausgeblieben« ist. »Daran kann nur irgendein technischer Fehler schuld sein. Aber ich habe mich vorgesehen, und Dir zunächst genügend Geld mitgebracht.«

Später hat irgendein Parteibürokrat jene Beträge aufgelistet, die Rosa Thälmann vom 20. Oktober 1936 bis zum 2. Juli 1938 von der KPD oder von der Komintern erhalten hat. Diese Summe belief sich auf genau 5.994 Mark und 18 Pfennige. Die Partei hat, wie bereits geschildert, Thälmanns Frau und Tochter auch schon vorher unterstützt. Wie aus einem Kurierbericht vom Februar 1936 hervorgeht, wurde diese Unterstützung über das Thälmann-Befreiungskomitee geleitet und direkt an ihre legale Adresse gesandt. Trotzdem aber geriet Rosa Thälmann in Schwierigkeiten, als Anfang 1936 ihr Vater starb. Um nun weiter die Miete ihrer Wohnung bezahlen zu können, bat sie das Wohlfahrtsamt der Stadt Hamburg um einen Mietzuschuß. Dieser Antrag wurde abgelehnt. Ihre Beschwerde ging durch alle Instanzen. Letzten Endes stimmte dann der Hamburger Senat einer monatlichen Beihilfe von 33,- Mark für die Miete zu. Um 1940 herum wandte sich – so geht aus einer Notiz hervor – Rosa Thälmann »wegen materieller Unterstützung« an die sowjetische Botschaft in Berlin.

Es zeugt auch für die enge Beziehung zwischen KPD-Führung und Komintern zum sowjetischen Geheimdienst, wenn dieser dazu eingespannt wurde, Geld an Rosa Thälmann zu überbringen. Darüber erzählte die damals in der Schweiz plazierte Residentin des militärischen Geheimdienstes der UdSSR, Ruth Werner, in ihrem Buch »Sonjas Rapport«: »Wir besaßen eine Kleiderbürste. In ihrem Holzteil befand sich ein

Hohlraum, der mir schon öfter zum Transport von Geld gedient hatte. Ollo (eine ihrer Agentinnen) und die Bürste gelangten unbehelligt nach Deutschland. Rosa Thälmann war tief bewegt. (...) Die Tatsache, daß die Genossen in der Sowjetunion die Gabe veranlaßt hatten, war für sie ein großer moralischer Gewinn, der mehr wog als die beträchtliche Summe.«

Die materielle Not der Familie des Kommunisten Kurt B. linderte niemand.

Der 1939 bis 1943 von der Polizeiinspektion Berlin-Lichtenberg zum Referat Marxismus bei der Gestapo versetzte Kriminalsekretär Friedrich Zapik berichtete bei seinen Vernehmungen nach 1945 von Geldzuwendungen der Gestapo für die Familie Thälmanns. Er sagte aus (s. Bundesarchiv, Außenstelle Zehlendorf, Aktennummer ZR 630, Akte 13): »Zu meiner Tätigkeit gehörten u.a. Boten- oder sonstige Gänge. So überreichte mir erstmalig im Jahre 1941 der Regierungsrat Josef Vogt eine Postanweisung mit 250 Reichsmark mit der Bitte, diesen Postantrag auf einer Postanstalt einzuzahlen. Ich ging sofort zum Postamt in der Puttkamer Straße und war nicht wenig erstaunt, als ich sah, daß dieser Betrag an Frau Rosa Thälmann, in einem Ort am Rhein wohnhaft, gerichtet war. Ich vermutete, daß es sich um die Ehefrau des KPD-Führers Ernst Thälmann handeln müsse, was mir von Kriminalsekretär Kempel (...), der im Vorzimmer Reg.Rat Vogts saß, bestätigt wurde. (...) Die Familie soll laufend monatlich den Betrag von 250 Reichsmark als Unterstützung erhalten haben. Kempel meinte, daß Thälmann mit seinem Betreuer zufrieden sein könne, da dieser in jeder Hinsicht bemüht ist, für ihn zu sorgen. Im Laufe der folgenden Jahre habe ich noch mehrmals die gleichen Beträge für Frau Thälmann auf der Post eingezahlt.« Diese Aussage wurde im Archiv des Ministeriums für Staatssicherheit gesperrt. Ihr Wahrheitsgehalt konnte nicht nachgeprüft werden.

»Ich wurzelte tief im werktätigen Volk, das ich mit der Leidenschaft meines Herzens liebte. Für die kleinen Leute, für die Söhne der Arbeiter hatte ich immer ein warmes Herz (...)«

Einer dieser kleinen Leute, Kurt B., hatte, wie auch seine mit ihm verhafteten Genossen, kein Geld für einen eigenen Verteidiger. Auch die »Rote Hilfe« sprang nicht für ihn ein.

Für Thälmann wurde nach dessen Verhaftung sofort, das heißt am 16. März 1933, der Berliner Rechtsanwalt und Sozialdemokrat Dr. Kurt Rosenfeld benannt. Er hatte bereits im Sommer 1914 Rosa Luxemburg vor dem Berliner Landgericht verteidigt. Während der Novemberrevolution 1918/19 war er sogar kurzzeitig preußischer Justizminister. Rosenfeld, der Mitglied des Deutschen Reichstags war, gehörte zu den Anwälten, die sich auch der »Roten Hilfe« zur Verfügung stellten. So hatte er in der Weimarer Republik auch manchen Kommunisten vor Gericht verteidigt. Für Thälmann konnte er nicht mehr viel tun, mußte er doch frühzeitig aus Deutschland emigrieren, um seiner eigenen Verfolgung zu entgehen. Zuerst, 1933, ging er nach Paris, später in die USA. Dort ist er, erst 66 Jahre alt, 1943 gestorben. Gleichzeitig mit Rosenfeld wurde auch der am Berliner Kammergericht zugelassene Rechtsanwalt Dr. Günther Grzimek als Verteidiger benannt. Dieser lehnte aber am 20. März 1933 in einem Schreiben an den damaligen Gestapochef Oberregierungsrat Diels diese ihm angebotene Aufgabe ab, da er, wie er schrieb, keine Sprecherlaubnis für Thälmann erhalten hatte. Außerdem wäre ein Verteidiger zweckmäßiger, »der nicht in der Politik gestanden hat«. Auch diese Unterlagen wurden – warum? – von der Staatssicherheit einkassiert und weggeschlossen. Sollte nicht bekannt werden, daß Thälmann von vornherein nach formalrechtsstaatlichen Vorschriften behandelt wurde? Um das auch öffentlich bekannt zu machen und vor allem, um Vorwürfe aus dem Ausland zu entkräften, ließ sich Diels Ende März bei seinem Besuch im Berliner Polizeigefängnis am Alex vom Berliner Korrespondenten des Londoner »Sunday Express«, Sefton Delmer, begleiten und gab diesem dort Gelegenheit zu einem Gespräch mit Thälmann. Er konnte aber auch mit den ebenfalls am Alex inhaftierten Torgler, Hirsch, Ludwig Renn und von Ossietzky sprechen. Sie hätten erklärt, meldete Delmer, »daß sie in keiner Weise unter schlechter Behandlung zu leiden gehabt hätten. Hirsch habe sich beklagt, daß er mit seinem Anwalt keine Fühlung habe nehmen dürfen, Thälmann, daß er mit kriminellen Häftlingen die Zelle teilen müsse.« Auf Anregung Thälmanns bemühte sich auch seine Frau sofort um mehrere Rechtsanwälte. Aber sie hatte vorerst keinen Erfolg.

Für Thälmanns Verteidigung im gegen ihn geplanten Prozeß, für in- und ausländische Rechtsanwälte, stellte die Internationale Rote Hilfe (IRH) – nach einer vertraulichen Aufstellung vom 1.9.1935 – genau 187.500 französische Franc zur Verfügung. Nach dem damaligen Wert eine immense Summe. Anfang November 1935, so geht aus einem weiteren vertraulichen Schreiben hervor, zahlte die IRH weitere 34.000 Mark für die Verteidigung des Genossen Thälmann.

»Es ist schade um jeden Arbeiterpfennig, der zur Finanzierung faschistischer Rechtsanwälte verschludert wird«, hieß es in »Elf Gebote für das Verhalten Verhafteter«. Sie waren als Flugblatt von der KPD-Führung verbreitet worden. Doch sie galten natürlich nur für die einfachen Genossen, für solche wie Kurt B.

Thälmanns deutsche Verteidiger waren, außer dem deutschnationalen Rechtsanwalt Roetter, alle Mitglieder der Nazipartei. Eigentlich hätte Thälmann dafür wie sein Freund und Genosse Torgler, der frühere Vorsitzende der KPD-Reichstagsfraktion, ebenfalls aus der KPD ausgeschlossen werden müssen. Torgler hatte die Partei verlassen müssen, weil er sich, erfolgreich übrigens, von Rechtsanwalt Sack verteidigen ließ, der NSDAP-Mitglied war. Anders bei Thälmann. Hier galt die vernünftige Überlegung, daß ein Nicht-Pg. als Verteidiger wohl kaum Zugang zum nazistischen Reichsgericht oder gar zum Volksgerichtshof erhalten hätte. Aus den wenigen erhaltenen Unterlagen geht hervor, daß der Wahlverteidiger, Rechtsanwalt Wandschneider in Hamburg, ein überzeugter Nationalsozialist und sogar SA-Sturmführer, für seine Bemühungen mindestens 20.000 Mark durch Mittelsmänner von der KPD erhalten hat.

Der Offizialverteidiger Thälmanns, Fritz Ludwig, wollte für seine Arbeit keine Entschädigung von der KPD haben. Ludwig hatte seine Tätigkeit aufgenommen, nachdem Roetter, der wegen seiner »nichtarischen Abstammung«, wie Ludwig sagte, sowieso nicht zum Volksgerichtshof zugelassen worden wäre, nach einer kurzen Inhaftierung aus Deutschland geflohen war. Dabei hatte er eine Kopie der Anklageschrift gegen Thälmann mitgenommen. Durch Kompetenzgerangel zwischen Parteiführung und »Roter Hilfe« kam es zu vorzeitigen Zeitungsberichten über den Inhalt dieser Anklageschrift. Die Parteiführung wollte, daß vor einer Veröffentlichung, ehe man sie den einzelnen Komitees, die sich mit Thälmann in der Haft befaßten, zur Verfügung stellte, bestimmte Stellen herausgenommen werden, die Rückschlüsse auf die Aussagen einzelner KPD-Funktionäre und auf konkrete Ereignisse und Pläne der Partei zuließen. »Wir haben uns gesagt«, erläuterte der Abwehrbeauftragte der KPD, Herrmann Nuding, auf einer Politbürositzung in Moskau, »daß man sie erst veröffentlichen soll, wenn alle Spuren verwischt sind«.

Zwischen Ludwig und Thälmann nun hatte sich im Laufe der Jahre ein nahezu freundschaftliches Verhältnis entwickelt. Ludwig ließ Thälmann manche nützliche Information zukommen, manchmal, wie er später sagte, auch eine Schnapspulle. Er nahm von diesem auch manche Information entgegen, von der er genau wußte, daß sie für dessen Parteiführung bestimmt war. Nach dem Kriege übergab er dem Parteivorstand der KPD in Berlin umfangreiche Schriftstücke, um deren Aufbewahrung ihn Thälmann gebeten hatte. Als ihn 1965 jedoch eine Abgesandte des Zentralen Parteiarchivs der SED (ZPA) aufsuchte und um einen erneuten Besuch in Ostberlin bat, lehnte dies Ludwig ab. »Er sagte«, so die ZPA-Mitarbeiterin, »er sei einmal in der Zone in Marienborn von den Russen verhaftet worden, habe Wagen und Koffer zurückgelassen und sei getürmt.« Es waren zwar nicht die Russen, die ihn festgenommen hatten, sondern Grenzpolizisten der DDR. Aber sonst stimmte Ludwigs Angabe. Die Unterlagen darüber fanden sich nach der Wende im MfS-Archiv.

In der lauen Nacht des 20. Juli 1950 ratterte in der Fernschreibstelle der Hauptverwaltung der Deutschen Volkspolizei

(HVdVP) in Berlin eine der Maschinen los. Ein Blitztelegramm von der VP-Landesbehörde Sachsen-Anhalt in Halle. Der neue Tag hatte gerade begonnen, als es der diensthabende Offizier in die Hände bekam. Es war die Meldung über einen »Grenzübertritt von West nach Ost des Rechtsanwalts Fritz Ludwig, geboren am 8.7.1899 in Bad Harzburg«. Was die Nachricht so bedeutungsvoll machte, daß sie noch nachts erst an die HVdVP und von dort sofort an das Ministerium des Innern der DDR weitergegeben wurde, war die Bemerkung: »L. ist ohne jegliche Ausweispapiere. Er gibt an, Verteidiger im Prozeß gegen Thälmann gewesen zu sein.« Der damalige kommissarische Chef der DVP, Willi Seifert, meldete seinem Minister, daß Ludwig in Marienborn »vorläufig festgenommen worden ist und bis zu Ihrer Entscheidung inhaftiert bleibt«. Ludwig, der mit seiner Frau auf dem Wege nach Berlin war, wurde erst mal »einbehalten«. Er wurde, wie es in einer anderen Meldung hieß, »einer körperlichen Durchsuchung unterzogen«. Sein PKW »mit dem polizeilichen Kennzeichen KB 057-138 wurde sichergestellt«. Ludwig ist, meldete die Hallenser VP, »ca. 1.80 groß, von größlicher Gestalt, Gesicht oval, blondes nach hinten gekämmtes Haar. Er trägt einen grauen Anzug (Zweireiher), himmelblaues Hemd, ohne Binder, braune Halbschuhe, ohne Kopfbedeckung.« Auch seine Frau, »sie ist im Besitz ordnungsgemäßer Papiere«, wurde genau beschrieben. Die VP listete nun genau auf, was sie bei Ludwig gefunden hatte, so u. a. »drei Fotografien eines Entlassungsscheines aus dem Internierungslager«. Dem diensthabenden Kripo-Leiter an der Grenzübergangsstelle in Marienborn, einem Hauptwachtmeister P., aber war die ganze Sache nicht recht geheuer, schon gar nicht, als sich Ludwig auf den DDR-Präsidenten Pieck berief. Außerdem hatte ihn auch seine vorgesetzte Dienststelle in Halle angewiesen, Ludwig zwar festzuhalten aber nicht in Haft zu nehmen.

Am 23. Juli nun, kurz nach 1 Uhr mußte P. ein neues Fernschreiben an die HVdVP absetzen: die »Entweichung des Rechtsanwalts Fritz Ludwig betreffend«. Am Vorabend gegen 20.00 Uhr bat »der L.«, so meldete P., »sowie seine Ehefrau etwas an die frische Luft gehen zu dürfen. Dies wurde gewährt. Der L. und seine Frau setzten sich auf eine Bank in den Garten der Abteilung K., unmittelbar an das Gebäude. Die Bank konnte vom Geschäftszimmer sowie von der Fahndung aus beobachtet werden. Gegen 20.15 Uhr hatte ich mich von der Anwesenheit des L. überzeugt und ging darauf nach meinem Zimmer. Dort wusch ich mir die Hände und aß etwas. Dies hatte nicht länger als zehn Minuten gedauert. Als ich wieder aus dem Fenster sah, konnte ich die beiden Personen nicht mehr erblicken. Es wurde sofort nachgeforscht und festgestellt, daß sich die beiden Personen entfernt hatten (...)« Hauptwachtmeister P. leitete gleich, wie er berichtete, eine umfangreiche Fahndung ein. Doch sie blieb ohne Erfolg.

Ludwig und seine Frau waren weg – und sie blieben auch weg. Es nutzte auch nichts mehr, daß wieder den ganzen Dienstweg bis hinauf zu Seifert und seinem Ministerium und wieder hinunter bis in die Landesbehörde Sachsen-Anhalt die Fernschreibdrähte glühten. Letztlich blieb nur noch die Meldung des Kripochefs der Landesbehörde, eines VP-Inspekteurs (Oberst) an Seifert, daß er »angewiesen habe, sofort die Ermittlungen nach den Schuldigen aufzunehmen und diese disziplinarisch zu bestrafen«. Da wird es wohl letztendlich wieder den Hauptwachtmeister P. in Marienborn erwischt haben. Doch Ludwig kam dadurch auch nicht wieder.

Und das war sicher auch sein Glück. Er hatte natürlich genau verfolgt, welches Schicksal in Rußland alle jene genommen hatten, die in irgendeiner Verbindung zu Thälmann gestanden hatten. Dabei war Ludwig keinesfalls ein Bolschewistenhasser. Er war in den zwanziger Jahren sogar selbst mehrmals als Segler in der Sowjetunion gewesen und hatte auch nach der Machtergreifung Hitlers vor, sie wieder zu besuchen. Als Thälmanns Offizialverteidiger ließ er sich aber auch nicht von der KPD kaufen, obwohl sie es mehrmals versuchte. »Ich will ein reines Gewissen haben. Thälmann soll auch mal einen ehrlichen Menschen aus der bürgerlichen Klasse kennenlernen«, hielt er diesen Bemühungen entgegen. Welche Mißachtung spricht da aus Funktionärsmund, wenn bei einer grundlegenden Beratung des KPD-Politbüros in Moskau im April 1936 Ludwig so ganz nebenbei als Halunke bezeichnet wird, dem man doch irgendwie mit Geld beikommen müßte. Menschliches Verständnis war noch nie eine Stärke kommunistischer Apparatschiks.

In Ludwigs Verteidigertätigkeit widerspiegelte sich die ganze Breite des antifaschistischen Widerstands. Obwohl seit 1930 NSDAP-Mitglied, verteidigte er Kommunisten (wie zum Beispiel den erwähnten Walter Benzmann aus der Fälscherabteilung der KPD), Sozialdemokraten, Offiziere (wie den Mitarbeiter von Admiral Canaris, General Oster), Wehrkraftzersetzer, Christen. Ihnen gegenüber war er in jeder Hinsicht ehrlich, selbstlos und hilfsbereit. Er kümmerte sich sogar um die Familien von Angeklagten, half ihnen auch materiell. Und doch wurde er nach 1945 nicht »entnazifiziert«. Die Entnazifizierungskommission des Berliner Magistrats, der auch für die KPD und die SED die spätere DDR-Justizministerin Hilde Benjamin angehörte, lehnte dies 1946 und ebenfalls 1947 mehrmals ab. Ludwig habe als »tüchtiger Anwalt« viel Zulauf und dadurch gute Einnahmen gehabt. Außerdem habe er als Jurist auch für den Bata-Konzern gearbeitet. Die Staatssicherheit hat übrigens gerade nach diesem Abschnitt in Ludwigs Leben eingehend geforscht, eine ganze lange Liste von Akten zusammengestellt, die in irgendwelchen Archiven vorhanden waren. Es scheint, als habe man beabsichtigt, ihn mit Hilfe dieses Materials doch noch zu verfolgen – oder zu erpressen. Die Entnazifizierungskommission negierte, daß sich zahlreiche Antifaschisten, unter ihnen auch die Frau Ernst Thälmanns, vehement für Ludwig einsetzten. Später hat dann die Alliierte Entnazifizierungskommission dem Einspruch Ludwigs stattgegeben.

Die erwähnte KPD-Politbürositzung in Moskau, die sich mit dem Komplex Thälmann befaßte, war eine der Zusammenkünfte von Pieck, Ulbricht, Wehner, Florin und anderen, auf denen auch die »restlose Liquidierung« des geheimen Abwehrapparats der KPD beschlossen wurde. Die ebenfalls dort angeregten Untersuchungen über alle Genossen dieses Apparats haben vielen von ihnen das Leben gekostet.

Aus den Unterlagen dieser und anderer Sitzungen geht ebenfalls hervor, daß die in der Thälmannlegende so hervorgehobene internationale Befreiungsbewegung für Thälmann nicht die erwartete Wirkung erzielt hat. In riesigen und kostspieligen Propagandaaktionen der KPD-Führung und der Komintern wurde versucht, im Namen Thälmanns für eine »Volksfront« unter Führung der Kommunisten zu werben. Letzten Endes wurde sie von den Kommunisten selbst durch ihr herausforderndes und rechthaberisches Auftreten verhindert. Es wurden Stellungnahmen zum Fall Thälmann organisiert. Dazu wurden international geachtete Persönlichkeiten angesprochen. Mancher von ihnen protestierte auch aus humanitären Gründen und aus seiner antinazistischen Haltung heraus gegen die Inhaftierung Thälmanns. Eine wirklich weltumspannende Protestbewegung, wie zum Beispiel im Falle von Sacco und Vanzetti, kam nicht zustande. Über die ihr angeschlossenen Parteien arrangierte die Komintern das Absenden von persönlichen Solidaritätsbriefen oder -karten an Thälmann. Die waren bereits gedruckt und brauchten nur noch unterschrieben zu werden.

Das von vielen Mariechens so hochgepriesene Thälmann-Befreiungskomitee war zerfressen durch bewußt geschürtes Mißtrauen, durch Korruption und Jagd nach gutbezahlten Posten. Richtig rührig wurde es nur als eine von Moskaus Denunziantenzentralen, als Lieferant für Stalins Gulag. Wenn Ulbricht in einem Untersuchungsbericht über dieses Komitee schrieb: »Es tut nichts«, so entsprach das eben nicht ganz den Tatsachen, hat man sein eifriges Denunziantentum im Auge. Trotz aller Propaganda, aller Schaumschlägerei und geheuchelten Mitgefühls aber: Thälmann sollte gar nicht aus der Nazihaft befreit werden. Alle Aktionen dafür blockte die Parteiführung ab. Man brauchte, wie ihn 1937 die KPD-Führung wissen ließ, seine Stimme aus der Haft. »Die Partei sieht mich lieber drinnen als draußen, da es sonst mit ihrer Propaganda aus ist«, sagte Thälmann zu seiner Frau. Man kann diesen Satz gar nicht oft genug wiederholen, zeigt er doch die ganze Heuchelei der KPD- und Komintern-Führer über ihren

»unermüdlichen Kampf um die Befreiung des Genossen Thälmann aus dem faschistischen Kerker«.

Obwohl sich neben Wandschneider und Ludwig noch eine Reihe ausländischer Juristen mit der Verteidigung Thälmanns im erwarteten Prozeß befaßten und auch viel Geld dafür zur Verfügung stand, war der kommunistische Parteiapparat, der diese Verteidigung organisieren und koordinieren sollte, dazu viel zu starr und bürokratisch. Hauptsächlich wurde diese Verteidigung in alter, sattsam bekannter Manier zu Propagandazwecken genutzt. So wertete die Parteiführung am 9. Dezember 1935 die »gestern durchgeführte Juristenkonferenz« als einen »außerordentlich starken Erfolg«, weil daran – wie es hieß – 145 Advokaten, 50 Professoren und Wissenschaftler, eine Reihe Politiker und 40 Journalisten teilgenommen hatten. »Besonders stark waren die Reden für Thälmann« wurde im Bericht – sicher richtig – hervorgehoben. Zu dieser Zeit aber war der Prozeß längst abgesagt und Thälmann in »Schutzhaft« genommen worden. Aufschluß über die sträfliche Vernachlässigung der Verteidigung Thälmanns geben die Bemühungen von Felix Halle.

Der 1884 in Berlin geborene Rechtsanwalt war langjähriges KPD-Mitglied und seit 1921 auch Leiter der Juristischen Zentralstelle der kommunistischen Reichstags- und Preußischen Landtagsfraktion. Zuvor hatte er an der Berliner Universität gelehrt. In politischen Strafprozessen konnte er große Erfahrungen mit der Justiz in der Weimarer Republik sammeln. Halle verfaßte eine ganze Reihe von juristischen Schriften, die wohl bekannteste ist: »Wie verteidigt sich der Proletarier in politischen Strafsachen vor Polizei, Staatsanwaltschaft und Gericht?« Sie erlebte viele Auflagen. Das war keine solche Propagandaschrift, wie sie von der KPD in Massen herausgegeben wurden. Auf rund hundert Seiten hatte Halle sehr verständlich und einfach die zutreffenden Gesetze, Verordnungen, strafrechtlichen und strafprozeßrechtlichen Bestimmungen erläutert, die Möglichkeiten zur juristischen Verteidigung in allen möglichen Situationen dargestellt. Von ihm stammen auch Arbeiten über das schon damals die Gemüter bewegende Abtreibungs- und Geburtenregelungsrecht. Aktuell mutet uns auch der Titel seiner Schrift aus dem Jahre 1925 an: »Die politischen Flüchtlinge und das Asylrecht«. 1933 sperrten die Nazis diesen angesehenen Juristen ein. Sie ließen ihn wieder frei. 1934 floh er in die Sowjetunion. Dort verhafteten ihn 1937 seine kommunistischen Genossen und erschossen ihn am 3. November des gleichen Jahres. In Butowo, einer Siedlung bei Moskau, wo sich viele NKWD-Offiziere ihre Datschen bauen ließen, wurde er – wie mehr als 20.000 andere NKWD-Opfer – verscharrt. Er teilt dort seinen Platz in den Massengräbern mit Hans Kippenberger und anderen »Kampfgefährten« Thälmanns.

Die Thälmann-»Biographen«, die Halles juristischem Beitrag zur Verteidigung Thälmanns einige Zeilen widmen, haben es nicht für nötig erachtet, auch nur mit einem Wort auf dessen Schicksal in der Sowjetunion einzugehen. Kein Wort wird auch darüber verloren, welche Hindernisse er bei der KPD und der Komintern zu überwinden hatte, um überhaupt an für ihn brauchbares Material heranzukommen. Halle hatte bis November 1935 noch nicht einmal Einblick in die Anklageschrift gegen Thälmann nehmen dürfen, obwohl diese bereits Monate zuvor von dem aus Deutschland geflüchteten Rechtsanwalt Roetter mit ins Ausland und damit zur KPD-Führung gebracht worden war. Auch er, der die wissenschaftlichen und juristischen Voraussetzungen für Thälmanns Verteidigung schaffen sollte, durfte nicht erfahren, welche umfangreichen Aussagen verhaftete KPD-Funktionäre bei der Gestapo gemacht hatten. Er sollte nicht wissen, welche hochrangigen Funktionäre ohne jeden Zwang Verrat an ihrer Partei und damit auch an Thälmann geübt hatten – ja, daß es überhaupt so etwas wie Verrat in der KPD gab. Am 25. November 1935 wandte sich Halle an den führenden Kominternfunktionär Gottwald und schilderte dem, daß ihm bislang kein Einblick in die Anklageschrift erlaubt worden war. Gottwald wurde nach dem Krieg bekanntlich durch einen Staatsstreich tschechoslowakischer Staatspräsident.

Die unter dem ungarischen Kommunistenführer und Kominternfunktionär Bela Kun – auch er wurde später in der Sowjetunion ermordet – stehende Kommission für Thälmanns Verteidigung war vor allem darauf bedacht, den angesagten Prozeß für eine, wie es in der Thälmann-»Biographie« heißt, »internationale Massenkampagne zur Aufrüttelung der Weltöffentlichkeit und zur Entlarvung der Nazijustiz« zu nutzen. Die in diesem Zusammenhang ebenfalls genannte juristische Verteidigung wurde sträflich vernachlässigt. Zuerst kam die Propaganda und dann, mit weitem Abstand dazu, die wirkliche Tat ... wenn überhaupt. Den »Biographen« waren natürlich auch in den Archiven die Schreiben Halles an die Führungen der Kommunistischen Internationale und der KPD zugänglich, lange vor den »normalen« Forschern. Darin protestierte Halle gegen die andauernde Behinderung seiner Tätigkeit. Er beschrieb, auf welche Kaltherzigkeit und bürokratischen Hindernisse er traf. Besonders empörte ihn das Desinteresse bei der deutschen Kominternvertretung. So vermerkte er im September 1935: »Heute nach nahezu sieben Monaten der Fertigstellung des Gutachtens ist noch keine Entscheidung getroffen worden.« Er hatte ebenfalls einen Brief an Wilhelm Pieck geschrieben. Der war zwar auch in Moskau, hatte aber kaum die Möglichkeit genutzt, mit Halle selbst zu sprechen. Das hing sicher auch mit seiner äußerst starken Belastung gerade in dieser Zeit zusammen. Er war mit den Vorbereitungen und der Durchführung des VII. Kominternkongresses und der nachfolgenden sogenannten Brüsseler Konferenz der KPD beschäftigt, auf der er an Stelle des inhaftierten Thälmanns zum KPD-Vorsitzenden gewählt wurde. Vor allem aber war er von den heftigen Cliquenkämpfen in der KPD-Führung beansprucht. Jede Gruppe stand dort mit der anderen im Clinch, wollte ihren Anspruch auf die Nachfolge Thälmanns durchsetzen.

Solche Diadochenkämpfe hatte es schon immer in der KPD gegegeben. Wären sie nur auf die Führer im sowjetischen Exil beschränkt gewesen, so hätte dies sicher niemand außer den damit Beschäftigten berührt. Sie strahlten aber natürlich auf die im faschistischen Deutschland agierenden KPD-Funktionäre und -Mitglieder aus, lähmten deren Einsatzfähigkeit, zerstörten die dort lebensnotwendige Solidarität untereinander und das Gefühl, sich auf den anderen Genossen unbesehen verlassen zu können. Angesichts dieser Schlammschlachten in der Moskauer KPD-Führung nimmt es nicht wunder, daß auch keiner dieser Führer ernsthaft darum kümmerte, das Schicksal Thälmanns zu wenden. Die Propagandageschichte der SED hat diese Tatsache auftragsgemäß verschwiegen, sie in eine »nimmermüde Sorge um den eingekerkerten KPD-Vorsitzenden« umgedeutet.

Pieck allerdings, dem es in dieser Zeit auch darum ging, seinen Einfluß in der Parteiführung zu festigen und der bei Dimitroff und Manuilski von der Kominternexekutive um Unterstützung buhlte, setzte sich für Halle ein, also für eine juristisch fundierte Verteidigung Thälmanns. Jedoch brauchte auch er seine Zeit. Erst am 28. August 1935 schrieb (!) er an den einige Zimmer weiter sitzenden Georgi Dimitroff, den gerade neu gewählten Generalsekretär der Kommunistischen Internationale. In diesem Schreiben bemühte er sich um bessere Arbeits- und Lebensbedingungen für Halle. Man erfährt daraus, daß Halle in einem kleinen und lauten Hotelzimmer hauste und weder Schreibmaschine noch Stenotypistin noch einen Büroraum zur Verfügung hatte. Auch war er in die unterste Verpflegungsklasse eingestuft worden, im Gegensatz zu den Funktionären, mit denen er zu tun hatte. Diese genossen die üppige Sonderverpflegung der Kominternoberschicht, der Nomenklatura. Nun sollte auch er, so die Forderung Piecks, in die erste Verpflegungskategorie eingestuft werden. Auch das Honorar für Halle sollte endlich durch die IRH, die »Internationale Rote Hilfe«, festgelegt und gezahlt werden, forderte Pieck. »Nach Erledigung des Thälmann-Prozesses«, schrieb Pieck, sollte Halle von der IRH »eine ärztlich angeordnete achtwöchige Kur« ermöglicht werden. Diese »Kurversorgung« wurde der IRH allerdings durch das NKWD, das heißt durch ein Genickschußkommando abgenommen.

Aus Piecks Schreiben wird deutlich, daß Halle bereits »umfangreiche juristische Bemerkungen« zu den Richtlinien der Bela-Kun-Kommission unterbreitet hatte. Die Bemerkungen müßten aber, so Pieck, »von ein oder zwei Genossen politisch nachgeprüft werden«. Außerdem hatte Halle bereits den Entwurf für das Verteidigungsplädoyer vorgelegt. »Schließlich«, so schrieb Pieck, der »eigentlich gar nicht dafür zuständig war (!), muß die weitere Arbeit von Halle geregelt werden, damit er es nicht mehr nötig hat, von einem zum anderen zu laufen, sich und anderen die Zeit wegzunehmen(!).«

Halle hatte alle Anwürfe gegen Thälmann genau analysiert und darauf die politische und juristische Verteidigung aufgebaut. Aus Unterlagen Thälmanns ist ersichtlich, daß er sich diese Überlegungen Halles sehr wohl zu eigen gemacht hatte und in vieler Hinsicht dessen Argumenten folgte. Jedoch widersprachen Halles Vorschläge zur Taktik der Verteidigung der dogmatischen Vorstellung der KPD- und der Kominternführung, daß die Verteidigung die immer wieder verschleppte Hauptverhandlung herausfordern muß. Sie forderten deshalb von Thälmann, auf die Anberaumung des Prozesses zu drängen. »Verweigert man diese Forderung, dann muß er wiederum Anträge auf seine Freilassung stellen.« Und unter Hinweis auf Dimitroffs Haltung im Reichstagsbrandprozeß hieß es: »Diese Taktik führte dazu, daß eine Menge Material entstand, das für den Kampf um seine Befreiung eine große Bedeutung erlangte.« Intern aber verlangte Pieck von der Auslandsvertretung in Prag, daß »diesmal besser als beim letzten Prozeß (also dem Reichstagsbrandprozeß) die Einheitlichkeit der Führung innen und außen gewährleistet« wird. »Also gleiche Argumentation zu den Anklagen, gleiche Interpretation der Rolle der Partei (...) und Verbindung des Thälmann-Prozesses mit unserem Ziel des Kampfes um die Sowjetmacht (...) Die Generallinie muß also abgewartet werden, bis ein Beschluß gefaßt worden ist (...)« Das war die am heftigsten bohrende Sorge der Moskauer Exilanten, daß sie sich auch durchsetzten gegen die Meinung ihrer Genossen in den westlichen Ländern. Ihr Beschluß sollte gelten – und ihr Beschluß war die Entscheidung der sowjetischen »Freunde«, letztlich Stalins. Immer ging es ihnen nur um Munition für ihre Propaganda.

»Vom juristischen Standpunkt ist die Forderung nach dem Prozeß ein grober Fehler«, schrieb Halle. Sie bedeute vor allem, daß das Recht der Nazis auf die Führung solch eines Prozesses anerkannt würde. Zugleich sei sie auch taktisch falsch. Sie »beruht im letzten Grund auf der Illusion, als könne oder müsse eine solche Hauptverhandlung vor dem Volksgerichtshof – ähnlich wie der Reichstagsbrandprozeß – mit einem Freispruch Thälmanns enden, worauf dann nur noch die Propaganda für die Freilassung Thälmanns nach dem berühmten Beispiel im Fall Dimitroff zu erfolgen habe.« Erreicht werden müsse demgegenüber, daß die Hitlerregierung diesen Prozeß aus »politischen Gründen vermeiden muß«. Thälmann aber ohne Prozeß auf die Dauer festzuhalten, würde dann für sie gleichfalls politisch untragbar sein. Mit dem ersten Punkt seiner Schlußfolgerung behielt Halle recht. Im zweiten irrte er. Das nazistische »Recht« hatte eben absolut nichts mit dem zivilen Rechtsempfinden gemein. Vielleicht war das in der Emigration, in weiter Entfernung, doch nicht so klar zu erkennen. Die Antifaschisten in Deutschland aber, die in das Räderwerk der Nazijustiz gerieten, spürten es am eigenen Leibe. Auch die vielleicht bei Thälmann noch vorhandenen Illusionen sollten bald zerfliegen.

Es ist klar, daß die Vorschläge Halles bei den Politbürokraten in der KPD- und Kominternführung keine Zustimmung auslösten. »Ich mußte mein Plädoyer vorläufig unter Auslassung der Punkte fertigstellen, über die ich eine Äußerung der politischen Stellen vergebens erbeten hatte«, notierte Halle. Typisch für diese politischen Stellen ist die Bemerkung, die mit Blaustift unter einem anderen Schreiben Halles steht: »Vorsichtig betrachten, da Halle als Feind entlarvt ist.« War sie von Ulbricht, der ja mit Vorliebe Blau- oder Rotstifte für seine Bemerkungen benutzte? Auf jeden Fall zeigt sie eine kommunistische Denkweise, die allerdings, um ein Wort von Marx zu nutzen, zu schrecklicher materieller Gewalt geworden war.

Und Thälmann, um den sich alles drehte? Der saß in seiner Zelle in Moabit und vertraute auf seine Genossen. Er überlegte, daß er wohl aufstehen müsse, wenn die Richter den Verhandlungssaal betreten. Er malte sich sein Verhalten vor Gericht aus und notierte sich Redewendungen, die er benutzen wollte: »Ich stehe hier als Vertreter der Arbeiter, als Wahrer der Interessen der sozialistischen wie auch der nationalsozialistischen Arbeiter – Nicht zuviel auf Einzelheiten einlassen. Dort, wo es auf alle gut wirkt und ich gut auftreten kann: Frage zynisch, Ironie (lächerlich machen). Nicht aufregen; Überlegenheit über die Richter offiziell fühlen lassen – Man schimpft uns Landesverräter, aber wir Kommunisten haben noch keine Kanone für kriegslüsterne Imperialisten geliefert und haben uns noch nicht an der Not des deutschen Volkes bereichert – Meine Herren Richter, wenn Sie dem Namen Volksgerichtshof keine Schändung zuteil werden lassen wollen (...) so geben Sie der Ungerechtigkeit keine weitere Handhabe – Die Empfindung, daß am Räderwerk der Justiz etwas nicht in Ordnung sein muß – Wenn ich ins Zuchthaus gehe, gehe ich für meine Sache und für meine Partei überzeugungstreu ins Zuchthaus – Geständnis sofort und freiwillig gemacht (...) Ich verbitte mir das in jedem Fall. Hören Sie mich bis zum Ende an. Das rechne ich mir zur Ehre an. Verbitte mir derartige Anspielungen – Ist denn jedes Mittel im Kampf gegen den politischen Gegner recht? – Ich bin nicht schuldig, ich fühle mich nicht schuldig – Unrichtigkeiten, Verdrehungen, Verstellungen, Ausdrücke sind mir völlig unverständlich, wie sie dort gebracht sind – Einseitiges Material ist in den Akten zusammengetragen (...) zusammengetragen von der Geheimen Staatspolizei (...) da ich wehrlos zwei Jahre lang keine Entlastungszeugen aussuchen konnte, während sie alle nur denkbaren Belastungszeugen zu erreichen und auszufinden suchten, abgesehen von denen, die für mich keine Zeugen der Wahrheit sind (...)« Thälmann war der Betrogene – in jeder Hinsicht. Er kann einem noch heute leid tun.

Immer und immer wieder wollte Thälmann auf die Sowjetunion hinweisen, auf das lebendige Beispiel des Kommunismus. Er war nicht müde geworden, seitenlang in seinen blauen Heften die gewaltigen Erfolge der sowjetischen Wirtschaft zu skizzieren, das durch nichts mehr zu überbietende Glück der Bewohner der UdSSR zu beschreiben. Unwillkürlich kommt einem dabei ein Reim ins Gedächtnis, der in den zwanziger Jahren für die kommunistische Kinderbewegung geschrieben worden ist:

Hammer, Sichel, Sowjetstern,
Sowjetrußland hab ich gern.
Wen ich zeige mit der Hand,
fährt mit mir in Lenins Land.
Wide-wide-wide-wide-witt,
und du fährst mit!

Verfasser dieses mehrstrophigen Liedes war der Lehrer Helmut Schinkel, KPD-Mitglied seit 1922. 1929 kam er zur Komintern nach Moskau, zum Internationalen Kinderbüro. Schinkel war auch Direktor der Karl-Liebknecht-Schule in Moskau, einer deutschsprachigen Schule für die Kinder der KPD- und Kominternfunktionäre. 1937 wurde er, der überzeugte Kommunist, wie mancher seiner Schüler als »deutscher Spion« verhaftet. Im Gulag ist er umgekommen. Hat Thälmann ihn gekannt?

Bei allen passenden und unpassenden Gelegenheiten während seines erhofften Prozesses wollte Thälmann also wie »Wide-wide-wide-wide-witt« auf die vielgeliebte Sowjetunion hinweisen. Dabei sollte aber immer auch die nationale Verantwortung der KPD hervorgehoben werden. Diese wollte, notierte er, »auf dem Boden nationaler Forderungen und Überlieferungen« ihre Ziele erreichen. »Wir bejahen die nationale Frage«, hieß seine Umschreibung von: Wir sind keine Agentur Moskaus.

In einem Kassiber vom 26. August 1935, der die Komintern in Moskau laut Posteingangsstempel am 1. Dezember 1936 erreichte, listete er eine ganze Reihe von Belastungszeugen auf, darunter auch einige jener KPD-Funktionäre, die als Zuträger für die Gestapo tätig waren. Er äußerte darin die Überlegung, alle Pol-Sekretäre laden zu lassen. Das ist »ein Verzweifelungsschritt von mir. Was soll ich denn machen?« Als Zeugen wollte er außerdem internationale Kommunistenführer, wie den Franzosen Cachin, angeben. »Auch andere Zeugen sind, wenn sie vorteilhaft sind, unter freies Geleit nach Deutschland zu laden (...) Ich erwäge, ob es zweckmäßig ist, russische Führer zu nennen (...) Wenn hier das Gericht ablehnt, was wahrscheinlich sein wird, bin ich und vor allen Dingen ist das russische Volk, die russische Nation der moralische Sieger. Die Führer der Weltrevolution sind dadurch schon rehabilitiert (...) Aber wer kommt hier von den Führenden in Frage, die als Zeugen genannt werden können? Stalin (was wohl nicht in Frage kommt), das wäre die größte Weltsensation des 20. Jahrhunderts. Ein moralischer und politischer Effekt auf der ganzen Linie, besonders auch, wenn man es ablehnt (...)« Doch: Stalin – erinnerte sich der überhaupt noch an Thälmann?

Thälmanns heißes Verlangen nach dem Prozeß, seine innige Hoffnung darauf wurden enttäuscht. Die nazistische Führung war sich lange nicht einig, wie und wo dieser Prozeß und ob er überhaupt geführt werden sollte. Sie beriet ausgiebig, ob damit die politische Wirkung, besonders auf die Weltmeinung, zu ihren Gunsten ausschlagen würde oder nicht. Erhalten geblieben ist eine Niederschrift über eine Zusammenkunft am 5. Februar 1935 von Vertretern all jener Nazi-Institutionen, die in irgendeiner Weise mit dem geplanten Thälmannprozeß befaßt waren. Das waren neben den Justiz- und Innenministerien, der Gestapo und der Staatsanwaltschaft auch das Auswärtige Amt und das von Goebbels geleitete Propagandaministerium. Von diesem saßen gleich vier Vertreter am Beratungstisch, unter ihnen auch der an anderer Stelle erwähnte Dr. Eberhard Taubert. »Das Ausland werde dafür, daß das neue Deutschland das Haupt der KPD nicht wieder freilasse, volles Verständnis aufbringen«, hieß es im Protokoll. Und: »Die Welt erwartet vom Thälmannprozeß die Generalabrechnung mit dem Kommunismus und dürfe darin nicht getäuscht werden.« Genau dies aber war der Punkt, der letzten Endes keine Einigung brachte. Die Juristen wandten ein, daß Thälmann »rechtlich« nicht zum Tode oder zu lebenslänglichem Zuchthaus, sondern höchstens zu einer befristeten Freiheitsstrafe, »bestenfalls zu 15 Jahren Zuchthaus« verurteilt werden könnte. Das Ergebnis wäre »unerfreulich, da jeder kleine kommunistische Mitläufer, der sich hochverräterisch betätigt habe, zu strenger Strafe verurteilt werde«. Die Anwesenden einigten sich schließlich darauf, die endgültige Entscheidung dem »Führer« zu überlassen.

Dieser war noch am 6. November 1935 dafür, »den Prozeß möglichst schnell und möglichst bald vor dem Volksgerichthof stattfinden« zu lassen. Die Öffentlichkeit sollte ausgeschlossen und »irgendwelche Mitteilungen über den Thälmannprozeß« sollten nicht veröffentlicht werden. Auch die Zusammensetzung des Gerichts war bereits festgelegt worden. Danach sollte der Präsident des 2. Volksgerichtshofsenats, Wilhelm Bruner aus München, den Vorsitz übernehmen. Sein Stellvertreter sollte der Landgerichtsrat Georg Zieger aus (Hamburg-)Altona werden. Als »Laienrichter« des Volksgerichtshofes waren neben mehreren höheren Militärs auch Korvettenkapitän Rollmann vom Reichswehrministerium und der stellvertretende Chefredakteur der Nazizeitung »Völkischer Beobachter«, Wilhelm Weiß, vorgesehen. Der war gleichzeitig SA-Gruppenführer – also General. Rollmann und Weiß haben später noch an vielen (auch Todes-)Urteilen des »Volksgerichtshofes« mitgewirkt.

Nach der heftigen Einsprache des Reichspropagandaministers Goebbels änderte Hitler seinen Entscheid und verfügte die endgültige Einstellung des Prozesses. So wurde die Untersuchungshaft aufgehoben und Thälmann in »Schutzhaft« genommen, »zur weiteren Verwahrung der Geheimen Staatspolizei überstellt«, wie es in einer Notiz darüber hieß. Der Haftbefehl sollte aufrechterhalten bleiben, »und nur seine Vollstreckung solle sistiert werden. Nach außen solle die Änderung möglichst wenig hervortreten.« Thälmann notierte die Bekanntgabe des »Schutzhaftbefehls« in einem seiner blauen Hefte. Darunter schrieb er: »Goldene Freiheit wird 1936 bringen.« Kannte Thälmann den vor mehr als zweihundert Jahren in Dresden geborenen russischen Schriftsteller und Musikkritiker Alexander Dmitrijewitsch Ulybyschew? Der schrieb: »Selige Fähigkeit, sich Illusionen zu machen. Du bist das Gegengewicht für das reale Ungemach ...« Der für die Verbindungsaufnahme mit ihm verantwortliche KPD-Abwehrmann meldete Anfang 1936 nach Moskau, daß Thälmann »nach den letzten Berichten eine sehr optimistische Stimmung über die Frage der weiteren Perspektive« habe. »Er glaubt, daß sich irgendetwas in diesem Jahr zu seinem Gunsten entscheiden wird.« Er rechnete, hieß es in einem anderen Bericht, mit einer »Amnestie in Verbindung mit der außenpolitischen Lage«. »Ich bin im Leben stets ein Glückskind gewesen (...)«

Sein Genosse, der Arbeiter Kurt B., war zu dieser Zeit bereits im Zuchthaus in L. Davon wußten nur seine Angehörigen und seine nächsten Freunde. Sein Name war keinem der KPD- oder Kominternführer bekannt. Mit ihm wurde keine Propaganda gemacht, für ihn keine Kampagne geführt.

Ende Juni 1934 war beim Politbüro der KPD in Moskau ein mit »Ludwig« unterzeichneter Brief eingegangen. »Ludwig« war ein Deckname. Er hatte nichts mit dem erwähnten Rechtsanwalt zu tun. Es war ein Schreiben zur Thälmannkampagne: »Ihr müßt schon verzeihen, daß ich auch in dieser Frage Nörgler bin (...) Ich brauche nicht zu betonen, daß ich für eine stärkere und bessere Führung der Thälmann-Kampagne bin. Aber wenn man nur über Thälmann schreibt und alle anderen fast vergißt und das ganze System des Terrors, der Konzentrationslager, Hinrichtungen kaum erwähnt, dann begeht man einen politischen Fehler (...) Nach der Hinrichtung von vier Genossen in Hamburg erscheint über diese Tatsache in unserer Presse eine kurze Notiz von drei Zeilen und dann ein langer Artikel über Thälmann. In Breslau stehen 111 vor Gericht. Darüber vier Zeilen und dann lange Kommentare über Thälmann (...)«

»Thälmann und Thälmann vor allen« – hieß es so treffend im »Thälmannlied« des Agitprop-Lyrikers Kurt Barthel, genannt KuBa. Darin war Thälmann auch noch »Deutschlands unsterblicher Sohn«.

Er ... und nicht Kurt B.

Ein harmloser Öltropfen

»Gefängniswärter Moritz, darauf bedacht, in der Fluchtnacht Thälmanns Zelle geräuschlos schließen zu können, ölte deren Tür hin und wieder. Einmal überraschte ihn dabei das besondere Bewachungskommando für Thälmann. Moritz wurde in einen anderen Bereich des Gefängnisses versetzt und später verhaftet.« So der Thälmann-»Biographen« recht knappes Hohelied über eine geplante Befreiungsaktion für den KPD-Vorsitzenden im Winter 1934/35. Einige Zeilen zuvor ist dieser Moritz sogar ein »sozialdemokratischer Aufsichtsbeamter«. Mariechens Epik. Es focht die märchenerzählenden Geschichtsaufsichtbeamten wenig an, daß an dieser Legende eigentlich nur der Name »Moritz« stimmte. Der war weder Sozialdemokrat noch Beamter. Ja, er war noch nicht einmal Gefängniswärter, sondern Hilfswachtmeister und somit Angestellter. Von Mai 1928 bis Oktober 1928 und wieder von April 1929 bis Juni 1929 war er Strafanstaltsaushelfer im Strafgefängnis Berlin-Plötzensee, das in den späteren Jahren der Naziherrschaft als Hinrichtungsstätte für rund 2.500 Antifaschisten unrühmlich bekannt werden sollte.

Im Untersuchungsgefängnis Berlin-Moabit wurde Moritz am 5. Mai 1930 wieder als Strafanstaltsaushelfer eingestellt. In anderen Fabeln ist es ein verräterischer Öltropfen am Scharnier von Thälmanns Zellentür, der zufällig entdeckt wurde, aber nicht, als Moritz noch die Ölkanne in der Hand hielt.

In einer recht ominösen Befreiungsaktion für Thälmann spielte Moritz eine zentrale Rolle. Er war auch der einzige, der dafür mit seinem Leben bezahlte – wenn man von denen absieht, mit denen die »Freunde« unter der aktiven Mithilfe von Thälmanns Kampfgefährten später rigoroser abrechneten als die Nazijustiz. War dies vielleicht der Grund, warum die »Biographen« Moritz' Tod verschwiegen, daß sie auch so gar nichts über sein Leben verlauten ließen? Sie kannten doch die im IML lagernden Unterlagen ganz genau.

Sie wußten auch, daß die Ehefrau von Moritz noch bis in die achtziger Jahre hinein in Ostberlin lebte. Wenn sie schon vorher nicht nach ihr gesucht haben, so haben sie doch spätestens im Oktober 1965 ihre Adresse durch Hans F. erfahren. Der hatte zu diesem Zeitpunkt die »Biographen« und Parteiarchivare mehrmals im IML aufgesucht, hatte sogar seine Erinnerungen an seinen Freund Emil Moritz aufgeschrieben. Frau M., verwitwete Moritz, wurde nie von ihnen befragt. Sie wurde auch nicht, wie es ihr nach den Gesetzen der DDR zustand, als Opfer des Faschismus (OdF) anerkannt, erhielt weder eine Ehrenrente, noch wurde sie bevorzugt mit einer guten Wohnung versorgt. Sie hatte das Naziregime und die Verfolgungen überlebt und lebte dann bescheiden bis zu ihrem Tode.

Den Rechercheuren dieses Buches standen kein polizeiliches Melderegister und andere Hilfsmittel zur Verfügung. Wir wußten damals auch noch nichts von Hans F. Deshalb war es für uns recht schwierig, die Adresse von Martha Moritz zu ermitteln. Irgend jemand hatte uns erzählt, daß sie in (Ost)Berlin, in der Prenzlauer Allee wohnte. Also gingen wir monatelang in dieser endlos langen Straße Haus für Haus ab. In hunderten von Wohnungen fragten wir unzählige Menschen nach Martha Moritz. Irgendwann hatten wir Glück – und Pech zugleich. In einem der engen Hinterhöfe fanden wir eine Familie, die uns die Parterrewohnung in einer dunklen Ecke dieses Hofes zeigte, in der Martha Moritz viele Jahre ihres Lebens verbracht hatte, und in der sie auch gestorben war. Das war kurze Zeit vor unserem Sucherfolg. »Da muß es aber noch die Frau eines Neffen geben, in L. Sie arbeitet dort als Krankenschwester im Krankenhaus«, erfuhren wir auf diesem Hinterhof in der Prenzlauer Allee. Sie hätte die Wohnung aufgelöst und den Nachlaß geordnet. Die Krankenschwester war in L. bald gefunden. Sie gab uns die Adresse ihres Schwiegervaters, des Bruders von Martha Moritz. Der lebe auch in L., sagte sie.

Paul K. war ein kleiner, korpulenter, fast vierschrötiger alter Mann. 1986, als wir ihn aufsuchten, war er schon 77 Jahre alt. Er sei nach dem Kriege Neubauer, danach aber für lange Jahre Sekretär, also Geschäftsführer, der Demokratischen Bauernpartei in L. gewesen. An der gediegenen Wohnungseinrichtung, besonders am Farbfernsehgerät, das damals in der DDR keineswegs zur Standardausrüstung gehörte, war zu sehen, daß er in guten Verhältnissen lebte. Vor der Haustür stand sein Trabant. Er war allein. Seine Frau, mit der er bald 50 Jahre lang verheiratet gewesen war, war ein Jahr zuvor gestorben.

Als sein Schwager Emil Moritz laut »Vorführungsnote« am 22. Juni 1937 von der Gestapo festgenommen wurde, war der ungelernte Arbeiter Paul K. noch ledig und lebte in der Wohnung der Familie Moritz im Hinterhaus, 1. Stock, in der Melanchthonstraße 22 in Alt-Moabit, also gar nicht weit vom Kriminalgericht und dem Untersuchungsgefängnis, wo Moritz Dienst tat. Das war ein großes Mietshaus, wie so viele in Berlin – mit Hinterhaus und zwei Seitenflügeln. Dort lebten meist nur Arbeiter und kleine Angestellte.

»Eines Morgens«, erzählte Paul K., »klingelte es sehr heftig an unserer Wohnungstür. Ich machte auf, und da standen zwei große ›Bullen‹ vor der Tür, Gestapobeamte in Zivil.« Sie stießen Paul K. grob beiseite, »durchwühlten die Wohnung. Sie rissen Schränke und Kommoden auf, zerrten alle Anzüge, die Kleider von Martha, die Wäsche, das ganze Zeug heraus und warfen es auf den Boden. Dabei war meine Schwester sehr eigen. Sie hatte ihre Wäsche immer ordentlich im Schrank gestapelt.« Der Durchsuchungsbericht der Gestapo verzichtete auf diese Einzelheiten. Dort hieß es nur lapidar, daß die Kriminalassistenten Gall und Schulz von der Abteilung II A 1 »heute um 5.25 Uhr eine Durchsuchung vorgenommen« hatten – und zwar in Anwesenheit von Paul K. und Emil Moritz. Das war allerdings gelogen, denn Moritz war gar nicht dabei. Den sah Paul K. erst wieder, als er schon eine dreiviertel Stunde lang auf dem langen Gang im Gestapohauptquartier in der

Prinz-Albrecht-Straße saß und auf seine Vernehmung wartete.

»Die haben mich in der Melanchthonstraße regelrecht in ihr großes schwarzes Auto mit dunklen Vorhängen an den Fenstern geworfen. Dabei wußte ich noch nicht einmal, warum. Über breite Treppen und lange Gänge wurde ich vor das Vernehmungszimmer geführt. Hier mußte ich mich auf einen Stuhl setzen. Neben mir standen Wachleute mit Stahlhelmen. Nach einer halben, dreiviertel Stunde wurde Emil herangeführt. »Als ich zu ihm hinsah, kriegte ich eine gewaltige Maulschelle. ›Sitz ruhig‹, sagte einer der Wachleute, ›sonst gibt's noch eins in die Fresse!‹ Ich durfte nur geradeaus sehen.« Paul K. wurde anderthalb Stunden lang verhört. Einer der Vernehmer, »der war vielleicht 30 Jahre alt«, war mit in der Wohnung von Moritz gewesen. Das war der Gestapobeamte Schulz. Er wollte von Paul K. die Verbindungen seines Schwagers wissen, wohin er immer gegangen sei, welche Freunde und Bekannte er hatte. Von denen kannte Paul K. einige. »Aber ich hatte das Gefühl, die wußten darüber weit besser Bescheid als ich. Die wußten überhaupt viel mehr als ich.« Paul K. kam danach in eine Zelle, blieb dort ungefähr zwei Stunden, wurde noch einmal verhört und konnte nach Hause gehen. Die Gestapo hat ihn nie wieder behelligt. Ihr Vernehmungsprotokoll vom 22. Juni 1937 ist allerdings erhalten geblieben.

Danach war Paul K. »sowohl vor der Machtübernahme als auch nach 1933 politisch nicht interessiert (...) Inwiefern mein Schwager politisches Interesse zeigte, kann ich nicht sagen. Ich nehme an, daß er irgendeinem rechtsstehenden Verband angehört hat.« Diese Aussage von Paul K. wurde vom Durchsuchungsprotokoll bestätigt. Dort wurde eine Mitglieds- und Beitragskarte Nr. 9018 der DNVP als gefunden angegeben. Die DNVP, die Deutsch-Nationale Volkspartei, war eine strikt rechtsgerichtete konservative Partei, die in ihren besten Zeiten nahezu 700.000 Mitglieder hatte. Moritz gab in seiner Vernehmung an, 1929 Mitglied der DNVP geworden zu sein.

Am 8. Oktober 1937, kurz vor seinem Prozeß vor dem Volksgerichtshof, versuchte sich Moritz auch noch durch den

Hinweis zu entlasten, daß er bereits vor 1933 »an den Geldspenden für die NSDAP teilgenommen« habe. Als Zeugen führte er dafür den Amtswalter Rietz an. »Durch diese Geldspenden geht hervor, daß ich niemals Interesse für die KPD gezeigt habe.« Seine Frau aber sei ca. drei Monate lang Mitglied der KPD oder zumindest der »Roten Hilfe« gewesen. Letzteres stimmte. KPD-Mitglied aber war sie nicht. Die kurzzeitige Verbindung seiner Frau mit der KPD brachte dem Strafanstaltsaushelfer Emil Moritz 1932 eine anonyme Anzeige bei der Leitung des Untersuchungsgefängnisses Berlin-Moabit ein. Er sei kommunistisch eingestellt und harmoniere mit politischen Häftlingen. Moritz gab der Gefängnisleitung gegenüber an, daß er davon vor seiner Wohnungstür durch einen fremden Mann erfahren habe. Der habe ihn gewarnt und sei sofort weggegangen. Die Gestapo meinte später, daß dieser »fremde Mann« ein Mitarbeiter der KPD-Abwehr gewesen sei, die ja auch Informanten in den Behörden gehabt habe. Zu denen, die diese Behörden-Verbindungen unterhielten, gehörte der 1903 geborene Franz Schubert.

Zu jener Zeit war er einer der Vertreter von Hans Kippenberger, dem Chef des Militärpolitischen Apparats im ZK der KPD. Für diese Tätigkeit war er von 1930 bis 1931 speziell an der Militärpolitischen Schule in Moskau ausgebildet worden. Er war als Abwehrexperte bereits der Politischen Polizei in der Weimarer Republik und dann natürlich der Gestapo sehr wohl bekannt.

Bereits 1928 wurde gegen Schubert ein Verfahren geführt wegen Verrats militärischer Geheimnisse. 1933, nach der Machtergreifung Hitlers, wurde der tschechoslowakische Staatsbürger Schubert aus Deutschland ausgewiesen. Der hochrangige KPD-Funktionär K. aus Hamburg, der sich 1935 – wie es in einem Gestapobericht hieß – »erbot, der Gestapo bei der weiteren Aufrollung der illegalen KPD in Groß-Hamburg behilflich zu sein«, hatte sich Ende dieses Jahres recht unfreiwillig mit Schubert in Prag getroffen. Der hatte ihn – in Gegenwart von Kippenberger – zu überprüfen. Und das hat er sehr gründlich getan. K. schilderte Schubert als »klein, untersetzt, vollkommen kahlköpfig, trägt Augenglas ohne Einfassung. ›Heinrich‹ (so der nom de guerre Schuberts) ist Jude.« Als »Erwin« war Schubert übrigens auch der erste sogenannte Thälmannkurier. Er stellte die Verbindung zu Thälmann in der Haft über dessen Frau Rosa her. Bis er dann von »Herbert« abgelöst wurde.

Im November 1936 wurde Schubert in Moskau vom NKWD verhaftet. Ungefähr zur gleichen Zeit richtete dort der KPD-Vorsitzende a. i. Wilhelm Pieck ein Rundschreiben an seine »werten« Politbüro-Genossen Ulbricht, Florin, Funk (Wehner) und Kunart: »Ich bitte Euch, die auf der beigefügten Liste (Seite 1 bis 21) verzeichneten 158 Namen durchzusehen, um in fliegender Abstimmung über den Ausschluß aus der Partei der betreffenden Personen zu entscheiden.« »Streng vertraulich« wurden auch jene Verhafteten aufgelistet, »deren Ausschluß auf der nächsten Sitzung entschieden werden muß«. Die Nummer 1 war auf dieser Liste der Sekretär des Genossen Thälmann, Werner Hirsch. Nummer 2 war der Leiter des Militärpolitischen Apparats der KPD, Hans Kippenberger, und Nummer 4 war Franz Schubert. Als nur allzu willfährige Zutreiber des NKWD haben Pieck, Ulbricht und andere dem Parteiausschluß der Verhafteten natürlich sofort zugestimmt. Dreieinhalb Jahre später wurde der Verhaftete Schubert – nun im Schnellverfahren – zu fünf Jahren Haft verurteilt. 1942 ist er im Gulag umgekommen.

Es ist anzunehmen, daß Schubert 1932 hinter der Warnung an Emil Moritz stand. Einige Jahre später wird er bei ihm wieder Schicksal spielen.

Paul K. gab bei der Gestapo noch zu Protokoll, daß Emil Moritz »sehr wenig Verkehr mit anderen Personen gepflegt« hat. Und auch Moritz selbst sagte ähnlich aus. Aber dem war nicht so.

Ein Foto von einer Silvesterfeier im Jahre 1932 oder 1933 zeigt Martha und Emil Moritz, Paul K. und einige ihrer Freunde. »Bei uns«, erzählte mir Paul K., »wurde sehr viel gefeiert, Geburtstage, andere Anlässe und eben auch Silvester. Emil Moritz war ein geselliger und aufgeweckter Mensch und immer lustig. Er hat jeden Spaß mitgemacht. In seiner Aufgabe in der

Haftanstalt ist er aufgegangen. Er hat sich dort auch viel mit den Häftlingen unterhalten. Er wollte vorwärtskommen.«

Max Adolf Emil Moritz war ein schlanker, mittelgroßer und mittelblonder Mann mit einem kleinen Oberlippenbart. Seine lässige Haltung, die leicht geschwungene Nase und die blitzenden Augen verliehen ihm ein recht kühnes Aussehen. »Er war ein bißchen herrisch«, meinte Paul K. »Er ließ sich nicht die Butter vom Brot nehmen. Aber Martha hatte ihn in der Hand.« Auf dem Bild sehen wir seine Frau neben ihm. Sie war korpulenter als ihr Mann. Ihr ernster, abschätzender Blick kontrastierte eigenartig mit dem fezartigen Silvester-Papierhütchen auf ihrem dunklen, glatt und straff nach hinten gekämmten Haar. Sie war, so Paul K., Reinemachfrau in den Ausstellungshallen am Berliner Funkturm. Nach dem Tode von Emil Moritz hat sie bald wieder geheiratet. Rechts auf dem Bild sitzt ein schmalgesichtiger, korrekt mit weißem Hemd und dunkler Krawatte gekleideter Mann am Tisch. Auf der linken Wange hat er eine auffällige Narbe. Das ist der Überlandfahrer Max F., einer der Freunde von Emil Moritz.

Dem hatte er erzählt, daß er im Untersuchungsgefängnis Moabit »den Genossen Ernst Thälmann auf seinem Gang habe. Er überredete Moritz, von Thälmann Kassiber herauszuschmuggeln. Er sollte das auch nicht umsonst machen, sondern bekäme hierfür eine Vergütung von 50.- bis 100.- Mark für jeden Kassiber. Abgesprochen wurde ferner, daß Max F. eine Verbindung mit der Partei aufnehmen und die Kassiber dorthin weiterleiten sollte.

So wird auch ein Bericht verständlich, den ein gewisser »Otto« aus dem Abwehrapparat der KPD an seinen Vorgesetzten »Lo.« geschrieben hat. Danach habe ihm sein Mitarbeiter »Alexander« mitgeteilt, daß er durch Zufall auf einer Ausstellung am Berliner Funkturm die Frau eines Hilfsjustizbeamten Moritz kennengelernt habe. Die Frau habe im »Rahmen eines absolut harmlosen Gesprächs« von der Tätigkeit ihres Mannes gesprochen. »Beiläufig sei dann auch die Rede auf Thälmann gekommen.« »Alexander« berichtete nicht von der Frau eines Justizbeamten, sondern ganz exakt eines »Hilfsjustizbeamten«.

Er kannte also Moritz genau und ist deshalb keineswegs beiläufig auf Thälmann gekommen. Der Zufälle sind einfach zu viele. Wahrscheinlich hat er den Ort seines Gesprächs oder seiner Gespräche einfach an den Funkturm verlegt und als Quelle die Frau von Moritz angegeben. In diesem Bericht sind auch so viele Einzelheiten enthalten, die nicht »nebenbei« bekanntgeworden sein können. Nach einigen Tagen, so steht es im Bericht von »Otto«, habe »Alexander« erfahren, daß Moritz verhaftet worden sei. Dessen Frau habe ihn gefragt, »ob er irgend etwas über das Gespräch gesagt habe?« »Otto« habe »Alexander« nun nahegelegt, »sich bei all solchen Fragen sehr reserviert zu verhalten.« Man könne nie wissen, »ob es sich um Provokationen von Agenten handelt oder ob die Frau wirklich ehrlich ist.« War »Alexander« vom Nachrichtendienst der KPD nun Max F.? In der Zentrale der KPD – also in Moskau – ist dieser Bericht erst am 21. September 1937 eingegangen. Zu diesem Zeitpunkt aber war Moritz längst verurteilt und tot. Was nun die Moritz versprochene »Vergütung« betrifft: Auch in den Berichten der wirklichen Parteibeauftragten, die mit ihm Verbindung aufnahmen, wurde sie erwähnt. So selbstlos und ideell wie behauptet handelte er also nicht.

Max F. (»Alexander«?), der angeblich die von Moritz herausgeschmuggelten Kassiber Thälmanns an die Partei weitergeleitet hatte, wollte, so erzählten seine Bekannten, nach dem Zusammenbruch des Nazireiches »nichts mehr von seinen alten Genossen wissen«. Er soll dann, so hieß es, Schieber und später Kneipier in Westberlin und außerdem steinreich geworden sein. Nach Ostberlin ist er nie gekommen.

»Moritz war viel mit Max F. zusammen«, erzählte Paul K. »Sie haben zusammen Skat gespielt und vor allem zusammen ›gesoffen‹. Moritz hat gern getrunken. Wenn er dann ›besoffen‹ war, fing er an zu quatschen.« Seine Geselligkeit und vor allem seine Liebe zum Bier haben auch jene ausgenutzt, die ernsthaft darangingen, Thälmann aus dem Untersuchungsgefängnis Berlin-Moabit herauszuholen.

Mitte 1937 schrieb der Kriminalsekretär Berg von der Gestapoabteilung II A 1 in seinem Bericht über eine vertrauliche Meldung, die hier im Jahre 1935 abgegeben worden sei. Danach wurde im Juni 1934 »der aus Deutschland ausgewiesene Schubert, Deckname ›Erwin‹, später ›Heinrich‹, der sich zuletzt in Moskau aufhielt und bei der Komintern tätig war, von dort angefordert«. Er »traf Anfang Juni 1934 in Paris ein und übernahm den Sonderauftrag, nach Berlin zu reisen, um in Sachen Thälmann zu versuchen, mit diesem regelmäßige Verbindung zu bekommen, dessen Verteidigung vorzubereiten und evtl. eine Befreiungsaktion durchzuführen. Sch(ubert). wohnte in Berlin in einem Hotel am Bahnhof Charlottenburg auf den Namen Minting – er hatte einen gefälschten tschechoslowakischen Paß (...) Bald nach seinem Eintreffen wurde ihm (...) ein Justizwachtmeister aus Moabit zugeführt.« Aus den Gestapoberichten geht hervor, daß die politische Polizei der Nazis nahezu über jeden Schritt Schuberts genau Bescheid wußte. Sie frühstückte mit ihm und aß mit zusammen Abendbrot. Sie ging mit ihm zu den Treffs und führte Protokoll bei den Besprechungen. Sie mußte auch eine Verbindung zu einem hohen KPD-Funktionär haben, erfuhr sie doch schon von Anfang an vom entsprechenden Beschluß der Parteileitung – noch ehe Schubert überhaupt auf die Reise ging. Und als Schubert in Berlin war, übernahm B. seine Betreuung, der Spitzenagent der Gestapo in der illegalen Landesleitung der KPD. Aus den noch vorhandenen Unterlagen wird deutlich, daß die Gestapo auf nahezu jeder Ebene der an dieser Befreiungsaktion beteiligten Parteiinstanzen ihre Zuträger gezielt plaziert hatte. In ihrem dichten Netz zappelte Emil Moritz bereits, ehe die Spinne zubiß.

Die Kneipen, die Moritz – wie viele seiner Kollegen auch – nach Dienstschluß aufsuchte, um dort ein Glas Bier zu trinken, gibt es heute nicht mehr. Dort besprachen Schubert und Moritz die Details der geplanten Befreiungsaktion. Dazu legte Schubert auch einen Plan der Untersuchungshaftanstalt Moabit vor. Den zu beschaffen war zu jener Zeit nicht schwierig. Wie von allen berühmten Berliner Bauten gab es in den einschlägigen Büchern auch einen genauen Grundriß des Untersuchungsgefängnisses Moabit. In die Kopie dieses Planes waren vier verschiedene Fluchtvarianten eingezeichnet, die Schubert nun mit Moritz prüfte. In der Thälmann-»Biographie« ist der geplante Ablauf dieser Befreiung beschrieben. Diese Beschreibung folgt den Angaben von Dr. Ernst Sch., der unter dem Decknamen »Udo« seit Spätsommer 1934 zu jener Gruppe von Abwehrleuten der KPD gehörte, die die Befreiung durchführen sollte.

Sch., der keineswegs, wie es in einem Nachruf hieß, aus einer kommunistischen Familie stammte, war zu jener Zeit Architekturstudent. Als sicher war, daß die Gruppe verraten worden war, emigrierte er in die Tschechoslowakei, nahm als Maschinengewehrschütze in den sogenannten Internationalen Brigaden am Spanischen Bürgerkrieg teil, kämpfte später in den Reihen des französischen Maquis und kam in der DDR zu hohen Ehren. Allerdings wurde hier sein Höhenflug in den fünfziger Jahren – wie der vieler Westemigranten – erst einmal jäh gestoppt. Er wurde als Minister abgelöst und auf einen Posten als Betriebsleiter in die Provinz abgeschoben. Später nahm er eine führende Position im Außenministerium der DDR ein. Hochdekoriert starb er 1986.

Die Befreiungsaktion für Thälmann beschrieb er aus der Sicht eines einfachen enthusiastischen Mitglieds dieser Gruppe, der selbstverständlich nichts wußte über die Hintergründe und Zusammenhänge. Sch. war nicht nur als Fahrer für die Befreiungsgruppe vorgesehen, sondern fungierte auch wider jede konspirative Vernunft gleichzeitig als Fahrer für die illegale Landesleitung der KPD. In beiden Funktionen war er im Fadenkreuz der Gestapo. Diese wußte auch über die Ausflüge des für die Gruppe und für die Landesleitung verantwortlichen Abwehrleiters Bescheid, bei denen Sch. jeweils das Auto lenkte. Sie führten oft nach Hamburg. Dort nahm dieser Abwehrleiter »Kuli« – das war Alfred B. – einige Treffs mit Illegalen wahr, um anschließend mit ihnen und anderen gemeinsam den Rummel aufzusuchen.

»Eines Abends«, so sagte Maria M. 1937 bei der Gestapo aus, »besuchte ich mit ›Karl‹ (so nannte sich »Kuli« in Hamburg) die Große Freiheit. Bei dieser Gelegenheit kamen wir auch an einem Schießstand vorbei. ›Karl‹ versuchte sich hier im Schießen. Über das erzielte Ergebnis war ich erstaunt. Er hatte es fertiggebracht, fast sämtliche Schießpreise an sich zu bringen. Bei der späteren Unterhaltung über diesen Vorfall sagte mir ›Karl‹, daß er auch im Schießen in Moskau ausgebildet worden sei.« Am ihr vorgelegten Lichtbild identifizierte Maria M. diesen »Karl« als Alfred B., einen Absolventen der Militärpolitischen Schule in Moskau. Die Gestapo ließ »Karl« alias »Kuli« aus der »Befreiungsgruppe für Thälmann« an der langen Leine laufen, verhaftete statt seiner die von ihm kontaktierten Genossen. So wurden im Februar 1938 vom Volksgerichtshof fünf dieser Antifaschisten aus Hamburg verurteilt. Das höchste Urteil war dabei lebenslänglich, das niedrigste ein Jahr und sechs Monate Zuchthaus. Eine Angeklagte wurde freigesprochen. Der Abwehrleiter Alfred B. konnte der Gestapo entkommen. Wie Ernst Sch. ging auch er später nach Spanien. Dort fiel er. »Im Kampf an der Front«, wie es hieß.

Der Hauptkontaktpunkt in Hamburg war ein dortiger Oberinstrukteur der KPD-Leitung. Der stand seit langem in Gestapodiensten. Er verriet mehr als fünfhundert KPD-Funktionäre und einfache Genossen, die illegal für die Partei tätig waren. Mit seiner Hilfe rollte die Gestapo nahezu die gesamte KPD-Organisation Wasserkante, Thälmanns Stolz und eigentliche Basis, auf. Das heißt, ob G., dieser erwähnte Oberinstrukteur, nun alle verraten hatte, ist nicht so ganz klar. In Hamburg jedenfalls war der Gestapo wohl überhaupt der stärkste Einbruch in die KPD gelungen. Ihre Berichte darüber lesen sich wie ein Handbuch über die Anwerbung führender KPD-Funktionäre – Großfunktionäre, wie die Gestapo sie nannte.

Zuvor war dieser Oberinstrukteur in Berlin gewesen. Die ersten Verhaftungen hier und die Einbrüche der Gestapo in die illegalen KPD-Leitungen gingen vor allem auf sein Konto. Es ist anzunehmen, daß er der Gestapo auch seinen Berliner Nachfolger empfahl, den Spitzenagenten B. Der einfache Abwehrmann »Udo« konnte nicht wissen, daß jener von ihm so bewunderte »beispiel- und vorbildhafte«, »kampferfahrene und erprobte« Genosse, den die Gestapo in all ihren Berichten – und dies nicht nur in diesem Vorgang – als »Fritz« oder den »Dicken« bezeichnete, und der für den Dreierkopf der Landesleitung wie für überhaupt für alle in Berlin eingesetzten illegalen KPD-Funktionäre die Quartiere beschaffte und die technischen Voraussetzungen für deren Tätigkeit schuf, ein ebenso qualifizierter Gestapoagent war. Ihm vor allem verdankte die Berliner Gestapo ihre großen Erfolge in jener Zeit. Erfolge, die sich auch an der Zahl der Hinrichtungen und Zuchthausjahre abrechnen ließen.

Die Verbindung von Moritz zu »Erwin«, also zu Franz Schubert, dauerte etwas über ein Jahr. Die Gefängnisleitung organisierte die Bewachung für Thälmann neu und vor allem wirksamer. Sie versetzte Moritz auch auf Anraten der Gestapo auf einen Heizerposten in der Haftanstalt. Die Gestapo wollte, ehe sie zugriff, erst alle Verbindungen aufdecken, die die KPD in die Moabiter Anstalt geknüpft hatte.

Die KPD-Führung behielt nach dem Rückzug von »Erwin« Moritz natürlich im Auge. Zu diesem Zwecke schickte die operative Leitung zuerst von Prag und später von Paris aus ihre Thälmannkuriere in die Spur. Sie trafen sich mehrmals mit dem Beamten, wie es in ihren Berichten hieß. Der Kurier »Edwin« war danach mit Moritz durch ein Ehepaar bekannt geworden, das mit Moritz befreundet war. Da kommt nur der bereits erwähnte Max F. und dessen Frau in Frage. Nach mehreren Treffs schlug »Edwin« Moritz vor, gemeinsam mit seiner Frau zu emigrieren. Das lehnte Moritz ab. Ihn rettete das nicht, aber zumindest seine Frau, die unweigerlich jenen Weg gegangen wäre, den alle zu gehen hatten, die mit Thälmann in irgendeiner Weise in Verbindung gebracht werden konnten.

Dieser Kurier »Edwin« war 1903 geboren. Er stammte aus dem Erzgebirge. Mit zwanzig Jahren nahm er, gerade KPD-Mitglied geworden, am Hamburger Aufstand teil. Als Handwerksgeselle wanderte er dann durch ganz Deutschland. Überall, wo er hinkam, übernahm er irgendwelche Aufgaben von seiner Partei. 1929 kehrte er nach Hause zurück und wurde einer der Funktionäre in seinem Gebiet. 1931 gewann er in einem Preisausschreiben der Internationalen Arbeiterhilfe (IRH) eine Reise in die Sowjetunion. Spätestens nun hatte ihn auch die politische Polizei registriert. Weil er an einem verbotenen Streik teilnahm, wurde er auch mal für 14 Tage eingesperrt.

Wie Thälmann, mit dessen Schicksal er später so eng verbunden war, wurde auch der nachmalige »Edwin« am 3. März 1933 von den Nazis verhaftet und in eines der provisorischen KZ gesperrt. Im September 1934 wurde er als Magenkranker »versuchsweise« entlassen. Bis 1935 arbeitete er illegal für die KPD, zuletzt als »Polleiter« seines Unterbezirks. Im September 1935 verließ er Deutschland. Auf der sogenannten Brüsseler Konferenz der KPD im September 1935 war er einer der vielgelobten Delegierten aus dem Lande, ein Alibi für die Phalanx der Exil-Funktionäre. Hier auf dieser Brüsseler Konferenz bei Moskau wurde er zum Thälmannkurier bestimmt. Er meldete sich bei der operativen Auslandsleitung der KPD in Prag, die später ihren Sitz nach Paris verlegte. Zuerst einmal aber nahm ihn die tschechoslowakische Polizei bei der Rückkehr von Moskau gleich an der Grenze fest und inhaftierte ihn für zwei Monate. Danach hatte er noch einige andere Aufträge, meist Kurierdienste nach Deutschland, zu erfüllen, ehe er seine neue Aufgabe übernehmen konnte.

Sein erster Hintermann war Walter Ulbricht. Als Kurier traf er im Laufe der Jahre in Hamburg mit Rosa und Irma Thälmann und mit dem Rechtsanwalt Wandschneider zusammen. In Berlin kontaktierte er die Rechtsanwälte Ludwig und Külz. Und er traf sich, wie erwähnt, mit dem Gefängnisschließer Moritz. »Mit ihm bin ich mehrmals zusammengetroffen«, schrieb »Edwin« später. »Der letzte Treff mit ihm kam nicht zustande (...) Bei einer Reise, die mich direkt nach Hamburg führte, erhielt ich von Rosa als erstes die Mitteilung, daß ein Treffen mit dem Schließer nicht mehr möglich sei. Die Gestapo habe Verdacht geschöpft und ihn einem Verhör unterzogen. Dabei sei er erschlagen worden oder er habe Selbstmord begangen. Vom Standpunkt der Konspiration war diese Sache ein geradezu klassischer Vorgang. (...) konnte mich damals des Eindrucks nicht erwehren, daß der Mann noch eine zweite Verbindung zur Partei hatte. (...) so lief neben mir die Aktion einiger Genossen, von der ich nichts wußte. Auch die Genossen im Ausland wußten nichts davon. Das heißt also, daß lange Zeit der gesamte Apparat, der mit der Betreuung Thälmanns zusammenhing, der ganze Kreis im Lande nicht mehr unter Kontrolle der Parteiführung stand, eine Flanke offen hatte, die erst mit dem Tod des Schließers geschlossen wurde.« Nach Ulbricht übernahm Dahlem die Aufgabe, die Verbindung zu Thälmann zu organisieren.

»Edwin« ist, wie er lange nach dem Krieg erzählte, achtzehn Mal als Thälmann-Kurier in das faschistische Deutschland gefahren. Das waren immer jeweils mindestens zwei, bei anderer Fahrtroute vier oder mehr Grenzübertritte. Am Abend des 14. Februar 1939 fuhr er wieder von Paris nach Brüssel und von dort am 15. Februar bei Aachen über die deutsche Grenze. Dort wurde er festgenommen. Es wurde schon geschildert, daß »Edwin« mit einem der gestohlenen Schweizer Pässe auf die Reise geschickt worden war, deren Nummern der Gestapo bekannt waren. Die Gestapo warb ihn als Agenten an. »Edwin« ging auf dieses Angebot ein ... Franz Dahlem hatte ihm dies für den Fall aller Fälle geraten. Der einst darüber im ZPA vorhandene Bericht ist aus dem Archiv verschwunden. Nach seiner Rückkehr hatte »Edwin« sofort seine Gestapoanwerbung an Dahlem berichtet. Die Exilführung der KPD in Moskau verlangte, »Edwin« sollte auf jeden Fall zu ihnen kommen, »zur Kur nach Hause geschickt« werden, wie es in solchen Fällen so schön hieß. Sein Schicksal wäre besiegelt gewesen. »Edwin« ging aber auf abenteuerlichem Weg in das damals noch unbesetzte Südfrankreich und von dort in die Schweiz. 1946 kehrte er nach Deutschland zurück. Er erhielt wieder einige Funktionen in der KPD und dann in der SED. Der einzige, der wirklich zu ihm hielt und ihn auch vor Verfolgungen schützte, war Dahlem. Ulbricht kümmerte sich nicht um ihn.

Als Dahlem in den fünfziger Jahren selbst in Ungnade fiel, wurde auch versucht, an »Edwin« späte Rache zu nehmen.

»Bis zum Jahre 1955«, schrieb er im März 1964 an Franz Dahlem, der wieder rehabilitiert worden war, »war ich der Meinung, die Sache sei abgeschlossen.« Und er schilderte, wie die ZK-Kaderabteilung versuchte, ihn wieder »auf das alte Gleis zu schieben«. Wenige Tage später wandte sich Dahlem an den Leiter der Kaderabteilung im ZK, »Genossen Müller«: »Bei der Behandlung dieses Genossen handelt es sich wirklich um eine Tragödie. Diszipliniert und schweigsam hat er jahrelang gewartet, bis Stellung zu seiner verdienstvollen Tätigkeit als Kurier zum Genossen Thälmann genommen wird (...) Ich bin dafür, daß man ihm eine hohe Auszeichnung für seine frühere Tätigkeit gibt. Ich werde dem Genossen Ulbricht selbst einige Zeilen schreiben (...) Ich wiederhole noch einmal, daß Genosse T. (»Edwin«) von mir den Auftrag hatte, im Falle seiner Verhaftung auf ein Angebot, für die Gestapo zu arbeiten, einzugehen (...)« – »Edwin« erhielt etwas später den Vaterländischen Verdienstorden der DDR in Silber. Die höheren Orden steckten sich andere an, viele darunter, die keineswegs, wie »Edwin« jahrelang und viele Male ihr Leben für ihre Überzeugung aufs Spiel gesetzt hatten. 1971 ist Kurier »Edwin« in Leipzig gestorben. Das Buch dieses Lebens muß noch geschrieben werden.

Am Mittwoch, dem 20. Oktober 1937, meldeten die Zeitungen, daß nun endlich der lang angekündigte Kampf des Weltmeisters im Schwergewichtboxen, Max Schmeling, mit dem »Exschwergewichtsmeister des britischen Empires«, Ben Ford, perfekt sei. Schmeling habe dies telefonisch »am Ende einer umfangreichen Treibjagd auf Hasen, Füchse und Sauen in seinem Müncheberger Jagdrevier Neu-Hoppegarten« erfahren. In der Berliner Staatsoper stand für diesen Abend die Neuinszenierung von »Cavalleria rusticana« auf dem Programm. Im Schauspielhaus am Gendarmenmarkt wurde »Wallenstein« mit Werner Krauß gegeben. Und das Theater am Kurfürstendamm zeigte »Totentanz«.

Der Reichsführer SS, Heinrich Himmler, war mit großem Gefolge in Rom eingetroffen und vom »Duce«, dem italienischen Faschistenführer und Ministerpräsidenten, empfangen worden. In seiner Begleitung befand sich auch SS-Gruppenführer Heydrich, der spätere Chef des Reichssicherheitshauptamtes, der Terrorzentrale des Nazistaates.

Das sowjetische Reisebüro Intourist GmbH, in Berlin, Unter den Linden warb in den Nazizeitungen um Touristen für »billige Reisen zu den Schönheiten Rußlands«.

Das britische Herzogpaar von Windsor befand sich auf einer Deutschlandreise. Die Presse hob die »tätige Anteilnahme des Herzogs von Windsor an allen Einrichtungen des neuen Deutschlands« hervor.

In der Tschechoslowakei verstärkte der Ableger der Nazipartei unter Henlein seine Aktivitäten. Für die faschistischen Zeitungen war das eine »zunehmende Hetze gegen die Sudetendeutschen«. Die Besetzung des »Sudetenlandes« und die Okkupation der Tschechoslowakei wurden vorbereitet.

Der Oktober zeigte sich von seiner freundlichsten und sonnigen Seite. Die Berliner hängten ihre Mäntel wieder in die Schränke. Die Regenschirme blieben in den Garderoben stehen. Noch war die »Musik am Morgen« im Reichssender Berlin nicht verklungen, da öffneten sich an diesem 20. Oktober 1937 kurz vor neun Uhr die Türen des Saales 3 im Volksgerichtshof in der Bellevuestraße.

Die zwei Angeklagten, Emil Moritz und Otto J., wurden hineingeführt. Ihrer Aufgabe bewußt, traten wenig später die beiden Richter aus einer Seitentür, nahmen ihre Barette ab und stellten sie als Symbol ihrer Macht über Leben und Tod vor sich auf den Tisch. Die drei beisitzenden SS- und SA-Führer taten es ihnen gleich mit ihren Uniformmützen. Etwas entfernt von ihnen, aber nahe genug, plazierte sich der Staatsanwalt. Der protokollierende Justizbeamte trug den in dieser Umgebung widersinnigen Namen »Sonnenschein«. Der vom Gericht bestellte Pflichtverteidiger fiel nicht weiter auf – weder vor noch während der Verhandlung. Im Zuschauerraum waren alle Plätze besetzt – von Gestapomitarbeitern, Justizbeamten, SS-Leuten, Männern und einigen Frauen. Alle mit dem Abzeichen der NSDAP am Revers. Auch die Zivilisten unter ihnen trugen ihre Anzüge wie Uniformen. So gesehen war die

Verhandlung wirklich, wie im Protokoll ausgewiesen, »teilweise öffentlich«.

Emil Moritz war ganz im Gegensatz zu seinen Vernehmungen bei der Gestapo geständig. Erst spät, nach »eindringlicher Befragung« – das hieß im Klartext: nach Prügeln – hätte er dort, bei der Gestapo, seine Beziehung zum flüchtigen Schubert zugegeben und diesen anhand des Gestapolichtbildes identifiziert, wurde im Urteil vermerkt. Nach dieser eindringlichen Befragung hätte er auch versucht, sich mit Hilfe seines Taschentuchs das Leben zu nehmen. Das Gericht zweifelte die Ernsthaftigkeit dieses Selbstmordversuchs an.

Noch stand die Sonne nicht in ihrem Zenit, da war die Sitzung des Gerichts schon zu Ende, hatte der Präsident des 2. Senats des Volksgerichtshofes, Engert, bereits »Im Namen des deutschen Volkes« die Urteile verkündet. Emil Moritz wurde wegen »eines hochverräterischen Unternehmens, begangen unter erschwerenden Umständen und in Tateinheit mit einem Verbrechen nach § 332 StGB.«, zu 15 Jahren Zuchthaus und zum Verlust der bürgerlichen Ehrenrechte auf die Dauer von zehn Jahren verurteilt. Otto J. erhielt für die »Vorbereitung eines hochverräterischen Unternehmens« drei Jahre Zuchthaus. Für die gleiche Zeit wurden auch ihm die bürgerlichen Ehrenrechte aberkannt. Emil Moritz kam noch am gleichen Tage in die Strafanstalt Berlin-Plötzensee, dorthin, wo er 1928 seinen Dienst als Strafanstaltsaushelfer angetreten hatte.

Am nächsten Tag, ungefähr zur gleichen Zeit, als der Reichsarbeitsführer Hierl die erste Reichsschule des Arbeitsdienstes für die weibliche Jugend am Uedersee bei Finowfurt nördlich Berlins einweihte – sie wird sehr viel später zum Ferienobjekt des IML beim ZK der SED werden –, gab es eine große Aufregung in der Haftanstalt Plötzensee. Gegen 15 Uhr hatte sich dort in seiner Zelle im Haus III Emil Moritz erhängt. Wieder hatte er dazu sein Taschentuch verwendet. Die Gestapoaufnahmen zeigten ihn erdrosselt an einem Befestigungshaken des durch seine Zelle führenden Abwasserrohres. Auf dem Tisch lag der Abschiedsbrief an seine Frau. Darin hatte er seine Verzweiflung über die barbarische Strafe niedergeschrieben.

Martha Moritz wurde durch die Haftanstalt sofort benachrichtigt. »Sie könnte ihn holen«, wurde ihr gesagt. Mit ihrem Bruder Paul K. fuhr sie mit der S-Bahn nach Plötzensee. »Ich glaube, Emil war noch nicht einmal abgeschnitten, als wir hinkamen«, erzählte Jahre später Paul K. »Wir haben ihn eingesargt, durften den Sarg aber nicht mitnehmen. In Plötzensee wurde er dann beerdigt. Bei der Beerdigung waren nur Martha, ich und zwei oder drei Freunde mit. Und die Gestapo. Max F. und seine Frau aber haben sich auf dem Friedhof und auch später nicht mehr blicken lassen.«

Die Propagandaabteilungen der KPD und der Komintern lancierten Meldungen über den Tod von Moritz in einige ihr zugänglichen Zeitungen, so vor allem in den »Manchester Guardian« und einige französische Blätter. Diese Meldungen waren sogar im Wortlaut nahezu identisch. Große Mühe hatte man sich damit nicht gegeben. Jahre später aber werden sie in der DDR Inhalt und Tenor der Artikel über Moritz und auch der »wissenschaftlichen Arbeiten« darüber bestimmen. Danach war der Beamte Moritz angeklagt worden, unerlaubte Beziehungen zu politischen Gefangenen, einschließlich Thälmann, unterhalten zu haben. Vor Gericht habe er »sich selbst sehr kühn verteidigt«, und er habe dort den barbarischen Strafvollzug und ebensolche Methoden der Gestapo und der SS »heftig angegriffen«. Kaum einige Stunden nach der Urteilsverkündung habe ihn deshalb ein SS-Kommando im »höheren Auftrag« in seiner Zelle totgeschlagen. Alle, die ihn kannten, würden »ihm ein ehrendes Andenken bewahren«. Propaganda, leere und hohle Phrasen. Mariechens Trauer.

Ernst Sch. – »Udo« – glaubte, wie auch die anderen Überlebenden aus der Befreiungsgruppe, an den ominösen Öltropfen. In seinen Berichten schwärmte er besonders von der »bewundernswerten Konspiration«, mit der der Kontakt zu Moritz gehalten und der Befreiungsversuch durchgeführt worden sei. Wie gesagt: die Hintergründe und wahren Zusammenhänge kannte er damals – und sicher auch später – nicht. Bereits 1936 (!), also zu einer Zeit, in der Moritz noch gar nicht verhaftet, sondern im Gegenteil durch die KPD noch immer

Kontakt zu ihm gehalten worden war, erarbeitete die Kaderabteilung der Komintern einen Untersuchungsbericht über die »Mängel in der Erledigung des Auftrags Thälmann«. Darin wurde angekreidet, daß die »Angelegenheit Thälmann Kreisen von Leuten bekannt ist, die absolut nichts damit zu hatten«. Noch ehe Schubert überhaupt mit seinem Auftrag betraut worden war, wäre darüber unter »Politemigranten, Leuten von der Westuniversität, sogar unter Genossen in Kopenhagen, bei der Roten Hilfe« und anderswo diskutiert worden.

Die Kader-Instrukteurin Erna Mertens – sie wurde kurz darauf vom NKWD ins Gulag gebracht, wo sie elendiglich umkam – listete darin eine ganze Reihe von Leuten auf, die ihrer Meinung nach Kenntnis von dieser Angelegenheit hatten. Sie nannte u. a.: »Alex, Lore, Humboldt, Alfons, Heinrich (das war der eigentlich mit der Aktion beauftragte Franz Schubert), Paul aus Kopenhagen, Reinhold, Fritz, der Chauffeur (das war »Udo« – also Dr. Ernst Sch.), Hartmann (dahinter verbarg sich der Chef der illegalen KPD-Landesleitung in Berlin), Bader, B. (der erwähnte Wohnungsmann und Topagent der Gestapo), die Frau von K., Rosa Thälmann und ihre Tochter Irma (das »Prinzeßchen« – so nannten wir sie unter uns, schrieb »Udo«). In Wien gehörten Lisa und Robert dazu, die Rechtsanwälte in Berlin, ›ein Kai aus Stettin wußte ebenfalls etwas‹, K. in Kopenhagen, sogar ›der Koch der Westuniversität‹, Florin und andere aus dem Politbüro usw.«

Frau Mertens, auch ihr Name war wie der der meisten hier Genannten, ein Pseudonym, hatte – ganz im Gegensatz zum NKWD – sich und die anderen Mitarbeiter der Kaderabteilung auf dieser Liste vergessen. Wir könnten noch eine ganze Reihe von Namen hinzufügen, so Vater und Mutter von Ernst Sch., Max F. und dessen Frau, Hans F., Alexander, Edwin, alle Mitglieder der Befreiungsgruppe selbstverständlich, den erwähnten Oberinstrukteur aus Hamburg, andere KPD-Genossen dort usw. usw. Vielleicht gehörten sogar die Schießbudenbesitzer dazu, bei denen der Abwehrbeauftragte bei seinen Reisen nach Hamburg seine in Moskau erworbenen Schießkünste demonstrierte. Auch ein gewisser »Bert« dürfte auf dieser Liste nicht fehlen.

Er hatte die militärpolitische Spezialschule der Komintern in Moskau besucht und arbeitete in der operativen Auslandsleitung der KPD in Prag und in Paris. Die Gestapo konnte ihn angeblich lange Zeit nicht identifizieren, obwohl er in vielen ihrer Berichte auftauchte. Sie kannte natürlich seinen vollen Namen und seine sämtlichen persönlichen Daten. Warum auch nicht? War sie doch im Besitz der vollständigen Namenskartei der Moskauer Leninschule mit allen Angaben zu den Schülern, sogar mit Lebenslauf und Lichtbildern. Noch in ihrem streng geheimen Lagebericht für 1937 hatte die Gestapo geschrieben, daß da »noch ein gewisser ›Bert‹ bekanntgeworden« sei, »dessen richtiger Name bis jetzt nicht festgestellt werden konnte. ›Bert‹ wurde für den im Frühjahr 1937 nach Paris versetzten ›Claus‹, der seinerzeit in der Abwehr arbeitete, eingesetzt.« (›Claus‹ war Herrmann Nuding, hochrangiger Funktionär in der illegalen KPD, Teilnehmer am spanischen Bürgerkrieg, später an der französischen Resistance. Ab 1948 gehörte er zum Parteivorstand der KPD in der Bundesrepublik. Auf sowjetisches Verlangen wurde er 1950 durch das Politbüro der SED aller seiner Funktionen in der KPD enthoben. 1967 ist er gestorben.)

Später wurde auch »Berts« Klarname, Herbert L., in Gestapoberichten genannt. »Angeblich soll er für den französischen Geheimdenst tätig sein«, schrieb im April 1940 die Kanzleiangestellte Behnke im Geheimen Staatspolizeiamt in Berlin in eine Aktennotiz. Auf jeden Fall befände sich der »Beschuldigte L.«, so wurde handschriftlich hinzugefügt, »im Auslande. Mit seiner Rückkehr nach Deutschland ist nicht zu rechnen.« Schon ein Jahr zuvor hatte die Staatsanwaltschaft in L.s Heimatstadt Dresden die »Niederlegung des Suchvermerks« verfügt, das heißt: die Streichung von der Fahndungsliste. Die KPD-Führung bezeichnete »Bert« später als Verräter, nichtsdestotrotz hatte sie ihn aber einige Jahre lang mit verantwortungsvollen Kurier- und Instrukteursaufgaben betraut. Er war unter dem Decknamen »Herbert« auch lange Zeit der Verbindungsmann der KPD-Führung zu Rosa Thälmann und damit zum KPD-Vorsitzenden, einer der sogenannten Thälmannkuriere. Rosa Thälmann kannte den Kurier unter dem Namen »Heinz«. 1937 sagte sie zu »Edwin«, dem Nachfolger von »Heinz« – »Herbert«: »Die Frau, bei der er (in Berlin) gewohnt hat, und alle ihre Verwandten sind verhaftet worden und nach zwei Tagen wieder freigelassen worden (...) Die Frau, bei der er gewohnt hat, wird seit Oktober beobachtet. Ich habe die Mutter von der Freundin von Heinz getroffen.«

»Heinz«-»Herbert«-»Bert« – Agent der Gestapo? Dieser Verdacht kann – wie nur allzu oft in den Funktionärskreisen der KPD – den Rivalitäten geschuldet sein. Weil nicht sein konnte, was nicht sein durfte, wurde der mutige Thälmannkurier »Herbert« in der Parteigeschichte zu einer anderen Person, war nun nicht mehr mit »Bert« identisch. So einfach ging das.

»Bert«, obwohl nur unbewiesen der Spitzelei für die Gestapo verdächtigt, wurde »kaltgestellt«, aus der KPD ausgeschlossen. Viele Verhaftungen, die nicht zu erklären waren, wurden ihm angelastet.

So zeigte ihn 1937 auch der Bruder des Schriftstellers Lion F., Franz F. (Parteinamen: Gerhard, Hugo, Willi. Emigrationsname: Ernst F.), in einem Brief an die Internationale Kontrollkommission (IKK) bei der Komintern an: »Diese Freunde erklärten auch, daß bereits eine große Anzahl von Kurieren, die ihnen ›Bert‹, das heißt der zentrale Abwehrmann aus Prag, geschickt hat, geplatzt ist (...)«

Pikanterweise hatte irgend jemand mit Bleistift darüber geschrieben: »F. – Vertrauensmann der Gruppe Kippenberger-Schubert.« Das Schicksal von F. kann man danach ohne Schwierigkeiten erahnen. »Bert«-»Herbert« aber ist diesem Schicksal entgangen. Im September 1938 faßte die operative Leitung der KPD unter Dahlem in Paris einen wahrhaft typischen Beschluß über »Bert«: »(...) mündlich verbreiten, daß er in Berlin war, daß er Gestapoagent ist und im Dienste einer fremden Macht arbeitet. (Wer war denn eigentlich die »nichtfremde Macht«?) Seine Beziehungen und evtl. Abmachungen zu den SPD-Gruppen in der letzten Vergangenheit überprüfen (!) (…) Fertigstellung des Materials Bert für zuhause.«

Zuhause, das war Moskau. Es sollte für »Bert« das endgültige Zuhause werden. Das war übrigens die gleiche Sitzung, in der beschlossen wurde, »zwei Genossen für Spezialarbeit« zu bestimmen. Zielte das auf den »Verräter« Münzenberg? Über ihn wollte man zu Hause anfragen, »welche Perspektive in der Behandlung seitens der IKK (Internationalen Kontrollkommission der Komintern) bestehen«. Einen Monat später wurde beschlossen, ihn »erneut aufzufordern, nach Moskau zu fahren«. Er fuhr nicht. Etwas später fand man seine Leiche. Angeblich Selbstmord.

Der Abwehrmann der illegalen Landesleitung in Deutschland »Humboldt« (das war Wilhelm T., bei Ernst Sch. unter »Schimmel« oder »Schimmelreiter«), der auch zur Befreiungsgruppe für Thälmann gehörte und der später von der Parteileitung in Paris gemaßregelt wurde, hatte schon vor Franz F. die Situation in der illegalen KPD-Organisation in Deutschland analysiert. Er kam dabei zu dem richtigen Schluß: »Fest steht, daß im engsten Kreis der Landesleitung ein oder mehrere Spitzel sitzen.« – »Bert« aber nannte er nicht.

Die KPD-Führung, blind für die richtigen Hinweise auf den Verrat, maßregelte stattdessen ihren Abwehrmann Herrmann Nuding. Ihm kreidete sie seine »Anklagen gegen die Parteiführung« an. Das heißt, seine Vorwürfe, die »verantwortlichen Kader« nicht ordentlich überprüft zu haben. Nun schoben ihm Ulbricht, Pieck und Dahlem die Hauptverantwortung dafür zu, »daß ›Bert‹ in wichtige Abwehrfunktionen kam«. »Bert« wurde, wie erwähnt, aus der KPD ausgeschlossen und wandte sich später verärgert gegen seine ehemalige Partei.

1945 kam »Bert«, Herbert L. – nach einer Notiz der SED-Kaderleitung – in englischer Uniform nach Berlin. Dort suchte er einen ihm aus der Emigration bekannten KPD-Funktionär auf mit dem Wunsch nach einer Rehabilitierung. Die Kaderwächter und Agentenjäger im ZK der SED warnten 1948 die zuständigen Funktionäre vor Herbert L.: »Es besteht die Möglichkeit, daß er versucht, alte Verbindungen wieder aufzunehmen.« Sicher konnten sie es nicht verschmerzen, daß sie seinerzeit »Bert«, den Thälmannkurier »Herbert«, nicht auftragsgemäß »zur Erholung« in die UdSSR verbringen konnten, zum Wunderheiler NKWD.

Thälmann wurde noch vor dem Prozeß gegen Moritz und Otto J. von Berlin-Moabit in das Gefängnis nach Hannover verlegt. »Ich war ganz überrascht«, erzählte er dort seiner Frau Rosa. »Ich habe nicht einmal die Zeit gehabt, die anderen Sachen anzuziehen. So schnell ging das.« – »Entfernung aus der Großstadt«, notierte der Justizminister Gürtner. »Gefahr hier größer als anderswo (Bestechung). Ein Angestellter hatte Beziehungen zur KPD. Alles im Einverständnis mit der Gestapo. Der Führer hat am 6. Oktober 1937 die Maßnahme gebilligt.«

Thälmann hatte große Hoffnungen auf diese Befreiungsaktion gesetzt, hatte seine Genossen dazu ermuntert. In einem Kassiber hatte er im August 1935 geschrieben: »Warum seid ihr solche Scheißkerle und laßt mich hier im Stich. Schon einzelne kühne Männer können erreichen, was man das Wunder des 20. Jahrhunderts nennen würde.« Dieses Wunder trat nicht ein.

Wie erwähnt, stand neben Moritz am 20. Oktober 1937 auch Otto J. vor Gericht. Der wenige Tage vor der Jahrhundertwende in Berlin geborene Otto J. war zur gleichen Zeit wie Moritz von der Gestapo festgenommen worden, obwohl sie beide nichts voneinander wußten. Sie haben sich zum ersten und letzten Male vor Gericht gesehen. In der Thälmann-»Biographie« spielt er keine Rolle. Er nicht und auch nicht jene, die mit ihm im Zusammenhang standen.

Otto J. war Angestellter eines Finanzamtes, fleißig, pünktlich und in jeder Hinsicht zuverlässig. Politisch war er, so gab er später bei der Gestapo an und so bestätigte es diese auch, »uninteressiert«. Lange Jahre war er arbeitslos gewesen. Wie zahlreiche andere Arbeitslose auch trieb er Sport in einem Sportverein und zeltete, so lange es nur ging, an irgendeinem der vielen Berliner Seen. Dabei bevorzugte er aber den Motzener Tonsee. Dort war es, wo »Martin« Kontakt zu ihm suchte und auch fand.

Bei »Martin« handelte es sich um den 1907 in Berlin geborenen Laboranten Martin H. Er gehörte zum Betriebsberichterstattungs-Apparat der KPD (BB). Dieser Zweig des KPD-Geheimdienstes befaßte sich hauptsächlich mit Betriebs- und Industriespionage, vor allem im Auftrage des militärischen Geheimdienstes der UdSSR. Wie er nun auf einmal dazu kam, sich mit der Angelegenheit Thälmann zu beschäftigen, ist nicht geklärt worden. War dies die von »Edwin« erwähnte Verbindung zu Thälmann, auf die die Partei keinen Einfluß hatte?

Nach seiner Festnahme am 15. April 1937 hatte Martin H. weitgehend über seine Tätigkeit und über Personen ausgesagt. Vor dem Todesurteil hat es ihn nicht bewahrt. Martin H. betrieb unter Führung des Chemikers Dr. Walter C. vor allem Spionage im Chemiebereich. Deshalb hieß die von C. geführte Einheit auch Gruppe Chemie im BB-Apparat. Die Gestapo ist, soweit das heute noch zu rekonstruieren ist, dem BB-Apparat im allgemeinen und dieser Gruppe im besonderen sehr bald auf den Fersen gewesen. Auf jeden Fall war sie auch hier von vornherein mit an der Kontaktaufnahme zu J. und bei der weiteren Kontaktpflege zu ihm aktiv beteiligt.

Zu Otto J.s weiteren Bekanntenkreis und zu seinen Sportkameraden im Fußballclub »Frankonia« gehörte der Aufseher L. aus dem Untersuchungsgefängnis Berlin-Moabit, ein Kollege von Moritz also. Er arbeitete in Moabit meist im C 1-Flügel, dort, wo auch die Zelle Thälmanns lag. Obwohl es den Aufsehern verboten war, außerhalb des Dienstes über ihre Tätigkeit zu sprechen und vor allem den Namen Thälmanns zu erwähnen, hatte L. sicher irgendwann und irgendwem davon erzählt. Nachweisen konnte ihm die Gestapo dies nicht. Vielleicht wollte sie es auch nicht. Zugegeben hatte er nur, mehrmals mit J. darüber gesprochen zu haben, der ihn immer wieder nach Thälmann gefragt habe.

»Martin« hatte J. »gebeten«, ihm die Bekanntschaft mit Berthold L., genannt Bobby, zu vermitteln. Von J. wußte er, daß L. gern wieder in seinem erlernten Beruf als Schriftsetzer arbeiten wollte. Deshalb ließ ihm »Martin« über J. übermitteln, daß er eine gut bezahlte Arbeitsstelle für ihn hätte. Bei einem

Treffen könnte er ihm das alles genau erklären. Auf der von J. vermittelten Zusammenkunft in seiner Wohnung ist »Martin« dann nicht erschienen. Zu dieser Zeit war er bereits verhaftet. Da es zu keinem Zusammentreffen mit »Martin« oder einem anderen KPD-Beauftragten gekommen war, wurde der zur fast der gleichen Minute wie Moritz und J. verhaftete L. von der Gestapo wieder freigelassen. Seine Tätigkeit im Untersuchungsgefängnis hatte er schon früher wegen eines vorgeblichen allgemeinen Personalabbaus verloren und war dann Pförtner geworden. In der Sache Thälmann spielte er fortan keine Rolle mehr.

»Martin« hatte vor seiner Verhaftung noch einen Kontaktmann mit J. bekanntgemacht, der sich dann auch mehrmals mit J. traf. Diese neue Bekanntschaft war der »Pfälzer«, ein vielleicht 1,80 Meter großer, etwa 35 Jahre alter, breitschultriger und rothaariger, wegen seines markanten Dialekts so genannter Mann. Trotz dieser signifikanten Merkmale hat die Gestapo, so gab sie an, seine Identität nicht feststellen können. In allen ihren Unterlagen taucht er immer nur unter seinem Pseudonym auf. Sie hat ihre Zuträger eben gut getarnt. Der »Pfälzer« war von C., »Martins« Vorgesetztem im BB-Apparat, in das böse Spiel gebracht worden.

Otto J., der nur den Kontakt zwischen H. bzw. dem »Pfälzer« mit Berthold L. vermitteln sollte (und auch wollte), wurde nach seiner Verurteilung in das Zuchthaus Brandenburg-Görden eingeliefert. Polizei- und Untersuchungshaft waren ihm bei seinem Urteil nicht angerechnet worden. Im Zuchthaus brachte er es – wie dort auch Erich Honecker – bei »einwandfreier Führung« und »fleißiger Arbeit« zum Kalfaktor. Im Februar 1940 reichte er ein Gnadengesuch ein. Justiz und Gestapo befürworteten es. Der »Führer« entschied es dann mit Wirkung vom 20. Mai 1940 positiv. J. wurde auf eine bis Mai 1943 datierte Bewährung entlassen. Über seinen weiteren Lebensweg ist nichts bekannt.

Wie Moritz, Otto J. und Berthold L. wurde zur gleichen Zeit durch die Abteilung I A 1 der Gestapo – sie war für den »Kommunismus« zuständig – auch die Justizangestellte Elisabeth B. festgenommen. Auch ihren Namen wird man in der Thälmann-»Biographie« vergeblich suchen. Schon diese genau abgestimmten Verhaftungen widerlegen die Behauptung von Ernst Sch. und anderer, daß die Gestapo von der Befreiungsaktion für Thälmann völlig überrascht gewesen sei. Sie belegen im Gegenteil, daß die nazistische Geheimpolizei sehr tief in den KPD-Apparat eingedrungen war und lange Zeit sehr sorgfältig beobachtet und untersucht hat.

Die, wie sie selbst sagte, »unpolitische« Elisabeth B., 1908 in Berlin geboren und ledig, arbeitete als Stenotypistin in der Pressestelle des Landgerichts Berlin, die wie die Untersuchungshaftanstalt in der Turmstraße in Moabit untergebracht war. Von einem Fenster dort konnte sie in den Hof des Untersuchungsgefängnisses sehen. Wie Moritz und die anderen Verhafteten wurde auch sie lange vor ihrer Festnahme unter vorgeschobenen Gründen versetzt. Sie kam zur Kanzlei des Landgerichts in Berlin Mitte, nahe des Alexanderplatzes.

Während eines Urlaubs in Wiek auf der Insel Föhr hatte Elisabeth B. im Sommer 1934 »zufällig« Margarete G. kennengelernt. Diese Margarete G. war, so scheint es, jene Frau, bei der – laut Rosa Thälmann – der Kurier »Heinz« (also »Herbert« alias »Bert«) bei seinen Aufenthalten in Berlin gewohnt hat. Sie se, wie schon vermerkt, »seit Oktober 1936 beobachtet worden«. Außerdem habe sie die Gestapo vernommen und nach zwei Tagen wieder freigelassen. Im November 1936 hatte die Gestapo ihrem Bericht zufolge »die Wohnung des tschechischen Staatsbürgers Herbert Wolf, Teltower Straße 47/48 einer eingehenden Kontrolle und Durchsuchung unterzogen (...)« Es gab einen Hinweis darauf, daß sich bei ihm ein hoher Funktionär des AM-Aparates der KPD aufhalten sollte. Dieser »hohe Funktionär« war »Bert« alias Kurier »Herbert« oder »Heinz«. Margarete G. lebte – wie es die Gestapo formulierte – mit Herbert Wolf in »wilder Ehe«.

Mit ihrem »wilden Ehepartner« machte Margarete G. später Elisabeth B. in einem Lokal in Berlin-Kreuzberg bekannt. Sie hätte ihn als ihren Verlobten vorgestellt, sagte Elisabeth B. bei der Gestapo aus. Er sei der Inhaber einer Reinigungsfirma.

»Da wir beide nur allein waren, beauftragte Margarete ihren Freund, noch jemand mitzubringen (...) Auf den Namen des Mannes, der mir vorgestellt wurde, vermag ich mich heute nicht mehr zu besinnen.« War es Schubert oder »Bert«? Das läßt sich heute nicht mehr mit Gewißheit sagen. Elisabeth B. hat sich danach noch mehrmals mit Herbert W. getroffen.

Bei diesen Zusammenkünften fragte Wolf sie nach den Bewachungsverhältnissen im Untersuchungsgefängnis aus. Das heißt, das Gespräch begann eigentlich damit, daß er mit der Behauptung, Thälmann sei tot, Elisabeth B.s Widerspruch herausforderte. »Ich habe ihm daraufhin erwidert, das sei Unsinn, denn Thälmann wäre im Untersuchungsgefängnis, und ich hätte ihn dort schon gesehen. Dies war zwar nicht der Fall (...)« Wolf erkundigte sich nun, ob es möglich sei, mit einem Nachschlüssel in das eigentliche Untersuchungsgefängnis zu gelangen. Durch den Kontakt mit Elisabeth B. sollte der letzte und entscheidende Teil des Befreiungsplanes gesichert werden, Thälmann mit Hilfe eines Nachschlüssels vom Untersuchungsgefängnis aus durch das Kriminalgericht zum wartenden Auto auf der Straße zu führen. W. merkte allerdings, daß ihm Elisabeth B. dabei nicht helfen konnte. Er drohte ihr »schlimme Konsequenzen« an, wenn sie zu irgend jemand über ihre Unterhaltungen sprechen sollte. Sie sah Wolf nie wieder. Elisabeth B. wurde nach mehrtägigen Verhören von der Gestapo wieder freigelassen.

Auch diese Episode zeigt, wie tief die Gestapo in den illegalen Apparat der KPD eingedrungen war. Wolf war der Gestapo zumindest seit dem Augenblick bekannt, als der erwähnte Quartiermann und Gestapoagent B. die Kurierin für die Landesleitung, also für die Führung der KPD in Deutschland, bei Wolf als Untermieterin einquartierte. Diese Kurierin »Baumann« (in Wirklichkeit Friedel B.) hatte im September oder Oktober 1934 auch Robert Stamm, den Chef dieser Landesleitung, nach Berlin geschleust, wo ihn der Gestapoagent B. »sicher« unterbrachte. Die Gestapo brauchte nun eigentlich nur den Kurierverkehr in alle Teile Deutschlands zu beobachten, um überall zu den illegalen

Leitungen (bis hinunter in die Unterbezirke) geführt zu werden. Sie beobachtete natürlich auch sorgfältig Herbert Wolf. Bald wußte sie, wer bei ihm verkehrte oder wohnte. So konnte sie eine ganze Reihe von Personen verhaften. Sie verhaftete aber keineswegs die falschen Leute, also auch nicht den Thälmannkurier »Herbert« (»Bert«) und andere, die mit der Befreiungsaktion für Thälmann beschäftigt waren und bei Wolf Unterkunft fanden.

Über Wolf selbst fand sich nach der Wende im Archiv des Staatssicherheitsdienstes der ehemaligen DDR ein recht nichtssagendes Vernehmungsprotokoll. Danach war er im Juli 1903 in Berlin geboren und ledig. Als Beruf gab er ›Gewerbetreibender‹ an. Er war von tschechoslowakischer Staatsbürgerschaft. Es wurde ihm vorgeworfen, bereits »vor der nationalen Erhebung«, also vor der Machtergreifung der Nazis, dem AM-Apparat der KPD angehört und auch danach noch seine Wohnung für illegale Zwecke der KPD zur Verfügung gestellt zu haben. Wolf stritt in diesem Protokoll alles ab. Wie es in Wirklichkeit war, sagen diese paar Blatt Papier nicht aus. Sie verraten aber, daß »die Gestapo« auch in seinem Falle den Namen »Giering« trug. Dessen Schlußbericht listete dann auch zahlreiche Namen von KPD-Funktionären auf, mit denen Wolf in Berührung gekommen war. Wolf selbst blieb straffrei und wurde als Ausländer in die Tschechoslowakei abgeschoben. Es ist anzunehmen, daß er dort noch in der kommunistischen Emigration und sicher auch im Geheimapparat der KPD nützlich war.

Thälmann indes konnte nicht verstehen, »daß die Geschichte nicht durchgeführt worden ist« – wie er im September 1938 zu seiner Frau sagte. Das wäre doch alles so gut vorbereitet gewesen. Nach dem Bericht des erwähnten damaligen Thälmannkuriers »Edwin« habe Rosa ihrem Mann geantwortet, daß »ich das auch nicht weiß. Nur das mit dem Flecken (gemeint ist der angebliche Öltropfen) war mir bekannt.«

»Edwin« habe, so sein Bericht, zu Rosa gesagt: »Ich kenne die Geschichte nicht. Kann Dir deshalb nichts darüber erzählen. Jedenfalls ist es nicht gemacht worden, weil die

Sache ungünstig war.« Wie hier dargestellt, hatte »Edwin« die Sache sehr wohl gekannt, hatte er doch zuerst gemeinsam mit seinem Vorgänger »Herbert« und dann allein mehrere Zusammenkünfte mit Moritz gehabt. 1963 hat Walter T. – »Edwin« – Mitarbeitern des Zentralen Parteiarchivs der SED gegenüber die Wahrheit gesagt: »Es war nicht die Linie der Partei. Stalin war dagegen.«

Thälmann hat diese traurige Wahrheit nie erfahren. Wenn er auch nichts von seinen Genossen in der KPD-Führung, vor allem von Ulbricht, hielt, so war und blieb doch sein Bild vom machtbesessenen und verbrecherischen Kremlchef leuchtend klar und rein.

Die geniale Kunst eines echten Freundes

Tief war Thälmanns Glaube an seinen Herrn und Meister, an den Zampano im Kreml, an diesen – wie ihn der Jugoslawe Djilas beschrieb – kleinen und plumpen Mann mit dem dicken Bauch und dem spärlichen Kopfhaar, dem weißen Gesicht mit den rötlichen Wangen, den schwarzen und unregelmäßigen Zähnen. Noch nicht einmal sein Schnurrbart sei dicht oder straff gewesen. Für Stalin, bemerkte Djilas, »war alles vorübergehend. Aber das war seine Philosophie. Hinter dieser Impermanenz und in ihr lagen bestimmte große und letzte Ideale verborgen – seine Ideale, denen er sich annähern konnte, indem er die Realität und die lebenden Menschen, die sie umfaßten, manipulierte oder formte.«

Der von Stalin dauerhaft manipulierte und geformte Thälmann konnte die »Impermanenz« seines Manipulierers und Formers nicht erkennen. Deshalb gab er die Hoffnung nie auf, von ihm aus dem Nazigefängnis herausgeholt zu werden. Wie konnte er auch erfassen, daß Stalin dem »Führer« Hitler, viel näher stand, als seinem »Freund« Ernst Thälmann? Vor 1933 konnte er Thälmann gut brauchen. Da war er ihm nützlich, die KPD auf bolschewistischen Vordermann zu bringen. Deutschland, der für Rußland unsichere Kantonist im Westen, der unberechenbare Faktor in Stalins Expansionspolitik, der gefürchtete potentielle Feind. Wer anders als diese große KPD, die nicht zuletzt dank Thälmann weich wie Knete in Stalins Hand lag, war besser geeignet, dieses Deutschland für Stalinsche Zwecke zu destabilisieren? Sozialismus? Die gerechte Gesellschaft Utopia? Eine Droge für ehrliche Menschen. »Im Kreml brennt noch Licht!« Selbst der Dichter Weinert wußte wohl kaum, daß dort die nächtliche Tafelrunde Stalins bei erlesenen Speisen und scharfen Getränken Schicksal für Millionen spielte, die Transporte in den Gulag zusammenstellte, Ländergrenzen verschob, Parteien in anderen Staaten gründete und erlöschen ließ, Parteiführer ernannte und absetzte oder auch zu »Behandlungen« zum NKWD schickte. Wozu brauchte Stalin nach 1933 seinen »Freund« Thälmann noch? Einen Thälmann im Gefängnis.

Hitler verfolgte die KPD und ihre Anhänger gnadenlos. Das ist wahr. Doch hat nicht auch Stalin alles in seiner Macht Stehende getan, um den Funktionärskörper dieser einst von ihm so gehätschelten, auf ihn eingeschworenen Partei Thälmanns so weitgehend wie nur irgend möglich zu reduzieren, sie zu enthaupten? Zwei »Führer« arbeiteten hier Hand in Hand. Wer war erfolgreicher dabei? Was zählten schon jene paar aus der – wie sie später selbst von sich sagten – Thälmannschen Garde, die Stalin übriggelassen hatte? Machten sie in ihrem Moskauer Exil nicht alle Verrenkungen der sowjetischen Politik mit? Wie Handpuppen und Clowns sprangen und tanzten sie nach dem leisesten Fingerschnicken des Meisters im Kreml, schlugen sie die tollsten Kapriolen und drehten sie die bizarrsten Pirouetten. Zu wahrer Meisterschaft aber steigerten sie sich, als Hitler und Stalin ihren Nichtangriffsvertrag abschlossen und sich anschließend auch noch vertraglich ewige Freundschaft schworen. Die Ziele der sowjetischen Außenpolitik bestimmten ihr Handeln und nicht ihr imaginäres antifaschistisches Gewissen. Und in diesem Sinne versuchten sie auch, Einfluß auf ihre illegalen Genossen in Deutschland zu nehmen. Sie überließen es ihren Historikern, ihren Zickzackkurs vor und nach diesen Verträgen in einen geradlinigen Weg, einen unaufhörlichen und niemals schwankenden aufopferungsvollen antifaschistischen Kampf umzufälschen. Es gehörte schon sehr viel Dialektik dazu, diese im scharfen Moskauer Wind angstvoll zwischen den gutgefüllten Futtertrögen der Kominternkantine und dem Gulag balancierenden Artisten in mannhafte, mutige kommunistische Kämpfer umzuformen. Recken im Thälmannschen Geist.

Der übrigens hat keine andere Stellung zu diesen 1939 geschlossenen Abkommen zwischen Hitlerdeutschland und Stalins Sowjetunion bezogen als seine »Kampfgefährten« in der Parteiführung. Wie er meinte, daß es ihm zukam, hatte er die internationale Situation, die zum Nichtangriffsvertrag geführt hatte, »gründlich analysiert«. Dabei kam er 1940 in einem Brief zur Schlußfolgerung, daß »die russisch-deutsche Verständigung als ein Ereignis von größter historischer Bedeutung nicht nur für die beiden Länder, sondern für ganz Europa, ja, für die ganze Welt« zu sehen sei. Der Nichtangriffspakt habe auch in industrieller Hinsicht »revolutionär gewirkt«, da der »Anteil der Sowjetunion an der europäischen Produktion zu einer Tatsache größter Auswirkung geworden« sei. Das heißt: Ausrüstungs- und Waffenlieferungen an die UdSSR kamen den Werktätigen in den europäischen Ländern, also auch im faschistischen Deutschland zugute. Die Sowjetunion habe mit diesem Abkommen auch »ihre ideologischen Positionen im Lager des Faschismus nicht unwesentlich verbessern können«. Thälmannsches Politikerdeutsch und Thälmannsche ferngelenkte Parteilogik. Den zusätzlich abgeschlossenen Freundschaftsvertrag zwischen beiden Staaten kannte er sicher nicht. Hätte er diesen auch so als Weitsicht Stalins verteidigt, wie den Nichtangriffsvertrag? Man kann es annehmen.

Die Thälmann-»Biographen« haben an diesen so folgenreichen und den Zynismus der sowjetischen Führung und ihrer deutsch-kommunistischen Adepten entlarvenden Vertrag in ihrem Konvolut mit keiner Zeile erinnert. Sie haben zwar aus diesem Brief Thälmanns vom November 1940 zitiert, aber ausgerechnet seine hier angeführten Überlegungen weggelassen. Dafür aber würdigten sie ihn gerade wegen seiner Stellungnahme zum Hitler-Stalin-Pakt als »hervorragenden marxistisch-leninistischen Politiker, als wahren proletarischen Internationalisten«. Diese Eigenschaften habe Thälmann wieder erneut unter Beweis gestellt.

Der »hervorragende marxistisch-leninistische Politiker« Thälmann vertraute blind auf Stalin, die Inkarnation des »wahren proletarischen Internationalismus« überhaupt, seinen verehrten Lehrmeister. Dabei war dieses Vertrauen auch durchaus praktischer Art: »Ich sehe nur einen Weg, daß Stalin seine geniale Kunst spielen läßt, um mich frei zu bekommen.« Der aber ließ seine »geniale Kunst« für seine imperialen Ziele spielen, und darin hatte Thälmann eben keinen Platz mehr. Nur wußte Thälmann das nicht.

Lange nach dem 2. Weltkrieg erzählte der ehemalige Thälmannkurier »Edwin« davon, daß ihn Thälmanns Frau Anfang 1937 im Auftrage ihres Mannes um eine Intervention der KPD-Führung bei Stalin gebeten habe. Thälmann wollte, »daß die Partei an die Regierung der Sowjetunion respektive an Stalin herantreten solle, um die Möglichkeit eines Austausches zu prüfen oder die Regierung der Sowjetunion zu veranlassen, Verhandlungen um seine Freilassung mit der Naziregierung aufzunehmen (...) Darüber, sagte Rosa, habe ihr Mann mit ihr sogar in Anwesenheit eines Gestapobeamten gesprochen. Der habe dazu bemerkt, daß sich Deutschland darauf kaum einlassen werde. ›Denn, wenn die Russen schon einige Deutsche für ihn freilassen, dann würden die doch morgen wieder welche verhaften.‹ (...) Es sind wohl einige Wochen vergangen, als mir durch Claus (das war der Abwehrbeauftragte Nuding) mitgeteilt wurde, daß die Sowjetunion den Vorschlag Thälmanns für ungeeignet resp. für nicht gangbar halte.«

Der bereits genannte Franz Dahlem erwähnte 1971 seinem Genossen Anton Ackermann gegenüber, daß der Antrag von Thälmanns Frau Rosa auf die Befreiung des KPD-Vorsitzenden durch »Übersiedlung in die Sowjetunion« weder von den Nazis noch von den Russen jemals bearbeitet worden sei. »Sollte es nicht möglich sein, die Freilassung auf dem Verhandlungswege durch Fühlungnahme mit den leitenden Handelspartnern zu stellen und so zu erreichen?« schrieb Thälmann dann im Dezember 1938 in einem an die KPD-Führung in Moskau gerichteten Gefängniskassiber. »In Deutschland werde ich sonst niemals entlassen«, fügte er hinzu. »Warum«, so hieß es weiter in seinem Kassiber, »sollte es Stalin nicht auf dem Wege der Diplomatie oder sonstigen anderen Möglichkeiten gelingen, mich frei zu bekommen?«

Sicher aber gab es zumindest zeitweilig auch in der Hitler-Regierung einflußreiche Kräfte, die für einen Austausch von Thälmann waren, die den KPD-Vorsitzenden so als leidiges Problem einfach loswerden wollten. Sie konzentrierten sich vor allem im Auswärtigen Amt, das unmittelbar mit der internationalen Meinung zum Fall Thälmann als ein Beispiel für die politischen Verfolgungen im Deutschen Reich konfrontiert wurde. So hatten sie – lancierten Pressemeldungen zufolge – bereits 1936 den Versuch gestartet, Thälmann gegen den deutschen Ingenieur Stickling auszutauschen, der in einem der berüchtigten Schauprozesse im sowjetischen Nowosibirsk »wegen Teilnahme an Sabotageakten« zum Tode verurteilt worden war.

In diesem Sinne, meldete die »Berliner Börsenzeitung« am 24.11.1936, habe der deutsche Botschafter von der Schulenburg »erneut bei dem stellvertretenden Kommissar des Auswärtigen, Krestinski, interveniert«. Ausländische Korrespondenten berichteten kurze Zeit später, daß mit Stickling zahlreiche andere Deutsche als »trotzkistische Verbrecher« verurteilt worden seien. Das seien Industrielle, Ingenieure, qualifizierte Arbeiter und Handwerker, ein Uhrmacher und ein Geigenbauer, ein Buchhalter und auch zwei Direktoren der deutschen Chlorodont-Fabrik in Moskau. Auch einige deutsche Kommunisten befänden sich darunter, die in die Sowjetunion emigriert waren. Ihnen allen sei »Spionage und nationalsozialistische Propaganda« und »terroristische Aktionen gegen Mitglieder der Sowjetregierung und Einrichtungen des Sowjetstaates« vorgeworfen worden. Stickling sei übrigens kurz nach seiner Verurteilung zu zehn Jahren Haft begnadigt worden. Das allerdings wird ihm und seinen Mitverurteilten auch nichts genutzt haben. Auch bei einer Begnadigung zu einem Tag Haft wäre er den gleichen Gulag-Weg gegangen, den er mit Gewißheit eingeschlagen hat.

Im Februar 1937 notierte das Gestaporeferat II A, daß »Artikel in sowjetischen Zeitungen auf die Bereitschaft der Sowjetregierung schließen lassen, als Gegendienst für eine etwaige Auslieferung Thälmanns 27 Reichsdeutsche, die sich in Moskau in Haft befinden, auszutauschen«. Die Komintern verbreitete über ihre Zeitungen und die von ihr beeinflußten Blätter, daß die Initiative zu diesem Austauschvorschlag von der Sowjetunion ausgegangen sei. Die Gestapo warnte das Auswärtige Amt und das Reichsjustizministerium, daß dies »wohl der Auftakt für eine erneute Thälmann-Kampagne« sei, »deren Auswirkungen sich in nächster Zeit bemerkbar machen werden«.

Natürlich ging dieser Austausch-Vorschlag, gleich welche Seite ihn zuerst der anderen unterbreitet hatte (wenn überhaupt!), aus wie das Hornberger Schießen. Die KPD-Führung und die Komintern täuschten damit nur ihre Anhänger. Sie wollten den Anschein erwecken, als seien sie an konkreten Bemühungen für die Freilassung Thälmanns ernsthaft beteiligt. Aber auch die Hitlerregierung stand letztlich einer Auslieferung Thälmanns an die Sowjetunion genauso ablehnend gegenüber wie der Kreml. »Solche Vögel wie Thälmann und Sie werden niemals an die Russen ausgeliefert. Wir haben mit einem Dimitroff genug«, habe ihm ein verantwortlicher Gestapobeamter gesagt, bemerkte Dahlem im erwähnten Schreiben an Ackermann. Damit habe dieser Gestapomann auf die Ausreise Dimitroffs Anfang 1934 in die Sowjetunion angespielt. Nach seinem Freispruch im Leipziger Reichstagsbrandprozeß durften Dimitroff und die beiden anderen bulgarischen Mitangeklagten in die Sowjetunion reisen. Das war von der Komintern zu einer riesigen Propagandaaktion gegen das faschistische Regime in Deutschland ausgenutzt worden.

Als Anfang Januar 1937 Rosa Thälmann ihren Mann im Gefängnis besuchte, war auch Kriminalrat Opitz von der Gestapo dabei. Dieser verwickelte Thälmann in ein Gespräch über den spanischen Bürgerkrieg. Er wollte Thälmanns Meinung darüber hören, ob es wohl nun zu einem größeren Krieg käme. Thälmann verneinte dies. Daraufhin sagte Opitz, daß Thälmann wohl noch »lange sitzen könne«. Thälmanns verzweifelte Antwort: »Wenn ihr mich nicht freilassen wollt, warum bringt ihr mir dann keine Pistole, damit ich mich erschießen kann. Ob ich so kaputtgehe oder so, das ist doch egal.«

Offensichtlich gab es aber auch in der illegalen KPD die Auffassung, daß Thälmann freigelassen werden würde, wenn die Komintern und die Parteiführung die Propaganda mit ihm gegen die Nazis einstellte. Der Kurier »Herbert« zitierte in seinem Bericht vom August 1936 den Verteidiger L., der mit Thälmann gesprochen habe. Danach erwartete Thälmann mit dem erfolgreichen Abschluß des Vierjahresplanes in Deutschland seine Freilassung. »Mit einer Veränderung in absehbarer Zeit ist nicht zu rechnen (...) Man ziehe gewisse Parallelen zu den Erfahrungen mit Dimitroff. Solange Thälmann in der Weltöffentlichkeit eine Rolle spiele, wird auch nicht daran zu denken sein. Um Torgler (das war der Vorsitzende der KPD-Reichstagsfraktion) ist man ruhig gewesen und dadurch nur ist er freigekommen.«

Die Propaganda mit dem gefangenen Thälmann einstellen, in diesem Sinne äußerte sich, einer Notiz der KPD-Führung von 1937 zufolge, auch Rosa Thälmann gegenüber dem Beauftragten des Politbüros, dem Nachfolger von »Herbert«. Der aber, so wurde notiert, habe sie vom Gegenteil überzeugt. »Thälmann sei nicht nur ein Gefangener des deutschen, sondern des ganzen internationalen Faschismus.« Der Kurier »Edwin« habe ihr auch aufgetragen, Thälmann in der Hinsicht zu beeinflussen, daß dieser »ein Gesuch an die Naziführung macht«, ihn freizulassen. Die Überlegung war, daß die zu erwartende Ablehnung neue Munition für die Propaganda liefern würde. Thälmann hatte also durchaus recht mit seiner Feststellung: »Die Partei sieht mich lieber drinnen als draußen, da es sonst mit ihrer Propaganda aus ist.«

Dahlem, der Politbüromitglied sowohl der KPD als auch später der SED war (bis er 1953 einer Intrige Ulbrichts zum Opfer fiel), hatte nach seinen Angaben nach 1945 aus authentischer Quelle auch erfahren, daß es Bestrebungen gegeben hatte, Thälmann gegen den bei Stalingrad in russische Gefangenschaft geratenen Feldmarschall Paulus auszutauschen. Mit diesem Vorschlag habe sich auch die Frau von Paulus brieflich an den Naziminister und Reichsführer SS Heinrich Himmler gewandt. Doch sei in dieser Hinsicht von der deutschen Regierung nichts unternommen worden. Zu dieser Zeit war ja auch längst die endgültige Beseitigung Thälmanns beschlossene Sache, sobald der Zeitpunkt dazu reif sein würde. Auch die Russen hätten wohl kaum zugestimmt. Sie benötigten Paulus für die Weiterbildung ihrer Kommandeurskader in der Roten Armee. Welchen Nutzen aber hätte ihnen Thälmann gebracht?

Fluchthelfer – ohne Chance

Unermüdlich, ohne Rast und Ruh hat sich die Partei um die Freilassung Thälmanns bemüht, erzählte Mariechen. So stand es in allen Büchern. So tönte es von der Filmleinwand. Und so nahmen es auch während der nazistischen Diktatur die im Lande noch operierenden wenigen illegalen Kommunisten an. Undenkbar für sie etwa die zynische Haltung ihres großen Vorbilds im Kreml und seiner Speichellecker in der KPD-Parteiführung in Moskau. Sie liebten ihren Thälmann. Und so sannen einige der illegalen Gruppen auf eine Befreiungsaktion, bereiteten sie ernsthaft vor. In der Moritat von der alles bestimmenden und allgegenwärtigen Partei machten ihre Bänkelsänger daraus nachträglich einen »Auftrag der Partei« und meinten damit einen Auftrag der Parteiführer im fernen Moskau, jener also, die den Thälmann in der Haft für ihre Propaganda, und nur dafür gebraucht haben. In die Thälmann-»Biographie« schrieben sie: »Die Partei wußte, daß mit dem sich jetzt immer deutlicher abzeichnenden Zusammenbruch des faschistischen deutschen Imperialismus die unmittelbare Gefahr für Thälmann immer größer wurde. Erneut wurden Anstrengungen unternommen, um ihn zu befreien.« Kenner der kommunistischen Terminologie erfassen sogleich das »erneut«. Ihre Intrigen um Posten und Macht haben sie gesponnen, die Pieck und Ulbricht und Florin und Dengel, weit weg von »ihren« Genossen. Und hat vielleicht irgendeines der vielen Mariechens mal etwas über die Resolutionen der KPD-Führung zu den fürchterlichen Terrorprozessen in der UdSSR erzählt? 1936 hatte sie zum Beispiel verlautbart: »Die Kommunistische Partei Deutschlands vereint ihre Stimme mit der Forderung des von Empörung und Zorn erfüllten 170-

Millionenvolkes der Sowjetunion auf schonungslose Ausrottung des menschlichen Abschaums der trotzkistisch-sinowjewistischen Mörderbande (...) Es gilt, alle noch vorhandenen Überreste des Gesindels unschädlich zu machen.« Wie unterscheidet sich diese Ausdrucksweise, diese Denkwelt von der Hitlers und seiner braunen Banditen, die dabei waren, ihre Gegner, den »menschlichen Abschaum«, das »Gesindel«, die »Untermenschen« auszurotten? In Thälmanns Namen haben sie diese Resolutionen beschlossen. Haben sie ihn gefragt? Oder nahmen sie – zu Recht oder Unrecht? – an, daß er auch so denkt? Und hat nicht Pieck, sein Vertreter, 1936 nach der Verhaftung seines – und Thälmanns – ZK-Genossen Heinrich Süßkind an seinen Politbüro-Komplizen Florin geschrieben: »Ich glaube, daß es noch eine Reihe anderer Leute von der Qualität Süßkinds gibt und die Mitglieder unserer Partei sind, bei denen sich die gleiche Notwendigkeit ergeben wird, sie zu verhaften. Hoffentlich wird damit endlich einmal die Eiterbeule gründlich geleert und ausgebrannt, die sich in der hiesigen Emigration gebildet hat.«

»Nein, es ist kein Unglück für das Weltproletariat, daß konterrevolutionäre Mörder erschossen werden, sei es in Spanien oder sei es in der Sowjetunion«, war doch die Auffassung der KPD-Führung in Moskau. »Es gilt jetzt, die strengste Überprüfung unserer Reihen vorzunehmen.« Oder hatten nicht doch jene Kommunisten die Idee, Thälmann aus dem Gefängnis in Bautzen herauszuholen, die im Lande auf ihre Weise gegen den Hitlerfaschismus gekämpft hatten und zu jener Zeit noch kämpften und dafür zum großen Teil bereits selbst jahrelang Thälmanns Schicksal teilen, Zuchthaus- oder KZ-Haft erleiden mußten.

Sie – und nur sie – konnten sich auch in die Situation Thälmanns hineinversetzen, verstanden ihn, fühlten sich eins mit ihm. Und sie – und nur sie – brachten auch den Mut zur Tat auf.

Einer dieser Kommunisten war Kurt W., nach 1945 Bürgermeister, Landrat und SED-Funktionär in Sachsen und später Minister in der DDR. Nach der Machtergreifung Hitlers war er als aktives KPD-Mitglied verhaftet und bis 1936 ins Zuchthaus und KZ gesperrt worden. Nach seiner Entlassung baute er, »unverbesserlich«, wie er nun einmal war, gemeinsam mit anderen im Gebiet von Hainichen (Sachsen) eine illegale Gruppe auf. Nach seiner erneuten Verhaftung im Januar 1945 wurde er von Gestapobeamten in Chemnitz wieder mißhandelt, »verschärft vernommen«, wie das im Gestapojargon hieß. Ein Bombenangriff im März 1945 rettete ihm das Leben. Im Durcheinander konnte er entfliehen. 1943 hatte er bei einer Zusammenkunft mit anderen seiner Genossen in Schmiedeberg erfahren, daß Thälmann im Gefängnis in Bautzen inhaftiert war.

Ein Wachhabender in dieser Haftanstalt, ein Polizeibeamter Walter, hätte »Genossen erklärt, daß es möglich sei, den Genossen Thälmann zu befreien«. Thälmann werde in Bautzen zwar »gut verpflegt, jedoch streng bewacht«. Die Thälmann-»Biographen« zitieren die Aussage eines Oberwachtmeisters, der im August 1943 vom Zuchthaus Waldheim zur Bewachung Thälmanns nach Bautzen abkommandiert worden war. Diese so gewollt amtlich klingende Aussage war ein Brief, den dieser Oberwachtmeister G. im August 1945 an den Parteivorstand der KPD gerichtet hatte. Im Zitat »vergessen« wurde die Feststellung von G.: »Die Verpflegung war die übliche Anstaltskost. Mittags erhielt er die doppelte Portion. Er las drei Zeitungen: ›Völkischer Beobachter‹, (…) ›Deutsche Tageszeitung‹ und ›Freiheitskampf‹ (…) Oft sagte er: ›Ich bin und bleibe Thälmann, Ernst (…) Je mehr sich die Lage Hitlerdeutschlands verschlechtert, desto mehr ist mein Leben in Gefahr. Aber die sollen sich hüten, mich umzulegen. Ich bin der persönliche Freund Stalins und dieser wird mich rächen. Eines Tages werden mich meine Freunde und Genossen mit Triumph hier abholen. Ich lehne jede Flucht und gewaltsame Befreiung ab und verlange mein Recht (…)‹ Im Frühjahr 1944 verschlechterte sich die Lage für den Genossen Thälmann zusehendst.« Recht von Rechtsbrechern? Schimäre Hoffnung – Trugbild eines ewig Illusionsbefangenen.

Nach langer Beratung kam die Gruppe zu dem Schluß, daß vier Mann von ihnen Thälmann gewaltsam befreien sollten. »Jeder von uns besaß eine Waffe.« Vier oder fünf Tage vor der Aktion aber sei Thälmann aus Bautzen abtransportiert worden. Die Angaben von W. wurden später von anderen Mitgliedern dieser Gruppe, oft recht abenteuerlich ausgeschmückt, bestätigt. Alle aber beschworen die absolute Geheimhaltung, die sie gewahrt hätten. Sie sprachen aber auch von Verrat und von diesem oder jenem Verräter. Genaues aber wußten sie nicht. Niemand ließ sie nach 1945 an die Unterlagen, die es darüber in den Archiven gab. Nimmt es wunder, daß nun Gerüchte kursierten und Glauben fanden und neue Verdächtigungen zeugten?

Aus welcher Ecke raunte es eigentlich zuerst, daß die Schuld am Mißlingen vor allem dem ehemaligen sächsischen kommunistischen Landtagsabgeordneten Kurt Sindermann zukam? Dieser jedoch hatte viele Jahre wegen seiner kommunistischen Haltung und seiner Unbelehrbarkeit im nazistischen Zuchthaus und im KZ zugebracht. Und war er nicht später gerade wegen seiner Weigerung, Spitzeldienste zu leisten, von den Nazis hingerichtet worden? Kein Mariechen hat je über Kurt Sindermann erzählt. Da es dort keine Anschuldigung gegen ihn gab, brauchte man auch keine Belege für die Verdächtigung. Er wurde einfach »vergessen«. So, wie alle, die der Partei unbequem waren. So wurden und blieben auch Kurt Sindermann und jene, die mit ihm Verbindung hatten, »Unpersonen«. Auch der brave Genosse Kurt W., der sich an viele Einzelheiten erinnerte, hatte in diesen Erinnerungen seinen Genossen Sindermann einfach ausgegrenzt. Was er damals nicht ahnte und erst sehr viel später erfuhr: von dieser geplanten Aktion haben bedeutend mehr Leute gewußt, als ihrer Geheimhaltung guttat. Später übrigens schrieb die offizielle SED-Geschichtsschreibung die Anregung zu diesem Befreiungsversuch Anton Saefkow zu.

Der 1903 in Berlin geborene Saefkow kam mit 17 Jahren zur kommunistischen Jugendbewegung. 1924 wurde er KPD-Mitglied und bald darauf einer der Aktivisten in dieser Partei.

Er gehörte zu mehreren Parteileitungen in verschiedenen Bezirken, zuletzt, 1932, in Thälmanns Heimat Hamburg. Hier wurde er 1933 auch verhaftet.

Saefkow wurde 1939 nach zweijähriger Zuchthaus- und fünfjähriger KZ-Haft nach Berlin entlassen. Dort nahm er bald seine illegale Tätigkeit für die KPD wieder auf. Gemeinsam mit anderen baute er eine der größten kommunistischen Widerstandsorganisationen auf. Sie umfaßte viele Gebiete in Mitteldeutschland. Im Juli 1944 fiel er wieder in die Hände der Nazis. Im September des gleichen Jahres wurde er im Brandenburger Zuchthaus hingerichtet. Sein Schicksal teilten viele seiner Genossen und auch zahlreiche nichtkommunistische Persönlichkeiten, die mit der von ihm geleiteten Organisation in Berührung gekommen waren, wie zum Beispiel die Sozialdemokraten Reichwein und Leber. Die Gestapo hatte diese Organisation mit ihren Spitzeln und Zuträgern unterwandert und umfassend »aufgerollt«.

»Jetzt leitete Anton Saefkow unmittelbar die Aktion für die Befreiung Ernst Thälmanns an. Auf einer Beratung im April 1944 in Dresden informierte er sich über den Aktionsplan.« Ein Auszug aus der Thälmann-»Biographie«. Als diese geschrieben wurde, war die von Saefkow, Jacob und Bästlein geleitete Organisation noch längst nicht erforscht, waren noch viele Archivunterlagen darüber, nicht zuletzt wegen der darin aktiven Verräter und Gestapospitzel, einfach gesperrt.

Tatsache ist: Saefkow traf im April 1944, drei Monate vor seiner Verhaftung, in Dresden mit Kurt Sindermann zusammen. Sein Hauptanliegen war, das weisen die Akten des Volksgerichtshofs aus, der in der Sowjetunion gebildeten Organisation Freies Deutschland durch Gruppen auch im Inland eine Basis zu schaffen. Die Kriegsniederlage Deutschlands zeichnete sich immer klarer ab. Nach Meinung Saefkows – und auch Sindermanns – konnte eine demokratische Nachkriegsordnung nicht von den Kommunisten allein gestaltet werden. Ein Zusammengehen aller demokratischen Kräfte schien ihnen notwendig. Die führende Rolle der KPD? Sie blieb erst einmal draußen bei diesen Überlegungen und

Plänen. Dafür war später noch Zeit. Saefkow meinte, daß es gut wäre, die Auffassung Thälmanns dazu einzuholen. Also solle eine Verbindung zu Thälmann im Bautzener Gefängnis hergestellt werden. Sindermann gab diesen Auftrag an Hermann L. aus Dresden weiter. Dieser war der Gestapo seit langem bekannt. Auf dem Wege zu den illegalen Kommunisten um Kurt W., Rudolf G. und anderen war aus dem Kontaktwunsch Saefkows mittlerweile der – von Kurt W. geschilderte – Plan zur Befreiung Thälmanns aus Bautzen geworden. Es war nicht zuletzt eine Folge auch dieses Vorhabens, daß Thälmann Mitte Juli 1944 aus Bautzen weggebracht wurde.

Nur wenige Zeilen hatten die Thälmann-»Biographen« für eine illegale Organisation übrig, die – wie Hermann Morweiser aus Ludwigshafen im August 1981 in der Zeitschrift »Der antifaschistische Widerstandskämpfer« schrieb – 1942 der selbständige Malermeister Jakob Schultheis in Speyer gebildet hatte. Nach Darstellung Morweisers war Schultheis Sozialdemokrat und warb auch andere Sozialdemokraten, aber auch einige Kommunisten und andere Antifaschisten für diese Gruppe. Sie nannte sich »Speyer-Kameradschaft«. Eine führende Rolle spielte darin der Pole Stanislaus Peplinski. Die Gruppe sammelte Geld und Lebensmittel und verteilte sie an Angehörige von verhafteten Antifaschisten, auch an die Frau und Tochter Thälmanns.

Diese wohnten damals in Singen am Hohentwiel, wohin Irma Thälmann, nun Vester, geheiratet hatte. Nur in diesem Zusammenhang wird in der Thälmann-»Biographie« die Speyer-Kameradschaft erwähnt. Einige Zeilen weiter wird darin Irma Thälmann zitiert. Seltsamerweise aber wird ihr neuer Familienname dabei nicht genannt. Der zitierte Abschnitt enthält ihre Beschreibung, wie sie am 16. April 1944 – »am Geburtstag meines Vaters« – von der Gestapo festgenommen wurde. »Aufmachen, Geheime Staatspolizei! Zwanzig Mann stürmten unsere Wohnung, das Haus war umstellt.« Wie beim Vater so war auch bei der Tochter aus der simplen Zwanzig eine mystische Zahl geworden, so scheint es. Waren doch auch bei Irma Vester-Thälmann – genau wie angeblich bei ihrem Vater – unbedingt mindestens zwanzig schwerbewaffnete und zu allem entschlossene Gestapobeamte notwendig, um sie zu verhaften. »Vor dem 16. April hatten Mutter und ich Vorbereitungen für Vaters Geburtstag getroffen: Wir hatten Kuchen gebacken und dazu die Lebensmittel verwendet, die wir von Freunden und Genossen für Vater bekommen hatten«, ist in Irma Thälmanns »Erinnerungen an meinen Vater« zu lesen. Die Familie ihres Mannes, die sie umsorgte, hatte sie in dieser Aufzählung vergessen. Aber auch darin keine Zeile zu Speyer und zu ihrer Verbindung dorthin. Dafür eine ausführliche Darstellung ihrer Verhaftung und darüber, daß sie nach Hamburg gebracht worden war. Warum eigentlich gerade nach Hamburg und warum nicht nach Speyer oder nach Neustadt an der Weinstraße oder zu einer anderen Gestapodienststelle, in die später andere Mitglieder der Speyer-Kameradschaft kamen? Und warum erst im Juli 1944 nach Berlin?

Auch in der Thälmann-»Biographie« erfährt man nichts über den Grund dieser Festnahme und auch nicht, warum sie erst 1944 erfolgte, obwohl die Gestapo doch jahrelang Zeit und Gelegenheit genug dazu gehabt hatte. Irma Vester-Thälmann hielt sich Anfang Februar 1944 mehrere Tage in Speyer auf und traf sich dort mit Schultheis und anderen Mitgliedern der Speyer-Kameradschaft. Morweiser datierte dieses Zusammentreffen auf den 5. und 6. Februar 1944. »Unter anderem«, so heißt es in einer ausführlicheren Schrift von ihm, »wurde auch der Plan der Befreiung Ernst Thälmanns erörtert und Vorbereitungen dazu getroffen.« Welcher Art diese Vorbereitungen waren, wird nicht gesagt.

In anderen Zusammenhängen wurde in der Thälmann-»Biographie« nie der Hinweis darauf vergessen, daß die Gestapo die Familie Thälmanns intensiv überwachte. Auch aus den Berichten der Kuriere und anderer Parteibeauftragten wurde dies deutlich. Ganz zu schweigen von den Darstellungen der Gestapo. War solch eine mehrtägige Zusammenkunft, wie jene in Speyer, nicht schon deshalb für die streng konspirativ tätigen Mitglieder der Speyer-Kameradschaft gefährlich?

In den Monaten April und Mai, so lesen wir es bei Morweiser, wurden in Speyer umfangreiche Verhaftungen vorgenommen. Auch Morweiser, der die Speyer-Kameradschaft umfassend erforscht hat, nannte keine genauen Gründe für diese Verhaftungen. Er hat jedoch den Hamburger Herbert Lübbers, als unmittelbaren Anlaß dafür ausgemacht, der seiner Meinung nach mit Irma Thälmann bekannt gewesen und von der Gestapo in Hamburg zu ihr nach Singen geschickt worden sei. Mit diesem – so Morweiser – »Agent-Provokateur« sei Irma Vester-Thälmann nach ihrem ersten Besuch am 5. und 6. Februar noch einmal am Sonntag, dem 13. Februar 1944, in Speyer bei Schultheis erschienen. Danach hätten dann die Verhaftungen begonnen. Hatte die Gestapo in Singen oder in Speyer keine Informatoren und Agenten?

Nach dem Zweiten Weltkrieg standen – wie erwähnt – in Hamburg Henry Helms und andere Gestapoleute und einige ihrer Zuträger vor Gericht. Mit ihnen wurde auch Ursula Prüssmann angeklagt – und freigesprochen. Sie war im April 1944 zur Gestapo dienstverpflichtet worden und kam als Stenotypistin zu Helms. Im Prozeß schilderte sie, daß Helms eine ganze Reihe ehemaliger kommunistischer Funktionäre und KPD-Mitglieder als V-Leute beschäftigte. Zu diesen Vertrauensleuten gehörten neben Alfons Pannek und dessen Bruder Georg, Arbatschat, Arste, der KPD-Abschnittsleiter in Kopenhagen Wiatrek (Mitglied des ZK der KPD), der ehemalige Reichstechniker der KPD, R., und auch Herbert Lübbers.

»Meine erste Tätigkeit brachte mich in Berührung mit der Tätigkeit des V-Mannes der Gestapo, Herbert Lübbers alias Joachim Lammers alias Heinz Breuer. Lübbers war gerade zu dieser Zeit in Mannheim nach einem Fluchtversuch aus dem Untersuchungsgefängnis Hamburg wieder eingefangen und nach Hamburg gebracht worden. Er war ursprünglich mit der Gruppe Kristeller im Jahre 1942 verhaftet worden. Lübbers war in Kenntnis von Plänen für die Befreiung Ernst Thälmanns. Er fuhr zu Irma Vester, der Tochter Thälmanns in Singen, um mit ihrer Hilfe über die Schweizer Grenze zu gehen. Sie wollte ihn mit einer Gruppe in Speyer zusammenbringen, und es fuhren beide getrennt nach dort. Wie die einzelnen Zusammenhänge waren, weiß ich nicht, jedoch wurde Lübbers verwundet und verhaftet. Lübbers und Irma Vester wurden beide zusammen nach Hamburg zur Gestapo von Helms gebracht. Mit Helms waren in Süddeutschland zu dieser Verhaftung seine Sekretärin Kickow, meine Vorgängerin, Arste, Walter und Fräulein Franz. Durch die Festnahme dieser beiden wurde dann als Resultat der Vernehmungen die Gruppe in Speyer preisgegeben, welche Gruppe unter einem polnischen Staatsbürger stand (...)« Kannte Lübbers die Mitglieder der Speyer-Kameradschaft?

Im Prozeß wurde deutlich, daß Lübbers nach dem Auffliegen der Gruppe Kristeller als V-Mann angeworben worden war. Andere Quellen behaupten, daß er bereits vorher Gestapo-Agent gewesen ist. Im Urteil des Hamburger Gerichts aber wurde festgestellt: »Da Lübbers später als V-Mann für die Gestapo tätig wurde, kann die Festnahme dieser Personen, ebenso wie der weiteren Angehörigen des Kristeller-Kreises, auch auf dessen Tätigkeit zurückzuführen sein.« Nach seiner Anwerbung hat Lübbers nahezu hemmungslos für die Gestapo gearbeitet. Der Gestapobeamte Neddenin sagte seinerzeit, daß Lübbers »so schnell wie möglich als V-Mann gegen Bezahlung eingesetzt werden wollte«. Lübbers trug Schuld an den Verfolgungen von Antifaschisten und auch am Tode einiger von ihnen. Nicht zuletzt, weil ihnen die Spitzelrolle von Lübbers bekannt war, kamen sie auf die Liquidationsliste und wurden noch wenige Tage vor Kriegsende von den Nazis umgebracht.

Der 1920 in Hamburg geborene Herbert Lübbers, war nach eigenen Angabe wegen »Vorbereitung zum Hochverrat«, andere sagten, weil er desertieren wollte, 1943 in das Wehrmachtsuntersuchungsgefängnis Altona eingeliefert worden. Dort brach er im Februar 1944 angeblich aus. Er wohnte illegal in Hamburg bei verschiedenen Kommunisten, erhielt von ihnen eine Eisenbahneruniform, einen Eisenbahnerausweis, Geld, Lebensmittel und auch eine Pistole. »Ich wollte«, so gab er zu

Protokoll (und seine Aussage deckt sich in großen Zügen mit der von Ursula Prüssmann), »in die Schweiz, und Frau M. gab mir die Adresse von Irma Vestner (!) in Singen/Hohentwiel (...) Ich fuhr nach Singen zu Irma Vestner. Diese gab mir den Ratschlag, nach Speyer zu gehen, obwohl ich in Singen über den Fluß nach der Schweiz gehen wollte. Sie wollte mich in Speyer mit einer Organisation, die mit der Roten Hilfe in Verbindung stand, und auch ein polnisches Mitglied hatte, in Verbindung bringen. Wir fuhren beide an einem Sonntag im selben Zug, jedoch nicht gemeinsam ab. Beim Umsteigen in Karlsruhe nach Mannheim wurde ich im D-Zug durch Bahnpolizei und Wehrmachtsstreife auf Grund des falschen (Eisenbahner-)Ausweises verhaftet (...) Frau Vestner war nicht verhaftet worden (...)«

Lübbers erzählte dann eine abenteuerliche Geschichte, wie er unter Anwendung seiner Pistole auf der Bahnhofswache in Mannheim entweichen wollte. Das sei mißlungen, und er sei dabei angeschossen worden. »Ich kam in ein Mannheimer Krankenhaus und wurde operiert. Dieses war am 3. oder 4. März 1944. Ich gab dort meinen richtigen Namen an (...) Drei Tage später wurde ich von Helms und Arste, beide von der Hamburger Gestapo, verhört. Wie mir Helms sagte, war in der Zwischenzeit in Hamburg der größte Teil meiner Helfer verhaftet worden. Durch diese Eröffnung sah ich mich verraten und unter Druck gestand ich auch (...) Vier Wochen später, als ich einigermaßen wieder hergestellt war, kam Helms wieder nach Mannheim, zusammen mit Arste. Und wir fuhren zusammen nach Singen. Dort wurde Irma Vestner verhaftet. Bei meinem Verhör durch Helms fragte er mich auch, was ich in Speyer tun sollte. Irma Thälmann hatte damals den Plan gefaßt, mit der Gruppe in Speyer die Befreiung Ernst Thälmanns zu planen und durchzuführen. Ich sollte, wenn ich in die Schweiz komme, dort in diesem Zusammenhang Verbindung aufnehmen. Dies habe ich Helms erzählt. Ich wurde in Hamburg im Frauengefängnis Hamburg-Fuhlsbüttel unter dem Namen Joachim Lammers untergebracht. Irma Thälmann auch unter einem falschen Namen. Ich mußte für

Helms Briefe und Bilder sichten, Berichte über mir bekannte Kommunisten machen (…)«

Nach dem Krieg, im Juli 1945, schmuggelte Lübbers einen Kassiber aus dem Untersuchungsgefängnis an eines seiner Opfer. Darin erklärte er seinen Verrat. »Und weißt Du auch, daß ich Irma Thälmann zu verdanken habe, daß es dann schiefging. Ich sagte ihr, ich muß sofort rüber. Sie hatte eine direkte Verbindung zu einem Grenzposten dort (Morweiser schrieb von dem Kommunisten Anton Nowickie, der zur Speyer-Kameradschaft gehörte und zum Zollgrenzdienst einberufen worden war). Doch ich sollte über Speyer, um die Befreiung ihres Vaters in die Wege zu leiten (…) Warum hat sich Irma benommen wie ein kleines Kind? Ihre Pflicht war es, ihrer Idee und ihrem Vater gegenüber zu schweigen. Sie konnte es ohne weiteres. Erstens wußte ich nur wenig und zweitens, wer wollte es bezeugen? Ich bin ihr erst gegenübergestellt worden, als sie alles ausgeplaudert hatte. Ihre Mutter sagte, was auch immer kommen mag, wir wissen von nichts. Wenn Irma dabei geblieben wäre, und sie konnte es, dann wäre die ganze Sache in Speyer nicht geschehen (…)«

Nach einer im Zentralen Parteiarchiv der SED (ZPA) vor der Wende gesperrten Information Lübbers' vom 04.8.1945 (IML ZPA NL 3/33) antwortete er auf die Frage »Wer hat ohne Grund und Zwang der Gestapo Aussagen geliefert?« u. a.: »Alle Panneks, H. Reimers, Irma Thälmann und viele andere, deren Namen ich nicht kenne (…) Nur allein durch die Aussagen Irma Thälmanns ist die kommunistische Organisation in Süddeutschland verhaftet worden. Sie allein hätte es verhindern können, denn sie war der Schlüssel zu den Adressen undsoweiter (…) Sie machte der Gestapo auch in Norddeutschland viele Kommunisten namhaft, wozu keine Veranlassung bestand. Sie ist von der Gestapo nicht geschlagen worden. Als ich ihr in Singen gegenübergestellt wurde, hatte sie bereits alles der Gestapo mitgeteilt (…)« Wollte Lübbers mit dieser Angabe von sich selbst ablenken?

Der Gestapospitzel Arste (Inhaber einer Speditionsfirma), der – wie erwähnt – mit Helms nach Mannheim und auch nach Singen gefahren war (und dies in einem Auto aus seinem Fuhrpark), nahm an der Verhaftung von Irma Vester-Thälmann teil: »Während der Vernehmung mußte Helms für einen Augenblick das Zimmer verlassen. Ich kam ins Zimmer und Irma Fester (!) bat mich in ihrer Not, einige Adressen zu vernichten (...)«

Die Mitglieder der Speyer-Kameradschaft kamen vor den Volksgerichtshof in Potsdam. Sie wurden u. a. angeklagt, »illegale Zirkel für Thälmann« gebildet, für ihn gesammelt und auch »hochverräterische Pläne erörtert« zu haben – darunter verstanden die Richter die Pläne für eine Befreiung Thälmanns aus dem Zuchthaus Bautzen. Am 15. Februar 1945 wurde mit barbarischen Strafen das Urteil gesprochen. Jakob Schultheis und Stanislaus Peplinski wurden zum Tode verurteilt und vier Wochen später im Zuchthaus Brandenburg hingerichtet. Die anderen erhielten Zuchthausstrafen von acht bis zu zwei Jahren.

Und Irma Vester-Thälmann? Sie stand nicht mit vor Gericht, sondern blieb in Hamburg. Von dort wurde sie im Juli 1944 – so ist in der Thälmann-»Biographie« zu lesen – nach Berlin-Charlottenburg transportiert. »Nach harten und schweren Monaten in faschistischen Haftanstalten und Konzentrationslagern wurden Frau und Tochter Thälmanns von Soldaten der Sowjetarmee im Frühjahr 1945 befreit.« Allgemeines. Aber keine Ortsangabe, keine Details, nichts. Wollten die »Biographen« der detaillierten Schilderung durch Irma Thälmann denn nicht folgen? Sie selbst hatte doch in ihren »Erinnerungen an meinen Vater«, die bei vielen Gelegenheiten als Quelle genutzt worden war, erzählt, daß sie im September 1944 für einen Tag ins KZ Ravensbrück und von dort in das Waldbaustraflager bei Neubrandenburg, dann in Arrest nach Neubrandenburg und danach wieder ins KZ Ravensbrück gekommen war. »Nach einigen Stunden Verhör« war sie zum Lager Neubrandenburg zurücktransportiert worden. »Am 29. April – so um die Mittagszeit – sahen wir den ersten Panzer, an dessen Turm eine rote Fahne wehte ...«

Irma Thälmann hat zu DDR-Zeiten, ihrem Parteiauftrag gehorchend, so unendlich viel über ihren Vater und auch über sich selbst, so auch über ihre Verhaftung in Singen erzählt. »Alles, was ich in den letzten Jahren vom Vater aus der Haft geschmuggelt hatte, war hier: die Anklageschrift, die Briefe und einige Fotos, die ich in der Zelle von ihm gemacht hatte. Ich hatte mich draufgesetzt. Nach vier Stunden erklärten die Gestapobeamten: ›Sie sind verhaftet! Kommen Sie mit!‹ Da stand ich das erste Mal von meinem Platz auf, und alle zwanzig Mann folgten mir.« Wem sonst?

Die Thälmannlegende verdankt ihr viele reizvolle Passagen. Warum aber hat sie ausgerechnet über ihre Verbindungen zur Speyer-Kameradschaft nichts verlauten lassen?

Der unbekannte Lehmann

Wenige Stunden, nachdem seine Familie eine Vermißtenanzeige aufgegeben hatte, entdeckte ein Landjäger, wie man damals im Anhaltinischen die Gendarmen nannte, Bruno Wiederhold in einem Straßengraben in der Nähe des kurz vor Halle gelegenen Dorfes Oppin. Das war am Dienstag, dem 15. Mai 1934. Wiederhold, Diplomingenieur und Direktor der Grube Leopold im Bitterfelder Revier, war tot, war durch einen Schuß in die Brust ermordet worden. In einem angrenzenden Getreidefeld fand die Mordkommission seine Aktentasche, lose Papiere und, mehr als einen Kilometer weiter, seine goldene Brille. Seine Brieftasche fehlte. Auch sein Auto war nirgendwo zu sehen. Am Tage zuvor war Wiederhold von Bitterfeld aus, wo er wohnte, in das Werk Edderitz, südlich von Köthen, gefahren, das zur Grube Leopold gehörte. Abends, so gegen acht, hatte er von dort die Rückfahrt angetreten. Sein Weg hatte ihn über Köthen geführt, wo er den dort wohnenden Edderitzer Betriebsleiter abgesetzt hatte.

Zwischen Köthen und Gräfenhainichen, dort wo die Chaussee die Kreisstraße von Dessau nach Bitterfeld kreuzt, lagen seine Mörder auf der Lauer. Daß es mehrere waren, die Wiederhold umgebracht hatten, war der Mordkommission sehr schnell klargeworden. Bereits einen Tag später kannte die Dessauer Kriminalpolizei die Mörder Wiederholds und damit auch den Hergang der Tat. Diese Kenntnis verdankte sie einem Hinweis auf den Lehrling Hans-Joachim Lehmann aus Jonitz, dem heute zu Dessau gehörenden Waldersee.

Lehmann habe, so hieß es in dem V-Mann-Tip, »in der verflossenen Woche unter eigentümlichen Umständen Geld versteckt«. Er gehöre zu einer Einbrecherbande, wurde gesagt.

Die Polizei nahm Lehmann fest und bald darauf auch seinen sechs Jahre älteren Bruder Albert und deren Freunde Theodor Wolf und Fritz Gehre aus Dessau. Gemeinsam mit anderen Gleichaltrigen hatten sie in Dessau und Umgebung eine ganze Reihe von Einbrüchen und Diebstählen begangen. Sie hatten alles geraubt und gestohlen, was nicht niet- und nagelfest war, Geld, Fahrräder, Wein, ein Motorrad, elektrische Geräte und sogar Karl-May-Bücher. Nur umgebracht hatten sie bislang niemanden. Dabei waren sie, wie sie selbst sagten, für alle Fälle gerüstet, führten bei ihren Raubzügen immer eine Pistole mit. Sie sollte auch bei dem von den Brüdern Lehmann, Wolf und Gehre geplanten Überfall auf einen Geldboten der Firma Junkers in Dessau benutzt werden. Der Plan aber wurde fallengelassen, als sie feststellten, daß am vorgesehenen Überfallort eine Drehtür ihre Flucht behindern würde. Also kamen sie auf den Gedanken, an der erwähnten Straßenkreuzung ein Auto anzuhalten und die Insassen auszurauben.

Rein zufällig wurde Direktor Bruno Wiederhold ihr Opfer, der im Gegensatz zu anderen Autofahrern auf die Signale der Wegelagerer reagierte und anhielt. Albert Lehmann fragte ihn nach einer Zündkerze, da sie angeblich mit ihrem Wagen liegengeblieben wären. Wiederhold gab ihm das Verlangte und setzte sich wieder hinter das Lenkrad. In diesem Moment kniete sich Albert Lehmann auf den Beifahrersitz und forderte Wiederhold auf, seine Barschaft herauszugeben. Da sich Wiederhold weigerte, versuchte Lehmann ihn zu würgen. Als das nicht zum Erfolg führte, zog er die Pistole und schoß Wiederhold in die Brust. Doch noch immer wehrte sich der Schwerverletzte und wurde nun von allen mit Faustschlägen und Tritten traktiert. Sie raubten den stark röchelnden Wiederhold aus. Mit der Beute, 600 Mark und einer goldenen Uhr, fuhren Hans-Joachim Lehmann und Wolf mit ihren Fahrrädern nach Dessau. Albert Lehmann und Gehre aber verschwanden mit dem Auto Wiederholds nach Oppin und warfen dort den Verblutenden in den Straßengraben, deckten ihn aber noch »sorgfältig« mit der Decke zu, die sie im Wagen gefunden hatten. Um das Auto loszuwerden, fuhren sie erst nach Halle und dann nach Köthen. Dort ließen sie Wiederholds dunkelblaues Opel-Cabriolet mit der Nummer IM-5075 in der Göringstraße stehen, wo es am anderen Morgen auch gefunden wurde.

In Dessau teilten sich die Mörder dann die Beute. Albert Lehmann und Gehre erhielten je 250 Mark, Wolf und Hans-Joachim Lehmann je fünfzig. Dessen Beuteanteil aber behielt sein älterer Bruder, der gleich nach der Teilung nach Gera fuhr. Dort kaufte er sich ein Motorrad, das in einer Zeitung angeboten worden war.

Bruno Wiederhold wurde unter starker Anteilnahme seiner Mitarbeiter – und auch seiner Kameraden vom Stahlhelm – am 22. Mai auf dem Gertraudenfriedhof in Halle beigesetzt. Die Mörder aber kamen vor das Schwurgericht in Dessau und wurden dort von den drei Richtern und sechs Geschworenen am Sonnabend, dem 16. Juni 1934, verurteilt. Albert Lehmann (23), Fritz Gehre und Theodor Wolf (beide 18 Jahre alt) erhielten die Todesstrafe. Hans-Joachim Lehmann, der einige Monate zuvor gerade siebzehn Jahre alt geworden war, kam mit den vom Jugendgerichtsgesetz als Höchststrafe vorgesehenen zehn Jahren Gefängnis davon.

Die Revisionsanträge der vier Raubmörder wurden am 18. Oktober 1934 vom fünften Strafsenat des Reichsgerichts in Leipzig verworfen. Die Angeklagten hätten »gemeinschaftlich und mit voller Überlegung« gehandelt. Eine Begnadigung der zum Tode Verurteilten lehnte der nazistische Reichsstatthalter Loeper, der für die Einrichtung von Konzentrationslagern und für die brutale Verfolgung von Nazigegnern in Anhalt und manchen Totschlag an Antifaschisten verantwortlich war, wegen der »erbarmungslosen Art«, mit der die Täter vorgegangen seien, wegen »ihrer grausamen Unmenschlichkeit und kaum zu überbietenden Scheußlichkeit« ab.

Den Zeitungen nach »dankte die anhaltinische Bevölkerung dem Herrn Reichsstatthalter für seinen Entschluß, die Todesurteile vollstrecken zu lassen«. In allen Zeitungen aber vermißt man einen Hinweis darauf, daß alle vier Mörder aktive Mitglieder der Hitlerjugend gewesen waren. Albert Lehmann hatte dort sogar eine Führerposition inne. Am 27. Oktober 1934, morgens um 6.30 Uhr, wurden im Dessauer Gerichtsgefängnis Albert Lehmann, Gehre und Wolf enthauptet.

Hans-Joachim Lehmann lernte verschiedene Gefängnisse kennen und wurde nach Abbüßung der gegen ihn verhängten zehn Jahre im Oktober 1944, schwer an Tbc erkrank, aus dem Gefängnis in Bautzen entlassen. Wie Hans-Joachim Lehmann die kommenden Monate verbrachte, ist nicht weiter bekannt. Ein erhalten gebliebener Briefkopfbogen weist ihn aber als Inhaber eines Reklameateliers für Gebrauchsgrafik und Schrift in der Dessauer Jahnstraße Nr. 49 aus. Er hatte sich nun, so scheint es, als Experte für Plakate, Diapositive, Straßenbahnreklamen, Kranzschleifen, Urkunden, Stempel und Diplome niedergelassen. 1946 tauchte er wieder in der Öffentlichkeit auf. In der DDR wurde er dann zu einer historischen Persönlichkeit, wenn auch als Un-Person, als Mensch ohne Gesicht und Namen.

Hans-Joachim Lehmann war und ist bis heute der »unbekannte Kerkergenosse« Ernst Thälmanns, des von den Nazis umgebrachten Vorsitzenden der Kommunistischen Partei Deutschlands. Dessen 1944 geschriebener 24-seitiger – von geübten Propagandisten geschönter, im Sinne der SED-Propaganda sorgfältig redigierter und teilweise umgeschriebener – Brief an diesen »unbekannten Kerkergenossen« wurde zum Kernstück der Thälmannlegende und damit auch der Geschichtspropaganda der SED und diente vor allem der »patriotischen Erziehung« der Jugend in der DDR.

Der erste Fälscher dieses Briefes war Walter Ulbricht, der Mitte 1950 Generalsekretär der SED geworden war. Im August des gleichen Jahres hatte er Thälmanns Brief, der mit einem Boten von der Führung der KPdSU aus Moskau zum ZK der SED gebracht worden war, in die Hände bekommen. Ulbricht wies an, diesen Brief in der Zeitung »Neues Deutschland« zu veröffentlichen. »Die Stellen, die meiner Meinung nach ausgelassen werden sollen, habe ich rot angezeichnet«, ließ er wissen. Eifrige Zensoren und Umschreiber taten ein Übriges. Über die erste Veröffentlichung im »Neuen Deutschland« am 21. und 22.10.1950 schrieben sie: »Durch Vermittlung von Genossin Rosa Thälmann gelangten wir in den Besitz dieses Briefes (...)«

Später wurde behauptet, daß die von Thälmann angefertigte Abschrift des Briefes aus dem Gefängnis geschmuggelt worden wäre. In vielen Broschüren, die im Laufe der Jahre mit diesem Brief herauskamen, 1994 erst wieder durch die Thälmanngedenkstätte in Hamburg, wurde immer als erstes vermerkt: »Über den Briefempfänger ist uns bisher nichts weiter bekannt, als aus Thälmanns Schreiben selbst hervorgeht. Der Mitgefangene stammte anscheinend auch aus Norddeutschland (...) Aus Thälmanns Antwort ist ersichtlich, daß er seinen jungen Briefpartner nicht persönlich kannte.« Jene aber, die dies schrieben, hatten natürlich Zugang zum Zentralen Parteiarchiv der SED. Und dort lagerten auch die bis heute nicht veröffentlichten Briefe, die dieser »unbekannte Kerkergenosse« an Ernst Thälmann geschrieben hatte – zumindest die von Thälmann angefertigten Abschriften davon. Darüber hatte er notiert: »Seine Adresse: Hans Joachim Lehmann Dessau – Schließfach 83.«

Dem Sachbearbeiter für die Opfer des Faschismus in der Kreisverwaltung von Dessau hatte Lehmann seinerzeit mitgeteilt, daß er noch Briefe von Thälmann habe. Aufgefordert, sie zu holen, berichtete Lehmann kurze Zeit darauf, daß ihm seine Aktentasche mit den Briefen im Zug von Bitterfeld nach Dessau gestohlen worden sei. Später, 1963 wunderte sich dieser Sachbearbeiter Krüger, daß die Briefe »jetzt auf einmal wieder auftauchen«. Zu dieser Zeit war Lehmann bereits seit langem tot. Stimmte seine Geschichte, und es besteht kein Grund, daran zu zweifeln, erhebt sich schon die Frage: wer hatte ihm diese Briefe gestohlen und wo kamen sie nun auf einmal wieder her?

Sie offenbaren übrigens, wie genau sich Lehmann auf seinen Briefpartner Thälmann eingestellt hatte. Er traf so richtig den schwülstigen und pathetischen Ton, den Thälmann so liebte: »Ich bin mit 17 Jahren als überzeugter Revolutionär hinter diese Mauern gekommen.« Und: »Brauchst Du noch einen Trommler, so schlecht werde ich nicht sein.« Der Antwortbrief Thälmanns an seinen »teuren sozialistischen Schicksalsgenossen und revolutionären Mitkämpfer«, an seinen »Glaubensgenossen« zeigt, daß er sehr wohl auf Lehmann hereingefallen war. Wie kam es, daß Lehmann so in Thälmanns Psyche eindringen, ihm sich andienen konnte? Nur die Gestapo kannte Thälmann wohl genau, hatte seine seelische Entwicklung während der Haft sorgfältig verfolgt, seine Gedanken und Regungen bis ins Intimste entschlüsselt. »Ist's Zufall oder Bestimmung, daß ich Deinen Weg noch einmal kreuze«, schrieb der junge Mörder Lehmann an Thälmann. Daß es doch wohl eher Bestimmung war, läßt die Frage vermuten: »Hast Du früher schon mit Schicksalsgenossen in Verbindung treten können?«

Als die Beziehung zwischen Thälmann und Lehmann enger wurde, waren einige Widerstandsorganisationen, wie zum Beispiel jene Saefkows und auch die Speyer-Kameradschaft, dabei, die gewaltsame Befreiung Thälmanns aus dem Bautzener Gefängnis vorzubereiten. Natürlich wußte die Gestapo, die längst in diese Organisationen eingedrungen war, von diesen Vorbereitungen.

Sie kannte aber noch nicht die Kontaktpersonen der Antifaschisten im Gefängnis. Sollte ihr Lehmann helfen, diese herauszufinden? Welche Besorgnis die Gestapo hegte, geht auch daraus hervor, daß sie Thälmann im Juli 1944 (und keineswegs am 17. August, wie fälschlicherweise von der SED-Propaganda behauptet wurde) aus dem Bautzener Gefängnis wegbrachte – in ein Gefängnis ins nahe Schlesien, wie es heißt.

Es wurde schon erwähnt, daß sich Lehmann bereits im Sommer 1946 schriftlich an die Ehefrau Thälmanns wandte und sie und ihre Tochter auch in ihrer Berliner Wohnung aufsuchte. Rosa Thälmann gab Lehmanns Adresse sofort an das Zentralkomitee weiter. Walter Bartel, später einer der führenden Historiker der DDR und von Anbeginn an Koordinator und Erfinder und eifrigster Förderer der Thälmannlegende, damals aber persönlicher Referent des SED-Vorsitzenden und

Staatspräsidenten Wilhelm Pieck, schrieb daraufhin an den »werten Genossen« Lehmann und bat ihn um einen ausführlichen Bericht. Zu dieser Zeit war Lehmann als Opfer des Faschismus bereits in einem Lungensanatorium in Sülzhayn im Harz. Einer Sekretärin diktierte er dort seinen Bericht für Bartel. Auch dieses Schriftstück lagert seitdem im Archiv. Daraus erfahren wir, daß Thälmann den angeblich »unbekannten Kerkergenossen« sehr wohl gekannt hat. Heißt es doch darin: »Seitdem der Reinigungsmann der Station (...) entlassen worden war, übernahm ich seinen Posten und versorgte u.a. auch Ernst Thälmann mit Essen und rasierte ihn in seiner Zelle. Zwischen uns war also Kontakt da.«

1947 wurde Lehmann von dem Dessauer Kriminalkommissar Block von der politischen Abteilung K 5, der Vorläuferin der Staatssicherheit, vernommen. Mittlerweile hatte er seinem Namen den Geburtsnamen seiner Mutter – Zabel – angehängt. Block berichtete, daß Lehmann früher wegen gemeinschaftlichen Mordes verurteilt worden war und sich nun als KZ-Häftling ausgebe. Außerdem seien bei seiner Braut zwölf Hefte beschlagnahmt worden, in denen er ein »hohes Lied auf den Führer und seine ruhmreiche Wehrmacht« gesungen und das Ganze auch noch mit Gedichten, Nazisprüchen und »wirkungsvollen Bildern« ausgeschmückt habe. Seine Hitlerjugendzeit scheint also noch lange nachgewirkt zu haben.

Diejenigen, die sich damals mit Thälmann befaßten und auch seinen »Brief an einen Kerkergenossen« für ihre Propaganda nutzten, wußten also sehr wohl, wer dieser »unbekannte Kerkergenosse« gewesen ist. Im März 1963 zog das ZK-Institut für Marxismus-Leninismus (IML) noch einmal Erkundigungen über Lehmann ein. Die SED-Kreisleitung in Dessau teilte nun wieder mit, was sie bereits sechzehn Jahre zuvor schon einmal gemeldet hatte. Sie fügte jetzt hinzu, daß sich Lehmann den Unterlagen des VP-Kreisamtes nach, am 30. Juni 1947 nach Sülzhayn abgemeldet habe. »Dort – in Sülzhayn – soll er gestorben sein.« Alles wurde unter dem Siegel der Vertraulichkeit behandelt. Nichts davon sollte an die

Öffentlichkeit kommen. Wie konnte auch Thälmann mit einem Kriminellen in Verbindung gebracht werden. Das hätte doch – so meinte man – seiner parteiamtlich verordneten Erhabenheit schwer schaden können. Also blieb Hans-Joachim Lehmann ein parteiamtlich verordneter Niemand ... ein »unbekannter Kerkergenosse« eben.

In den achtziger Jahren enthüllten von mir aus gutem Grund vorsichtig geführte Recherchen, daß bei diesem Verschwinden einer Unperson wirklich ganze Arbeit geleistet worden war. Im Gegensatz zu anderen fanden sich z. B. über Lehmann keinerlei Gerichts- oder gar Gefängnisakten.

Auch die Polizei in Dessau hatte nun, im Gegensatz zu 1963, keine Unterlagen mehr über diesen »gewissen Lehmann«. Beim Rat der Gemeinde Sülzhayn war zu erfahren, daß der »Grafiker Hans-Joachim Lehmann-Zabel zwar vom 2.7. bis zum 27.8.1947 Patient in der damaligen Heilstätte Sülzhayn, Haus Sonnenfels«, gewesen, aber keinesfalls als Todesfall in Sülzhayn registriert worden war.

Da Sterbefälle auf jeden Fall aber dem Geburtsregister beigeschrieben werden, lag auch eine Anfrage beim Standesamt in seiner Geburtsstadt Halle nahe. Auch dort war die Auskunft negativ. In den zuständigen Kirchenbüchern gab es, sieht man von Taufe und Konfirmation ab, keine Eintragung über Hans-Joachim Lehmann.

In Dessau-Waldersee, dem ehemaligen Jonitz, aufgespürte Verwandte wußten nur noch, daß er »ein bildhübscher Junge« und vor allem »ein recht durchtriebener Filou« gewesen, aber nicht, wo er abgeblieben war. Die Spuren von Hans-Joachim Lehmann sind also, so scheint es, gründlich verwischt worden. Die Erklärung kann eigentlich nur in dem Begriff »NKWD« liegen. Wer sonst hat so kurz nach dem Kriege die Möglichkeit gehabt, einen Menschen spurlos verschwinden zu lassen? Und wer hat der sowjetischen Geheimpolizei dabei geholfen?

Irgendwann werden sich bestimmt in irgendeinem der noch verschlossenen Archive auch Angaben über den im Nichts verschwundenen Hans-Joachim Lehmann finden, diese Unperson der DDR-Geschichtsschreibung, den ehemaligen Mittäter beim Mord an dem Grubendirektor Wiederhold, den sehr wohl bekannten »unbekannten Kerkergenossen« Ernst Thälmanns.

Tödliche Bekanntschaft

Frühjahrsanfang 1938. Am Tage zuvor, am 20. März, war es der deutschen Fußballelf in ihrem 147. Länderspiel nicht gelungen, das kleine Ungarn zu schlagen. In Nürnberg hatte sie die erwartungsfrohen Zuschauer mit einem 1:1 Unentschieden enttäuscht.

Wenige Tage früher, am 12. März, waren die Truppen des faschistischen deutschen Reiches in Österreich einmarschiert.

Synonym für den nun auch in Österreich »organisierten« Naziterror wurde Mauthausen am linken Donauufer. Wie eine Zwingburg erwuchs bereits im Juli 1938 hoch über dem Städtchen, den frei dahinziehenden Wolken nahe, ein Konzentrationslager. Die Bauleute waren Häftlinge, meist aus dem KZ Dachau im nahen Bayern. Weit reichte der Blick von hier aus über ein nahezu paradiesisches Land – über grüne Hügel und Wälder, die sich weit hinten in den blauen Bergen verloren, über wogende Getreidefelder, sich im Winde wiegenden roten Mohn. Hinter Buschwerk oder mächtigen Bäumen versteckten sich die einzelstehenden Bauerngehöfte. Hohe großquadrige wachturmbestückte Mauern umschlossen bald steinerne Bauten und Holzbaracken, Sonder- und Quarantänelager, Folterkeller, Mordstätten, Appellplatz und Friedhof.

Achtzig grob in den Stein gehauene Stufen führten hinab in den Granitsteinbruch, von wo steinbeladene Häftlinge unter Peitschenhieben und Gewehrkolbenschlägen hinaufgejagt wurden. Nahezu 350.000 Menschen aus ganz Europa wurden nach Mauthausen gebracht. Weit über hunderttausend wurden dort ermordet. Der Strom der Menschen, der heute per Auto, Bus, Motorrad, Fahrrad oder einfach zu Fuß die steilen Serpentinen zum ehemaligen Konzentrationslager Mauthausen hinaufpilgert, widerlegt jene, die meinen, daß diese Zeit doch längst abgehakt worden sei. Die Besucher, darunter erstaunliche viele junge, kommen aus ganz Europa. Mancher von ihnen gedenkt dort vielleicht des Großvaters oder Vaters oder auch des Bruders, für den Mauthausen zum Todesort geworden ist.

Als die deutsche Wehrmacht in Österreich einmarschierte, protestierten die europäischen Mächte nur schwach. Die antifaschistische Sowjetunion schickte ihre Protestnote nach London und Paris. Natürlich wäre der eigentliche Adressat Hitler gewesen. Sicherlich aber wollte Stalin es mit dem »Führer« nicht verderben. Nicht lange darauf werden sich beide ja auch »ewige Freundschaft« schwören. Wogegen sollte er auch protestieren? Gegen die »Heimholung« der Österreicher in den »deutschen Nationalverband«? Plante er nicht auch die »Heimholung urrussischen« Gebiets in Polen, der Tschechoslowakei, in Rumänien und im Baltikum in sein Reich? Sollte er gegen den nazistischen Terror protestieren? Zeigte er nicht gerade in großaufgezogenen Schauprozessen, wie die sowjetische Terrormaschine funktionierte? Und diese Prozesse waren nur die Spitze des Eisberges. Erst später wird dessen ganzer schrecklicher Umfang sichtbar werden. Dann wird vor aller Welt auch der Begriff Gulag für millionenfachen Terror, für Völkervertreibung, Massenmord und Vernichtung zeugen.

Ein Tag nach Frühlingsanfang 1938. In einer Baracke war der Prozeß abgehalten worden. In wenigen Minuten war die Anklage verlesen und das Urteil gefällt worden. Es war dämmrig in diesem kleinen Raum, in dem das Gericht tagte. Der Angeklagte und so schnell Verurteilte konnte die Gesichter seiner Ankläger kaum erkennen. Was hätte er auch davon gehabt? Sicher wußten auch seine Richter kaum, wie er aussah. Wahrscheinlich berührte sie dies auch nicht. Wie hunderte Male vor ihm und – was ihn nicht mehr interessierte – hunderte Male nach ihm schauten sie nur in ihre Papiere. Und dort stand auch das Urteil, das sie fällen sollten: Todesstrafe. Vor ihm hatte der 27jährige Karl Vorberger aus Hartmannsdorf vor den gleichen Richtern gestanden und hatte den gleichen

Spruch gehört. Wie Vorberger auch führten ihn nun die gleichen Begleitposten aus dem Raum und aus der Baracke, einer neben ihm, der andere kurz dahinter. Wie der die Pistole zog, sah er nicht. Und er hörte auch nicht mehr den trockenen harten Knall.

Kurt Thomas war 34 Jahre alt, als ihn ein NKWD-Killer in Butowo bei Moskau ins Genick schoß. Er hatte als Meister im Werk für Werkzeugmaschinen gearbeitet. Gewohnt hatte er, wie viele andere Emigranten auch, im Hotel »Sojusnaja« auf Moskaus Vorzeigeboulevard, in der Gorkistraße Nummer 39. Hatte in seiner Wohnung Nr. 95 etwa auch Heinz Neumann gelebt, ehemals Mitglied in Thälmanns Politbüro, der anderthalb Jahre vor Thomas den gleichen Weg in Butowo gegangen war? Als Neumann hinterrücks ermordet wurde, war Thomas noch nicht zu einem »faschistischen deutschen Spion« mutiert. Ehe er der herzlichen Einladung der »sowjetischen Freunde« gefolgt war, hatte er noch damit zu tun, der Welt über seinen Besuch bei Thälmann im Moabiter Gefängnis zu erzählen. Ein Besuch, der für ihn tödlich werden sollte. Aber das wußte er damals noch nicht.

Am Pfingstsonnabend 1934 besuchten die Saarländer Kurt Thomas, Fritz Naumann und Wilhelm Stauner als sogenannte Saardelegation Thälmann. In der Thälmann-»Biographie« wird darüber auf anderthalb Seiten berichtet. Diese Darlegung folgt der Propagandaschrift, die die KPD nach dem Besuch in Berlin-Moabit veröffentlichen ließ. Das heißt: Die Partei hob nun auf die »wissenschaftliche« Ebene, was sie einst aus vordergründiger Propagandaabsicht nicht in jeder Hinsicht den Tatsachen folgend dargestellt hatte. Die Unterlagen, die darüber Auskunft geben konnten, verschloß sie in ihrem Archiv.

Diese drei Delegierten waren übrigens nicht von den Belegschaften ihrer Gruben gewählt worden, wie die Legende erzählt. Sie waren im Auftrage der KPD-Führung von deren sogenannter »Roter Hilfe« ausgesucht und auf ihre Reise nach Berlin vorbereitet worden. Sie sollten auch die angestrebte Einheitsfront symbolisieren. Deshalb hatte man einen sozialdemokratischen, einen parteilosen und einen kommunistischen

Arbeiter ausgewählt. Sie lernten sich erst vor der Abfahrt des Zuges auf dem Bahnhof kennen.

Die Rote Hilfe, die keineswegs arm war und besonders über einen recht reichhaltigen Thälmann-Solidaritätsfonds verfügte, hatte ihre drei Abgesandten, die mit ihren keineswegs üppigen Löhnen ihre Familien zu unterhalten hatten, mit 300,- Mark recht ärmlich ausgestattet. Davon hatten sie allein rund 200,- Mark für die weite Eisenbahnfahrt aus dem saarländischen Neunkirchen bis nach Berlin (und zurück) zu bezahlen. Obwohl sie sich in Berlin ein billiges Zimmer suchten, blieb ihnen nicht mehr viel zum Essen übrig. Deshalb waren sie froh, daß ihnen dabei das Reichspropagandaministerium hilfreich unter die Arme griff. Später wird die kommunistische Propaganda behaupten, daß die Nazis versucht hatten, die braven Saarländer zu korrumpieren. Ja, sie hätten ihnen sogar Arbeit angeboten, damit sie nicht wieder ins Saarland zurückzukehren brauchten. Das war nicht der Fall. Im Gegenteil. Die Hitlerregierung hatte sogar Interesse daran, daß sie wieder nach Hause fuhren und aus dem »Reich« berichteten. Zu jener Zeit tobte die Propagandaschlacht um das Saargebiet. Den Nazis ging es darum, den Anschluß des Saarlandes, das zu jener Zeit noch vom Völkerbund verwaltet wurde, an das Reich vorzubereiten.

Am 13. Januar 1935 stimmte dann die Saarbevölkerung über den Anschluß an Deutschland oder über die Beibehaltung des Status quo ab. Sie entschied sich zu über 90 Prozent für den Anschluß. Der wurde am 1. März 1935 vollzogen. Die KPD, die jahrelang den Anschluß propagiert hatte, war nach der Errichtung der Nazidiktatur in Deutschland für den Status quo. Dafür versuchte sie eine »Einheitsfront« zusammenzuzimmern. Die Saardelegation sollte dazu entscheidend beitragen. Das Saargebiet war eines der wichtigsten Operationsgebiete der KPD für die illegale Arbeit. Und sollte es natürlich auch bleiben.

Bei der Abstimmung allerdings ließen viele KPD-Mitglieder ihre Führung im Stich. Das konnte auch die Propaganda mit der Thälmanndelegation nicht verhindern. 1932, bei den letzten Landtagswahlen vor dem Anschluß, hatte noch fast ein Viertel aller Wähler für die KPD gestimmt. Der Status quo aber erhielt am 13. Januar 1935 nur neun Prozent aller Stimmen. Das heißt, auch die übergroße Mehrheit der kommunistischen Wähler hatte sich für den Anschluß entschieden. Die Propaganda der KPD hatte noch nicht einmal sie zu halten vermocht.

Diese, im Mai 1934 noch bevorstehende, Saarabstimmung war auch der Grund, warum die nazistischen Behörden nach einigem Hin und Her einem Besuch der Saardelegierten bei Thälmann zustimmten.

Die drei Saararbeiter kamen nach 15stündiger Bahnfahrt am Abend des 16. Mai in Berlin an. Zwei Tage lang suchten sie hartnäckig verschiedene Behörden auf, um die Genehmigung zu erhalten. Sie waren im Justiz- und Propagandaministerium und auch in der Gestapozentrale.

Am 19. Mai standen sie gegen elf Uhr im Moabiter Untersuchungsgefängnis endlich Thälmann gegenüber. Ein Gestapoauto hatte sie hingefahren. Die KPD-Propagandisten hatten ihnen einige Fragen zurechtgelegt, die sie Thälmann stellen sollten. Später wurde behauptet, daß diese Fragen von der Gestapo vorgegeben worden waren. Auch Thälmann seien die Antworten vorgeschrieben worden. Richtig ist, daß die Gestapo von den Saardelegierten wissen wollte, was sie Thälmann fragen würden. Sie hatte keine Einwände gegen die vorgesehenen Fragen.

»Endlich sahen wir Thälmann (...) Da stand er. Aufrecht, ein richtiger Klassenkämpfer!« Solche kernigen Sätze schrieben die KPD-Propagandisten in den Vortrag, den Thomas und Stauner nach ihrer Rückkehr wechselweise zu halten hatten und der dann auch als Broschüre gedruckt wurde. Stauner selbst erzählte in den achtziger Jahren dem saarländischen Historiker Klaus-Michael Mallmann (von ihm stammen auch die noch folgenden Angaben über Stauner und Naumann und zum Teil auch über Thomas): »Wie der (Thälmann) an der Barriere gestanden hat, sind wir auf ihn zu. Ich habe ihm die Hand gegeben und habe gesagt: guten Tag, Genosse Thälmann. Auch die beiden anderen haben ihn begrüßt. Zuerst war er etwas mißtrauisch gegen uns. Der wußte ja nicht, waren wir selbst Gestapo – aber je mehr wir uns nachher mit ihm unterhalten haben, hat er gesehen, daß wir mit denen nichts zu tun haben.«

Nun berichtete Stauner, welche Fragen sie ihm gestellt haben. Dieser Teil des Berichts deckt sich ungefähr mit den (partei)offiziellen Darstellungen. Ungefähr – das heißt: nicht genau. So lassen die »Biographen« Thälmann auf die Frage »Bekommst du genug zu essen?« antworten: »Unmöglich könnte ich mit dem auskommen, was ich hier bekomme (...) Wenn ich nicht von dem Geld, das meine Frau mir ins Gefängnis schickt, Lebensmittel kaufen könnte, könnte ich unmöglich existieren.« Die Auslassungszeichen entschlüsseln sich in der erwähnten Propagandaschrift der KPD über die Reise als: »Ein Mann von meiner Statur braucht fünfmal so viel.« Nach Stauner aber habe Thälmann auf die Frage nach dem Essen geantwortet, »daß er am Hungertuche nage, bekäme er nichts von seiner Frau«.

Wir wissen, daß Thälmann auch in dieser Hinsicht weit besser gestellt war als seine mitgefangenen Genossen, gleich von welcher Statur.

Stauner erzählte weiter: »Dann ist plötzlich die Frage gekommen, wie geht es dir im allgemeinen? Und da hat er gesagt, daß er schon Schläge gekriegt hat, daß er mißhandelt worden wäre. Und da haben sie uns rausgeschmissen.« Die Propaganda – und damit auch die »Biographie« – aber läßt Thälmann sagen: »Ich bin mißhandelt worden. Ich wurde und werde mißhandelt!« Und dabei habe Thälmann in steigender Erregung mit der Faust in die Barriere geschlagen. Danach habe er noch gerufen: »Grüßt mir die Arbeiter an der Saar in meinem Sinne!«

Nichts von alledem bei Stauner, der ja, daran ließ er auch im Gespräch mit Mallmann keinen Zweifel, nun wirklich immer »auf der Linie lag«. Thälmann wurde zu diesem Zeitpunkt und auch später keineswegs mehr geschlagen. Nach einem anderen (Propaganda-)Bericht habe Thälmann gerufen: »Grüßt mir die Saar-Bergarbeiterschaft in unserem Sinne!«

Erhalten gebliebene Notizen lassen erkennen, daß die KPD-Propagandisten darüber berieten, ob sie Thälmann nun diesen Satz sagen lassen oder nur »Grüßt mir die Saar-Arbeiterschaft!« oder gar nichts. Wichtig sei vor allem der Eindruck, hieß es, daß Thälmann nun durch seine »kämpferischen Erklärungen« bestimmt neuen Mißhandlungen ausgesetzt werden würde. Nur das sollte gesagt werden, was der kommunistischen Propaganda diente. Und nur dabei ließen sie ihren Unterpropagandisten freie Hand: »Ihr könnt euch selbst überlegen, was man noch machen kann.«

Daraus geht auch hervor, welches Gerangel es zwischen den einzelnen Instanzen der KPD im Saargebiet darüber gab, wer nun die Lorbeeren für diesen Besuch ernten sollte, und wer für die Fehler in der Propaganda verantwortlich war. Die Parteileitung allerdings ließ sich dabei kaum den Lorbeerkranz entwinden. Wie nach ihrer Meinung die angebliche Einheitsfront funktionieren sollte, wird allein an einem dieser Berichte deutlich. Im Zusammenhang mit einer von der KPD-Führung in Paris geplanten Pressekonferenz hieß es: »Wir schicken den Sozialdemokraten von der Delegation nach dort.« Dieser Sozialdemokrat war – so meinten sie – »ihr Sozialdemokrat«, war Kurt Thomas.

Der erwähnte offizielle Bericht, den die Delegierten nach ihrer Rückkehr zu geben hatten, und der als Broschüre gedruckt und verbreitet wurde, strotzte von sattsam bekannten kommunistischen Propagandaklischees. So erzählten sie von einem »Abstecher nach dem roten Wedding«. Der Wedding im Norden Berlins ist seit den zwanziger Jahren das Gleichwort für »rot«, und »rot« heißt »kommunistisch«. »An diesem Abend gingen wir noch nach dem Wedding. In der Wirtschaft fragten wir einen Arbeiter, wie es jetzt geht in Deutschland? Ob es besser wäre und dergleichen? Der Arbeiter sagte darauf: Meine lieben Genossen, so schlecht war es noch nie wie jetzt (...) Er sagte, Berlin ist nach außen nationalsozialistisch, aber nach innen ist es kommunistisch. Während er dies sagte, ballte er die Faust.«

Die ortsfremden Antifaschisten und Thälmannbesucher, die natürlich unter der Bewachung der Gestapo standen und ständig auch von einem derer Beamten begleitet wurden, hatten wirklich Glück mit dieser Zusammenkunft im »roten Wedding«, wo die wahre Volksmeinung auch nach mehr als einem Jahr Nazidiktatur noch mit erhobener Faust einem Fremden gegenüber in jeder Kneipe zum Ausdruck gebracht wurde. Man sieht: Mariechen war keineswegs Antialkoholikerin. Stauner übrigens, der sehr detailliert über den Berlinbesuch erzählte, sagte nichts über den roten Wedding.

Ursprünglich war daran gedacht worden, einen Besuch im KZ Dachau zu verlangen. Von dort war ein Jahr zuvor der bayrische KPD-Funktionär und Reichstagsabgeordnete Hans Beimler geflohen. Die Angaben in seiner Broschüre »Im Mörderlager Dachau« sollten – so die Vorstellungen der Parteipropagandisten – die Arbeiter von der Saar nach einem Besuch dort verifizieren. Für die Nazis aber war die Reise von Berlin nach Dachau »zu weit«. Deshalb führten sie die Saardelegierten ins KZ Oranienburg nördlich von Berlin. Das machte, dem Bericht des Gestapobegleiters zufolge, wegen »seiner guten Beschaffenheit mit den dort befindlichen, gut aussehenden und sich völlig frei bewegenden Insassen auf die Arbeiterdelegation einen guten Eindruck«.

»Wir hätten«, lassen die KPD-Propagandisten die Delegierten sagen, »eher das geglaubt, was uns die Häftlinge gesagt hätten, als das, was uns die Bestien von Nazis gesagt haben.« Folgt man diesen Propagandisten, haben die Delegierten als erstes den Häftlingen in Oranienburg berichtet, daß sie Thälmann besucht haben. »Auch hier sahen wir an den Augen der gefangenen Genossen, wie glücklich sie über diese Nachricht wurden. Auf ihre Parteizugehörigkeit gefragt, sagten die meisten, sie seien Kommunisten, andere sagten, Sozialdemokrat oder parteilos.«

Nach Auskunft Stauners hatten er und seine Begleiter kaum Gelegenheit, in die Augen der KZ-Insassen zu schauen. Unter Schwierigkeiten aber hätten sie mit zwei Geistlichen sprechen können und mit Sozialdemokraten. »Kommunisten waren weniger, und auch Parteilose«. Es gibt genügend Dokumente über dieses erste Nazi-KZ in einem Brauereigebäude in Oranienburg, die die Aussage des Gestapobeamten Lüge strafen. Den ersten aufsehenerregenden Bericht darüber hat der am 4. Dezember 1933 von dort geflohene Reichstagsabgeordnete der SPD, Gerhart Seger, gegeben. Die Übertreibungen der KPD-Propaganda waren völlig sinn- und wirkungslos.

Der 19. Mai 1934 war wirklich ein anstrengender Tag für die drei Arbeiter von der Saar. Am Vortage, gegen 16.00 Uhr, waren sie im Propagandaministerium dem Gestapobeamten Kade »übergeben« worden. Im Gestapoauto wurden sie dann nicht nur zu Thälmann und nach Oranienburg gefahren, sondern ebenfalls zum Tempelhofer Feld. Dort erlebten sie gegen 16.00 Uhr die Landung eines Zeppelins und die Kunstflugvorführungen Udets, eines Freundes Görings und späteren Generalobersten. Das alles, schrieb Kade in seinem Bericht, »löste bei den Saarländern größtes Erstaunen aus. Nicht weniger erstaunt waren sie über die unübersehbare Zahl der begeisterten Zuschauer.« In Wirklichkeit aber waren dies – erinnern wir uns nur an das Mariechen vom roten Wedding! – in ihrer übergroßen Mehrheit gut getarnte Kommunisten. Die Begeisterung gehörte zu ihrer Camouflage. Deshalb wundert man sich, warum in der erwähnten Propagandaschrift über diese Reise das Abenteuer auf dem Tempelhofer Feld eigentlich keine Rolle spielte.

Noch am Abend des gleichen erlebnisreichen Tages, um 21.00 Uhr, fuhren die drei in ihre Heimat an der Saar zurück. Sie wollten, wie sie Kade erzählten, zu Pfingsten bei ihren Familien sein und danach wieder in ihre Gruben einfahren. Bergleute waren nur Thomas und Naumann. Stauner war Schlosser von Beruf und arbeitete zu jener Zeit in der Kokerei Heinitz. Zum Arbeiten kamen sie auch in der Zeit nach ihrem Berlinbesuch nicht allzu oft. Erst hatten sie ihr Propagandasoll zu erfüllen. Sie wurden von ihren Auftraggebern zu Veranstaltungen entsandt, wo sie über ihre Erlebnisse zu berichten hatten. Dieser Aufgabe konnten allerdings nur Thomas und Stauner gerecht werden. Fritz Naumann erlitt gleich am ersten Arbeitstag nach dieser Reise einen schweren Arbeitsunfall, der ihn für längere Zeit ins Krankenhaus brachte.

Stauner und Thomas wurden auch für acht Tage nach Paris geschickt, wo sie am 26. Mai auf einer internationalen Pressekonferenz über ihr Zusammentreffen mit Thälmann berichteten. »Der Bericht,« so meldete die kommunistische Zeitung »Gegenangriff« mehr als eine Woche später, »wird von den Versammelten mit atemloser Spannung angehört«. Stauner aber erzählte, daß es gerade auf dieser Pressekonferenz recht tumultartig zuging. Es folgten noch einige andere Pressekonferenzen in Paris. Immer abwechselnd sprachen Stauner und Thomas über das Zusammentreffen mit Thälmann und über ihren Besuch im KZ Oranienburg.

Den Thälmann-»Biographen« haben »viele hundert ausländische, aber auch illegale deutsche Zeitungen« über die Begegnung mit Ernst Thälmann berichtet. Tatsache ist, daß die kommunistischen Blätter darüber berichteten. Außerdem lancierten ein paar der Komintern angeschlossene Parteien Berichte in einige wenige bürgerliche Zeitungen.

Während der Kommunist Stauner nach einiger Zeit nicht weiter für die Propaganda seiner Partei benötigt wurde, hatte der Sozialdemokrat Thomas, genau von der Gestapo beobachtet, noch einige KPD-Propagandaaufträge zu erfüllen. So erhielt die Gestapozentrale in Berlin mehrere Berichte von der deutschen Botschaft in London. Zuerst hatten ja die britischen Behörden eine Einreise von Thomas nach England abgelehnt. Am 26. August 1934 aber konnte er auf Einladung des Labourabgeordneten Pethick-Lawrence im britischen Unterhaus einen Vortrag über »seinen Besuch bei Thälmann und über die Lage im Saargebiet« halten.

Den Bericht über diesen Vortrag hefteten die Gestapobürokraten gleich in sechs verschiedenen Vorgängen ab. Bereits einige Wochen zuvor hatten sie Gelegenheit, etliche Kopien über einen Bericht »betrifft Bergmann Kurt Thomas« abzulegen. Der zeigt das gute Zusammenspiel der Polizeibehörden des zu jener Zeit noch längst nicht deutschen Saargebietes mit den faschistischen Behörden. Die Staatspolizeistelle für den Regierungsbezirk Trier meldet darin, daß der von Thomas in seinem Heimatort Ottweiler gestellte Antrag auf einen Reisepaß am 12.06.1934 »von der Polizeiverwaltung in Ottweiler der Regierungskommission weitergeleitet worden« sei. Und weiter darin: »In dieser Zeit wurde der Pol.-Verwaltung in Ottweiler von drei ehemaligen Kommunisten Mitteilung gemacht, daß Thomas an einem Überfall am 15.5.1933 auf Nationalsozialisten beteiligt gewesen sein soll. Aufgrund der Angaben wurde Thomas festgenommen und dem Gericht vorgeführt. Da die Angaben gegen Thomas jedoch nicht für die Einleitung eines Verfahrens ausreichend waren,wurde er wieder entlassen. Dieser Vorfall wurde in der kommunistischen Presse ausgeschlachtet (...)«

Bis Juni 1987 hätten die Thälmann-»Biographen« zum Beispiel Wilhelm Stauner in Blieskastel aufsuchen können. Eine Anfrage im Bürgermeisteramt hätte genügt, um seine Adresse zu erfahren. Auch mit Fritz Naumann hätten sie bis 1979 sprechen können. Warum haben sie es nicht getan? Wäre dann das Propagandaklischee nicht mehr haltbar gewesen? Lange Zeit haben doch Rechercheure des IML im Auftrage Honeckers im Saarland nach Dokumenten aus dessen Leben gesucht, Archive und Gemeindebüros aufgesucht. Es wäre ihnen ein leichtes gewesen, auch nach den Mitgliedern der Saardelegation zu forschen. Das Schicksal von Thomas kannten sie sowieso aus den im Zentralen Parteiarchiv der SED wohlverwahrten Unterlagen.

Über Fritz Naumann wissen wir am wenigsten. Er wurde 1899 in Ottweiler geboren. Dort lebte er bis 1935. Bis zu diesem Jahr war er auch Bergmann in der Grube Kohlwald. 1920 war Naumann in die KPD ein- und 1930 wieder ausgetreten. Mitglied der Roten Hilfe aber war er geblieben. Als die Naziherrschaft in Deutschland begann, schmuggelte Naumann antifaschistische Literatur über die saarländische Grenze nach Deutschland. Am 13. Januar 1935 war die Saarabstimmung mit dem überwältigenden Votum für Deutschland. Drei Tage später emigrierte er ins französische Lothringen, wo er wieder als

Bergarbeiter einfuhr. Dort wurde er auch Verbindungsmann des sogenannten Arbeitsausschusses freigewerkschaftlicher Bergarbeiter Deutschlands nach Ottweiler. Im September 1939, nach der französischen Kriegserklärung an Deutschland, wurde er als Deutscher interniert. Am 15.2.1941 wurde er von der deutschen Polizei festgenommen und im Januar 1942 vom Oberlandesgericht Stuttgart zur »milden« Strafe von einem Jahr Gefängnis verurteilt. Diese Zeit saß er auch im Stuttgarter Gefängnis ab. Nach seiner Entlassung wurde er wieder Bergmann. Nach dem Kriege, so erzählte Stauner, soll Naumann SPD-Mitglied geworden und zur Polizei gegangen sein. Er, der seiner Überzeugung eigentlich treu geblieben war, wurde von den KPD-Genossen geschnitten. Im Juni 1979 ist er in seinem Geburtsort Ottweiler gestorben.

Etwas wechselvoller als Naumanns Biographie war der Lebensweg Stauners. Er wurde am 1.10.1904 in Wörschweiler in einer kinderreichen Bergmannsfamilie geboren. In Zweibrücken lernte er vier Jahre lang den Dreherberuf. Noch als Lehrjunge trat er in die Gewerkschaft ein und war bereits mit 15 Jahren deren Ortskassierer. In den zwanziger Jahren war er, wie seine fünf Brüder auch, zumeist arbeitslos. Zu Hause waren sie neun Kinder. Die Familie lebte meist vom Stempelgeld des Vaters und der arbeitslosen Brüder. Doch das fiel weg, wenn der Vater wieder Arbeit erhielt. Dann mußte dessen karger Arbeitslohn für die ganze Familie reichen. Wilhelm Stauner konnte das alles nicht mehr ertragen und ging deshalb 1926 zur französischen Fremdenlegion. 1931 kam er aus Afrika zurück – mit 5.000 Franken als vermögender Mann, wie er sagte. Doch als er nach Hause kam, war er wieder arbeitslos. Durch die Vermittlung der französischen Behörden erhielt er dann aber Arbeit in seinem erlernten Beruf in der Kokerei Heinitz. 1933 wurde er dort Mitglied der Kommunistischen Partei. Stauner ist der einzige von den drei Thälmannbesuchern, der nicht emigrierte. Er wurde nach der Angliederung des Saarlandes an Deutschland von den Nazis zwar schikaniert, aber nicht inhaftiert.

Am 1. April 1935, also einen Monat nach dem Anschluß, wurde er – wie andere antifaschistische Handwerker auch – in die Grube versetzt und mußte nun als Bergmann unter Tage arbeiten. Nach drei Jahren aber gelang es ihm, eine Stelle als Dreher in Homburg zu finden. Dort blieb er bis Kriegsende. Als »Wehrunwürdiger« wurde er auch nicht zur Wehrmacht eingezogen. Nach dem Kriege ging er zur Post. Dort war er u. a. 15 Jahre lang Personalratsvorsitzender in der Postdirektion Saarbrücken. Nach dem KPD-Verbot 1956 mußte er als Kommunist diese Funktion niederlegen, wurde aber zwei Jahre später von seinen Kollegen wiedergewählt.
Wilhelm Stauner ist Kommunist geblieben bis zu seinem Tode am 11. Juni 1987. In Blieskastel, wo er seit 1937 mit seiner Frau und seinen zwei Kindern lebte, wurde er begraben. Naumann und Stauner sind nicht in die Sowjetunion emigriert und auch in den ersten Jahren nach 1945 bestimmt nicht in den deutschen Osten gereist. Das hat sie vor dem Schicksal von Thomas bewahrt.

Kurt Thomas, Sozialdemokrat seit 1930 und vehementer Befürworter der Einheitsfront, wurde, wie Naumann, am 25. Februar 1904 in Ottweiler geboren. Er war Bergmann in der Grube Kohlwald, dann in Dechen. In seinem Ortsverein war er Vorstandsmitglied. Außerdem war er 2. Vorsitzender der Zahlstelle des Bergarbeiterverbandes. Nach dem Besuch bei Thälmann Pfingsten 1934 fuhr er zu Propagandaveranstaltungen der KPD nach Frankreich und auch nach England. Im November 1934 wurde er zu den Feierlichkeiten zum 17. Jahrestag der »Großen Sozialistischen Oktoberrevolution« nach Moskau delegiert. Danach konnte er wieder ins Saargebiet zurückfahren. Zwei Tage nach der Saarabstimmung emigrierte er mit seiner Familie nach Frankreich. Dort blieb er, nach Auffassung des saarländischen Historikers Mallmann, bis Juni 1935. Andere Quellen nennen das Jahr 1937. Ich neige eher zu Mallmanns Auffassung. Auf jeden Fall folgte er der Einladung der »lieben sowjetischen Freunde«, sein Refuge doch im »Vaterland aller Werktätigen« zu nehmen. Veröffentlichte NKWD-Mordlisten bezeichnen Thomas als Meister im Werk für Werkzeugmaschinen (Stankosawod) in Moskau. Am 30. Juli 1937 holte ihn nächtens ein Kommando des NKWD aus seinem Quartier ab. Ein paar Tage später bringen Gestapobeamte Ernst Thälmann vom Untersuchungsgefängnis Berlin-Moabit in das Gefängnis von Hannover.

Es war ungefähr um die gleiche Zeit, als in Paris Vertreter der KPD- und der SPD-Führungen zusammenkamen, um über die Möglichkeit einer »Volksfront« zu beraten. Mitten in diese Verhandlungen hinein platzte die Nachricht von der Verhaftung des Sozialdemokraten Thomas in Moskau. Angesichts der Moskauer Prozesse wurde auch für Thomas das Schlimmste befürchtet.

Ende September beantragten die Sozialdemokraten, so der Saarländer Max Braun und sein Genosse Rudolf Breitscheid, eine gemeinsame Delegation des Volksfrontausschusses zum sowjetischen Botschafter in Paris zu entsenden, um für Thomas zu intervenieren. Dieser Antrag wurde gegen den heftigen Widerstand der Kommunisten beschlossen. Als Pieck und Ulbricht sich weigerten, für Thomas einzutreten, wußten sie, daß dessen Schicksal bereits entschieden war. Die Sozialdemokraten erklärten, daß diese Moskauer Prozesse – die von der KPD-Führung enthusiastisch begrüßt wurden – es der KPD unmöglich machen, »einen aufrichtigen Kampf für die persönliche Freiheit im Namen der Humanität gegen die Greuel des Faschismus zu führen«.

Die KPD wies am 14. März 1938 in einem Zeitungsartikel diese Kritik der Sozialdemokraten empört zurück und verlangte von den Sozialdemokraten »volles Verständnis für die Notwendigkeit dieser Prozesse gegen die Agenten, Spione und Mörder im Dienste des internationalen Faschismus«. Ehe die Volksfront zustande kam, war sie zerbrochen. Zu dieser Zeit aber war – nach NKWD- und KPD-Begriffen – der »Agent, Spion und Mörder im Dienste des internationalen Faschismus« Kurt Thomas längst tot. Die »Verteidiger des Friedens und der Freiheit« hatten ihn am 22. März 1938 in Butowo bei Moskau ins Genick geschossen.

Später schossen dort unzählige Gewehre, Geschütze und Panzerkanonen Salut für die Mordopfer. Der NKWD-Schießplatz Butowo wurde zum Schießplatz der Roten Armee. Deren Soldaten stampften mit ihren schweren Stiefeln über die Massengräber, Kavalleriepferde trabten darüber, kettenklirrend löschten Panzer die Erinnerung an die Toten vollends aus. Doch nicht für immer.

Wie für unzählige andere hatte auch für Kurt Thomas die Bekanntschaft mit Thälmann tödlich geendet.

Die bunten Briefe

»Die Kunst, Briefe zu schreiben, sie zeigt sich nicht in der Form, sie zeigt sich darin, die Gesinnung, die Anteilnahme, die Herzenswärme, die innere Verbundenheit im Leben zum Ausdruck zu bringen.« So soll – laut dem 1981 in Leipzig erschienenen Zitatenlexikon – Ernst Thälmann am 18. August 1935 aus dem Gefängnis an seine Frau Rosa geschrieben haben. Und wirklich: so steht es auch in diesem Brief, der 1965 gemeinsam mit anderen Gefängnisbriefen im Berliner Dietz Verlag veröffentlicht worden ist. Als Herausgeber zeichneten vier Wissenschaftler vom Institut für Marxismus-Leninismus beim ZK der SED (IML). Wer von diesen Autoren – pardon: Herausgebern – diesen innigen Thälmannsatz nun »geschöpft« hat, ist nicht angemerkt worden. Von Thälmann jedenfalls ist er nicht. Viele Sätze in diesem veröffentlichten Brief finden sich nicht im Original. Die Parteizensoren waren fleißig. Sie hatten in Thälmanns Briefen nicht nur vieles wegzustreichen, sondern auch vieles hinzuzufügen. Es sollte eben mit der politischen Linie der Partei und dem von ihr verordneten Thälmannbild »stimmig« sein, was von Thälmann veröffentlicht wurde. Das betraf nicht nur seine Reden, sondern auch seine Briefe. Wo wären wir denn hingekommen, hätte jeder schreiben können, was er wollte?

»Es ist zwar wahr, daß die Gefahr des Durchlesens meiner Briefe außer beim Briefempfänger auch bei anderen Personen immer besteht, ohne daß ich dazu Anlaß gebe oder zu geben brauche und Einfluß darauf habe«, schrieb Thälmann ebenfalls im erwähnten Brief. Und so wurde es auch mit kleineren Abänderungen veröffentlicht. »Die Gefahr des Durchlesens meiner Briefe« – 1937 hatte Thälmann das Briefeschreiben an seine Angehörigen aufgegeben, weil diese Briefe von der Gestapo nicht nur zensiert, sondern den Angehörigen auch nur zum Lesen unter Polizeiaufsicht ausgehändigt wurden. Dann mußten sie an die Polizei zurückgegeben werden.

Wie aus Unterlagen der Gestapo hervorgeht, befürchtete diese, daß Thälmann seine Briefe gewissermaßen als Propagandamittel schrieb, daß sie eigentlich für andere als für seine Familie oder Freunde bestimmt waren. »Thälmann versucht in seinen Briefen«, hieß es in einem Gestapobericht, »in nicht ungeschickter Weise, der Außenwelt sein ganzes Innen- und Empfindungsleben während seiner Gefängniszeit zu übermitteln.« Diese Briefe könnten im Ausland gegen den NS-Staat verwendet werden.

Der nun folgende Satz enthüllt das ganze Programm, das mit Thälmann von Anfang an geplant war: »Insbesondere würden diese Briefe dann ein außerordentliches (...) Propagandawerkzeug sein, wenn es irgendwann einmal zur Hinrichtung Thälmanns kommen sollte.« Obwohl Thälmann, gewissermaßen an die Gestapo gerichtet, eine Propagandaabsicht verneinte, bestätigen Unterlagen der KPD doch, daß solch eine propagandistische Absicht bestanden hat und das Politbüro nur den günstigsten Zeitpunkt dafür abpassen wollte. Die Gestapo hielt sich an die formalrechtlichen Bestimmungen. Ihre Beauftragten – oder in ihrem Namen der Untersuchungsrichter – beanstandeten diesen oder jenen Brief, der weit über die persönlichen Belange hinausging und einem politischen Pamphlet glich, aber sie fügten nichts hinzu und strichen auch nichts weg. Ja, sie teilten es ihm »ordnungsgemäß« mit, wenn sie einen seiner Briefe einziehen und an ihn zurückgeben »mußten«. Thälmann hatte dann ein Einspruchsrecht und nahm dies, wie die erhalten gebliebenen Unterlagen beweisen, auch wahr.

Wie man am Ergebnis sieht, war die von Thälmann gefürchtete »Gefahr des Durchlesens meiner Briefe« bei seiner eigenen Partei weit größer. Deshalb gingen ihre Zensoren mit seinen Briefen weit strenger um als die Gestapoleute. Thälmann konnte nicht mehr widersprechen ... obwohl er dies sicher getan hätte. Auch seine Angehörigen widersprachen nicht. Warum eigentlich nicht?

Seine (Original-)Briefe sagen über seine Persönlichkeit weit mehr aus als jegliche »fremde« Darstellung. Die veröffentlichten Briefe aber haben der Persönlichkeit Thälmanns einen schweren Schaden zugefügt. Sie dienten einzig und allein als Quelle für die Thälmannlegende. Sie sollten für den »reinen und ungebrochenen proletarischen Helden« zeugen.

Der »normale« Historiker hatte dazumal, wenn er es überhaupt wollte und sich traute, kein Einspruchsrecht gegen die Veröffentlichung der äußerst stark bearbeiteten Briefe Thälmanns. Als ich es Anfang der achtziger Jahre – zugegeben sehr zaghaft – versuchte und darauf hinwies, daß es doch blamabel sei, wenn irgend jemand die veröffentlichten mit den Originalbriefen vergliche, sagte einer der verantwortlichen Mitarbeiter im Zentralen Parteiarchiv der SED (ZPA): »Dazu wird es nicht kommen. Deshalb hat Berthold ja die Briefe sperren lassen.« Professor Berthold war seinerzeit Direktor des IML und zeichnete auch verantwortlich für das Herausgeber»kollektiv« der Briefe.

Lange nach der Wende fand sich im Archiv ein Schreiben Bertholds vom 2. Oktober 1964 an den »Ersten Sekretär des ZK der SED (…) Genossen Walter Ulbricht«. Darin wird der »werte Genosse Ulbricht« gebeten, der Veröffentlichung des Bandes mit Thälmanns Gefängnisbriefen zuzustimmen. Es wird ihm mitgeteilt, daß er nun »das Manuskript des von uns mit Deiner Zustimmung erarbeiteten Auswahlbandes von Briefen Ernst Thälmanns, die er in den Jahren 1933 bis 1937 an seine Angehörigen schrieb«, erhält. Dieser Band sollte im Dietz Verlag zum Geburtstag Thälmanns am 16. April 1964 erscheinen. »Folgende Materialien senden wir Dir:

a) Die von uns redigierten Abschriften der Briefe. Aus ihnen ist ersichtlich, welche redaktionelle Veränderungen, Streichungen usw. von uns vorgenommen worden sind. Alle durch uns erfolgten Änderungen wurden mit grüner oder blauer Farbe eingetragen (…) Ich möchte besonders darauf aufmerksam machen, daß sich Ernst Thälmann im Brief vom 13. Januar

1935 über die Rolle J.W. Stalins äußert.« Eine Abschrift dieses Briefes hat auch der »Genosse Hager« erhalten.

Eigentlich müßig zu erwähnen, daß »J.W. Stalin« im veröffentlichten Brief fehlt.

Dieser Brief ist ein Beispiel par excellence für jene Art von Briefen, die auf jeden Fall nicht oder nur zum Teil befördert wurden. Auf vielen Seiten (dieses veröffentlichten Schreibens, das nicht mit dem Original verglichen wurde) hatte sich Thälmann darin über Meldungen ausgelassen, die er in den verschiedenartigen Wirtschaftszeitungen gelesen hatte. Hauptsächlich aber hatte er das sowjetrussische System in den höchsten Tönen als beispielhaft gepriesen und mit dem maroden kapitalistischen System verglichen. »Im Brief vom 13.1.1935 waren einige grundlegende Bemerkungen, die Anstoß erregen konnten. Ich will der Wahrheit die Ehre geben«, schrieb er dazu selbst knapp zwei Monate später. Und: »Es ist nicht jedermanns Sache, von Herzlichkeit, Gefühl und Empfinden erfüllte und gleichzeitig inhaltsreiche Briefe schreiben zu können.« Damit meinte er beileibe nicht sich selbst, sondern seine Frau. Nichts, aber auch gar nichts, hatte diese platte Agitation mit einer persönlichen Mitteilung zu tun. Die Herausgeber der Briefe aber gönnten ihm – vielleicht gerade deshalb? – sechzehn Druckseiten.

Ein Vergleich der Originalbriefe mit den veröffentlichten läßt auf einen nahezu hemmungslosen Gebrauch von Buntstiften schließen. Danach muß das an Ulbricht geschickte Manuskript ausgesehen haben wie der Schlachtplan eines Armeestabes oder wie die Buntmalerei eines Vorschulkindes. Ulbricht, selbst ein großer Buntstiftredigierer, hat bei der Durchsicht des ihm gesandten Manuskripts bestimmt seine helle Freude gehabt. Auf jeden Fall war er mit den farbigen Leistungen Bertholds und seiner Genossen zufrieden, sonst wäre der Briefband nie erschienen.

Rechercheure haben noch vor der Wende Gelegenheit gehabt, nahezu jeden der veröffentlichten Briefe mit dem Original oder der nach dem Original angefertigten Abschrift zu vergleichen. Dabei haben sie kaum einen gefunden, der mit seiner Urfassung identisch ist. Rund 1.500 Wörter konnte man zum Beispiel noch gut in dem beschädigten Brief vom 22. März 1937 lesen. Fast genau die Hälfte davon wurde im Abdruck weggestrichen. Rund 750 Wörter wurden gedruckt. Aber von denen stehen mehr als 200 in dieser Form überhaupt nicht im Original.

Immerhin erfährt der geneigte Leser der »Briefe aus dem Gefängnis«, daß Thälmann im Untersuchungsgefängnis Berlin-Moabit mehr Schwierigkeiten hatte als im Polizeigefängnis am Berliner Alex – seine Unterhosen gewaschen zu bekommen. Das wurde nämlich von den Kürzern, Beschönigern oder Änderern der Briefe nicht beanstandet. Und von Ulbricht auch nicht. Etwas Menschliches mußte schon sein. Ein Held muß im wahren Leben verwurzelt sein. Auch in Unterhosen.

Es würde zu weit führen, die einzelnen Briefe hier zu vergleichen. Sie sind heute nachzulesen im ehemaligen Zentralen Parteiarchiv der SED, das in das Bundesarchiv eingegliedert worden ist. Natürlich wäre es besser und an der Zeit, im Interesse Thälmanns und der Wahrheit die Originale seiner Briefe zu veröffentlichen.

Hätte es seiner Persönlichkeit vielleicht geschadet, wenn der Leser erfahren hätte, daß Thälmann bei seiner Festnahme 1.140 Mark und 25 Dollar in der Tasche hatte? Das hätte sich doch sehr leicht erklären lassen. Thälmann selbst hat es doch gegenüber der Polizei getan. Wer hätte etwas dabei gefunden, von Thälmann über seine tiefe Verbindung zu seiner norddeutschen Heimat zu lesen? Daß er sie als »nordische Heimat« beschrieben hat – mein Gott.

»Kalt, ohne menschliches Gefühl und ohne Gerechtigkeitssinn wird manchmal über Personen geurteilt und geschrieben, ohne daß sie als Wehrlose Gelegenheit haben, sich dagegen verwahren und wehren zu können«, schrieb Thälmann am 1. Juli 1934 in einem – natürlich unveröffentlichten – Brief an seine Frau. »Kalt und ohne menschliches Gefühl« sind Thälmanns Briefe bearbeitet worden. Nicht der Thälmann zum Zeitpunkt seines Briefes sollte zu den Lesern sprechen, sondern jener, den die Partei für ihre Propaganda brauchte.

Mariechens »lieber Ernst« und der stets und immer alles klar überblickende Parteiführer.

»Welten stürzen zusammen, an die er sich bisher klammern konnte«, schrieb Thälmann in seinem bereits erwähnten »Brief an einen Kerkergenossen« – an den bekannten unbekannten Lehmann. Natürlich haben die aufmerksamen Ideologiewächter diesen Satz wie viele andere in diesem Brief weggestrichen. Ist in der Einsamkeit seiner Gefängniszelle auch seine Welt zusammengebrochen? Soweit es seine Parteiwelt betraf, zu einem Teil. Das lassen nicht zuletzt die in den Kurierberichten überlieferten Gefängnisgespräche mit seiner Frau erkennen. Auch neuere Forschungsberichte geben darüber Auskunft.

Bis zuletzt *glaubte* Thälmann an die »große historische Mission, die uns auferlegt worden ist«, nämlich dem »wirklichen Sozialismus zum (...) Siege (zu) verhelfen«. Was im parteioffiziellen Abdruck als »Überzeugung« erscheint, liest sich im Original als »Glaube«, »Glaubensfundament«, »Treue zum Glauben« oder auch als »Glaubensbewegung«. Er appellierte daran, »glaubensstark« zu sein oder »glaubensfest«, »glaubenszukunftssicher«. Er glaubte auch an seine »Vorbestimmung« für eine »höhere Mission«. Entweder, so schrieb er, liegt sie noch vor ihm oder sie besteht bereits in seinem »Glaubensmartyrium« in der Haft – einem Martyrium für »große sozialistische Ideale«. Dabei verglich er es mit dem Martyrium und dem Opfertod von Jesus Christus: Sie bildeten das Fundament für die »weltbewegende Lehre des Christentums«, die »im Laufe der Jahrhunderte zu einer riesigen Glaubensbewegung der Menschheit emporwuchs«. Der Sozialismus war für den Thälmann von 1944 eine »gewaltige (...) Glaubensbewegung von idealistischen Kämpfern und Opfermenschen«. Die Zensoren vom IML wußten schon, was sie zu streichen hatten. Es ging ihnen nicht allein um die sprachlichen Formulierungen, sondern um das, was sie enthüllten, um die Geisteshaltung, die sie dokumentierten. In die wohlgeschliffene Formulierungswelt, in die dialektisch-materialistische Geschichtsauffassung, in die mit Parteidisziplin untermauerte Überzeugung paßte Thälmanns »gewaltige Glaubensbewegung von idealistischen Kämpfern und Opfermenschen« nicht hinein.

Der Thälmannsche Glaube an das Martyrium fand seinen Gesellen in seinem Glauben an das unabwendbare Schicksal. Das Schicksal seiner »Persönlichkeit ist umwittert von Tod oder Leben«. Wer für den Glauben fällt, stirbt den »unerbittlichen Schicksalstod«. Nicht nur in seinem Kerkerbrief spielte das Schicksal eine hervorragende Rolle. So sprach er auch in einem Brief an seine Frau und seine Tochter vom »heroisch-tragischen Lebensgefühl, das unser Schicksal umklammert«. Die Welt und das Leben seien in sich tragisch. »Wer denkt und nachdenkt, darf nicht klagen, und wer erkennt, weiß, daß Unvermeidliches uns betroffen.«

»Manchmal getrieben durch Heimsuchungen wie durch das Aufleuchten der Seele, versuche ich den Schlägen des Schicksals gewachsen zu sein.« War dies etwa noch der Klassenkämpfer? War das nicht vielmehr der konfirmierte Sohn seiner christlichen Mutter, der Nachkomme gläubiger holsteinischer Bauern? In seinen (Original-)Briefen tritt uns mehr und mehr ein schicksalsgläubiger und ein in seinem Leid versunkener Mensch entgegen. In fast christlicher Demut schöpft er Kraft aus diesem Leid: »(...) denn kein Wind bringt mehr Leben in die Seele als Leiden.« Und: »Oft lernt man im Leiden, in der Leidenserfahrung bei diesem Meister in Wochen und Monaten mehr als sonst in Jahren und Jahrzehnten.«

Wie wandelt sich ein Mensch in der Einsamkeit einer Gefängniszelle? Wie kann man annehmen, daß er die Zeit nicht nutzt zum Nachdenken – auch über sich selbst? Warum durften wir keinen Thälmann erleben, der verzagt und bedrückt – und sei es nur für kurze Zeit – in seiner Zelle saß? Vielleicht mehr und mehr auch voller Zweifel an vielem, was er früher mit Vehemenz vertreten hatte? War er eine kommunistische Maschine? Braucht der Kommunismus nur menschliche Maschinen, immerwährende Kämpfer ohne Seele und Gefühl ... und ohne Denken?

Wie reich war Thälmanns Seelenleben im Gefängnis? Und: erfährt man davon aus den geschönten und geglätteten, geänderten, bearbeiteten Briefen? Oder ist es nicht mehr das Seelenleben der Bearbeiter das uns dort entgegenkommt? Ihre Vorstellung, wie dieser Thälmann in der Haft gewesen sein könnte – nein: wie er zu sein hatte? Wo tritt uns in diesen Briefen die Liebe entgegen, die Kraft der Liebe, die er in der Haft bei sich entdeckte? Soweit es die Liebe zu seiner Frau war, ging es bei den Oberlehrern des IML durch. Was aber sollten sie anfangen mit Thälmanns viel weitergehender Auffassung von der Liebe als »Wertgemeinschaft, in der sich Menschen untereinander verbunden fühlen«?

Wer die Reden Thälmanns kennt, seine vielmals recht abstruse Sprechweise, seine von seinen Zeitgenossen oft genug bespotteten und belächelten schiefen (Sprach-)Bilder und an den Haaren herbeigezogenen Vergleiche – der steht nun verblüfft vor einer erstaunlichen Sprachmischung. Er liest Sätze in der kargen Sprache des KPD-Funktionärs. Aber auch Courths-Mahler stand Pate bei den gestelzten und gekünstelten Abschnitten. Und dann folgen ergreifende, oft hilflos wirkende, ja erschütternde Passagen in nahezu vollendeter literarischer Sprache. Viele davon sind, wenn auch nicht angezeigte, Auszüge aus den unzähligen Büchern, die er in der Haft gelesen hat – von Tagore, Goethe, Schiller, Hölderlin, Nietzsche, Spranger bis zu Karl May, den Kriegsbüchern Dwingers, zu Klischkes »Der Jude als Rasseschänder« und den Reden und Aufsätzen des Naziideologen Alfred Rosenberg. Vieles, was er geschrieben hat, entsprach auch seinem Bemühen um eine treffende Formulierung. Seine Briefe sind so nicht nur Ausdruck seines gewaltigen Lese- und dadurch auch Lernpensums in der Haft. Sie spiegeln ebenso den Bildungsstand eines einfachen Menschen aus dem Volke wider. Nur: mit wem konnte er sich geistig austauschen in seinen mehr als elf Jahren Haft? Er war immer allein. Von wem sich Rat holen über Literatur, Geschichte oder Philosophie? Bei wem sich bilden in Stil und Ausdruck? Es blieben ihm nur die Briefe. Und auch diese Möglichkeit schnitt er sich 1937 selbst ab als Protest gegen die Schikanen der Gestapo. Vielleicht hätte man geschmunzelt über diesen und jenen Abschnitt in seinen (Original-)Briefen.

Aber wer wohl hätte bösartig gespottet über einen gedankentiefen Menschen, dem es nicht immer gelang, diese Gedanken in geschliffene Sprache umzuformen? Dieser Spott wäre nur provoziert worden durch die verfügte Heroisierung, durch die verordnete Darstellung eines »unbeugsamen Kämpfers«, dem jedes Menschliche fremd war. Er war das rezeptierte Vorbild, ein Gott des Kommunismus.

In seinen Originalbriefen empfinden wir seine Emotionen und seine erstaunliche Emotionalität, den ihn aufreibenden Kummer über seine letzten Endes von allen betrogene Hoffnung auf Freiheit und menschliches Mitgefühl, seine zunehmende und ihn immer mehr zermürbende Verzweiflung in der – so Thälmann – »isolierten, grenzenlosen Einsamkeit« und sein Ankämpfen dagegen ... seine wahrhaft zu Herzen gehende Tragödie. Um diese Empfindung, dieses Verstehen haben uns die Briefzensoren betrogen.

Thälmann nannte diese Tragödie »ein Schicksalsdrama von größter Tragik«. Das ist ein Beispiel für die Überhöhungen, die sich in seinen Briefen finden – vor allem dann in seinem »Kerkerbrief«. Solche Abschnitte lassen auch sein gesteigertes Selbstwertgefühl deutlich werden. Seine Selbstüberhebung wurde ja bereits von seinen Zeitgenossen in den Jahren vor seiner Haft bemerkt – und von vielen seiner Genossen auch nach Kräften gefördert. Zu jener Zeit war sie ein Ergebnis des in der KPD vom Stalinismus kopierten Personenkults mit Thälmann. In der Haft steigerte sie sich bis nahezu ins erschütternd Groteske. Oder wie soll man es anders empfinden, wenn man von ihm erfährt, daß »im Kugelfang der großen Weltereignisse und im flutenden Leben der schaffenden Menschheit« das Schicksal seiner »Persönlichkeit, umwittert vom Tod oder Leben« steht? Ist es die in der Legende gepriesene Thälmannsche Bescheidenheit, wenn er von sich ernsthaft als dem »genialen Briefeschreiber« spricht? Seine Briefe, so meinte er, waren »im Inhalt klug, außergewöhnlich interessant und meisterhaft abgefaßt (...) Sie waren (...) mit glühender Kraft und teutonischem Geist niedergeschrieben. Insbesondere die vier Geburtstagsbriefe an meine Tochter waren auserwählte Meisterleistungen eines an sich schon genialen Briefeschreibers (...)« usw. usw.

Bereits 1938 befürchtete die Gestapo für Thälmann infolge des seelischen Drucks eine Haftpsychose und überlegte, ihn eventuell in einer Heilanstalt unterzubringen. Davon kam sie ab, weil dies – wie sie es formulierte – »der internationalen Hetzpresse erneut Material für ihre Greuel- und Lügenpropaganda gegen das Reich bieten« würde.

Thälmanns Gedanken kreisten in der Haft oft um seine Tochter Irma. Unablässig machte er sich – so jedenfalls liest es sich in seinen Briefen – Sorgen um ihre schulische, berufliche und vor allem charakterliche Entwicklung. Wollte er nachholen, was er in der Freiheit versäumt hatte? Er erteilte Ratschläge, gab Hinweise, analysierte sogar die Psyche und das Verhalten junger Menschen. Hier wird das Lehrbuch deutlich, die Literatur, die er über die Erziehung gelesen hat. Seine Überlegungen waren sicher von ihm auch als Appell an die junge Generation generell gemeint. Auch ein Beweis für die Annahme, daß er »an später« dachte, an eine Veröffentlichung seiner Briefe. Irma Thälmann schrieb später: »Vaters Briefe an mich bestimmten mein Wesen und formten meinen Charakter; sie erzogen mich. Ich wartete auf jeden Brief mit großer Sehnsucht.«

Trotz aller Beschwörungen aber konnte Thälmann die dokumentierte zunehmende Entfremdung seiner Tochter von ihm nicht verhindern. Diese war so gravierend, daß Ulbricht darüber sogar an Dimitroff, den Generalsekretär der Komintern, berichtete. Auch der Kurier »Edwin« meldete im Februar 1937, daß Irma wenig Gefühl für ihren Vater zeige. Bereits einige Wochen zuvor hatte er berichtet: »Ich habe Irma gefragt, warum sie nicht geschrieben hat. Sie sagt, sie wisse nicht, was sie schreiben soll.« Aus diesem und dem Februarbericht erfahren wir, daß er ihr deshalb die Feder geführt hatte, um eine Garantie zu haben, »daß Thälmann seine Briefe an Irma auch beantwortet erhält«. Thälmanns Frau aber war in Sorge. Zu »Edwin« sagte sie am 31. Mai 1937: »Irma hat den Brief geschrieben, den du zusammengesetzt hast. Was wird Vater wohl sagen, wenn er erfährt, daß sie (Irma) die Briefe nicht selbst geschrieben hat.« Hat er es gemerkt?

Irma Thälmann hat in der DDR viel über ihren Vater erzählt. In dem Büchlein »Erinnerungen an meinen Vater«, auf Seite 114 schrieb sie, daß sie bei ihrer Verhaftung in Singen auch die Briefe ihres Vaters gerettet hat. Auf Seite 90 aber hatte sie dem Leser bereits verraten, daß die Gestapo bei einer Haussuchung »jeden handgeschriebenen Zettel, alle Briefe von Vater, auch die Postkarten, die sie fanden« mitgenommen hatte.

Thälmann selbst notierte in seinem »Kerkerbrief«, daß etwa Mitte 1937 in seiner Hamburger Wohnung alle Briefe beschlagnahmt worden sind, die er seit Beginn der Haft an Frau und Tochter geschrieben hatte. In den Archivakten finden sich heute noch eine Reihe von Briefen. Es wurde schon erwähnt, daß die Rechercheure die meist kopierten Originalbriefe Thälmanns in den achtziger Jahren im Zentralen Parteiarchiv gelesen und mit den Veröffentlichungen verglichen habe. Sie müssen aus den Akten der Gestapo stammen, die – das wurde bereits dargelegt – 1945 von einer Gruppe deutscher Kommunisten aus dem zerstörten Gestapohauptquartier in der Prinz-Albrecht-Straße geborgen worden sind. Zumindest das, was noch übriggeblieben war. Mehrere der gefundenen Unterlagen gelangten in das ZK der KPD, so zum Beispiel auch die Gestapoakte des Kuriers »Edwin«, der – so sagt es die Legende – von der Gestapo unbemerkt viele Male die Grenze in das faschistische Deutschland überschritten hatte. Der Hauptteil aber wurde zweifellos von Stalins Rechercheuren in Richtung Ost abtransportiert.

Im April 1961 schrieb der sowjetische Botschafter Perwuchin an den »teuren Genossen Ulbricht«, daß er im Auftrage des IML beim ZK der KPdSU eine »Sammlung von Dokumenten Ernst Thälmanns« übermittelt. Aus einem beigelegten Brief des stellvertretenden Direktors des KPdSU-IML an das ZK der SED hieß es, daß die Archivare der KPdSU bei der Arbeit an »Dokumenten der internationalen und kommunistischen Arbeiterbewegung (...) kürzlich Originale und auf Filmstreifen aufgenommene Briefe, Notizen und Artikel Ernst Thälmanns entdeckt« hätten. Sie stammten vorwiegend aus den Jahren 1933 bis 1936. Auf einer Liste wurden diese »kürzlich entdeckten« Unterlagen aufgeführt. Unter Nummer vier wurden genannt: »Persönliche Briefe Thälmanns aus dem Gefängnis an seine Frau und Tochter; Filmstreifen, 1934–1936.«

Das heißt, die Originale – oder viele Originale – wurden in Moskau behalten. Es ist anzunehmen, daß sie zu der umfangreichen Sammlung über Thälmann gehören, die mit Sicherheit in den sowjetischen Aktengräbern verborgen worden ist. Wir sind sicher, daß dazu sehr viele aussagekräftige Dokumente gehören. Sie hätten auch zu den Prozessen herangezogen werden können, die gegen die angeblichen Thälmannmörder auf Betreiben der SED-Führung in der Bundesrepublik geführt worden sind. Und warum wurden sie geschlossen gehalten?

Die Briefe – oder besser: in der Mehrzahl ihre Filmkopien – wurden nun keinesfalls der Familie Thälmann übereignet, sondern von der SED-Führung vereinnahmt und in ihrem Zentralen Parteiarchiv gelagert. Die einzige Verfügungsgewalt darüber hatte das ZK der SED. Hat die Familie Thälmann dagegen protestiert – oder stillschweigend auf ihr heute so vehement beanspruchtes Eigentums- und Verfügungsrecht zugunsten des SED-Politbüros verzichtet. Mit welchem Recht also beansprucht Thälmanns Tochter Irma heute das alleinige Verfügungsrecht über Thälmanns Briefe? Sie ist auch nicht die einzige Nachkommin ihres Vaters und auch nicht die alleinige Erbin. Ist sie überhaupt die Erbin? War es nicht vielmehr so, daß ihre Mutter Rosa Thälmann in ihrem Testament ihr noch nicht einmal den sogenannten »Pflichtanteil« zugestanden hatte, sondern als Alleinerbin die Tochter Irmas aus erster Ehe, ihre Enkelin Monika, eingesetzt hatte? Irma hatte selbst in ihrem Bändchen »Erinnerungen an meinen Vater« aus einem Brief Ernst Thälmanns an sie zu ihrem Geburtstag 1936 zitiert: »Das höchste Gebot in diesem Kampf, das ist und bleibt die sittliche Haltung und Grundeinstellung (...) Bewahre Dir einen hohen Respekt vor den Weisungen Deiner Mutter.« Die letzten Weisungen ihrer Mutter waren klar und deutlich. Warum hat sie dann mit Hilfe der Partei dagegen angekämpft?

Ist dieses Testament jemals rechtlich für ungültig erklärt worden? Oder hat nicht vielmehr das ZK der SED einen seiner führenden Funktionäre mit der Testamentsvollstreckung beauftragt? Hat nicht dieser Funktionär, Sepp H., die testamentarischen Festlegungen Rosa Thälmanns willkürlich zum Nachteil der eigentlichen Erbin verändert? So gesehen, wäre nun Frau Monika V. die Erbin der Briefe gewesen und hätte heute darüber zu befinden. Und hätte Frau Irma Vester-(später Gabel-)Thälmann, wenn schon, wie es scheint, gegen jede testamentarische Verfügung vom ZK als Erbin bestimmt, nicht gefahrlos zu DDR-Zeiten gegen eine Veröffentlichung der umgeänderten Briefe Einspruch einlegen und sie verhindern können? Offensichtlich hat sie es aber nicht getan. Zumindest ist darüber nichts bekannt.

Die Briefe Thälmanns sind eine wichtige Quelle zur Erforschung seiner Persönlichkeit. Wer kann daran zweifeln? Gemeint aber sind nicht jene Surrogate aus dem IML. Mariechens Episteln waren und – wie gar manche Gedenkveranstaltung heute zeigt – sind nur Hilfsmittel für die Legende. Und die echten, die wirklichen Briefe Thälmanns? Sind sie nicht, wie Christian Morgenstern einst schrieb, nur »Stimmungskinder«? Aber auch – oder: gerade? – deshalb können sie der Wahrheit nützlich sein. Oder nicht?

Der Späher hinter dem Schlackehaufen

Im November 1989, knapp ein halbes Jahr nach seinem endgültigen Freispruch durch das oberste Gericht, ist er gestorben … der pensionierte Lehrer Wolfgang Otto. 78 Jahre alt ist er geworden. Er soll, glaubt man der SED-Propaganda gegen ihn, 1.700 Mark als Pension erhalten haben. Horrend, viel zu hoch sei das gewesen. Doch nun klagt mancher, der es damals geschrieben hat, lauthals über die »politisch motivierte« Beschränkung seines Altersruhegeldes. Immerhin sei »der Otto« ja »der Thälmannmörder« gewesen. Das hatten »Neues Deutschland«, die Bezirks- und Blockzeitungen, hatten Rundfunk und Fernsehen der DDR den Lesern, Hörern und Zuschauern eingehämmert.

Vor Jahren noch »einer der Mörder«, war er langsam aber stetig »der Thälmann-Mörder« geworden. Nur bewiesen werden konnte das nicht. Und es wäre auch nie zu beweisen gewesen. Das wußten jene, die ihn immer wieder vor Gericht brachten, ganz genau.

Freigesprochen, aber beileibe nicht schuldlos war dieser Mann aus Geldern. Auf der Liste mit den Angehörigen des Kommandanturstabes im Konzentrationslager Buchenwald finden wir seinen Namen unter der Nummer 99: Otto, Wolfgang; Oberscharführer des Kommandanturstabes; SS-Nr.: 197 884. Otto war der »Spieß« dieses Stabes, der Hauptfeldwebel, in der SS-Hierarchie: der »Hauptscharführer«. Die Nummer 99 auf dieser Liste war sicher Zufall, aber sie war treffend für ihn. Gehörte er doch auch zum sogenannten »Kommando 99« im KZ Buchenwald, das die befohlenen Erschießungen vorzunehmen hatte. »Kommando 99«, genannt nach der Telefonnummer, unter der dieses Kommando zusammengerufen wurde.

Als aktives Mitglied dieses Erschießungskommandos und als sein zuverlässiger Chronist wurde Otto 1947 auch im sogenannten Buchenwaldprozeß durch ein amerikanisches Militärgericht in Dachau zu lebenslänglicher Haft verurteilt. Lebenslänglich hieß für ihn: nicht ganz fünf Jahre. Dann war er begnadigt und ein freier … aber wie gesagt: kein unbescholtener Mann.

Der SS-Oberscharführer Otto war im Grunde genommen ein kleines Rädchen in der gewaltigen Mordmaschine der Nazis. Nur – ohne solche Rädchen wie Otto hätte diese massen- und völkermordende Maschine nie funktionieren können. Ohne sie hätte es Auschwitz, Majdanek, Theresienstadt, Oradour, Lidice … und auch Buchenwald nicht gegeben.

Wer war dieser Wolfgang Otto? Genau wußte dies – der Legende nach – der 1909 in Pogutken geborene und 1967 in München gestorbene ehemalige polnische Buchenwald-Häftling Marian Zgoda. Auf seine Aussage wurde in der Hauptsache auch die Anklage gegen Otto und einige andere SS-Leute aufgebaut.

Zgodas Erzählung liest sich wie ein Karl-May-Roman. »Zwanzig bis fünfundzwanzig Minuten später verließen die Unterführer das Kremo. Dabei sagte Hofschulte zu Otto: ›Weißt Du, wer das war?‹ Otto antwortete: ›Das war der Kommunistenführer Thälmann!‹« Verwunderlich eigentlich nur, daß Otto nicht auch noch das Geburtsdatum Thälmanns hinzugesetzt hatte. Aber das wußte er damals nicht. Wahrscheinlich aber ahnten Hofschulte und Otto auch, daß sich Zgoda hinter einem Schlackehaufen verborgen hatte und auf genauere Informationen wartete.

Es ist nicht bekannt, ob irgend jemand Marian Zgoda im Laufe der Jahre einmal gefragt hat, woher er als Häftling eigentlich eine so genau gehende Uhr hatte – noch dazu eine mit Leuchtziffer. Wie sonst hätte er die genaue Zeit erkennen können, in der Thälmann seiner Meinung zum Krematorium gebracht und dort erschossen wurde? Immerhin war es doch dunkel hinter dem Schlackehaufen, wo Zgoda in der Nacht vom 17. zum 18. August 1944 – wie er später sagte – darauf lauerte, einst ein berühmter Gerichtszeuge zu werden. Er muß schon ein mutiger Mann gewesen sein, dieser Marian Zgoda. Ein anderer hätte bei diesem angeblichen starken Aufgebot von SS-Leuten schön den Kopf unten gehalten, um nicht selbst erkannt und hervorgezogen zu werden … wenn er sich überhaupt in diese für ihn als Häftling tödliche Gefahr begeben hätte. Das hätte für ihn den gleichen Weg bedeutet, den er Thälmann gehen sah – wie er sagte. Wobei der Schlackehaufen auch noch recht niedrig gewesen sein soll. Zgoda sah genau hin. Immerhin würde einmal wichtig werden, was er wahrnahm. Und so sah er auch Thälmann im Eingang des Krematoriums verschwinden … und wer ihn dabei ins Genick schoß. Natürlich auch Otto.

Später allerdings hat Zgoda seine Aussage ab und zu mal abgewandelt und diesen oder jenen als Mordschützen genannt. Auch hat er mal diesen und dann auch jenen am Krematoriumseingang gesehen. Otto soll immer dabei gewesen sein und auch Hofschulte und der stellvertretende Lagerführer Gust. Einmal bezeichnete Zgoda auch den ehemaligen SS-Sturmbannführer Otto Heinrich Barnewald, den Leiter der Allgemeinen Verwaltung von Buchenwald, als Todesschützen. Der allerdings konnte nachweisen, daß er an diesem besagten Abend gar nicht in Buchenwald gewesen war. »Barnewald,« so vermerkte F. K. Kaul, der DDR-Staranwalt und Vertreter der Nebenklägerin Irma Thälmann, 1965 in einem im Archiv gesperrten Bericht »war uns bislang unbekannt. Er scheint der unmittelbare Mörder Thälmanns zu sein (…) Ich vertrat die Ansicht, daß die Angabe von Zgoda, ein Unbekannter hätte geschossen, keineswegs den Beschuldigten Barnewald entlastet. Selbst wenn Zgoda den Barnewald gekannt hätte, was wohl zu unterstellen ist, brauchte er ihn angesichts der schwierigen Sichtverhältnisse, die für ihn im Krematorium herrschten, nicht erkannt zu haben.«

Man muß wohl ein Jurist ganz eigener Art sein, um nicht zu erkennen, daß die Aussage Zgodas dadurch natürlich wertlos wurde. Alle anderen hatte Zgoda ja genau erkannt. Und auch jedes ihrer Worte verstanden.

Zgoda erzählte, daß er von der allgemeinen Unruhe an diesem Tag und der Aufforderung, einen Krematoriumsofen anzuheizen, angeregt worden war, die Unterkunft zu verlassen und sich hinter den bewußten Schlackehaufen zu verstecken. Eigentlich wäre es den Krematoriumshäftlingen verboten worden, ihre Räume zu verlassen, die außerdem abgeschlossen worden wären. Er aber war durch einen Luftschacht nach draußen geklettert, um die später historisch wertvollen Beobachtungen anzustellen ... und dann nicht nur Zeuge in verschiedenen Gerichtsprozessen, sondern auch der Weltgeschichte zu werden.

Ein Weimarer Gericht, das irgendwann einmal eine Ortsbesichtigung machte, bestätigte denn auch die Richtigkeit von Zgodas Angaben über den Weg aus seiner Unterkunft zum Schlackehaufen. Was blieb ihm anderes übrig? 1963 vom Staatsanwalt wiederum vernommen, wurde Zgoda an seine Aussage von 1948 erinnert. Damals hatte er diesen Weg durch den Luftschacht beschrieben.

Am 16. Juli 1963 aber sagte er, daß er einen Besuch auf Block 27 gemacht und seinen Rückweg durch das Tor des Krematoriums genommen habe. »Welche Aussage ist richtig?«, fragte ihn der Staatsanwalt. Zgoda: »Meine damalige Aussage aus dem Jahre 1948 ist richtig.« Wäre er doch nur über die goldene Brücke der Staatsanwaltschaft gegangen. Denn: einige Jahre später stellte das bereits erwähnte Weimarer Gericht in einem neuerlichen Ortstermin – an dem nun bedauerlicherweise auch Richter und Staatsanwälte aus der Bundesrepublik teilnahmen – fest, daß es diesen Luftschacht Zgodas gar nicht gab. Rechtsanwalt Heinrich Hannover, der die Nachfolge Kauls nach dessen Tod übernommen hatte, meinte darauf lapidar, daß sich Zgoda hier sicher geirrt habe: »Den Weg durch den Luftschacht muß er ein anderes Mal genommen haben (...)« Vielleicht war es Zgodas Angewohnheit, durch Luftschächte kriechend seine Baracke zu verlassen.

Zgoda war nach seinen eigenen Angaben vor dem Staatsanwalt 1939 wegen »Abhörens eines Feindsenders« verhaftet und ins KZ Buchenwald gebracht worden. Später stellte es sich heraus, daß der Grund seiner Verhaftung eine damals verbotene Beziehung zu einer deutschen Frau gewesen war. Im Mai 1941 hatte er auf Befehl der SS ein Krematoriumskommando zusammengestellt. Auf die Frage des Staatsanwalts am Oberlandesgericht Köln, ob es zutrifft, daß er (Zgoda) im Krematorium Schnaps gebrannt und mit den für das Krematorium zuständigen SS-Unterführern Karten gespielt habe, antwortete Zgoda mit »Ja«. Zu erwähnen wäre noch, daß alle Zgoda betreffenden Unterlagen im Zentralen Parteiarchiv der SED gesperrt wurden. Das heißt, sie konnten normalerweise nicht eingesehen und erst recht nicht für Veröffentlichungen verwendet werden. Man wußte, warum.

Da war der Genosse Professor Dr. Walter Bartel. Durch die Umstände war er zum Historiker geworden. Die Umstände – das waren die Partei und ihre strenge, unerbittliche Kontrollkommission (PKK), die den gelernten Kaufmann auf diesen Weg brachten. Über den Kommunistischen Jugendverband war er schon 1923 zur KPD gekommen. Ende der zwanziger Jahre wurde er als »hoffnungsvoller Kader« an die Leninschule nach Moskau geschickt, von wo er 1932 auf Parteibefehl nach Deutschland zurückkehren mußte. Im Juni 1933 wurde er verhaftet und im Zuchthaus Brandenburg-Görden eingesperrt. 1935 wurde er entlassen und emigrierte in die Tschechoslowakei. Dort schloß man ihn »wegen Feigheit« aus der KPD aus. Er hatte eine Verpflichtungserklärung für die Gestapo unterschrieben. Erfüllt hat er sie sicher nicht. »Was ich unterschrieben habe, haben tausende andere unterschrieben«, erklärte er in einer inquisitorischen Befragung vor der PKK. Heute, meinte er dann »würde (ich) sagen, das tue ich nicht. Die Partei könnte das mißdeuten.« Auf jeden Fall aber wurde er nach dem Einmarsch der Nazis in die Tschechoslowakei von seiner Partei nicht in ein anderes Emigrationsland mitgenommen. Das besorgte dann 1939 die Gestapo. Sie brachte ihn in das KZ Buchenwald. Dort gehörte er bald zur illegalen Leitung der KPD, war also stillschweigend wieder aufgenommen worden. 1943 wurde Bartel Vorsitzender des Internationalen Lagerkomitees (ILK) in Buchenwald. Von 1946 bis 1953 durfte er Wilhelm Pieck als dessen persönlicher Referent zu Hand gehen.

1953 wurde die alte Geschichte von der Parteikontrollkommission wieder hervorgekramt und in Verbindung gebracht mit den – nach Meinung des Politbüros – dubiosen Beziehungen zu dem angeblichen amerikanischen Agenten Noël H. Field. Ein frame up schlimmster kommunistischer Sorte. Außerdem hatte das Politbüro – auf Drängen der »Freunde«, also der russischen Chefs – insgeheim das Verhalten der sogenannten Funktionshäftlinge im KZ Buchenwald untersuchen lassen. Darüber ist Genaueres nachzulesen im Buch des (nun) Jenaer Historikers Lutz Niethammer (Hg.) »Der gesäuberte Antifaschismus«. Darin bröckelt viel ab von dem propagandistisch aufgepeppten edelkommunistischen Betragen der kommunistischen Funktionäre in Buchenwald. »Jetzt sind die Kader zersetzt«, urteilte einer der PKK-Inquisitoren im Gespräch mit Bartel. Der: »Ich habe keine Übersicht, aber ich weiß nicht, ob man sagen kann, alles, was aus den Lagern kommt, ist zersetzt.« PKK: »Das haben wir nicht gesagt. Es haben ja auch nicht alle Funktionen gehabt.«(!) Es war die Zeit der großen Abrechnung der aus Moskau gekommenen KPD-Funktionäre mit denen, die im Lande geblieben oder in die westliche Emigration gegangen waren.

Entlarvend eine Feststellung der PKK, die der wahren Meinung des Politbüros entsprach und der Propaganda diametral widersprach: »Das ist die Frage nicht nur des Verhaltens im Lager, sondern überhaupt die Frage des Widerstandskampfes.« Bartel: »Wenn du sagst, bei uns im Lager war das richtig, kommt man auf die Linie, draußen gab es ein großes Versagen und drinnen nicht.« PKK: »Man kann nicht sagen, daß draußen ein Versagen war und drinnen nicht. Draußen war der Widerstand genausowenig aktiver Art wie drinnen.«

Bartel hatte 1953 Glück, daß er nicht verhaftet und wie sein Genosse Ernst Busse aus dem ILK im sowjetischen Gulag für immer verschwand. Vielleicht hatte sein Chef Pieck ein Wörtchen für ihn eingelegt. Vielleicht. Auf jeden Fall wurde er nach Leipzig – damals noch DDR-Provinz – verbannt. Hier entwickelte sich der für damalige Verhältnisse recht milde gemaßregelte Genosse Walter Bartel zum Historiker. Als er dann nach Berlin zurück durfte, wurde der Professor bald zu einem der führenden Geschichtswissenschaftler der DDR. 1992 ist er gestorben. Bartel – und deshalb fand er hier so ausführlich Erwähnung – war eines der eifrigsten Mariechen der Thälmannlegende. Unermüdlich strickte er auch mit an der Geschichte vom Thälmannmord in der Nacht vom 17. zum 18. August 1944.

Den Lebensweg Zgodas hatte er bestimmt schon viele Male im KZ Buchenwald gekreuzt, ehe er ihn bewußt wahrnahm. Das war während des bereits erwähnten Buchenwaldprozesses 1947 im ehemaligen KZ Dachau. Dort diente Zgoda – neben vielen anderen – gewissermaßen als Berufszeuge, wie ihn nach einer Angabe des Oberlandesgerichts Köln, der »später durch Selbstmord geendete Staatskommissar für das Entnazifizierungsverfahren« bezeichnete. Der Rechtsanwalt William O. Miller aus Maysville, USA, so geht aus dem erwähnten Beschluß des Kölner Gerichts ebenfalls hervor, hatte in seinem Bericht an den amerikanischen Kongreß behauptet, »›der eine Zeuge der Anklagevertretung, ein polnischer Insasse des Lagers Buchenwald‹, habe mehrere Male während des Verfahrens meineidige Zeugenaussagen gemacht«.

Das Gericht zitiert noch einen anderen Zeugen zu Zgoda. Der hatte am 2. August 1945 sein Gespräch mit »Marjan Sgota« in sein Tagebuch eingetragen. »Danach habe Sgota (so geschrieben), nachdem er seine Schandtaten im Krematorium Buchenwald erzählt hatte, und von M. gefragt wurde, wie er – Sgota – nach Begehung solcher Taten andere Leute so schwer belasten könne, noch dazu falsch, geantwortet: ›Wenn wir vor ein Militärgericht kommen, dann werde ich bestimmt zum Tode verurteilt. Bei der Vernehmung sagte mir aber ein Offizier, wenn ich die anderen belaste, dann kann ich frei kommen. Du kannst ja das gleiche tun, denn wir müssen alle sich uns bietenden Vorteile ergreifen. Warum soll ich mich hängen lassen, wenn ich freikommen kann. Da sollen vor mir erst einmal andere hängen‹.«

Wegen welcher Schandtaten im KZ Buchenwald Zgoda vor dem Militärgericht in Dachau stand, ist mir nicht bekannt. Doch nicht der Schandtaten im KZ Buchenwald wegen, die sie selbst zur Genüge kannten, verfolgten Bartel und seine Genossen diesen Prozeß in Dachau so aufmerksam, auch nicht, weil sie sich von ihm neue enthüllende und für ihre antifaschistische Propaganda nützliche Fakten versprachen, sondern vor allem, weil sie befürchteten, daß dort auch die (von Niethammer so treffend geschilderte) nicht immer ruhmvolle Tätigkeit der »roten Kapos« von Buchenwald zur Sprache kommen und für die antikommunistische Propaganda verwendet werden könnte. Anfang April 1947 konnte er Pieck noch beruhigen: »Nach Rücksprache mit vielen Zeugen ist noch keine Tendenz erkenntlich, den Prozeß gegen uns auszunutzen.« Zu jener Zeit fuhr Bartel zum Prozeß nach Dachau. Dort traf er den Polen Marian Zgoda. Wie andere auch.

So zum Beispiel war der nach dem Krieg erste Chefredakteur der »Frankfurter Rundschau«, Emil Carlebach, wie Bartel und Zgoda Buchenwaldhäftling gewesen. Neununddreißig Jahre später, 1986 im Krefelder Prozeß gegen den Thälmannmörder Otto, sagte Carlebach als Zeuge aus, der Pole Zgoda habe ihn während des Buchenwaldprozesses in Dachau angesprochen und ihm die von ihm (Zgoda) »beobachteten Umstände der Ermordung Ernst Thälmanns erzählt«. Eigentlich verwunderlich, daß der doch stets gut informierte Carlebach diese Geschichte Zgodas, die das Leben schrieb, nicht bereits in Buchenwald erfahren haben wollte. Dort wollte sie Zgoda doch schon am Mordtage vielen anderen berichtet haben. Wir werden bald sehen, daß sich Carlebach in Krefeld vielleicht doch geirrt hatte. Anfang April 1947 in Dachau will Carlebach diese Geschichte also von Zgoda erfahren haben. In seinem Reisegepäck nach Dachau aber hatte er einen Brief, den die beiden Vorsitzenden der SED, Pieck und Grotewohl, am 8. April 1947 an Mr. Denson, den Hauptankläger beim amerikanischen Militärgericht in Dachau gerichtet hatten. Darin schrieben Pieck und Grotewohl, daß Thälmann bis zum 24. August 1944 »niemals im Lager Buchenwald« gewesen sei.

»Richtig ist, daß Thälmann nach dem Luftangriff im Krematorium des Lagers Buchenwald ermordet wurde.« Der Brief wurde damals in den Zeitungen veröffentlicht. Man konnte diese Zeitungen später natürlich nicht mehr ungedruckt machen. Doch man konnte auf die nur allzu menschliche Vergeßlichkeit setzen. Den Entwurf dieses Briefes aber konnte man in ein tiefes, tiefes Archivfach legen und dieses Fach sehr fest zusperren. Kein Unberufener sollte ihn je zu Gesicht bekommen. Die Legende durfte nicht gefährdet werden. Er stammte übrigens von Walter Bartel. »Da ich über Frankfurt fahre«, teilte er seinem Chef Pieck in einer Notiz mit, »kann ich den genehmigten Text dem Genossen Carlebach übergeben, der am 11. (April 1947) bestimmt bei der Eröffnung (des Prozesses in Dachau) ist und ihn dort der ausländischen Presse übergeben soll.« Und diesen Parteibefehl hat der Genosse Carlebach natürlich befolgt. Zuerst einmal kannte er also die offizielle Version von der Ermordung Thälmanns nach dem Luftangriff auf Buchenwald am 24. August 1944 ... und sorgte aktiv für ihre Verbreitung. Und gleichzeitig also lernte er – wie er später behauptete – Zgodas Variante kennen und glaubte sie sofort? Verbreitete er sie auch – im Dienste der Wahrheit? Genehmigt oder ungenehmigt?

Bleiben wir erst einmal bei dieser Variante. Danach ist Thälmann am 17. August 1944 aus dem Gefängnis in Bautzen abgeholt und nach Buchenwald gebracht worden. Dort soll er um Mitternacht im Krematorium erschossen worden sein. In einem 1965 geschriebenen Bericht notierte der Vertreter der Nebenklägerin, Professor Kaul, daß Thälmann – einem verläßlichen Zeugen nach – an einem Sonnabendnachmittag in Bautzen abgeholt und in Richtung Westen aus der Stadt abtransportiert worden sei. Der 17. August 1944 aber war ein Donnerstag.

Zgoda will gesehen haben, wie Thälmann von fremden SS-Offizieren durch ein Spalier von SS-Leuten aus Buchenwald ins Krematorium geführt worden ist. Die fremden SS-Offiziere konnte er nicht identifizieren. Vor dem Krefelder Gericht sagte auch die Lebensgefährtin Zgodas, Felicia Kelch, als Zeugin aus. Ihr gegenüber, so erklärte sie, habe Zgoda nie von Otto oder Berger oder irgendeinem anderen der in seiner Aussage aufgeführten SS-Leute von Buchenwald als »Mordschützen« gesprochen. Otto und Berger habe er in seinen Erzählungen immer gelobt, sagte Frau Kelch. »Mit Thälmann hätten die nichts zu tun.« Diejenigen, die auf Thälmann geschossen haben, »das waren fremde SS-Leute, hohe Offiziere, die ich nicht kannte«. Die SS-Leute aus Buchenwald aber kannte er alle und nannte sie auch beim Namen. Allerdings waren es eben bei den einzelnen Vernehmungen Zgodas ab und zu verschiedene SS-Leute, die dabei waren. Auch sollen es – so seine Aussage von 1948 – die SS-Unterführer Hofschulte und Otto gewesen sein, die sich über die Ermordung Thälmanns unterhalten hatten. Später nannte er statt Hofschulte den SS-Oberscharführer Werner Berger, diesen sogar mit Vornamen. 1963 sagte er dann, es seien alle drei, also Hofschulte, Berger und Otto, gewesen. Die Widersprüche, es waren noch mehr, fochten die Kläger aus der DDR nicht an. Sie fanden stets eine Erklärung. Die von Kaul immer wieder aufgestellte »Täterliste« ist denn auch nicht immer einheitlich.

Auf jener von 1964 fehlt zum Beispiel der ehemalige SS-Obersturmführer Erich Gust, damals 2. Lagerführer von Buchenwald. Der war in jeder Hinsicht für die »rastlosen« Fahnder aus der DDR, die eine »schonungslose Aufhellung des Thälmannmordes« wollten, gestorben. Dabei lebte er, wie Pressemeldungen nach der Wende zu entnehmen war, noch bis Februar 1992 unter dem Namen Franz Giese in Melle bei Osnabrück. Dort hatte er ein Nobelrestaurant für exquisite Gäste unterhalten. Auch Prominenz aus Bonn ging bei ihm ein und aus. Dieser und jener davon ließ sich sogar zusammen mit dem Wirt des Gasthauses »Heimathof«, Franz Giese, für das Gästebuch fotografieren.

Die Berichte, die sich auf den Leiter der Ludwigsburger Zentralstelle zur Aufklärung von Naziverbrechen, Alfred Streim, bezogen, enthüllten, daß Gust-Giese von den Organen der DDR bewußt vergessen worden war. Vergessen hieß aber nicht, daß er von der DDR-Staatssicherheit nicht nach allen

Regeln der konspirativen Kunst ausgespäht worden war. Es wurde gemutmaßt, daß Gust im Auftrage des MfS oder, eher noch, des »großen Bruders« untergetaucht und dann, großzügig für sein Unternehmen ausgestattet, als Giese wieder aufgetaucht war. Parallelen dazu gibt es mehr als genug.

Sollte sich eines Tages einmal auch das dafür zuständige Geheimdienst-Archiv öffnen, wird man Klarheit erlangen. Haben die Nebenkläger aus der DDR, zumindest Kaul, davon gewußt, daß die Staatssicherheit, und damit natürlich der SED-Generalsekretär, also erst Ulbricht und dann Honecker, den Aufenthalt von Gust-Giese genau gekannt haben? Wäre seine richterliche Aussage nicht zwingend notwendig gewesen? Welcher Zynismus, welche Stumpfheit gehört dazu, einen der wichtigsten Zeugen für die Anklage gegen Otto, überhaupt für die angezeigten Vorgänge in der bewußten Augustnacht 1944 zu unterschlagen? Antifaschismus der (DDR-)Tat!

1962, nach dem Tode ihrer Mutter, avancierte Tochter Irma zur Nebenklägerin in den Verfahren gegen die Thälmannmörder. Das führte dazu, daß Kaul seine Prozeßvollmacht erneuern mußte. Erst am 18. März 1964 gelang ihm das. Irma Gabel-Thälmann, die »nicht ruhte und nicht rastete« bei der Verfolgung der Mörder ihres Vaters, unterschrieb dann diese Vollmacht – auf Anweisung des ZK. »Ich hatte Dich«, schrieb Kaul am 18.01.1963 an den »Genossen Stadtler, Zentralkomitee der SED«, »am 1.11. gebeten, mir möglichst bald eine Vollmacht der Tochter der Genossin Thälmann zu übermitteln (...) Heute nun suchte mich der Genosse Staatsanwalt Foth auf, der den Auftrag hatte, mit mir zu besprechen, wie man dieses Verfahren weiter fördern könne. Ich habe ihn darauf hinweisen müssen, daß ich durch den Tod der Genossin Thälmann und die noch nicht erfolgte Bevollmächtigung durch die Tochter der Genossin Thälmann aus dem Verfahren völlig ausgeschaltet bin.« Und da stellte man sich immer vor, daß Mutter und Tochter – einzig vom Bestreben erfüllt, den oder die Mörder ihres Mannes und Vaters zur Rechenschaft zu ziehen – von sich aus mit dem Rechtsanwalt sprachen und ihn mit ihrer Prozeßvertretung beauftragten. Da haben sie den gewiß nicht billigen Kaul wohl auch selbst gar nicht zu bezahlen brauchen? Und wohl auch den Herrn Heinrich Hannover nicht, den Strafverteidiger aus Bremen, der nach dem Tode Kauls die Vertretung der Nebenklägerin übernahm? Auf jeden Fall war Frau Gabel-Thälmann aber – wie es in Zeitungsmeldungen hieß – am 25. November 1986 dabei, als in einem »akademischen Festakt« der Rechtsanwalt und Notar Heinrich Hannover vom Wissenschaftlichen Rat der Humboldt-Universität zu Berlin die Würde eines Doctor juris honoris causa erhielt. Akademiker unter sich.

November 1986, das war einige Monate nach dem Prozeß vor dem Landgericht in Krefeld, wo Otto – nicht zuletzt durch den Einsatz von Heinrich Hannover – schuldig gesprochen wurde und eine Gefängnisstrafe erhalten hatte. Ein Urteil, das später allerdings wieder aufgehoben wurde.

Zgoda hatte in seiner ersten Aussage angegeben, gegen neun oder neun Uhr dreißig morgens den Krematoriumsofen mit Koks geheizt zu haben. Sein Kapo Müller, ein Berufsverbrecher, aber sagte, daß am fraglichen Tage »für die Sonderaktion der Ofen gegen 22.00 oder 22.30 Uhr angeheizt worden« ist. Nach Müllers Erinnerung aber habe diese Sonderaktion acht bis 14 Tage nach dem Bombenangeriff auf Buchenwald stattgefunden. Die Angaben Zgodas, erklärte Müller, seien »ein glattes Märchen«.

Der Staatsanwalt, so zwischen unterschiedliche Aussagen gestellt, beschloß, Zgodas Aussagen von 1948 als gültig anzuerkennen, obwohl er an ihnen zweifelte, wie aus den Unterlagen hervorgeht. Im November 1974 jedoch überzeugten den Oberstaatsanwalt Dr. Gehrling diese Zweifel so weit, daß er beschloß, das Verfahren gegen Otto oder andere einzustellen. Mir erscheinen die Argumente dieses Oberstaatsanwalts überzeugend. Der Nebenklägerin aus der DDR und ihren Vertretern aber natürlich auftragsgemäß nicht. Deshalb betrieben sie das Verfahren auch weiter bis zum endgültigen Ende 1989.

Zeugen für die Wahrheit?

Kehren wir noch einmal zum Prozeß in Dachau 1947 zurück. Bartel und seine Genossen hatten beschlossen, in die Gegenoffensive zu gehen. Sie ließen Listen über die SS-Leute des Lagers aufstellen und forderten die ihnen bekannten Häftlinge auf, ihre Anklagen gegen diese Angehörigen der 3. SS-Totenkopfstandarte, die die Wachmannschaften von Buchenwald stellte, anzugeben. Die Liste ist lang, enthält viele Namen und auch Fotos. Sicher ist auch Gust darauf mit abgelichtet. War sie deshalb in der DDR nur einem kleinen Personenkreis zugänglich, war sie deshalb von der Staatssicherheit archiviert worden? Wir finden darauf auch die Namen, die Zgoda als Todesschützen oder Beteiligte angegeben hatte. Fast alle werden als »Schläger« bezeichnet, als Leute, die an Mißhandlungen oder an Erschießungen von sowjetischen Kriegsgefangenen teilgenommen haben. Keiner aber wird von irgendeinem der Zeugen auch nur in Verbindung zu Thälmann oder zum Mord am KPD-Vorsitzenden gebracht. Und unter diesen Zeugen sind gar manche, die später in den verschiedenen Verfahren vor den bundesdeutschen Gerichten als Belastungszeugen auftauchten und aussagten, daß sie bereits damals vom Mord an Thälmann erfahren hatten – unmittelbar am 18. August 1944. Mancher war darunter, der eine Karriere in der DDR oder in der SED gemacht hatte – zum Beispiel als Mitarbeiter im Zentralkomitee der SED. Sie waren an Parteidisziplin gewöhnt.

Einer, der es bereits damals gewußt hatte, war natürlich Walter Bartel ... der »Nestor der Buchenwald-Geschichtsschreibung«, wie er in einem Nachruf auf ihn bezeichnet wurde. Es hieß darin auch, daß er unermüdlich den DDR-

Bürgern, besonders der jungen Generation, die »Lehren der Geschichte« vermittelt habe. Auch die seiner eigenen Geschichte? Unzählige Interviews hat Walter Bartel über die Ermordung Thälmanns in Buchenwald gegeben, viele Artikel darüber verfaßt. Immer war er dabei auch einer der Zeugen, einer derjenigen, der es gleich am nächsten Morgen erfahren hatte. 1987 erzählte er zum Beispiel, daß bereits beim Morgenappell am 18.8.1944 »uns alten Buchenwaldern eine merkwürdige Unruhe unter den SS-Leuten aufgefallen war«. Warum hätten diese SS-Leute, die doch Menschen en masse exekutiert hatten, unruhig sein sollen? Noch dazu, wenn sie einen einzelnen umgebracht hatten, zu dem sie überhaupt keine Beziehung hatten? »Dann machte das Gerücht die Runde, Ernst Thälmann sei in der Nacht im Krematorium ermordet worden«, fügte Bartel hinzu. Einige Jahre früher, im August 1979 hatte er im DDR-Rundfunk verlautbart, daß »die Häftlinge nicht unmittelbar vom Mord erfahren« hätten.

Das geschah erst, »nachdem die faschistische Presse und der Rundfunk am 14. September mitgeteilt hätten, Ernst Thälmann und Rudolf Breitscheid seien bei einem Bombenangriff ums Leben gekommen«. Und im Juni 1948 hatte er an das thüringische Justizministerium geschrieben: »Ich bedaure, Ihnen keine näheren Angaben über die Ermordung Thälmanns machen zu können (...) Alle meine Kenntnisse, die ich habe, beruhen lediglich auf den Ihnen bekannten eidesstattlichen Versicherungen verschiedener Zeugen.« Wenige Tage zuvor hatte er gleiches auch einer »Genossin Hilde Neumann« (sicher im ZK oder in der VVN-Leitung) mitgeteilt: »(...) ich kann also selbst weiter nichts hinzufügen.« Später allerdings hat er, wie gesagt, vieles hinzugefügt.

Eine seiner rührseligsten Geschichten war sein Bericht über die Trauerfeier für Thälmann im KZ Buchenwald. Das war am 18. September 1944 – also einige Tage, nachdem die Häftlinge vom Tode des KPD-Vorsitzenden durch den Nazirundfunk erfahren hatten. Übrigens auch ein Zeichen dafür, daß sie vorher nichts wußten. Die illegale KPD-Leitung im KZ glaubte noch bei Bekanntgabe seines Todes durch Rundfunk und Presse nicht, daß Thälmann in Buchenwald ermordet worden war. Bartel hat immer so erzählt, als ob er selbst bei dieser Feier anwesend gewesen war. Tatsache aber war, daß sie gegen den Willen der illegalen Leitung – also auch gegen den Willen Bartels – vor allem durch Funktionäre der KP-Opposition (KPO) veranstaltet wurde.

Darunter war zum Beispiel Robert Siewert, der lange an prominenter Stelle in Opposition zu der von Thälmann geführten KPD gestanden hatte und aus dieser Partei ausgeschlossen worden war. Später nahm er einen leitenden Posten in der DDR ein. Er hielt auch die Trauerrede. Es war – wie berichtet wurde – eine erhebende Feier mit Fahnen, mit Musik und Rezitationen. Einer der Rezitatoren war der spätere Sprecher im Berliner Rundfunk, Karl Schnog. In diese Feier hatte sich einer der vielen Gestapospitzel des Lagers – man rechnete einen Spitzel auf zehn Häftlinge – eingeschlichen. Die Folge war, daß die Gestapo dann Ende Oktober viele Kapos in ihre Dienststelle nach Weimar brachte, sie dort verhörte, um der kommunistischen Organisation auf die Schliche zu kommen, sie »aufzurollen«. Robert Siewert kam in den Bunker.

Die mit den Strukturen des Lagers nicht vertraute Weimarer Gestapo aber war sichtlich überfordert und konnte keinen Erfolg erzielen. Ein Teil der abtransportierten Teilnehmer der Trauerfeier kam ins Lager zurück, andere wurden in Außenstellen des Lagers untergebracht oder im Gefängnis Ichtershausen bei Arnstadt eingesperrt. Bartel, der selbsternannte Held, aber war nicht betroffen.

Mit ihren »Zeugen« konnte die Nebenklage nichts oder kaum etwas gewinnen – wenn man von der beabsichtigten propagandistischen Wirkung in der DDR absieht. Sie sagten im Wesentlichen das aus, was die SED-Führung von ihnen erwartete – soweit sie selbst bei den einzelnen Prozessen zugegen waren. Eine ganze Reihe von Aussagen aber wurden den Gerichten auch schriftlich zugestellt. Bei Vergleichen mit den im Archiv gesperrten Originalen, wird man jedoch gravierende Unterschiede feststellen. Solche Zeugenaussagen waren gründlich bearbeitet worden.

In Verbindung mit einem Ende der fünfziger Jahre eingeleiteten Verfahren gegen den KZ-Aufseher Otto, das nichts mit Thälmann zu tun hatte, wurde auch der ehemalige Buchenwaldhäftling Ludwig Landwehr, langjähriger Kommunist und seinerzeit Mitglied des Parteivorstandes der DKP, als Zeuge gehört. Bei dieser Vernehmung sagte er nichts über Otto als einen der sogenannten Thälmannmörder aus. Das fiel ihm merkwürdigerweise erst ein Jahr später ein. Ludwig Landwehr war eben zeit seines Lebens ein disziplinierter Genosse. 1962 also erstattete er erst Anzeige gegen Otto und Berger – zur rechten Zeit. 1962 – das war ein Jahr nach dem Mauerbau in Berlin. Ablenkung von der eingemauerten DDR und vom Mauerbauregime tat not. Und wodurch konnte man wohl besser ablenken als mit dem Fingerzeig auf die »vielen Naziverbrecher, die noch immer frei und unbestraft in der BRD herumlaufen«. Hier Antifaschismus – da Faschismus. Seiner Anzeige fügte Landwehr auch gleich die Aussage von Zgoda bei. Woher hatte er sie wohl?

1965 behauptete Rechtsanwalt Kaul, Zgoda habe am Morgen des 18. August ein Paar Herrenhalbschuhe vor dem Krematoriumsofen und in der Asche das ausgeglühte Gehäuse einer Taschenuhr gefunden. Andere Zeugen reklamierten diese Funde für sich. Das »ausgeglühte« Uhrgehäuse reduzierte sich bei ihnen dabei zu einem zusammengeschmolzenen Stück Metall. Um es aber ganz »idiotensicher« zu machen, ließ man einen dieser Zeugen eine ausgeglühte Taschenuhr mit dem eingravierten Namenszug Ernst Thälmanns finden … und um die Sache abzurunden auch noch ein Paar Schuhe mit den Initialen Thälmanns. Nun kann man Thälmann bestimmt manches nachsagen, eines aber bestimmt nicht, nämlich, daß er ein Snob gewesen wäre, der sich sogar seinen Namen in das Schuhleder prägen ließ. »Weniger wäre hier mehr gewesen.«

Da Zgoda 1986 längst tot war, mußte seine Geschichte irgendwie am Leben erhalten werden. Nicht ganz klappte das allerdings mit dem dafür bemühten polnischen Zeugen Zbigniew Fuchs. »Neues Deutschland« berichtete, daß bei dem bereits erwähnten Ortstermin am 10.12.1985 in Buchenwald

Fuchs »seine bereits vor dem Krefelder Landgericht gemachten Aussagen« bestätigt und konkretisiert habe. Danach hätte er »nach seinen Angaben in der Mordnacht (vom 17. zum 18.8.) von der Häftlingsunterkunft aus ein vorfahrendes Auto, Stimmen sowie später drei Schüsse gehört«. Zusammen mit anderen Häftlingen hätte Fuchs am nächsten Morgen in der Asche die Überreste einer Uhr gefunden. Fuchs hatte aber eine Woche zuvor im Prozeß gesagt, daß sich in den Ascheresten ein Stück Metall befand, »vermutlich die Reste einer Uhr«.

Was »Neues Deutschland« ebenfalls verschwieg, war die Aussage von Fuchs vor dem Krefelder Gericht, daß er am Morgen des 18.8.1944 von seinem Kapo gefragt worden war, ob er denn eigentlich wisse, wer heute nacht beseitigt worden sei? Daraufhin hätte ihm dieser erklärt: »Das war der Kommunistenführer Thälmann.« Hatte das nicht – laut Zgoda und Kaul und vieler anderer – Otto zum SS-Oberscharführer Hofschulte gesagt? Vielleicht hat das überhaupt dieser und jener jenem und diesem erzählt? Außerdem bestritt Fuchs »energisch einige Details der Darstellung des einzigen Mannes, der Zeuge dieses Vorfalls gewesen sein will, des KZ-Häftlings Marian Zgoda.« Vielleicht sei dieser gar nicht mit eingeschlossen worden. »Aber nach dem Abschließen hat keiner die Räume verlassen. Da sei er ganz sicher.« Das war, wie gesagt, kurze Zeit vor dem Ortstermin, als sowieso offenbar wurde, daß Zgoda den abgeschlossenen Raum nicht verlassen konnte ... weil es den angeblichen Ausstieg gar nicht gab.

Einer, der bereits damals alles wußte, war der 1920 in Breslau geborene kaufmännische Angestellte und spätere Lehrer Klaus Trosdorf. Er war von April 1944 bis zur Auflösung des Lagers Häftling in Buchenwald. Lange Jahre leitete er dann als Direktor die Nationale Mahn- und Gedenkstätte Buchenwald. Für ihn war die Geschichte Buchenwalds allerdings im Mai 1945 zu Ende. Was danach dort – im Speziallager Nr. 2 des NKWD – geschah, schien ihn nicht zu interessieren, zumindest hat er sich nicht öffentlich darüber geäußert.

Als Zeuge im Prozeß gegen Otto vor dem Düsseldorfer Landgericht sagte er aus, daß er – als Häftling – bereits Tage vor dem Luftangriff vom Tode Thälmanns erfahren habe. Warum hat er dann damals nicht protestiert gegen die im erwähnten Brief Piecks und Grotewohls veröffentlichte Version, daß Thälmann erst nach dem Luftangriff am 24. August 1944 in Buchenwald ermordet worden ist? Definitiv war darin ja auch festgestellt worden, daß Thälmann zuvor nicht in Buchenwald gewesen ist.

Als wichtiger Zeuge wurde auch immer wieder der SS-Hauptscharführer Werner Fricke zitiert. Der von seinem Lagerkommandanten mehrfach ausgezeichnete Fricke, der bereits 1932 als damals 24jähriger der SS beigetreten war, war der Standesbeamte des Lagers Buchenwald. 1947, vor dem amerikanischen Militärgericht in Dachau, hatte er ausgesagt, daß ihm der Name Thälmanns erst nach dem 24. August 1944 bekanntgeworden sei. Es sei »damals in der Zeitung bekanntgegeben worden, daß bei einem Angriff der ehemalige Abgeordnete Breitscheid und der damalige Führer der KPD, Thälmann, ums Leben gekommen seien«. In vielen Veröffentlichungen wurde das von Fricke genannte Datum 24.8.1944 einfach »übersehen«. In anderen wurden die kleinen Wörtchen »in der Zeitung« unterschlagen. Doch diese drei Worte besagen, daß Fricke frühestens am 15. September 1944 vom Tode Thälmanns gehört haben konnte. Alles, was Fricke dann noch aussagte, konnte sich also nur auf den Zeitraum nach dem 15. September beziehen. Vor dem Staatsanwalt hatte er allerdings erklärt, vom Tode Thälmanns erst durch Zgoda in alliierter Haft erfahren zu haben. Zgoda jedoch stellte – wie es im Juristendeutsch heißt – »entschieden in Abrede, mit Fricke über die Ermordung Thälmanns und die Anwesenheit Ottos bei dieser Aktion gesprochen zu haben«. Seine Aufgabe, den Tod Thälmanns zu dokumentieren, datierten die Ankläger aus der DDR auf die Tage nach dem 18. August 1944.

Der Elektriker und Buchenwaldhäftling Armin Walther aus Riesa habe am 28. August 1944 den Totenschein für Thälmann in der Rapportbürostube des KZ gesehen. Bei dieser Gelegenheit habe er auch ein Gespräch zwischen den SS-Unterführern König und Tulla gehört, daß Thälmann in Buchenwald exekutiert worden sei. Diese Aussage wurde für den Prozeß – zum Beispiel auch in Düsseldorf – verwendet. Weggelassen aber wurde, was Walther wirklich über dieses Gespräch gesagt hatte: Der eine hat dabei erklärt, »daß man am 28. August 1944 mit 19 Fallschirmspringern auch Ernst Thälmann exekutiert habe«. Juristische Genauigkeit und Geschichtsschreibung ganz eigener … realsozialistischer Art.

Der in dieser Schrift bereits mehrfach erwähnte Schriftsteller Willi Bredel, dessen Buch über Thälmann bis zum Erscheinen der »offiziellen Biographie« eines der Hauptinstrumente für den propagandistischen Umgang mit Thälmann war, zitiert darin Walter Hummelsheim. Dieser war vor 1933 Sekretär des ehemaligen Reichskanzlers Franz von Papen: »Vier oder fünf Tage nach dem Bombenangriff auf die Fabrikanlagen von Buchenwald im vorigen August (1944) wurde Ernst Thälmann in das Lager gebracht und mit acht oder neun anderen kommunistischen Parteiführern erschossen.« Das wäre am 28. oder 29. August gewesen. Einige Zeilen weiter lesen wir die Beteuerung Walter Bartels, daß Thälmann bis zum Bombenangriff überhaupt nicht im Lager Buchenwald gewesen ist. Die Metamorphosen solcher SED-Funktionäre wie Walter Bartel sind wirklich erstaunlich.

Der aus Bayern stammende, 1968 verstorbene Karl Feuerer, den die Nazis 1933 einsperrten und 1937 nach Buchenwald brachten, wo er verschiedene Häftlingsfunktionen innehatte, schrieb 1946 in etlichen Zeitungen über den Tod Breitscheids und Thälmanns. »Daß Thälmann in Buchenwald gewesen sein soll, das erfuhren wir erst durch die Schwindelmeldungen des DNB (Deutsches Nachrichtenbüro). Die internationale Widerstandsorganisation war in der Regel immer gut informiert (…) Zwei im Krematorium beschäftigte zuverlässige politische Häftlinge, ein Pole und ein Tscheche, mit denen ich selbst gesprochen habe, erklärten, daß wenige Tage nach dem Bombenangriff nachts ein schwarzer Personenwagen in den Hof des Krematoriums einfuhr.« 1962 wußte es Feuerer auf einmal anders und – natürlich! – besser. In dem seinerzeit in Hamburg erschienenen Wochenblatt »Die Andere Zeitung« vom 3. Mai

1962 betete er nicht nur die Zgoda-Geschichte nach, sondern ihm war auch eingefallen, daß er selbst damals – also am 18. August 1944 – vom Mord an Thälmann gewußt hatte. Welche Gedankenleistung … und welches Beispiel für die Allmacht der Legende – eine Legende »die wir erfunden haben, um sie zu verbreiten«.

Die von Bredel zitierte Angabe von Hummelsheim wurde auch durch das KPD-Politbüromitglied Franz Dahlem bestätigt. Er schrieb am 15. Juni 1945 an Pieck, der sich zu dieser Zeit noch in Moskau befand. Aus dem KZ Mauthausen kommend, war Dahlem mit einer sowjetischen Militärmaschine ebenfalls dorthin geflogen worden. Jahrelang hatte er die Auslandsleitung der KPD geführt und auch die Verbindung zu Thälmann in der Haft organisiert. Auf seiner Reise von Mauthausen nach Moskau habe er, so notierte er für Pieck, »von dem österreichischen Genossen Sindemann, der aus dem KL Buchenwald kam« erfahren: »(…) am 27. August (1944) kam ein Transport von wenigen Leuten nach Buchenwald, die sofort in die Krematoriumsräume eingeliefert und dort liquidiert wurden. Gefangene wollen bei der Einlieferung Ernst Thälmann erkannt haben.« Dahlem hatte sich allerdings beim Datum verschrieben. Wie aus dem Schreiben einwandfrei hervorgeht, meinte er den 28. August, den Tag des angeblichen Luftangriffs. Auch diese Aussage wurde im Archiv »gesperrt«.

Im 1945 veröffentlichten Bericht des Internationalen Lagerkomitees von Buchenwald, dem bekanntlich auch Bartel angehörte, wird erwähnt, daß im August 1944 auch englische Fallschirmspringer in Buchenwald eingeliefert worden sind. »Einen Tag später hängte man einen Teil von ihnen im Krematorium auf. Der Rest folgte später.« Diese Feststellung korrespondiert mit der erwähnten Aussage von Armin Walther. Das Hängen war zu jener Zeit in Buchenwald überhaupt eine bevorzugte Art der Hinrichtung. Auf Befehl der SS wurde es von den BV(Berufsverbrecher)-Häftlingen im Krematorium vorgenommen.

In diesem Zusammenhang erhält auch eine Notiz Gewicht, die im März 1946 die Kaderabteilung im KPD-Zentralkomitee erreicht hatte. Darin teilte der (in dieser Schrift bereits erwähnte) Rechtsanwalt Fritz Ludwig mit, er habe »mit einem Gustav Lindner aus Halberstadt gesprochen, der angab, die Leiche des Genossen Thälmann in Buchenwald gesehen zu haben. Sie habe Strangulationsmerkmale aufgewiesen.« Auch diese Notiz wurde im Stahlschrank eingeschlossen. Oder hat sie etwa jemand dem Gericht oder dem Staatsanwalt zugänglich gemacht?

Im Zentralen Parteiarchiv der SED befand sich auch ein Hymnus über die »letzten Worte des Genossen Ernst Thälmann in der Nacht vom 27. zum 28. August 1944, vor seiner Ermordung in dem Krematorium des KZ Buchenwald«. Darüber – so heißt es in dem Schriftstück – teilte »ein Berufsverbrecher, der die Verbrennung der Leichen vornahm, folgendes mit, wie er aus dem Munde des Genossen Thälmann vor seiner Ermordung hörte (...) Genosse Thälmann starb als Held und vor dem Tode verfluchte er den Faschismus für seine schurkischen Taten«. Es folgen recht phrasenhafte Ausrufe – angeblich von Thälmann in der Stunde seines Todes. Dieser Berufsverbrecher hat sich bei seiner Darstellung seinen Zuhörern angepaßt. »Ich gebe mein Leben für das Proletariat Deutschlands.« Mit diesen Worten schloß der Bericht. Es ist nahezu mit Sicherheit anzunehmen, daß der Krematoriumskapo Josef Müller der zitierte »Berufsverbrecher« war. In Dachau saß er mit auf der Anklagebank, weil er aktiven Anteil an den Scheußlichkeiten der SS im KZ Buchenwald genommen hatte. Wie Otto wurde auch er verurteilt und später wieder begnadigt und freigelassen.

Die Historikerin im IML Luise Kraushaar schrieb 1947 in einem Artikel: »Ernst Thälmann wurde von den faschistischen Henkern erschlagen.« Die sowjetische Zeitung für Deutschland, »Tägliche Rundschau«, hatte bereits ein Jahr früher viel deutlicher gesagt, daß der Kapo Müller Ernst Thälmann mit einer Keule totgeschlagen habe. Das Blatt berief sich auf die Zeitung »Westdeutsches Volksecho« vom 30. Juli 1946. Danach konnte der Berufsverbrecher Müller, auf dessen »Schuldkonto der Mord an hunderten Antifaschisten kommt«, in Dortmund festgenommen werden. »Müller selbst gibt zu, die eingelieferten Häftlinge mit einer Keule totgeschlagen zu haben, bevor er sie in den Verbrennungsofen schob. Über die Mitschuld an dem Mord an Ernst Thälmann befragt, sagt Müller aus, daß er Schüsse gehört und man ihm dann die Leiche Thälmanns zur Verbrennung übergeben habe. Demgegenüber steht die eidesstattliche Versicherung des Wachtmeisters der Kreispolizei Weimar, Faultraber, der aussagt, daß der Mörder Müller Ernst Thälmann mit einer Keule totgeschlagen hat. Für seine Mordtaten erhielt Müller von der SS-Lagerleitung Sondervergütungen, bestehend aus Schnaps, Zigaretten, der SS-Verpflegung usw. (...) Müller hat auch öffentliche Hinrichtungen auf dem Appellplatz vorgenommen.

Im November 1946 hatte Bartel eine »Hausmitteilung an die Genossen Pieck und Grotewohl« gerichtet. Darin machte er auf die einander widersprechenden Meldungen über den Tod Thälmanns und des SPD-Reichstagsabgeordneten Breitscheid aufmerksam. Der Nazirundfunk hatte am 14. September und die Nazipresse am 15.9. gemeldet, daß beide bei einem alliierten Bombenangriff am 28. August 1944 auf Buchenwald umgekommen seien. Nachdem der britische Rundfunk diesen Angriffstag dementiert hatte, wurde dann am 17. September auch von der Nazipresse der richtige Angriffstag, der 24. August, genannt. Dabei sei Breitscheid umgekommen. Thälmann aber sei bis zu diesem Tage nicht in Buchenwald gewesen. Bartel forderte in seiner Hausmitteilung nun, »allen Parteileitungen und Zeitungen eine offizielle Information über die bisherigen Feststellungen zu geben«. Damit sollte endlich Klarheit darüber geschaffen werden, daß Thälmann nicht vor dem 24. August in Buchenwald ermordet worden ist. Gleichzeitig wies Bartel darauf hin, daß unter den »angeschuldigten Kriegsverbrechern (im Dachauer Prozeß) ein Buchenwaldhäftling sitzt, der im Krematorium von Buchenwald bis 1944 beschäftigt war. Dieser Häftling gab Kipp (auch er wird im Buch von Niethammer über die »roten Kapos« von Buchenwald beschrieben) eine detaillierte Darstellung des Mordes an Ernst Thälmann im Krematorium. Den genauen Tag konnte der Häftling aber nicht mehr feststellen. Nach seiner Meinung war es in der ersten Septemberhälfte 1944.« Die Legende wurde festgeschrieben. Bartel und seine Leute waren schon aktiv bei diesem Prozeß. So sorgten sie auch dafür, daß ein Reporter des Berliner Rundfunks nach Dachau fuhr, um sich dort mit ehemaligen Buchenwaldhäftlingen – sprich: KPD-Funktionären, denn das waren ja die »wahren Antifaschisten« – zu unterhalten.

Ende April 1988 meldeten die Zeitungen der DDR unisono, daß im Prozeß um den Thälmannmord neue Beweisanträge gestellt worden seien. Gemeint war der Prozeß vor dem Landgericht in Düsseldorf. Damit sollten vor allem die »Versuche der BRD-Justizbehörden« zurückgewiesen werden, »die Glaubwürdigkeit des Hauptbelastungszeugen Marian Zgoda in Zweifel zu ziehen«. Das Ziel war klar, war bereits einige Jahre zuvor im Krefelder Prozeß von Rechtsanwalt Hannover formuliert worden: »Ich bin aber darüber hinaus der Meinung, daß das Gericht den Angeklagten auch dann schuldig sprechen muß, wenn es sich nicht davon überzeugen sollte, daß er zu der Personengruppe gehörte, aus der die tödlichen Schüsse auf Thälmann gefallen sind.« Das Gericht in Krefeld hatte sich überzeugen lassen. Deshalb nun fand dieser Prozeß vor dem Landgericht in Düsseldorf statt. Zu den neuen Beweisanträgen in Düsseldorf gehörte auch, wie es hieß, »die Nachschrift eines Tonbandes, das der Journalist des Deutschlandsenders Werner Klein am 21. April 1947 während des Buchenwaldprozesses in Dachau angefertigt hatte. Sie wurde in der DDR im Zentralen Parteiarchiv der SED beim Institut für Marxismus-Leninismus aufgefunden.«

Da haben sie aber lange suchen müssen, die Zuarbeiter für die Vertreter der Nebenklage. Wie konnten sie auch wissen, daß es diese »Nachschrift« gab in diesem wohlgeordneten Archiv, in dem es bestimmt unter mehreren Stichworten abgelegt worden war. Allerdings »gesperrt«. Das entschuldigt sie. Einfacher allerdings hätten sie es im Rundfunkarchiv der DDR gehabt. Dort war dieses Original-Tonband seit Jahrzehnten im Dokumentar-Katalog ausgewiesen und für jedermann frei zugänglich. Neben – wie er in der Abschrift geschrieben wurde – einem gewissen ›Skoda‹ kamen in dieser Aufnahme auch die »Kameraden Mieslitz und Karlebach« zu Wort. Heinz Mißlitz, der seinen Kampfauftrag im KZ als Kellner in der SS-Kantine erfüllt hatte, erklärte, daß Thälmann »nie in Buchenwald gewesen« war. »Wir hätten das aus den Zugangslisten ersehen müssen.« Zu denen die roten Kapos natürlich Zugang hatten – wie auch zu den »Abgangslisten«. Mißlitz war später Mitarbeiter in der Propagandaabteilung des SED-Zentralkomitees. Im Düsseldorfer Prozeß tippte der Staatsanwalt Brendle von der Kölner Zentralstelle für die Verfolgung von NS-Verbrechen auf Mißlitz als denjenigen, der Zgodas Aussagen präpariert hatte. Das »Neue Deutschland« vom 13./14.8.1988 formulierte es so: »Er unterstellte sogar dem hochangesehenen verstorbenen Antifaschisten Heinz Mißlitz aus der DDR für Zgoda möglicherweise Zeugenberichte formuliert zu haben«. Carlebachs Ausführungen aber wurden nicht mit nach Düsseldorf übermittelt. Sie befanden sich auf dem sogenannten »Restband«, das entweder für den Vorspann von Klein Verwendung fand oder nicht mit gesendet wurde. Carlebach, der als »Blockältester« – also als Kapo – des Blocks 22 mit jüdischen Häftlingen nichts mit dem Krematorium zu tun hatte, bestätigte auf diesem Restband die Behauptung Zgodas, so als ob es seine eigenen Beobachtungen waren. »Jawohl, nachdem die Beamten reingegangen sind, sind auch vom Hof aus drei Schüsse gefallen. Die Leiche ist mit sämtlichen Kleidern verbrannt worden. Wo wir den nächsten Tag, am 28.8. früh, die Asche gezogen haben, ist die Asche ein bißchen dunkler gewesen, wo sie sonst nicht so dunkel gewesen ist, wenn die Leiche nicht mit Kleidung verbrannt wird.« – »Der nächste Tag, am 28.8. früh« – das war wohl nur versprochen von Carlebach, dem Journalisten und deshalb bestimmt auch genauen Beobachter.

Zgodas »Aussagen« wurden nicht von Staatsanwälten oder Gerichten protokolliert, sondern von der Vereinigung der Verfolgten des Naziregimes (VVN) – die selbstverständlich von der SED völlig unabhängig war! – am Rande des Prozesses in Dachau aufgezeichnet, »gesammelt und zusammengestellt«.

Zgoda behauptete darin auch, daß er am Abend des 18. August 1944 – also nach »seiner« Mordnacht – als erstes Ernst Busse darüber berichtet hatte. Das ist verständlich. Immerhin war Ernst Busse, der Kapo des Krankenbaus, in seiner Eigenschaft als Mitglied der KPD-Leitung im Lager und auch des ebenso streng illegalen ILK jedermann bekannt. Von dieser Konspiration hing sein Leben ab. Warum also sollte auch Zgoda Ernst Busse nicht kennen. Alle wußten demnach von seiner Funktion – nur die Gestapo nicht. Später hat Zgoda ab und zu mal die Zeit geändert, in der er Busse gesprochen haben wollte. Nobody is perfect. Der Zeuge Herbert Morgenstern, nach 1945 Mitarbeiter im Zentralkomitee der SED und Inhaber wichtiger Funktionen im Post- und Fernmeldewesen der DDR, sagte in Düsseldorf ohne Scheu aus, daß Zgoda »am 18. August 1944 die verantwortlichen Genossen über die Vorgänge der Nacht informiert« habe. Zgoda kannte sie also – im Gegensatz zur Gestapo – alle, die leitenden Funktionäre des Lagers. Nun genügte Busse nicht mehr. Vielleicht scheute sich Morgenstern auch nur, den Namen Busse zu erwähnen. Immerhin war dieser lange Jahre eine »Unperson« in der (DDR-)Geschichte des Lagers Buchenwald, ja, der DDR-Geschichte überhaupt.

Busse hat nach 1945 den ersten Bericht über die Tätigkeit des ILK herausgegeben. Darin stand kein Wort über die Ermordung Thälmanns am 18. August 1944. Dafür aber hieß es: »Fest steht, daß Thälmann, der angeblich bei diesem Angriff umgekommen sein soll, niemals im Lager Buchenwald gewesen ist.«

Der 1897 in Solingen geborene Ernst Busse war seit 1920 Mitglied der KPD. 1932 kam er für seine Partei in den Reichstag. Zuerst im Bezirk Mittelrhein für die KPD politisch tätig, kam er 1933, nach der Errichtung der faschistischen Diktatur, zur illegalen Arbeit nach Thüringen. Dort wurde er im Oktober 1933 verhaftet. Nach Zuchthaus und KZ Lichtenburg kam er 1937 nach Buchenwald. Dieses KZ wurde damals gerade »eingerichtet«. Busse gehörte also mit zu den ersten Häftlingen dort. Bald wurde er Lagerältester, dann Kapo im Krankenbau. Gleichzeitig war er Mitglied des Internationalen Lagerkomitees.

Nach 1945 hatte er verschiedene hohe Partei- und staatliche Funktionen in Thüringen inne. So war er auch Innenminister und stellvertretender Ministerpräsident. 1947 wurde er unter fadenscheinigen Gründen abberufen und zur Deutschen Verwaltung für Land- und Forstwirtschaft in der sowjetisch besetzten Zone u. a. als Vizepräsident versetzt. 1950 wurde er vom NKWD verhaftet und zu lebenslänglicher Haft verurteilt. 1952 ist er im Gulag umgekommen. Später wurde er von der SED-Führung wieder rehabilitiert – auf eine regelrecht schäbige Art und Weise. Ausführlich ist über Busse nachzulesen im erwähnten Buch Niethammers »Der gesäuberte Antifaschismus«. Danach wurde Busse zum Vorwurf gemacht, als Krankenhauskapo an »Abspritzungen« unliebsamer Personen aktiv teilgenommen zu haben. Solche und ähnliche Vorwürfe aber wurden auch gegen andere erhoben. Sie wurden zwar – wie zum Beispiel auch Bartel – von der SED-Führung schikaniert und aus ihren Funktionen entlassen, aber nicht eingesperrt. Den Moskauer Emigranten genügte es meist, die im Lande gebliebenen KPD-Funktionäre zu diskreditieren und als gefährliche Konkurrenten im Gerangel um die Macht auszuschalten. Busse wurde – so scheint es – auch sein Wissen um die wirklichen Zusammenhänge der Ermordung Thälmanns zum Verhängnis. Er hat doch offensichtlich nicht mitgespielt beim Ausbau dieser Legende. Warum hätten die »sowjetischen Freunde«, die bislang alle umgebracht hatten, die die wirklichen Zusammenhänge um Thälmann kannten, ausgerechnet vor Busse Halt machen sollen? Seine Tätigkeit im KZ bot ihnen einen guten Vorwand.

Was der lebende Busse nicht war – nämlich ein Zeuge für die Mordgeschichte über Thälmann – das wurde der tote. Der konnte nicht mehr widersprechen, wenn er für Zgodas Geschichte in den Zeugenstand gerufen wurde. Nun behaupteten einfach andere, sie wüßten, daß Zgoda mit Busse über den Mord an Thälmann gesprochen hatte. Und der habe es ihnen weitergesagt.

Ein Kronzeuge war Ernst Busse auch für den Staatsanwalt, der nun ein Rechtsanwalt ist. Aber solch eine Wandlung hat ja mancher durchgemacht. Wer so profund gelernt hat, für das Recht einzutreten, wird es nun auch auf der anderen Seite der Gerichtsschranke vertreten. Als Leiter der Abteilung Öffentlichkeitsarbeit beim Generalstaatsanwalt der DDR hat er – wenn man sich seiner eigenen Auffassung anschließt – keine überragend wichtige Rolle gespielt im politischen System des realsozialistischen deutschen Staates. Seiner rastlosen Feder entstammte auch eine Schrift über den Mord an Thälmann. Sie lag ganz auf der Linie der »Argu« – der vom Politbüro oder seiner Propagandakommission vorgegebenen »Argumentationslinie«. Also auch hier Zgoda und seine Geschichte, auch hier der Luftschacht, den es nicht gab und durch den Zgoda – seiner historischen Mission bewußt – trotzdem tapfer nach draußen gekrochen ist. Auch hier Kaul und seine Darlegungen, die Mörder, die schlappe BRD-Justiz usw. Den Propagandaauftrag des Herrn Staatsanwalt, der im DDR-Fernsehen »das Wort« hatte, enthüllte sein Vorgesetzter Streit, der Generalstaatsanwalt der DDR im Nachwort zum Buch. Danach habe sich der Herr Staatsanwalt das Ziel gesetzt, eines der »beschämendsten Kapitel (...) das je von bundesdeutschen Staatsanwälten und Richtern geschrieben wurde« »aufzublättern«. Und: »(...) den Urhebern die Maske vom Gesicht zu reißen, hat sich (...) mit dieser Schrift zum Ziel gesetzt.« Das sei ihm »überzeugend gelungen« (...) nach Meinung Streits. Hat er auch denen in der DDR die »Maske vom Gesicht gerissen«, die wichtige Unterlagen zurückgehalten haben?

Unser Staatsanwalt hatte aber Zugang zu Dokumenten, die dem »normal« Forschenden verschlossen blieben. Im besagten Buch über den Thälmannmord kennzeichnete er eine ganze Reihe seiner Quellen mit einem Stern. Dazu vermerkte er: »Alle Zitate mit einem Stern stammen aus Dokumenten, die im Besitz der Nebenklägerin Irma Gabel-Thälmann sind.« Vielleicht besitzt sie die Thälmanntochter auch. Gekommen aber sind sie aus dem Archiv des Ministeriums für Staatssicherheit der DDR. Dazu bemerkte im Mai 1991 der Leiter dieses Archivs (der Abteilung IX/11), Oberstleutnant Dieter Skiba, in einem Zeitungsinterview: »Ein Mitarbeiter der IX/11 war

z. B. beauftragt worden, Fakten für das Buch von (...) zusammenzutragen und aufzubereiten.« Es war eine ersprießliche Zusammenarbeit. Heute können diese Unterlagen, so weit sie nicht in der Gauck-Behörde eingelagert worden sind, im Bundesarchiv eingesehen werden. Deutlich aber wird aus dieser Bemerkung Skibas auch, daß das Buch unseres Staatsanwalts auf allerhöchstem Befehl geschrieben worden ist. »Bei uns«, so sagte Skiba weiter, »wurde ja seinerzeit nach Beweismaterial für den Prozeß gegen Otto gefahndet.« Wie der Fall Gust beweist, hätten sich die Fahnder übrigens gar nicht weiter anzustrengen brauchen. Im Buch des Herrn Staatsanwalts liest sich das dann so, daß der Vertreter der Nebenklägerin, Kaul, so überaus selbst aktiv war und immer »neue Zeugen » für seine Nebenklage ausfindig machte. Jene, die der Herr Staatsanwalt in seiner Schrift nennt, sind aber schon seit den vierziger Jahren bekannt, und wurden nur weggeschlossen. Das aber erwähnt er nicht. Was von dem Material des MfS verwertet wurde, das bestimmte Skiba nicht. Dokumente jedenfalls, die den Oberen der DDR nicht opportun erschienen, wurden zurückgehalten – nicht nur im Fall Gust, wie wir noch sehen werden. Der Staatsanwalt, der lange Jahre »das Wort« hatte, polemisierte in seinem Buch auch gegen einen gewissen Panzinger. Kennen Sie ihn?

Aus besagtem Buch ist zu erfahren, daß dieser Friedrich Panzinger Gruppenleiter IV A im RSHA war, dem auch das Referat IV A 1a unterstand, »das sich mit der Bekämpfung von Kommunismus, Marxismus und Nebenorganisationen befaßte«. 1946 war Panzinger in sowjetische Gefangenschaft geraten und zu 25 Jahren Zuchthaus verurteilt worden. 1955 aber war er in die Bundesrepublik entlassen worden. Dort war er, wie der Herr Staatsanwalt aufmerksam bemerkte, »wie allgemein üblich, unverzüglich auf freien Fuß gesetzt« worden. Er habe dort vollkommen unbehelligt gelebt und sei dann 1959 »angeblich durch Selbstmord« gestorben. »Panzinger muß gewußt haben, was in Buchenwald mit Thälmann geschehen sollte. Deshalb erfand er auch nach seiner Festnahme im Jahre 1946, daß der KPD-Vorsitzende im Juli 1944 in die Haftanstalt

Nisse verlegt worden sei(...)« So weit der Herr Staatsanwalt. Diese Information kann er nur von der Staatssicherheit erhalten haben. In den offiziellen Archiven befand sich keinerlei Hinweis darauf, daß Panzinger bei seiner Festnahme durch die Sowjets über die Verlegung Thälmanns nach Nisse (heute Nissa in Polen) ausgesagt hatte. Warum hat er als Jurist eigentlich nicht gefragt, warum die Russen die Aussagen Panzingers nicht den Gerichten in der Bundesrepublik zugänglich gemacht haben? Und warum hat er nicht gefragt, warum sie den Kriegsverbrecher Panzinger, SS-Standartenführer und Regierungsdirektor, zuletzt sogar Chef des Reichskriminalamtes im Reichssicherheitshauptamt (RSHA) so relativ glimpflich behandelt haben? 25 Jahre Haft – das war das Standardmaß im weiten Sowjetland. Genau so viel hat auch der Kommunist Ernst Busse bekommen, der später Rehabilitierte, der also die ihm zur Last gelegten Verbrechen nicht begangen hatte. Ihn aber hat der Gulag das Leben gekostet. Panzinger jedoch überlebte und kam wieder frei. Noch dazu hatte er auch die Sonderkommission des RSHA geleitet, die die weitverzweigte sowjetische Spionageorganisation »Rote Kapelle« aufgespürt und »aufgerollt« hatte. Er war auch mitverantwortlich für die Folterungen der Mitglieder der »Roten Kapelle«. Viele von ihnen waren hingerichtet worden.

Über die »Rote Kapelle« sind eine Unmasse von Büchern geschrieben worden. Man findet aber kaum eine Notiz darüber, daß der Hauptspürhund der Nazis nach dieser Organisation, eben jener Panzinger, die russische Gefangenschaft, im Gegensatz zu vielen anderen, längst nicht so belasteten Nazis und auch im Gegensatz zu den vielen Kommunisten, die in ihrem Leben irgendwann einmal Kontakt zu Thälmann gehabt und die Legende über ihn hätten durchlöchern können – unbeschadet überstanden hat und als sowjetischer Agent nach Deutschland zurückgekehrt ist. Wenn schon Gust, warum nicht auch Panzinger? Er sollte den sowjetischen Geheimdienst zu den »alten Kameraden« führen. Erst dann, als in der Bundesrepublik Haftbefehl gegen ihn erlassen worden war, brachte er sich um.

»Dreister hätte der Gruppenleiter im RSHA nicht lügen können.« So der Herr Staatsanwalt zur Aussage Panzingers über die Verlegung Thälmanns nach Nisse in Schlesien. Woher wußte er eigentlich, daß Panzinger gelogen hatte? Warum aber hätte denn Panzinger darüber lügen sollen? Der Herr Staatsanwalt mußte zwar zugestehen, daß Thälmann nach seinem Abtransport aus Bautzen sicher erst noch woanders war, ehe er in Buchenwald umgebracht wurde – aber wo, wußte er nicht. Oder sagte er es uns nur nicht? Er meldete aber, daß Thälmann sicher über die geplanten Befreiungsaktionen für ihn unterrichtet und trotz Folter nichts darüber ausgesagt hatte. Wieso Folter! Woher wußte denn der Herr Staatsanwalt das schon wieder? Was hätte Thälmann denn aussagen können? Das hatten andere doch zur Genüge getan. Wir haben darüber ausführlich berichtet. Deren Vorhaben aber, über das die Gestapo sehr genau unterrichtet worden war, war offensichtlich der Auslöser dieser Verlegung.

»Abholzeuge« ist für den Herrn Staatsanwalt wie auch für alle anderen der tschechoslowakische Häftling in Bautzen Vladimir Spisar. Der datierte dieses Abholen erst auf die Zeit zwischen dem 15. und dem 18. August. Meinte der Herr Staatsanwalt. Das natürlich gesperrte Archivdokument sagt aber aus, daß Spisar 1947 noch zwischen dem 17. oder 18. August schwankte. Später wußte er es ganz genau: es war der 17. August. Außerdem wollte er – in seiner Zelle offenbar – genau gesehen haben, daß Thälmann mit drei Autos abgeholt und nach Weimar gefahren worden war. Nicht nur Zgoda war eben ein zuverlässiger Zeuge.

Was andere Zeugen betrifft – allerdings kamen ihre Aussagen nie einem Gericht vor die Augen –, so deckten sie die Angabe Panzingers. Darunter war ein ehemaliger Wärter Thälmanns, waren mehrere seiner Mitgefangenen und war auch Albert Wagner aus Obercunerswalde. Er war Angestellter einer Firma, die einen Betriebsteil im Bautzener Gefängnis unterhielt: »(...) jedoch war Thälmann nach dem 20. Juli 1944 nicht mehr zu sehen. Es wurde auch bekannt, daß er bald nach dem 20. Juli abtransportiert worden ist.« Sogar in der offiziellen Thälmann-

»Biographie« wird, allerdings in einer kleingedruckten Fußnote, auf diesen 20. Juli hingewiesen. Eingegangen darauf wird aber nicht. Im Text hielt man sich an die offizielle Version.

Am gravierendsten ist wohl der Bericht, den der stellvertretende Gefängnisdirektor von Bautzen, Dr. Kurt Schumann, niedergeschrieben hatte. Die »Biogaphen« kannten diese mehrseitigen ausführlichen Auslassungen, erwähnen sie in ihrem Buch jedoch mit keinem Wort. Sie nehmen Schumann, ohne seinen Namen anzuführen, nur als Zeugen dafür, daß »Thälmann durch die jahrelange Haft« zwar »gezeichnet gewesen sei, aber noch immer genug Spannkraft besessen habe«. Schumann schilderte bis ins Einzelne den Abtransport Thälmanns aus Bautzen durch Gestapoleute in zwei PKW. Das sei Ende Juli 1944 gewesen. »Auf dem Gefängnishof wechselten wir mit ihm noch Worte des Abschieds. Ernst Thälmann drückte dem Anstaltsleiter und mir zum letzten Mal die Hand.« Wohin Thälmann gebracht wurde, das wußte Schumann, wie er schrieb, nicht. Hier allerdings hat er wahrscheinlich doch nicht die Wahrheit gesagt. Aus Archivunterlagen geht hervor, daß die Gestapo und der Gefängnisdirektor Plischke Thälmanns Abtransport und neuen Zielort genau besprochen hatten.

Plischke nahm sich 1945 bei seiner Verhaftung durch das NKWD das Leben. Ist nicht anzunehmen, daß er seinem vertrauten Stellvertreter auch über die Abmachungen mit der Gestapo erzählt hatte?

Und warum hätte es denn nicht Nisse sein können, wohin man Thälmann brachte? Die sowjetischen Truppen waren noch weit von den deutschen Reichsgrenzen entfernt. Ja, sie stoppten ihren Feldzug zu dieser Zeit sogar um ein paar Wochen. In dieser Zeit konnten SS und Wehrmacht den am 1. August 1944 ausgebrochenen Warschauer Aufstand im Blute der Aufständischen ersticken. Die Sowjets hatten schließlich kein Interesse daran, daß die Anhänger der polnischen Exilregierung in London ihre Partner würden im befreiten Polen. Die Haftanstalten in Schlesien waren noch bombensicher. Außerdem wußte niemand, außer Gestapo und Reichskanzlei, wo Thälmann war. Eine neue Befreiungsaktion aber brauchte ihre Zeit. Und der Schutzhäftling Thälmann war den Nazis noch immer teuer. Der Mordbefehl für ihn wurde ja auch erst, wie die ominöse Notiz Himmlers beweist, Mitte August erteilt. Diese Notiz war lange nach dem Krieg im Koblenzer Bundesarchiv gefunden worden.

Sie enthält zwölf Punkte, vom Reichsführer SS Himmler in Sütterlinschrift geschrieben. Darüber steht, in lateinischer Schrift, »Wolfsschanze 18.4.1944«. Wessen Handschrift war das? Wolfsschanze – das war das »Führerhauptquartier«. Hinter dem Namen Thälmanns – der 12. Punkt – steht: »ist zu exekutieren«. Der Befehl kam also vom Führerhauptquartier. Da Thälmann zeit seiner Haft als der »Gefangene des Führers« galt, konnte auch der Befehl zu seiner Ermordung nur von Hitler kommen.

Wir haben aus einem guten Grund an Panzinger erinnert. Er war nicht der einzige, der direkt mit der Sache Thälmann zu tun hatte. Dazu gehörte auch der Gestapobeamte Theodor Krumrey. Er hatte, wie er 1974 in einer Vernehmung vor dem Staatsanwalt erklärte, als »Zuarbeiter für den Kriminalrat Heller« bis Frühjahr 1940 die Akte Thälmann zu führen.

Oberkriminal- und Oberregierungsrat Reinhold Heller wurde 1885 im pommerschen Freienwalde geboren und hat sich Anfang Mai 1945 – dem Vernehmen nach – in Potsdam erschossen. Er war mehr als dreißig Jahre lang im Polizeidienst, davon die längste Zeit bei der politischen Polizei. Seiner Karriere bei den Nazis hat auch nicht geschadet, daß er von 1930 bis 1932 der Demokratischen Partei angehörte und auch der Demokratischen Polizeibeamten-Vereinigung. »Er bietet auf Grund seiner ganzen Veranlagung und seines Charakters die unbedingte Gewähr, daß er sich jederzeit für den nationalsozialistischen Staat einsetzt« – beurteilte ihn einer seiner Vorgesetzten. Und er hatte wohl recht. Heller hat dieses Vertrauen seines »nationalsozialistischen Staates« nie enttäuscht. Mit der kommunistischen Bewegung und der KPD hatte er sich bereits lange vor dem Naziregime befaßt. Er war einer ihrer besten Kenner ... und erbarmunslosesten Verfolger.

Nicht zuletzt deshalb hatte er auch so schnell Karriere gemacht. 1920 war er bereits Kriminalkommissar. 1931 wurde er Polizeirat. 1934 kam er zur Gestapo, wurde 1935 »durch Urkunde des Führers und Reichskanzlers« zum Regierungs- und Kriminalrat ernannt – war also in der Polizeihierarchie ganz oben. 1939, kurz vor Ausbruch des Zweiten Weltkrieges, ernannte ihn sein »Führer« zum Oberregierungs- und Oberkriminalrat. Müßig zu erwähnen, daß er auch Mitglied der NSDAP geworden war, rechtzeitig, im Mai 1933. Seine Mitgliedsnummer war 2 826 302. Auch der SS gehörte er an. Mitgliedsnummer hier: 280 297. Seinem Polizeirang entsprechend war er im September 1939 zum SS-Obersturmbannführer befördert worden.

Dieser Reinhold Heller war über viele Jahre hinweg auch die Bezugsperson für Thälmann. Sicher hatte es ihn geschmerzt, daß »simple« Revierpolizisten Thälmann im März 1933 festgenommen hatten und nicht die Beamten seines Referats. Von ihm kamen aber in der Folgezeit die Anweisungen über die Behandlung Thälmanns in der Haft. Er sprach sehr oft mit ihm. Und Thälmann hatte zu ihm eine recht gute Beziehung – soweit man unter diesen Verhältnissen von »gut« sprechen konnte. Auf jeden Fall wandte er sich oft an ihn. 1940 ging Heller als Leiter der Gestapodienststelle nach Potsdam – weil er Differenzen hatte mit Müller, dem Chef der Gestapo. Erhalten gebliebene Gestapounterlagen lassen keinen Zweifel daran, daß er auch in Potsdam der – im Sinne der Nazis – tüchtige und effiziente Gestapochef war. Es ist anzunehmen, daß er auch nach seiner Versetzung nach Potsdam noch für Thälmann die Hauptbezugsperson bei der Gestapo blieb – einfach um diesen nicht zu irritieren und unruhig zu machen. Seine Stelle im RSHA aber hatten natürlich andere eingenommen. Inwieweit er nun in den Mord an Thälmann verstrickt war, ist bis heute nicht deutlich geworden.

Auf diesen Heller also bezog sich der Gestapobeamte Krumrey bei seiner Vernehmung 1974. Wie Panzinger auch wurde Krumrey nach dem Kriege vom NKWD verhaftet und ebenfalls zu 25 Jahren Haft verurteilt. Auch er war einer der wenigen, die in ihrem Leben mit Thälmann zu tun hatten, der den Gulag wieder verlassen durfte. Er war ja auch kein Kommunist.

In der Bundesrepublik erhielt er später wieder einen hohen Posten. Aber damit war er kein Einzelfall. Bei seiner Vernehmung 1974 wußte er nicht mehr viel zu sagen. Hat das Gericht aber die Aussagen Krumreys vor dem NKWD erhalten?

Die Hilfe des großen Bruders

Den Lesern einiger Zeitungen in der DDR und den Hörern des Rundfunks daselbst war sie, ein Mariechen, vor allem bekannt geworden durch ihre penetrant moralisierenden und strammparteilichen Kommentare. »Mein Schreibmotiv war immer das Bedürfnis, anderen etwas von mir zu geben«, teilte sie dazu im Oktober 1990 im ehemaligen SED-Hauptblatt allen mit – die das gar nicht mehr hören wollten. Sie hat viel von dem ihrigen verteilt ... auch an manchen, der es wahrscheinlich gar nicht haben wollte. Sie ging großzügig damit um, bei den Zeitungslesern und Rundfunkhörern, bei ihren Genossen in der Berliner SED-Bezirksleitung, der sie angehörte, im Schriftstellerverband bei ihren Kollegen, für deren ideologische Sauberkeit sie mit sorgte und ... die sie besonders dafür sehr liebten. »Ich denke jetzt viel über die alten Bibelwörter nach, Buße, Sühne, Barmherzigkeit, Begriffe, gegen die ich mich lange gewehrt habe«, meinte sie im April 1990 in eben diesem Hauptblatt. Das schien ihr gut zu tun. Denn im Oktober erklärte sie dort: »Ich versuche still zu bewältigen, bin sehr viel ruhiger geworden.« Ach, wenn dem doch nur endlich so wäre.

»Lieber möchte ich eine Krähe sein« ... oder so ähnlich (ein Vogel war's auf jeden Fall) hieß ihr in fünf Auflagen erschienenes Buch über Thälmann. Darin schrieb sie von einem sowjetischen Panzeroffizier, der als Kind Thälmann kennengelernt hatte. Dabei fällt uns immer auch jener sowjetische »Kulturoffizier« ein, der – ebenfalls als Kind – von eben diesem Thälmann eine »Thälmannmütze« geschenkt erhalten und dies sein Leben lang nicht vergessen hatte. Und es auch jedem erzählte. Die Mütze zerfiel, aber die Erinnerung blieb. Der

Panzeroffizier in diesem »Krähenbuch« jedoch hatte nur das eine Begehr, sein großes Vorbild – neben Stalin selbstverständlich – aus dem »faschistischen Kerker« in Bautzen herauszuholen, ihn zu befreien. Deshalb auch startete er mit seinem unüberwindlichen Sowjetpanzer in Moskau (oder nahebei) und fuhr – unterwegs alles Faschistische zerschießend und zermalmend – stracks nach Bautzen. Dort angekommen, fiel er. Sein letzter Gedanke war »Thälmann«. Eine rührselige Geschichte. Sie symbolisierte den »Sowjetmenschen«, den »guten Soldaten«, den »glühenden Internationalisten der Tat«, der nur eines im Sinne hatte: Thälmann und mit ihm die deutsche Arbeiterklasse vom Faschismus zu befreien. »Unser« heldenhafter Panzersoldat und Thälmannfreund hatte noch nicht einmal Zeit, auf seinem zweitausend Kilometer langen Panzermarsch die »Prawda« zu lesen. Wir verstehen aber unsere Schriftstellerin. Das regelmäßige »Prawda«-»Studium« hätte ihren Panzeroffizier nur demotiviert. Hätte er so doch erfahren, daß sein großes Idol Thälmann schon tot war, ehe er, der Retter, überhaupt zu seinem langen Panzermarsch aufgebrochen war.

Bereits am 15. September 1944 hatte die »Prawda« eine – wie sie schrieb – aus Genf stammende Nachricht unter der Überschrift »Die Hitlerianer haben Ernst Thälmann ermordet« gebracht. Er sei am 28. August bei einem Luftangriff »auf die Umgebung von Weimar umgekommen, wo sich das Konzentrationslager Buchenwald befindet, in dem Thälmann in Haft gehalten wurde«. Die Meldung beruhte in Wirklichkeit auf einer Nachricht des deutschen »Reichsrundfunks«, die am 14.9.1944 um 20.45 Uhr auf Kurzwelle im Afrikadienst ausgestrahlt worden war. Sie war auch vom sowjetischen Abhördienst aufgefangen worden. Aber das konnte man selbstverständlich nicht zugeben. Noch dazu, da man den Bürgern des eigenen Landes nicht einmal den leistungsschwächsten Radioempfänger zugestand. Rundfunk war für diese nur das, was aus den drahtgebundenen Wandkästen kam. Die erwähnte Meldung nach Afrika wurde selbstverständlich auch im »nationalen« deutschen Rundfunk gebracht. Und so konnte sie auch in

Buchenwald empfangen werden. Am 17. September 1944 brachte die »Prawda« einen zweiseitigen Gedenkartikel mit Bild über Thälmann. Dieser Artikel war urspünglich von Ulbricht geschrieben und von einigen Politbüromitgliedern und anderen Emigranten unterschrieben worden. Der Ulbrichtsche Entwurf aber war im Büro von Dimitroff für die Veröffentlichung in der »Prawda« umgearbeitet worden. Er enthielt neben der üblichen geschönten und überhöhten Darstellung Thälmanns auch einige sachliche Fehler aus seiner Biographie, beispielsweise ein falsches Verhaftungsdatum.

An diesem 17. September – es war ein Sonntag – wurde abends um 20.00 Uhr im Lektionssaal im Zentralkomitee der KPdSU auch eine Trauerversammlung abgehalten. Daran nahm die gesamte Hautevolee der 1943 von Stalin offiziell aufgelösten Komintern teil. Nun konnten auch sie ehrlich trauern. Um den Menschen Thälmann ... und nicht nur um das von ihnen jahrelang mißbrauchte Propagandainstrument. Waren Piecks oder Ulbrichts Tränen echt? War der Ungar Rákosi wirklich so tief gerührt? Und weinte die Ibárruri tatsächlich ihre heißen Zähren aus reinem Herzen?

Piecks Moskauer Truppe war es auch, die von den einzelnen deutschen Emigrantengruppen, soweit sie vom NKWD übriggelassen worden waren, und sogar aus einigen Kriegsgefangenenlagern Kondolenzschreiben an das ZK der KPD »organisierten«. Einige Wochen später erschien doch noch ein Artikel Ulbrichts über Thälmann in der Zeischrift »Internationale Literatur«. Auch hier wiederholte er die bereits in der »Prawda« getroffene Feststellung, daß Thälmann von den Nazis nach Buchenwald geschleppt worden sei, »dem deutschen Lublin«.

»Lieber möchte ich eine Krähe sein« ... oder so ähnlich. Unsere Schriftstellerin, die sich offensichtlich auch nicht dafür interessiert hat, wie Thälmanns Tod in der Sowjetunion aufgenommen worden ist, deren Offizier der von ihr so herzzerreißend bemühte Panzersoldat ja immerhin war ... na ja, sie hätte eine andere herzzerreißende Geschichte erfinden müssen, um zu Thälmann zu gelangen. Zu Thälmann in

Bautzen. Wo er um diese Zeit gar nicht mehr war – weil die Nazis ausgeführt hatten, was sie von Anfang an geplant hatten … und was Thälmanns und unserer Schriftstellerin liebe sowjetische Freunde hätten verhindern können – ohne den Panzeroffizier zu bemühen.

Was den einen ihre Krähe, war der SED-Führung ihre permanente Propaganda mit »Thälmann in der Haft« und mit seiner Ermordung. Gerade in diesem Zusammenhang sang sie laut und falsch das Hohelied von der »unverbrüchlichen deutsch-sowjetischen Freundschaft«, von der »umfassenden selbstlosen Hilfe der sowjetischen Freunde«. Doch die Tatsachen lassen auch hier sehr schnell den Byzantinismus dieser Propaganda deutlich werden. Warum eigentlich hat der immer in den höchsten Tönen besungene »große Bruder« der SED-Führung keine »Amtshilfe« geleistet bei ihrem angeblichen verzweifelten Bemühen, die vorgeblichen Thälmannmörder vor Gericht zu bringen und deren Schuld zu beweisen? Die Antwort kannten beide Brüder – ganz bestimmt.

Die hohe Schule der Heuchelei demonstrierte im August 1988 wieder die »Prawda«, zu jener Zeit noch Zentralorgan der noch bestehenden KPdSU. Sie protestierte gegen den Freispruch Ottos durch das Düsseldorfer Landesgericht: »Von denen, die die Schuld des Mörders bestätigen können, starb einer nach dem anderen.« Ihr Gust – pardon: Giese – aber lebte noch. Hatte es die UdSSR denn nicht gleich nach dem 8. Mai 1945 in der Hand gehabt, Thälmanns Schicksal aufzuklären? Oder hat sie es getan und das Ergebnis irgendwo vergraben? Das jedenfalls ist wahrscheinlich. Und ebenso wahrscheinlich ist, daß die Unterlagen darüber im NKWD-Orkus verschwunden sind – von Thälmanns Freunden und engen Mitarbeitern und auch von seinen Feinden und wichtigen Zeugen ganz zu schweigen, wenn sie nicht gerade nützliche Nazis waren, wie Panzinger zum Beispiel, oder Gust. Doch das sind Vermutungen. Halten wir uns an die Tatsachen.

Bis September 1948 war Dr. Friedrich Kuschnitzky Generalstaatsanwalt in Thüringen. Dann wurde er, wie aus einer Notiz an das ZK der SED hervorgeht, »beurlaubt«. Da zu jener Zeit solche Besetzungen, Umbesetzungen und auch Absetzungen nur über den Schreibtisch der Sowjetischen Militäradministration in Deutschland (SMAD) gingen, kann man sich unschwer vorstellen, wer hinter dieser »Beurlaubung« steckte. Der 1889 in Wien geborene Volljurist Kuschnitzky gehörte vor 1945 keiner Partei an. Danach trat er in die Liberaldemokratische Partei Deutschlands (LDPD) ein. Bis er 1938 von den Nazis verhaftet wurde, lebte er in Breslau. Er kam erst nach Buchenwald, dann ins Zwangsarbeitslager nach Grüntal und später nach Groß-Rosen. Dieses KZ war hauptsächlich für rassisch Verfolgte eingerichtet worden, meist für Juden. Sein Bruder war von den Nazis umgebracht worden und fünf seiner Vettern und Cousinen auch. In Weimar, der thüringischen Landeshauptstadt, wurde er nach 1945 Mitglied der OdF. Von ihr erhielt er seinen Ausweis Nr. 2043. Und es wurde eine Karteikarte von ihm angelegt. Später füllte man dort eine neue Karte aus. Seine Berufsbezeichnung »Generalstaatsanwalt« wurde durchgestrichen und »Professor« darüber geschrieben. Nach seiner »Beurlaubung« durfte er an der Juristischen Fakultät der Universität in Jena lehren. Am 10. Februar 1951 schrieb jemand auf die Karte: »Westen«. Das hieß: der ehemalige Generalstaatsanwalt und nachmalige Wissenschaftler hatte die DDR fluchtartig in Richtung Bundesrepublik verlassen.

Sein Nachfolger wurde der vom Dekorationsmaler im Schnellkurs zum Staatsanwalt umgeschulte Kommunist Hermann Rodewald, 24 Jahre jünger als Kuschnitzky, ebenfalls aus Schlesien stammend, 1933 für einige Monate von den Nazis inhaftiert – und auf jeden Fall zuverlässiger als sein Vorgänger. Für die Nachforschung nach dem Mord an Thälmann wurde das bedeutsam.

Kuschnitzky wollte an die ganze Sache als Jurist herangehen. Um den erhaltenen Hinweisen auf die eventuellen Täter, die vom amerikanischen Kriegsgericht in Dachau verurteilt worden waren, nachzugehen, beantragte er, wie damals nötig, bei der SMAD eine Reisegenehmigung nach München. Dort lagerten beim Stab der amerikanischen Militärverwaltung für

Bayern die Akten des Dachauer Prozesses. Die Amerikaner hatten sich bereit erklärt, Kuschnitzky Einsicht in diese Akten zu gewähren. Am 1. April 1948 beschwerte sich Kuschnitzky bei der Deutschen Justizverwaltung in der Sowjetischen Besatzungszone darüber, daß seine für den 31.3. geplante Reise nach München durch Oberstleutnant Schur von der SMAD in Weimar abgelehnt worden sei. Als Kuschnitzky die Einladung der Amerikaner erhalten hatte, war er aber, wie er schrieb, von der SMAD noch »mit eingehenden Weisungen versehen« worden. »Nach dem gepflogenen Schriftwechsel besteht bei der Rechtsabteilung der SMAD der Eindruck, daß die Amerikaner grundsätzlich zur Auslieferung bereit sind, wenn ein hinreichend begründetetes Auslieferungverlangen gestellt wird.« Als er nun am 30. März 1948 seinen Paß bei der SMAD abholen wollte, wurde ihm von Schur gesagt, daß seine »Reise noch einen Aufschub erleiden müsse. Ein neuer Abfahrtstermin wurde nicht festgelegt.« Bis Kuschnitzky diesen Termin selbst bestimmte. Einen aufmerksamen und gewissenhaften Juristen, der noch nicht einmal der Parteidisziplin unterlag, war wohl das letzte, was die Russen in der Sache Thälmann brauchen konnten. Am 12. August 1948 wandte sich das thüringische Justizministerium, das damals noch von Helmut Külz geleitet wurde, an die Deutsche Justizverwaltung in Berlin.

Helmut Külz war der Sohn des ehemaligen Reichsministers Wilhelm Külz, der 1945 die Liberaldemokratische Partei in der Sowjetzone gründete und bis zu seinem Tode 1948 auch leitete. Helmut Külz hatte in den Jahren der Nazidiktatur als Rechtsanwalt sehr engen Kontakt zu den Abgesandten der KPD-Führung, half ihnen auch – ungeachtet seiner eigenen persönlichen Gefährdung – selbstlos und aktiv bei der Verbindungsaufnahme zu Thälmann in der Haft. Er war mitbeteiligt an der juristischen Vorbereitung für die Verteidigung Thälmanns im (Mitte der dreißiger Jahre) angesagten Prozeß gegen den KPD-Vorsitzenden. 1946 war er Justizminister in der thüringischen Landesregierung geworden, Anfang 1948 aber wegen Differenzen mit der SMAD über die Unabhängigkeit der Richter zurückgetreten. Einige Monate leitete er noch kommissarisch dieses Ressort. Dann übersiedelte er legal in die Bundesrepublik. Dort nahm er dann später hochrangige Posten ein.

Külz also wandte sich an die Justizverwaltung in Berlin, an deren Vizepräsidenten Dr. Melsheimer. Das war ein ehemaliger Nazi, der in der SED-Justiz eine steile Karriere machte. Als Generalstaatsanwalt der DDR führte er die berüchtigten politischen Prozesse, die mit barbarischen Strafen endeten. In diesem Schreiben an Melsheimer wurde vorgeschlagen, daß nicht Kuschnitzky, sondern ein anderer nach München fahren sollte. Dieser nun besser geeignete Kandidat war der Staatsanwalt Rodewald.

Im Schreiben wurde außerdem warnend darauf hingewiesen, daß die Amerikanische Militärregierung »wahrscheinlich nicht bereit ist, nun jemand anderem (als Kuschnitzky) diese Genehmigung (zur Akteneinsicht) zu erteilen«. Rodewald und sein Begleiter Großmann durften dann im Oktober 1948 doch – allerdings nur kurz – Einsicht in die entsprechenden Akten nehmen.

Was aber entdeckten sie? Raten Sie es? Natürlich ... die Aussage Marian Zgodas. Unser bereits erwähnter früherer realsozialistischer Staatsanwalt, der nun ein demokratischer Rechtsanwalt ist, ließ den von ihm hochgelobten Rodewald (Kuschnitzky kommt bei ihm selbstverständlich nicht vor) nun folgenden Gedanken fassen: »Diesen Mann muß man um jeden Preis finden (...) Der Zufall war Rodewald wohlgesonnen.« Also fand Rodewald den Hauptzeugen Zgoda auch. Wurde nun flugs der bereits von Kuschnitzky so gut wie ausgemachte Auslieferungsantrag für Otto und eine ganze Reihe anderer Buchenwaldwärter gestellt?

Am 7. Juli 1950 beschwerte sich der DDR-Justizminister Max Fechner beim ZK, daß die von ihm geleitete Behörde sich im Dezember 1948 vergeblich bei der SMAD bemüht hätte, einen Auslieferungsantrag für die in Landsberg am Lech »einsitzenden Thälmannmörder« an die Amerikanische Militärregierung zu richten.

Max Fechner war bereits seit 1948 Präsident der Deutschen Justizverwaltung und danach, 1949, Justizminister in der DDR geworden. Außerdem war er – von der SPD kommend – 1946 bei der Vereinigung von KPD und SPD in der Sowjetischen Besatzungszone gemeinsam mit dem Kommunisten Ulbricht paritätischer stellvertretender SED-Vorsitzender geworden. Nach dem 17. Juni 1953 wurde er zum Staatsfeind erklärt. Sein Stellvertreter Melsheimer wurde zu seinem Ankläger. Fechner verschwand im Zuchthaus. Erst 1956, nachdem Chruschtschow auf dem 20. KPdSU-Parteitag seinen Meister Stalin verdammt hatte, wurde Fechner wieder freigelassen und zwei Jahre später rehabilitiert. Minister aber wurde er nicht wieder. Dieser Posten war nach seiner Verhaftung durch Hilde Benjamin, die »rote Hilde«, besetzt worden. Hatte sie ihn nicht auch befehlsgemäß verurteilt? 1966 aber, zum 20. Jahrestag der SED, die er mit gegründet hatte, verlieh ihm sein ehemaliger Kollege Walter Ulbricht den Karl-Marx-Orden, die höchste Auszeichnung der DDR. Und Max Fechner hat sie auch genommen.

Fechner also, Parteigründer, Minister, »Verräter«, »Zuchthäusler«, »Rehabilitierter« und Ordensträger, schrieb im Juli 1950 an das ZK: »Wir haben bis heute heute noch nicht die Mitteilung erhalten, daß der Antrag an die amerikanische Besatzungsmacht weitergeleitet worden wäre. Nach unserer Information soll sich dieser Antrag vielmehr beim Außenministerium der UdSSR befinden.« Auch der Weg über das Außenministerium der DDR sei ohne Erfolg geblieben, vermerkte – mit sozialistischem Gruß – Max Fechner. Den Thüringern teilte man mit, daß in Berlin bekannt sei, »in wessen Händen sich das Auslieferungsverfahren befinde. Man stünde mit der Stelle in Verbindung.« – »Wegen der Auslieferung der Thälmannmörder solle von uns zur Zeit nichts Weiteres veranlaßt werden«, notierte ein Herr Lukas vom Thüringer Justizministerium. Und Generalstaatsanwalt Rodewald in Weimar teilte in seinem Brief an das Ministerium der Justiz, am 28. August 1950 mit: Das Ermittlungsverfahren gegen Wolfgang Otto u. A. wegen Mordes an dem ehemaligen

Reichstagsabgeordneten Ernst Thälmann sei »insoweit abgeschlossen, als sich die Mörder im Gewahrsam der amerikanischen Besatzungsmacht in Landsberg am Lech befinden«. Das Verfahren könnte nur eröffnet werden, wenn sie ausgeliefert würden. »Diese Auslieferung ist von mir bereits mehrfach bei der seinerzeitigen Deutschen Justizverwaltung in Berlin angeregt worden und dahingehend zurückgestellt worden, bis staatspolitisch der geeignete Moment für die Stellung des Auslieferungsantrages gekommen sei.«

Fechner aber hatte in seinem erwähnten Schreiben an das ZK der SED mit zwei Sätzen den eigentlichen Sinn und Zweck der Aktion Verfolgung der Thälmannmörder enthüllt: »Nunmehr wird beabsichtigt, das Justizministerium des Landes Thüringen zu veranlassen, einen Auslieferungsantrag direkt an das Land Bayern zu stellen. Ein solcher Antrag hat aber nur dann Zweck, wenn man seine Ablehnung, mit der sicher zu rechnen ist, propagandistisch auswerten will – etwa durch Stellungnahme der Regierung, durch Großkundgebungen und durch sonstige Aufrufe oder Artikel in Presse und Rundfunk.« Um Aufklärung des Thälmannmordes ging es längst nicht mehr – wenn es je darum gegangen ist. Der Schlüssel dazu lag sowieso in Moskau. Und dort blieb er auch.

In den fünfziger Jahren hatte man, wie man meinte, besseren Propagandastoff gegen die Bundesrepublik. Zu dieser Zeit lag Stalins Vorschlag zur Wiedervereinigung auf dem Bonner Regierungstisch. Seine Ernsthaftigkeit wurde nicht geprüft. Man war damit beschäftigt, die Bundesrepublik in das westliche Bündnis einzubringen. Der kalte Krieg eskalierte. Die KPD und ihre Organisationen wurden verboten und verfolgt. Die Propagandamaschinerie der DDR rotierte auf Hochtouren. In der DDR selbst spitzten sich aber die inneren Widersprüche zu, kulminierten dann am 17. Juni 1953. Einen neuen Höhepunkt fanden sie 1956, vor und nach dem 20. Parteitag der KPdSU. In den fünfziger Jahren räumten Ulbricht und seine Paladine mit ihren Genossen auf, die in der westlichen Emigration gewesen waren und die westliche Lebensweise mit zurückgebracht und natürlich in ihren Emigrationsländern unkontrollierbare Kontakte geknüpft hatten. Und sie räumten auf mit denen, die während der Nazidiktatur im Lande geblieben, das heißt in den Zuchthäusern oder Konzentrationslagern waren. Nicht sie sollten das Prä haben, sondern die Moskauer, die Zuverlässigen, die zwölf Jahre unter strenger Kontrolle gestanden hatten, die in schmerzvollen Verfahren ausgewählt und für ihre Aufgabe im Deutschland nach dem Kriege übriggelassen worden waren. Wozu brauchte man da Thälmann? War er nicht gerade das Symbol für die Standhaften im Zuchthaus und KZ?

Die siegreichen sowjetischen Genossen beanspruchten einen großen Anteil der SED-Propaganda, die Helden des Krieges und des »gewaltigen sozialistischen Aufbaus und Voranschreitens in der Sowjetunion« ... die Stachanowaktivisten, die Schnelldreher, Schnellschmelzer, Schnellpflüger und Schnellmelker. Über die Schnellverhafter wurde nicht gesprochen. Es gab viele »Schnelle« in der »großen Ruhmreichen«. Als Produktionshebel wurde Thälmann erst wieder benötigt, als sich alle diese Schnellen aus der UdSSR als glatte Nieten erwiesen. Die zwei verlogenen Filme, die man damals mit großer Mühe über Thälmann drehte, galten der Gallionsfigur für das angebliche Streben der SED nach Einheit Deutschlands – natürlich unter Führung der SED, die sich immerhin in der Tradition solcher deutscher Helden wie Thälmann sah und deren Vermächtnis zu erfüllen hatte. Doch Anfang der sechziger Jahre hatte sich für Thälmann diese Aufgabe erledigt. Später übrigens entdeckten »Wissenschaftler« der DDR, daß es diese Einheit der deutschen Nation, daß es die Nation im althergebrachten Sinne überhaupt nie gegeben hatte. Nun war wieder »Thälmanns Faust« gefragt, die »harte Faust der Arbeiterklasse«. Und so wurde er zur »scharfen Waffe« im heißen propagandistischen Kampf mit der »imperialistischen und kriegstreiberischen Bundesrepublik« – dem »Feind der Völker und des Friedens«, dem »Nachfolgestaat des Nazireiches«.

Es war also folgerichtig, daß Anfang der fünfziger Jahre die DDR-Justiz das Verfahren gegen die angeblichen Thälmannmörder vorläufig einstellte, obwohl diese so nach und nach aus dem Kriegsverbrechergefängnis in Landsberg entlassen wurden oder bereits entlassen worden waren. Wenn man auch später erklärte, man habe erst »durch Zufall« die Adresse von Otto erfahren, so konnte solch eine Erklärung natürlich keinen DDR-Bürger täuschen. Der wußte um die Effizienz der Staatssicherheit. Für die war es wohl eine der leichtesten Übungen, eine Adresse in der Bundesrepublik zu ermitteln und die dazugehörige Person auszuforschen. Wie die Einstellung des Verfahrens Anfang der fünfziger so war es folgerichtig, daß Anfang der sechziger Jahre wieder Klage gegen die »Thälmannmörder« eingereicht wurde. Heuchlerisch hochgepeitschte Sentiments für Thälmann wurden zu einer heimtückischen Propagandawaffe zur Denunziation des bundesdeutschen Staates als »Konservator des Faschismus«, gegen deren führende Politiker – von denen nicht wenige sich ihre ehrliche antifaschistische Gesinnung während der Nazidiktatur bewahrt hatten, auch gegen Verfolgung und Repressalien. Ihr »Makel« war, daß sie nicht kommunistisch waren.

Der Mord

Mehr als zwanzig Jahre lang fochten Juristen aus der DDR und der Bundesrepublik in der Sache Thälmann miteinander und gegeneinander um Klarheit und Wahrheit. Trotz aller propagandistischen Anfeindungen und Verleumdungen aus der DDR bemühten sich die westdeutschen Gerichte redlich, diese Klarheit und Wahrheit zu finden. Gewohnt, mit Fakten umzugehen, hatten sie es in dieser Sache aber zumeist mit Verdächtigungen und Zeugen zu tun, die dies und jenes gehört hatten. Der Hauptbelastungszeuge Zgoda erschien ihnen als nicht vertrauenswürdig genug. Und doch gingen sie letzten Endes auf seine Geschichte ein. Fanden aber für ihre Richtigkeit keinen Beweis. Die westdeutschen Staatsanwälte luden selbst unzählige Zeugen, so auch aus dem ehemaligen RSHA. Es wurden sogar die Leiter der einzelnen Fahrbereitschaften des RSHA ausfindig gemacht, um durch sie vielleicht den Fahrer des Autos zu finden, mit dem Thälmann aus Bautzen abgeholt worden war.

Die DDR-Bürger wurden über die Aktivitäten der bundesdeutschen Staatsanwälte nicht unterrichtet. Im Gegenteil, diese wurden als faul und unwillig und damit als gegen das Recht eingestellt verleumdet. Jede Einstellung des Verfahrens wurde mit einem großen propagandistischen Geschrei in der DDR beantwortet. Auf Biegen und Brechen sollte nachgewiesen werden, daß Zgodas Variante über den Mord an Thälmann stimmte. So lag der Ort seiner Ermordung in der späteren DDR, in Buchenwald. Er wurde immer am 18. August oder – wenn die Oberen mal keine Zeit an diesem Tage hatten – um den 18. August herum zur Stätte gewaltiger Aufmärsche und propagandistischer Großveranstaltungen. Hier konnten die selbsternannten Erben Thälmanns, die »Bewahrer seines Geistes« ihre Phrasen und Sprechblasen in die klare Sommerluft auf dem Ettersberg aufsteigen lassen. Hier konnten sie sich dem hingeführten Volk als »wirkliche« Antifaschisten, als die Nachfolger Thälmanns präsentieren. Hier konnten sie die ehrlichen Gefühle vieler Menschen für Thälmann für sich mißbrauchen. Wie konnten sie solch eine Gelegenheit aufgeben? Der Hinweis auf die vielen tausend Opfer im Nazi-KZ Buchenwald erfolgte so nebenbei als Pflichtübung.

Thälmann wurde von den Nazis ermordet. Daran gibt es keinen Zweifel. Millionen waren Opfer des Naziregimes, Millionen unterschiedlicher Herkunft und politischer Anschauung – ihrer aller muß gedacht werden.

Die Wahrheit über den Mord an Thälmann konnte nicht gefunden werden – nicht zuletzt, weil die SED-Führung wichtige Beweisstücke zurückhalten ließ, so selbst ihre Zeugen gewissenlos als ihre Instrumente desavouierte, ihre eigenen Genossen entwürdigte.

Am 16. Oktober 1948, also ungefähr um jene Zeit, als die UdSSR vergeblich um Unterstützung bei der Aufklärung des Thälmannmordes gebeten wurde, brachte ausgerechnet die Zeitung »Neues Deutschland« eine Meldung, die der Redaktion nicht gerade als positiv angerechnet wurde. »Mörder Thälmanns entdeckt« war der Titel dieses Berichts auf der ersten Seite der Zeitung. Darin wurde Bezug genommen auf die Zuschrift des früheren Buchenwaldhäftlings Helmut Dahte an die Wiener Zeitung »Abend«. Ihm zufolge sollte sich der »ehemalige SS-Sturmbannführer Hermann Glaser in Offenbach in Haft« befinden. Der habe sich Häftlingen gegenüber mehrfach damit gebrüstet, nach einem Luftangriff amerikanischer Bomber auf Buchenwald Ernst Thälmann »persönlich liquidiert« zu haben. Dahte führte in seinem Brief, so »Neues Deutschland«, eine Reihe von Zeugen an, die seine Feststellung bekräftigen könnten. Man sollte annehmen, daß diese Nachricht das Weimarer Gericht, das angeblich so intensiv nach den Thälmannmördern fahndete, auf den Plan gerufen hatte. Weit gefehlt. Dafür aber meldete sich sofort Walter

Bartel. Er kritisierte in einer Notiz an Pieck und Grotewohl, an den Pressedienst der SED und auch an »Neues Deutschland« diese Meldung. Sie sei mit »aller Skepsis« aufzunehmen. Und: »Der Name ist im Lager Buchenwald als SS-Offizier unbekannt.« An die eigene, von Zgoda erzählte Version, daß an der Erschießung Thälmanns zwei fremde SS-Offiziere beteiligt waren, dachte er wohl in der Eile nicht. »Selbst«, so Bartel weiter, »wenn sich unter dem Namen ein anderer verbirgt, müßte diese Meldung erst überprüft werden.« Dabei meinte Bartel keineswegs etwa eine staatsanwaltliche Überprüfung. Nein, die Genossen von der VVN in Württemberg-Baden sollten die im Artikel genannten Zeugen »vernehmen«. Polizeisprache ganz nach Art der Komintern. In den nichtsekreten Archivalien tauchte Glaser – oder auch alias Kaiser – nicht mehr auf. Es wäre gegen die Legende gewesen, daß nicht Otto und seine anderen Mittäter Thälmann ermordet hatten. Genannt aber wurde er wieder in einer Broschüre der VVN in Berlin vom Februar/März 1949. Dort wurden Zeugen gesucht – u. a. auch gegen Kaiser, Hermann alias Glaser, Alois; ehemaliger SS-Sturmbannführer im KL Buchenwald. (!) »An der Ermordung von Ernst Thälmann beteiligt.« Ob sich Zeugen gemeldet haben, ist nicht bekannt.

Unter den Tisch fiel bei den Nebenklägern auch eine Aussage des ehemaligen Ermittlungsrichters der SS, Dr. Morgen, der sich nach dem Kriege als Rechtsanwalt und Notar in Frankfurt am Main niedergelassen hatte. Er will vom damaligen Kommandanten des KZ Buchenwald, Hermann Pister – der wurde in Dachau vom amerikanischen Militärgericht zum Tode verurteilt und hingerichtet – erfahren haben, daß die Exekution Thälmanns vom Transportkommando, das Thälmann nach Buchenwald gebracht habe, durchgeführt worden sei. »Pister«, so heißt es in der staatsanwaltlichen Vernehmung Dr. Morgens, »sei völlig unvorbereitet gewesen und habe bis zum Eintreffen des Kommandos keine Kenntnis von dem Erschießungsbefehl gehabt. Außer Pister und seinem Adjutanten Schmidt (der SS-Hauptsturmführer Hans Schmidt wurde, wie Pister, zum Tode verurteilt und hingerichtet) sollen – um die Exekution nicht bekannt werden zu lassen – keine SS-Angehörigen beteiligt gewesen sein. Nach Aussage von Dr. Morgen sei diese ihm von Pister gegebene Sachdarstellung glaubhaft. Jede andere Art der Tatausführung, insbesondere die Einschaltung eines Exekutionskommandos der SS, hätte den Kreis der Mitwisser erheblich vergrößert (...) Im Falle der Ermordung Ernst Thälmanns handelte es sich nicht um eine der damals üblichen, vom RSHA angeordneten Exekutionen, sondern um einen Ausnahmefall. Die Erschießung Thälmanns war (...) von Hitler persönlich angeordnet worden (...)«

Wie gesagt, diese Aussage paßte nicht in das Schema der Legende und wurde deshalb von den Nebenklägern abgewertet und letztlich vom Tisch gewischt. Nach Kenntnis der Unterlagen, die ich lange nach der Wende im ehemaligen MfS-Archiv einsehen konnte, bin ich – nach jetzigem Kenntnisstand – der Auffassung, daß diese Aussage von Dr. Morgen wohl der Wahrheit am nächsten kommt.

Wir müssen noch einmal auf unseren Staatsanwalt zurückkommen, der in der DDR »das Wort« hatte. In seiner Propagandaschrift über den Thälmannmord tauchte auch ein SS-Hauptsturmführer Günther Pütz auf. Dieser war als Kriminalrat zuletzt Leiter des »Kommunismusreferats« im RSHA: »Über ihn hieß es sogar, er sei nicht nur geistiger Urheber, sondern auch einer der Vollstrecker des Mordes an Thälmann gewesen.« Und: »Wer hätte Genaueres über den Hergang der Mordaktion gegen KPD-Vorsitzenden wissen können als der frühere Leiter des ›Kommunismusreferats‹ im RSHA Günther Pütz. Der aber lebte bis 1969 unbehelligt in der BRD, ohne einen der Bonner Staatsanwälte zu Gesicht zu bekommen.« Erst Kaul habe den Kölner Oberstaatsanwalt Dr. Gehrling auf Pütz aufmerksam gemacht. Das sei 1976 gewesen. Dr. Gehrling habe Kaul daraufhin mitgeteilt, daß er nach Pütz habe ermitteln lassen. Der sei aber am 7.5.1969 in Oderbruch-Dremmen verstorben. 1979 habe Kaul verlangt, die Ehefrau und den Sohn von Pütz vernehmen zu lassen. Das sei am 7.8.1979 geschehen. »Frau Pütz hielt sich vom ersten bis zum letzten Satz an den Wahlspruch: ›Mein Name ist Hase, ich weiß von nichts‹.

Gleiches gab Pütz junior zum besten.« Vielleicht sollte man hinzufügen, daß dieser Sohn zur Zeit des Mordes an Thälmann noch nicht einmal geboren war.

Warum eigentlich hat Kaul erst so spät auf Pütz hingewiesen, gewartet, bis dieser gestorben war? Denn, was unser Herr ehemaliger Staatsanwalt und heutiger Rechtsanwalt in seinem Buch verschweigt, ist, daß nach Pütz bereits seit 1945 aktiv gefahndet wurde. Erst von der K 5, der Vorgängerin des MfS und dann von der Staatssicherheit. Dabei war man zu bemerkenswerten Erkenntnissen gekommen ... die aber sorgsam verschlossen wurden. Unser Staatsanwalt hat sie gelesen, das lassen einige Bemerkungen in seinem Buch und die Kennzeichnung der Quelle dazu mit einem Stern erkennen.

Die erste Karteikarte über Pütz wurde am 16.06.1949 ausgestellt. Sie enthielt seine Personalangaben und den Hinweis, daß beim »öffentlichen Ankläger beim Spruchgericht (Hamburg-)Bergedorf ein Verfahren gegen den ehemaligen Hauptsturmführer der SS Günther Pütz läuft. Außerdem wird auf die hohe Funktion des Beschuldigten als Kriminalrat der Gestapo hingewiesen.«

Zur ungefähr gleichen Zeit wurden im Polizeipräsidium Berlin Ermittlungen gegen Pütz geführt. Dort kramte man seine alte Personalkarte heraus, auf der er als Kriminalkommissaranwärter aufgeführt wurde. Die Karte enthielt auch die Personalangaben seiner Frau und seiner 1941 geborenen Tochter und deren Wohnanschrift. Danach wohnte die Familie Pütz seit 1937 in Berlin, zuletzt in einer SS-Siedlung in Berlin-Zehlendorf. Am 8.6.1953 schrieb der Sachbearbeiter Hauptmann Mielsch von der Abteilung VIII (das war die Beobachtungs- und Ermittlungsabteilung) der Staatssicherheit seinen »Ermittlungsbericht« über Günther Karl Robert Pütz, geboren am 29.6.1913 in Hamborn. Wieder folgten nur die Angaben der Meldekartei. In der ehemaligen SS-Siedlung in Berlin-Zehlendorf seien die Straßen umbenannt worden. Außerdem seien meist neue Mieter eingezogen. Der Nachmieter von Pütz wußte über diesen nichts. Nun kennt man die Staatssicherheit schlecht, wenn man annimmt, daß es ihr nicht gelungen wäre, die neue Anschrift der Familie Pütz zu ermitteln, zumal die früheren Anschriften der Familie Pütz und der Eltern seiner Frau im Ermittlungsbericht vermerkt waren, außerdem eine Adresse, wohin die Familie nach Verlassen Berlins gezogen war. Nur der Bericht darüber fehlt, er befindet sich wahrscheinlich in jenem Teil der Akten, den heute die Gauck-Behörde verwaltet – oder er wurde noch zu DDR-Zeiten aus durchsichtigen Gründen beiseite geschafft. Herr Panzinger und auch der Herr Gust lassen grüßen.

Unser realsozialistischer Staatsanwalt vermerkte in seiner Schrift auch, daß es auf Drängen Kauls gelungen war, Pütz' ehemalige Sekretärin ausfindig zu machen, die aber ebenfalls nichts Genaues wußte. In dem von mir eingesehenen Teil der Unterlagen über Pütz befindet sich aber auch eine »Zusammenfassung von Berichten einiger Stenotypistinnen vom Gestapa (Geheimes Staatspolizeiamt) über den Fall Pütz-Thälmann« vom 19. Dezember 1945. Außerdem sind in anderen Unterlagen bereits Ende 1945 angefertigte Vernehmungsprotokolle von den Sekretärinnen Hellers und anderer leitender Mitarbeiter des »Kommunismusreferats«. Die Zusammenfassung von Berichten einiger Stenotypistinnen zitieren wir im Wortlaut nach dem Archivdokument ZR 79 im Bundesarchiv, Außenstelle Zehlendorf. Danach gehörte Kriminalrat Pütz »bereits 1939 zum damaligen Referat II A IV (die Bezeichnungen wechselten, meinten aber immer das »Kommunismusreferat«) als Kriminalkommissar auf Probe. Er war dann vorübergehend mit Vogt in der Slowakei, in Preßburg. Im Jahre 1940 kam er mit einem Einsatzkommando nach Belgien, Brüssel. Er hat dort unter Kriminaldirektor Straub als Kommissar in der Abteilung Kommunisten- und Terrorbekämpfung für Belgien und Nordfrankreich gearbeitet. Dezember 1942 oder Anfang 1943 kam er aus Belgien zurück und kam wieder zum Referat IV A 1 (II A IV), als Kommunistensachbearbeiter.«

Der ehemaligen französische Polizeibeamte und spätere Schriftsteller Jaques Delarue berichtet in seiner »Geschichte der Gestapo« über die Razzien auf Juden und ihre Ermordung durch Massenexekutionen, an denen Sachverständige des RSHA aktiv beteiligt waren. So zitiert er einen Augenzeugenbericht über die »Einkreisung des Rownoer Ghettos am 13. Juli 1942 durch SS-Einheiten«: »Auf der Straße jammerten und schrien die Frauen nach ihren Kindern, die Kinder nach ihren Eltern. Das hinderte die SS nicht, die Menschen nur im Laufschritt über die Straßen zu jagen, bis sie zu den bereitstehenden Güterzügen gelangten (...) An einer Hausecke lag ein kleines Kind von weniger als einem Jahr mit einem zertrümmerten Schädel. Blut und Gehirnmasse klebte an der Hauswand und bedeckte die nähere Umgebung des Kindes. Das Kind hatte nur ein Hemdchen an. Der Kommandeur, SS-Sturmbannführer Pütz, ging an etwa 80-100 am Boden hockenden männlichen Juden auf und ab. Er hielt in der Hand eine schwere Hundepeitsche.« War es dieser Günther Pütz? Wie viele seiner »Kollegen« hat bestimmt auch er an den Untaten der Einsatzgruppen teilgenommen.

Kehren wir zum Bericht der Gestapo-Stenotypistinnen zurück. »Die Arbeit von Pütz bestand in der Hauptsache in der Beobachtung der Arbeitsweisen der Kommunisten im Reich und in den von Deutschland besetzten Ländern (...) Seine Arbeit wurde vom damaligen Gruppenleiter IV, Panzinger, sehr gefördert. (...) Pütz kam von der Hitlerjugend ins Amt. Er war Bannführer. Pütz wurde auch im Januar (1945) nach Hof/Bayern evakuiert. Seine Familie dagegen war schon vorher nach Bibra im Harz evakuiert.

Als sich die Kriegslage im Osten für uns immer mehr verschlechterte, machte Kriminalrat Pütz eine Vorlage, in der er auf die Gefahr im Falle einer Befreiung Thälmanns hinwies. Er schlug vor, Thälmann zu beseitigen. Diese Vorlage ging an Himmler. Himmler genehmigte auch diesen Vorschlag. Gleichzeitig, es war ungefähr im Frühjahr 1944, tauchten (...) Gerüchte auf, die sich mit einer Entführung Thälmanns befaßten. Zuerst wurde diesen Gerüchten seitens des Gestapas keine Bedeutung beigemessen. Im Verlauf der Zeit nahmen (...) die Gerüchte konkretere Formen an, u. a. hieß es, daß Thälmann gewaltsam aus dem Gefängnis gebracht werden sollte.

Die Justiz lehnte daraufhin die Verantwortung für Thälmann ab. Es fanden nun Besprechungen im Justizministerium statt, bei denen (...) beschlossen wurde, daß Thälmann in eine andere Strafanstalt kommt. An den Besprechungen nahmen teil:

Sturmbannführer Lindow, Oberregierungsrat Heller, Leiter der Staatspolizeistelle Potsdam, (der) Leiter der Strafanstalt Bautzen, in der Thälmann zur damaligen Zeit einsaß.

Es steht nun fest, daß keine Berichte von Thälmanns Befinden, die ja sonst regelmäßig aus den Anstalten kamen, aus einer anderen Strafanstalt bei der Gestapo eingingen. Als eines Tages Pütz von einer Dienstreise kam, ließ er sich den Vorgang Thälmann bringen. Er entfernte aus den Akten seinen Vorschlag über die Beseitigung Thälmanns und ließ einen Vermerk schreiben, daß Thälmann genau wie Breitscheid dem Fliegerangriff auf Buchenwald zum Opfer gefallen sei. Bei dieser Gelegenheit wurde auch der Wortlaut der Veröffentlichung in der Presse festgelegt. Da nun nur noch wenige Beamte von dieser Angelegenheit etwas wußten, sickerte es auch nicht durch, daß Kriminalrat Pütz der Mörder Thälmanns sei.

Von den eingeweihten Beamten wurde der Mord an Thälmann folgendermaßen geschildert: Bei der Überführung Thälmanns von der Strafanstalt Bautzen angeblich in eine andere Strafanstalt, die mittels dreier Privatwagen (als Privatwagen getarnte Autos der Gestapo) des Nachts vorgenommen wurde, hatte der dazu bestimmte Mörder dieses aus unbekannten Gründen nicht getan. Daraufhin soll Pütz an seine Stelle getreten sein und soll das Vorhaben ausgeführt haben.«

Dieser Bericht wurde auch ins Russische übersetzt. Eine Kopie dieser Übersetzung befindet sich in den Archivunterlagen.

Bleibt nur noch die Frage, warum diese Unterlagen keine Rolle spielten in den verschiedenen Prozessen gegen die angeblichen Thälmannmörder? Legende und rauhe Wirklichkeit. In der DDR lagerte die komplette Liste der RSHA-Mitarbeiter. In ihr waren, wie es in einer Notiz des Zentralen Parteiarchivs der SED (ZPA) vom 16.7.1964 heißt, alle diese Mitarbeiter erfaßt »... vom Leiter bis zum Heizer, einschließlich aller

Sonderkommandos. Sie enthält alle Namen und Adressen.« Bei Nachforschungen nach dieser Liste vor noch gar nicht langer Zeit mußte festgestellt werden, daß sie nicht mehr im ZPA vorhanden ist. Auch gibt es dort keinen direkten Hinweis mehr darauf. Es ist klar, wer sie weggeholt hat. Wer will nun daran zweifeln, daß von den zuständigen Organen der DDR besonders nach jenen gesucht und »geforscht« wurde, die sich mit der KPD und ihren Funktionären befaßt hatten? Diese Liste hat natürlich auch den Kriminalrat Pütz enthalten – mit Personalien und Funktion und Wohnung usw. Und warum wurde er, obwohl über ihn auch ausführliche Ermittlungsergebnisse vorlagen, die ihn als Thälmannmörder erkennen ließen, von den Nebenklägern erst nach seinem Tode als »möglicher Mittäter« genannt – nachdem er nicht mehr selbst aussagen konnte? Über Thälmann ... und über sich? Diejenigen, die diese Frage hätten beantworten können, haben geschwiegen.

Vermutlich verraten sie uns dann auch, wo dieser gemeine Mord an Thälmann verübt worden ist. Ist den Aussagen Dr. Morgens und des KZ-Kommandanten Pister zu trauen? Geschah es wirklich in Buchenwald, wo ja auch alle schrecklichen Einrichtungen zur sofortigen Beseitigung des Opfers vorhanden waren? Oder war es anderswo? War alles ganz einfach, und man hat Thälmann überhaupt nicht abtransportiert aus Bautzen? Haben die Chefs dieser nazistischen Haftanstalt gelogen, um sich ihrer Verantwortung zu entziehen?

Und hatte der ehemalige politische Häftling im Bautzener Gefängnis, Paul Langhoff, recht, als er im Mai 1947 behauptete, Thälmann sei im August 1944 gleich in Bautzen »mit zwei Schüssen in wenigen Sekunden Abstand« ermordet worden?

Oder war alles ganz anders? Das Rätsel um Thälmanns Mord ist heute noch nicht – oder: nicht mehr? – zu lösen.

»Breit in den Schultern ...«

... stand zwar nicht ER vor uns, wie es im Lied heißt, er, Thälmann in persona, sondern sein Double, der Schauspieler Günther Simon. Doch für uns war es Ernst Thälmann. Er kam von der Filmleinwand herunter und nahm uns an die Hand zu einem mehrstündigen Ausflug in eine Geschichte, die wir kaum kannten, von der wir nur gehört hatten, daß sie »kampfreich« und »heldenhaft« gewesen war. Neun Jahre nach dem Krieg, den wir als Kinder miterlebt und überlebt hatten, waren unsere alten Helden noch längst nicht ganz verblaßt. Zu innig war unser Verhältnis zu ihnen gewesen ... zu den Goten, die vor Jahrhunderten ihren Schicksalskampf vor Rom ausgefochten hatten, zu den tapferen und gradlinigen Preußen und ihrem großen und siegreichen König, zu den bei den Falklandinseln von einer Übermacht geschlagenen und mit wehender Flagge untergegangenen Matrosen des heldenhaften Geschwaders Graf Spee. Mölders, Prien, Galland, Rudel – hatten uns ihre Heldentaten nicht begeistert? Wollten wir nicht werden wie sie? Viel Feind, viel Ehr. Hitler allerdings war schon fast aus unserem Gedächtnis verdrängt. Er lebte meist nur noch in den Erzählungen unserer Eltern und älteren Geschwister, vor allem in ihren Flüchen. Doch noch konnten wir seinen vielmals aufgesagten Lebenslauf herbeten. Nun auf einmal aber kam ein anderer auf uns zu, einer, von dem wir nichts oder nicht viel wußten. Aber es war ein Held, das sahen wir gleich. Er war kernig und entschlossen, sein stahlgrauer Blick traf uns wie ein Blitz. Er wußte alles, entschied alles, war menschlich, aber rücksichtslos und unbeugsam, wenn es um »die Sache« ging, so wie ein richtiger Kommandeur sein mußte. Die paar Jahre nach dem Krieg waren zu lange heldenlos gewesen. Der neue Held kam zur rechten Zeit. Dieser Günther Simon war ein Glücksfall für die DEFA, die staatliche Filmgesellschaft der DDR – und für die Propaganda der SED.

Später lasen wir, daß sie lange nach diesem Thälmann-Helden gesucht hatte. 1952 reisten die Film-Besetzer durch das Land auf der Suche nach einem »großen und kräftigen Typ mit hellen Augen«. Nur, so hieß es, »proletarischer Herkunft« mußte er sein. Und: »schwer, aber gleichwohl mit Geist und Temperament«. Der Besetzungschef der DEFA hatte schon Mühe, den entsprechenden Typ zu finden. Noch dazu, weil er aus Norddeutschland – »einerseits aus Berlin, andererseits aus Hamburg oder von der Waterkant« – stammen sollte. Thälmann selbst hatte ja immer, sogar noch in der Haft, von seiner »nordischen Heimat« geschwärmt. Und »nordisch« war eben auch »kernig deutsch«. Dieser Besetzungschef kann einem noch nachträglich leid tun. Als Schwierigkeiten, die sich vor ihm auftürmten, sah er »zunächst die zur Zeit noch mäßige künstlerische Höhe unserer Schauspielensembles, sodann die heute noch festzustellende Schwäche des gesellschaftlichen Bewußtseins bei einem Großteil unserer Schauspieler«.

Und da sollte man nun einen Film drehen, der gerade kommunistische Standfestigkeit und ideologische Klarheit verkörpern und vor allem auch vermitteln sollte. Dann gab's noch die Partei, die diesem Besetzungschef kategorisch verbot, sich bei den Theatern umzutun (wo eigentlich sonst?). »Es geht niemanden etwas an und es hat niemandem bekannt zu sein, daß die DEFA beabsichtigt, einen umfassenden politisch-historischen Film um die Persönlichkeit Ernst Thälmanns vorzubereiten«, wies Hans Lauter, seinerzeit Mitglied des SED-Zentralsekretariats, die ihm unterstellte Abteilung Kultur, Literatur und kulturelle Massenarbeit im SED-Parteivorstand an. Na, letzten Endes wurden alle Schwierigkeiten »im Vorwärtsschreiten« überwunden und die »richtigen« Schauspieler gefunden. Doch beinahe wäre auch Günther Simon wieder von der Liste gestrichen worden, erreichten doch das Politbüro und vor allem Walter Ulbricht üble Denunziationen. Einige Denunzianten trugen berühmte Namen. Ulbricht allerdings ging darauf nicht ein. Einmal »gründlich überprüft« und als Hauptdarsteller bestätigt, blieb es Simon auch. Um ihn »ideologisch zu beeinflussen«, wie es in einer internen Parteinotiz hieß, wurde Simon gemeinsam mit Bredel Anfang 1953 zu »Milieustudien« nach Hamburg geschickt. Allerding kamen sie nicht weit, da sie, wie gleichfalls notiert wurde, »unter Begleitung westdeutscher Kriminalpolizei an die Grenze zurückgebracht worden sind. Es war versäumt worden, eine Aufenthaltsgenehmigung für Simon zu beantragen.« Mit vorausschauender Klugheit waren eben auch die westdeutschen Behörden nicht gerade gesegnet. Zu Simons »ideologischer Erziehung« dürfte diese Aktion wohl stärker beigetragen haben als alle propagandistischen Bemühungen der SED-Führung.

Die Jahre vergingen, und mit ihnen verging auch die DDR, »das sozialistische Experiment auf deutschem Boden«, wie die erfolglosen Experimentierer sagten. Diejenigen, mit denen experimentiert worden war, sagten erst mal gar nichts. Aber sie dachten über die Experimentierer nach und auch über ihre falschen Helden. Eigentlich machten sie damit nichts anderes als Generationen vor ihnen. Die »Helden« gehören immer zum Mechanismus der Macht.

In einem Archiv entdeckten wir auch den Artikel, den der Filmregisseur Dr. Kurt Maetzig am 1. Februar 1952 für die Zeitung »Neues Deutschland« geschrieben hatte. Daraus erfahren wir, daß Herr Maetzig – wie von Stalin angeregt – aus dem prallen Leben gelernt hat und nun Filme drehte, in denen »jedes Wort und jede Tat des Helden auf die Goldwaage« gelegt wurde, »da dieser Held von Millionen Menschen kritisch betrachtet wird«. Gott sei Dank hat sich Maetzig selbst nicht immer an diese Worte gehalten. Davon zeugen Filme, die bis heute wegen ihrer künstlerischen Höhe unvergeßlich sind. Mancher Film war dabei, der Anstoß erregte bei den Moral- und Ideologiewächtern im Politbüro und im ZK, und den die, für die er gedreht worden war, nicht sehen durften.

Um auf den – nach Stalin – kritisch zu betrachtenden Helden zurückzukommen. Kritisch betrachtet wurde Thälmann damals noch keinesfalls. Nicht allzu viele Menschen erinnerten sich an ihn. Und sein Persönlichkeitsbild war noch keineswegs so von den professionellen Legendenerzählern deformiert worden wie einige Jahre später. Wer Thälmann kannte – und sei es auch nur dem Namen nach – wußte zumeist, daß er seiner Überzeugung treu geblieben und dafür auch gestorben war. Was bedurfte es da noch einer Legende. Die wurde erst gebraucht, als jene von seinem Ruf zehren wollten, die lange Jahre in seinem Schatten standen und für die »Überzeugung« eine Sache war, die man wechselte – je nach Lage der Dinge und nach Laune des Herrn im Kreml. Aus pragmatischen Gründen, nicht zuletzt auch, um sich vor der Geschichte für das eigene Versagen zu rechtfertigen und sich als »Helden des antifaschistischen Widerstandes« aufzubauen, wollten sie »die Erben Thälmanns« sein. Doch dazu bedurfte es erst einmal eines Erbes, so eindrucksvoll und prächtig wie nur irgend möglich.

So wurde das Pflänzchen »Thälmannlegende« kräftig und immer kräftiger begossen. Als Dünger dafür war jedes Mittel recht. Auch der Film. Vor allem der Film. Nicht von ungefähr zitierte Maetzig im erwähnten Zeitungsartikel nicht nur Stalin, sondern auch den Altmeister Lenin: »Von allen Kunstarten ist die Filmkunst die wichtigste.« – »Weil sie die breiteste Massenwirksamkeit ausübt«, ergänzte Maetzig. Gemeint war die Filmkunst in der DDR und ihr sowjetischer Lehrmeister. Für den, der es immer noch nicht ganz begriffen hatte, setzte Maetzig hinzu: »Sie kann aber die in ihr vorhandenen Möglichkeiten nur entfalten, wenn sie der Wahrheit dient und Partei für die Sache des Volkes ergreift«. Diese »Parteiwahrheit« war – nach Maetzig, der damals selbst noch keine allzu gravierenden Erfahrungen damit gemacht hatte – das gewandelte »Bewußtsein der Menschen, ihre Moral und ihre Einstellung zur Arbeit und zum demokratischen Staat«, war der »neue Mensch«, der »positive Held« – »vielseitig und anziehend dargestellt«, als einer, »der seinem Kollektiv voranschreitet und sich im Kampf mit den verschiedensten Schwierigkeiten weiterentwickelt«. So wie Thälmann einer war, zumindest wie der damalige Filmheld in spe.

Man wußte von Anfang an: der bedurfte keines privaten Lebens, keiner menschlichen Gefühle, nicht der Banalität des Alltäglichen. »Man verwechsele nicht menschlich und privat«, sagte später dazu auf die Frage eines Zuschauers Michael Tschesno-Hell, neben Willi Bredel einer der Erfinder des Manuskripts zu diesem ersten Thälmannfilm der DEFA. »Menschlich ist Thälmann dargestellt«, so »wie er war: bescheiden, feinfühlig, beharrlich, klug, zielsicher, leidenschaftlich, kämpferisch, kühn«, mit Eigenschaften also, die, so scheint es, Mariechen aus dem Bilderbuch »Über den guten Menschen« abgeschrieben hat.

Tschesno-Hell pries im gleichen Atemzuge ganz bescheiden das Drehbuch, Gemeinschaftswerk von Autoren und Politbüro. »Menschlich«, so sagte Jahre später einer der Thälmann-«Biographen« in seinem Gutachten über ein Szenarium für einen anderen – allerdings nie gedrehten – Thälmannfilm … »menschlich heißt in Hinsicht auf Thälmann das Herausarbeiten seiner inneren Werte, seiner Beweggründe, seiner Gefühle und Gedanken, seiner Reaktionen auf Grunderlebnisse«. Na ja, alles ist menschlich.

Der »Herausarbeiter« des Partei-Menschlichen gab es viele. Die Autoren des Szenariums für den DEFA-Thälmannfilm gehörten unbestreitbar dazu. »Thälmann ist ein ›Brocken‹, ein Riese«, meinte Tschesno-Hell. »Das Zuhause ist zu klein für ihn. Warum die Gestalt zu sich herabziehen, statt sich zu ihr emporzuheben? Nicht jeder kann ein Thälmann sein, aber jeder kann sich ihn zum Vorbild nehmen. Seine zutiefst menschliche und leuchtende Gestalt ist daher unerschöpflicher Quell starker Emotionen. Aber das Private und das Zufällige wären hier ganz fehl am Platze.«

Das »Zufällige«, das hätte herauskommen können, wäre eventuell die Wahrheit gewesen. Doch dabei hielt es das Politbüro mit dem von Thälmann so sehr geliebten Schiller: »Ich bin es nicht gewohnt, daß mich der Zufall blind waltend, finster herrschend mit sich führe.« Und das Banale? Der liebende Ehemann, der zärtliche Vater, der polternde und laute Choleriker, der skatspielende, bier- und korntrinkende, genußfreudige

Mensch – privat! ... und deshalb untauglich für die Legende, zwar lebensnah, doch zu wenig »riesenhaft«. Ist er nun nach Feierabend in seine Latschen geschlüpft und hat er zur Flasche Bier oder zum Lenin- oder Stalinband gegriffen? Mußte er zum Heizen die Kohlen aus dem Keller holen, oder hatte er dafür seine Leute?

Sich auf Gefühle und Gedanken, auf die »innere Haltung«, und nicht auf Äußeres, Banales, Alltägliches stützen – diese so wohlgemeinte Forderung hatte durchaus eine reale Grundlage: Im Februar 1952 wurde der »Aufbau der Grundlagen des Sozialismus in der DDR« beschlossen. Für diese Formulierung und auch für die Verwirklichung zeichnete der große Sozialist Walter Ulbricht verantwortlich.

Im Februar dieses schicksalhaften Jahres 1952 schrieb das »Marx-Engels-Lenin-Institut beim ZK der SED« an den »Genossen Suslow«, den Ideologiesekretär der KPdSU in Moskau. »Das Institut arbeitet zur Zeit an der Fertigstellung einer wissenschaftlichen Biographie Ernst Thälmanns«, begann dieses Schreiben. Und: »Eine Reihe von Daten aus seinem Leben stehen nicht genau fest (...) da viele Unterlagen fehlen.«

Die KPD-Dokumente hatten die deutschen Kommunisten einst selbst nach Moskau gebracht, um sie dem Zugriff der politischen Polizei zu entziehen, sie dort »sicherzustellen«. Nun mußten sie darum betteln. Andere, darunter kostbare historische Nachlässe – wie zum Beispiel von Lassalle bis hin zu den Unterlagen über das Meininger Herzogshaus, das auf irgendeine Weise mit dem russischen Zarenthron verwandt war – wurden aus jenen deutschen Archiven herausgeholt, die den sowjetischen Archivjägern zugänglich waren.

Die Akten des preußischen Innenministeriums, das bis in die Weimarer Republik hinein auch für nahezu sämtliche politische Polizeiangelegenheiten zuständig war, wurden in sowjetische Archivregale gestapelt. Viele Kilometer Archivgut – aus dem Mittelalter bis in die neue Zeit (zum Beispiel Volksgerichtshof-, Gestapo- und Wirtschaftsakten) – liegen noch heute in den russischen Aktenbunkern. Auch Archive, die die Nazis in den von ihnen besetzten Ländern geraubt hatten, gingen als wohlfeile Beute nach Moskau oder ins ferne Sibirien oder in den Ural oder ...

Was das KPD-Archiv betrifft, so kam das erst Anfang der siebziger Jahre in die DDR, unvollständig natürlich, unsortiert. Niemand konnte nachprüfen, was fehlte, was zurückbehalten worden war. Dazu gehörten auch viele Unterlagen über Thälmann. Anfang der fünfziger Jahre jedenfalls gab es in der DDR kaum wissenschaftlich verwertbare Dokumente über die KPD-Geschichte und auch nicht über Thälmann. Die Russen dachten damals auch keineswegs daran, irgend etwas zurückzugeben; sie durchforschten ja selbst noch die Archive im Osten Deutschlands nach »Material«, das für sie »interessant« war. Und dazu gehörte alles, nicht nur Unterlagen über die freundschaftliche und äußerst ersprießliche Zusammenarbeit zwischen Reichswehr und Hitlerwehrmacht mit der ruhmreichen Sowjetarmee oder zwischen Nazideutschland und Sowjetrußland insgesamt. Erst Anfang der sechziger Jahre konnten Beauftragte des SED-Parteiarchivs tieferen Einblick in jene Bestände nehmen, die die Geschichte der KPD, der deutschen Abteilung bei der Komintern oder auch einzelne Personen – wie Thälmann – betrafen.

Im August 1988 brachte »Neues Deutschland« eine beim ersten Hinsehen dubiose Meldung. Danach gehörte die SED »zu den ersten Parteien, die von Anfang an dem ZK der KPdSU die Bitte unterbreitet haben, das Archiv der Kommunistischen Internationale zur Verfügung zu stellen und den Historikern der DDR zugänglich zu machen. Dem entsprach das ZK der KPdSU. Die Sichtung der Dokumente durch Wissenschaftler der DDR ist im Gange.« Angeblich hätten »journalistische Kreise« angefragt. Um diese allerdings hat sich das ZK der SED bis zuletzt am wenigsten geschert. Diese »Kreise« lagen fest an der Kette. Die Nachricht zielte wohl mehr auf die »Bruderparteien«, die massiv die Forderung erhoben hatten, endlich Zugang zu ihren historischen Dokumenten zu bekommen, die die KPdSU eingesammelt und weggeschlossen hatte. Nebenbei aber ist diese Meldung ein Eingeständnis, daß bislang eben kein Zutritt zu diesem Archiv bestand – trotz anderslautender Behauptung. Offizielle SED-Meldungen hatten nur den Zweck, die Wirklichkeit zu verhüllen. Durften vor dieser Meldung nur einige ausgewählte Wissenschaftler in dieses Archiv und erhielten nur einiges an ausgewähltem Material, so war es danach nicht anders. Wer vorgelassen wurde, war darauf angewiesen, was ihnen die sowjetischen Archivare zeigten, denn Findbücher oder andere Hilfsmittel bekamen sie nicht zu Gesicht. So war das auch in den sechziger Jahren.

Die Emissäre der SED konnten auch zu jener Zeit längst nicht alle Archive aufsuchen. So erhielten sie überhaupt keinen Einblick in die Archive der Sowjetischen Militäradministration in Deutschland, des Nationalkomitees Freies Deutschland, der sowjetischen Streitkräfte in Deutschland, des Staatlichen Hauptarchivs beim Ministerrat der UdSSR oder gar des NKWD. Sie konnten einige Teilbestände des KPdSU-Archivs einsehen, in das viele KPD-Unterlagen einverleibt worden waren und durften dort auch um Fotokopien einiger KPD-eigenen Dokumente bitten. Darunter waren solche wichtigen Unterlagen wie jene Mitteilung aus dem Büro der deutschen Sektion bei der Komintern, daß alle KPD-Mitglieder, die sich 1937 in der Sowjetunion befanden, »kartothekmäßig erfaßt« worden waren. Und auch die »Selbstverpflichtung« der deutschen Genossin Marta E. aus der Übersetzungsabteilung der Komintern vom 1. Oktober 1933 durften die Fahnder der SED mitnehmen. Darin verpflichtete sie sich »als Stoßbrigadlerin« u. a. »pünktlich um zehn Uhr zur Arbeitsaufnahme bereit« zu sein, »stets für die Sauberkeit meiner Maschine zu sorgen« und »meine gesellschaftliche Arbeit pünktlich durchzuführen (...)« Es besteht der begründete Verdacht, daß diese »historische Selbstverpflichtung« zum Muster wurde für Hunderttausende ähnliche in der späteren und nunmehr früheren DDR. Vielleicht hat Marta E. – sollte sie auf wunderbare Weise ihre Moskauer Emigration überlebt haben – danach selbst an führender Stelle in der DDR die Anregung dazu gegeben. Lebendige Geschichte.

Der, insgesamt gesehen, mehr als mangelhafte Bestand an Unterlagen zur Geschichte der KPD und auch zur Person

Thälmanns hielt sogar die IML-Historiker 1952 davon ab, die von ihnen geplante »wissenschaftliche Biographie« des KPD-Vorsitzenden zu schreiben. Die Filmleute der DEFA aber konnte das nicht stoppen. Sie hatten mehr Phantasie.

»Man darf keine Ereignisse und Gespräche vom Arbeitszimmer aus erfinden, man muß sie aus dem Leben greifen«, ließ Maetzig sein Leitbild, den erfahrenen Filmemacher Stalin sagen. Danach handelte auch der immer beispielhafte SED-Generalsekretär Walter Ulbricht. Er griff am 21. August 1951 seine Hinweise für den entstehenden Thälmannfilm direkt aus dem Leben. Am Schreibtisch in seinem Arbeitszimmer. »Einige Formulierungen, die zu eng sind, habe ich rot angestrichen.« Wie sonst? Und: »Der Regisseur muß vermeiden, daß durch zu viele Einzelgeschehnisse von minderer Bedeutung das Dramatische der Handlung geschwächt wird. Im Szenarium müßte noch eine Szene eingefügt werden, wo Thälmann im Arbeitsraum des Genossen Stalin mit diesem spricht. Bei der letzten Besprechung 1932 waren anwesend die Genossen Molotow, Berija, Kaganowitsch und Mikojan.« Durch Lebenserfahrung gewitzt, hatte Ulbricht einfach den »Genossen Berija« dazugeschmuggelt, gab es doch damals einen ganz anderen Geheimdienstchef. Berija kam erst später. Ulbricht hatte eben aus dem Leben gelernt. Bei späteren Wiederaufführungen dieser Thälmannfilme in der »Nach-Stalin-Zeit« hatte man diese Stalinszene wieder herausgeschnitten. Stalin – wer war das? Aber der stets und immer aus dem Leben lernende Ulbricht hatte damals noch andere Überlegungen: »Eine Szene in Moskau, wo Thälmann die allgemeine Krise des Kapitalismus analysiert, wäre wichtig darzustellen.«

Die gründliche Analyse war Thälmanns für ewig zugeschriebenes Los. Ihm konnte er niemals entrinnen. Immer und überall mußte er analysieren. Hätte er es noch erlebt, so hätte er alles entweder kurz und bündig mit »Schietkroam« abgetan. Wo es aber um das »Epochale« ging, da hätte er – wie Ulbricht – sicher auch gefordert: »Vor den Schlußbildern muß eine Szene eingefügt werden, in der gezeigt wird, welch opferreichen Kampf die Sowjetarmee führt und wie sie in Berlin siegt.« Noblesse oblige. Schließlich war Thälmann ja bereits in den zwanziger Jahren »Ehrenmitglied der Roten Armee und der Roten Flotte«, »Ehrenkosak« – eben »Ehrenrotarmist« mit Uniform und dem mit rotem Stern geschmückten Helm geworden. Es gab noch mehrere Thälmannfilme. Wenn sich darin auch stets – entsprechend der politischen Linie – die historischen Fakten änderten, so blieb doch der »opferreiche Kampf und Sieg der Sowjetarmee« als jeweiliges Schlußbild erhalten. Damit ließen weder Stalin noch Breshnew und auch nicht Chruschtschow oder Gorbatschow mit sich handeln. Das mußte sein.

Als der Gedanke zu einem Thälmannfilm geboren wurde, gab es die DDR noch gar nicht ... aber diejenigen, die sie ins Leben rufen sollten, die späteren Thälmannerben. Während man noch krampfhaft nach einem geeigneten Darsteller für Thälmann suchte, schrieben Tschesno-Hell und der ausgewiesene Historiker und Thälmannkenner Bredel noch eifrig am Drehbuch ... und schrieben um. So, wie es die Partei wollte. Sie werden wohl manches Mal geflucht haben (leise natürlich!), wenn wieder ein neuer Gedankenblitz aus dem Parteiolymp zu ihnen niederzuckte. Verdrossen und verbissen, aber diszipliniert, erfüllten sie ihren Parteiauftrag. Es traf durchaus auch auf die Thälmannfilme zu, was ein mutiger DDR-Schriftsteller auf den erwähnten Artikel Maetzigs an »Neues Deutschland« geschrieben hatte. Er beschwerte sich, daß den Autoren so massiv in ihre Arbeit hineingeredet wurde, daß sie ihr »von vielen Köchen zerkochtes Werk«, das nach »unbeschreiblichen Geburtswehen das Licht der Leinwand« erblickte, am Ende nicht mehr wiedererkannten. Der Autor »der Grundidee zögert, jetzt noch seinen Namen darunterzusetzen«. »Es gibt kaum einen Schriftsteller von Rang und Namen in Berlin und der DDR – von den unbekannten nicht gesprochen – die nicht über diese typischen DEFA-Schwierigkeiten klagen.« Aus reinem Selbsterhaltungstrieb verschwieg der Schreiber aber die ihm wohlbekannte Tatsache, daß die miserabelsten Köche, »die alles zerkochten«, im Parteihaus der SED und dort vor allem in der Chefetage saßen.

So neu übrigens war die Idee für einen Thälmannfilm gar nicht. Bereits 1934 wurde in New York ein Film über und mit (dem richtigen) Thälmann gezeigt. Das kommunistische »Pariser Tageblatt« berichtete am 13. Oktober 1934 über die »Uraufführung eines Tonfilmes ›Ernst Thälmann, der Kämpfer gegen den Faschismus‹«. Es sei ein »Film, der aus Deutschland auf Umwegen nach Amerika gebracht worden ist«. Natürlich hat dieser Film Deutschland nie gesehen – und Deutschland nicht diesen Film. Er war ein Produkt der Komintern, zusammengestellt aus deren Filmmaterial und deren Propagandaklischees. Und er war Teil der großangelegten Thälmann-Befreiungsaktion ... und so wirkungslos wie diese. Obwohl das »Pariser Tageblatt« auftragsgemäß davon schrieb, daß er »vom New Yorker Publikum mit großer Sympathie aufgenommen« worden sei, meldeten andere Zeitungen, so sie überhaupt Notiz davon nahmen, daß er in einer »geschlossenen Vorstellung« gezeigt wurde, als Vorspiel zu einer Kundgebung gegen Nazideutschland. Für uns, die Mitarbeiter an dieser Schrift, war er nur in einer Hinsicht interessant: Als wir über diesen Film lasen, baten wir unter Hinweis darauf die sowjetischen Archivare um authentisches Material über Thälmann. Uns wurde aber gesagt, daß beim besten Willen nichts zu finden sei.

Abgesehen von den Spielfilmen, die selbstredend dokumentarischen Anspruch erhoben, haben auch spätere »Dokumentarfilme« wohl kaum von diesem damals in Rußland tief vergrabenen Material profitiert. Wozu auch? Brauchte man es denn? Oder machte man sich seine Dokumente nicht allein ... und bessere noch dazu?

Zwei Jahre nach dem ursprünglich geplanten Termin war der erste Teil des Filmes fertig. Sein Titel: »Ernst Thälmann – Sohn seiner Klasse«. Drehbuchautoren, Regisseur, Chefkameramann und auch der Hauptdarsteller Simon wurden mit dem Nationalpreis erster Klasse bedacht. Und Simon, dessen »ideologische Erziehung« doch Früchte getragen zu haben schien, gab – laut »Neues Deutschland« – das Versprechen ab, »auch künftig nach den Worten des großen deutschen Arbeiterführers

Ernst Thälmann, die in der DDR bereits Wirklichkeit geworden sind (fünf Jahre nach ihrer Gründung! Einfache Worte – einfache Verwirklichung), zu handeln. Die befreite Arbeiterklasse wird die Fahne der Nation ergreifen und sie vorantragen, dem sozialistischen Völkerfrühling entgegen!« Frühling läßt sein rotes Band ...

Als nun das arg gebeutelte Drehbuch für den ersten Film nahezu fertig war, kamen neue Einwände und »fördernde Hinweise« von der Parteiführung. So wurde auch der ursprüngliche Prolog des Films gestrichen. Der Film begann nun 1918, mit der sogenannten Novemberrevolution. Der arme Thälmann, der, seinen eigenen Worten nach, ein »guter Soldat« gewesen war, hatte nun an der Front – und dann noch allein – ein Flugblatt zu verfassen, das dazu aufrief, »die Gewehre umzudrehen« – also gegen den »Hauptfeind im eigenen Land« zu richten: gegen die Junker, Militaristen und Großkapitalisten, die »eigentlich Schuldigen am großen Krieg«. Natürlich zeigte das Thälmannsche Flugblatt – im Film – eine ungeheuer mobilisierende Wirkung! Die Geschichte weiß davon allerdings nichts. Aber auch sie kann nicht alles wissen. Ist sie etwa klüger als die Partei?

Es zeugt für das parteiverbundene Geschichtsverständnis der Drehbuchautoren, die 1952 stolz an die zuständige ZK-Abteilung meldeten, daß sie Thälmann nun endlich auch unter die Gründer der KPD eingereiht hatten: »Am Tage der Gründung der KPD (Ende Dezember 1918) sind in der Wohnung von Liebknecht – Luxemburg, Liebknecht, Zetkin, Pieck, Ulbricht und Thälmann beisammen. Die Szene vermittelt die tiefe Genugtuung über den vollzogenen historischen Schritt der Gründung der KPD. Sie endet mit einem Gespräch zwischen Liebknecht und Thälmann (...)« Eigentlich ein Wunder, daß kein schallendes Gelächter aus den Gräbern der beiden wirklichen KPD-Gründer Liebknecht und Luxemburg aufgestiegen ist. Haben sie die Hamburger Lokalgröße Thälmann eigentlich gekannt? Der mauserte sich zu jener Zeit gerade vom recht orthodoxen Sozialdemokraten zum radikalen Linken. Ulbricht hatte zwar Liebknecht auch nicht persönlich getroffen und war auch nicht an der Gründung der KPD in Berlin dabei, half aber bereits im Januar 1919 zumindest beim Entstehen einer KPD-Ortsgruppe in seiner Heimatstadt Leipzig. Im gleichen Monat, nach der Ermordung von Liebknecht und Luxemburg, organisierte er dort auch eine Demonstration. Thälmann hat, so diktierte es die Partei den Drehbuchautoren, »während seiner Arbeit auf der Werft von der Ermordung Liebknechts und Luxemburgs erfahren und ein Gelöbnis (›Trotz alledem‹) abgelegt.«

»Trotz alledem« – die stolzen Worte Liebknechts kurz vor seinem Tode. Die unsinnigsten Szenen hatte man sich ausgedacht, die Geschichte auf Teufel komm raus verbogen. Mariechens Ausflug in die Historie …

Lenin und Stalin durften nicht fehlen. Sie »sprachen über die Nationale Frage, den Versailler Vertrag und die akute revolutionäre Situation in Deutschland.« Und: sie erkannten – weitsichtig, wie sie nun einmal waren – bei einem ach so frühzeitigen Besuch Thälmanns im Moskauer Kreml (bei dem übrigens neben Pieck und anderen natürlich Ulbricht dabei war), daß Thälmann »die Führerpersönlichkeit werden könnte, die das deutsche Proletariat braucht«. Thälmann aber blickte, so Drehbuch und Film, »aus dem Fenster, mit den Gedanken in Deutschland«. Dabei sollte man eigentlich annehmen, er habe sich auf das zwar fiktive, aber nichtsdestoweniger wichtige Gespräch mit den »Sowjetführern« konzentriert. »Die Konzentration auf das Wesentliche« – das war doch, laut Thälmann-«Biographen«, eine der hervorragendsten Eigenschaften Thälmanns.

Komplikationen gab es – die, wie es hieß, »das Politbüro zu lösen hatte« – bei der Darstellung Brandlers, des damaligen Vorsitzenden der KPD, den die SED-Parteihistoriker später in den Rang eines »Kapitulanten« erhoben. Er erscheint in einer Szene über den Hamburger Aufstand 1923, in dem Thälmann ebenfalls von der SED-Geschichtsschreibung eine Rolle angedichtet wurde, die er nie und nimmer spielte. In jener Zeit, als das Filmdrehbuch geschrieben wurde, lebten zwar noch viele »Augenzeugen« der ersten zwanziger Jahre, aber es gab kaum dokumentarisches Material darüber. In der DDR existierte noch nicht einmal ein einziges Exemplar der kommunistischen »Hamburger Volkszeitung« aus den Jahren 1918 bis 1923, die selbstverständlich auch ausführlich über den Aufstand berichtet hatte.

Geleitet wurde dieser Aufstand von Hugo Urbahns, der sich später von der KPD abwandt. Und Thälmann? Die Partei bestimmte: »Teilnahme«! Im Juni 1953 empörte sich der Hamburger Friedrich Dettmann in einem Brief an seinen »alten Genossen«, den ebenfalls aus Hamburg stammenden Parteiideologen Rudolf Lindau über die Märchen, die über Ernst Thälmann erzählt wurden. Und er schrieb: »Gleichfalls ist die Auffassung unrichtig, daß Ernst unter dem Namen ›Teddy‹ den Hamburger Oktoberaufstand geleitet hat.« Der Beschluß des Politbüros: »Thälmann hat diesen Aufstand geleitet« aber bot genügend Spielraum für die sentimentalen Filmszenen, die den Hamburger Aufstand und seine Teilnehmer so »einfach und menschlich sympathisch« machten. Der Aufstand scheiterte – wie alle sogenannten »revolutionären« Aktionen davor und auch danach. Angeblich war Brandler mit daran schuld. »Säße Thälmann an Deinem Platz, Brandler, würden die Arbeiter nicht nur in Hamburg, sondern in ganz Deutschland kämpfen«, sagte Ulbricht auf einer ZK-Sitzung in Berlin. Laut Drehbuch. Einige Jahre später saß Thälmann dann auf diesem »Platz«. Jedoch waren dann andere Zeiten. Revolutionäre zwar auch, aber »siegreiche« eben nicht.

Sorgte die Parteiführung einerseits für den richtigen »revolutionären Inhalt« des Filmes, so holte sie noch zur Unterstützung des »Thälmannkollektivs« vorsichtshalber in der Person des »Genossen Pronin« eine Hilfe aus Moskau. Nicht erspart blieben dem Zuschauer die massiven Angriffe auf die SPD, die »Verräter Scheidemann, Ebert und die anderen rechten Führer der Sozialdemokratie«. »Exzellenz«, ließen Tschesno-Hell und Bredel in ihrem Drehbuch bereits 1918 den SPD-Vorsitzenden Ebert unterwürfig zu Feldmarschall Hindenburg sagen, »in dieser für unser Vaterland tragischen Stunde sind Sie, Exzellenz, – und glauben Sie mir, auch wir – die Einzigen, die das Schlimmste verhüten können ...« Das »Schlimmste« war die drohende »sozialistische Revolution«. Vergessen wurde nicht die tiefe »Verbeugung, Eberts, den Zylinder in der Hand« vor dem Militaristen und Junker Hindenburg. Wie strahlend dagegen doch der proletarische Held Thälmann ...

Dieser DEFA-Film »Ernst Thälmann – Sohn seiner Klasse« wurde am 9. März 1954, zwei Jahre nach dem eigentlich geplanten Fertigstellungstermin, uraufgeführt. »Festlich« – wie unisono gemeldet wurde. Das gesamte Politbüro waranwesend, aber auch die »führenden Vertreter der Blockparteien und der Massenorganisationen« fehlten nicht. Zur Garnierung waren »Werktätige aus Berliner Betrieben und Gäste aus Westdeutschland« eingeladen worden. »Dieser Thälmannfilm ist ein Meisterwerk der Filmkunst«, lobte Ulbricht in einem Zeitungsartikel. Ja, »er ist der bedeutendste Film, der von der deutschen Filmkunst bisher geschaffen worden ist«, fügte er bescheiden hinzu. Die politische Schlußfolgerung lieferte Ulbricht mit dazu: »Im Sinne Ernst Thälmanns, im Kampfe für Frieden, Einheit und Demokratie und in fester Freundschaft zur Sowjetunion wollen wir das Werk Ernst Thälmanns fortsetzen und zum Siege führen.« Den noch kurze Zeit zuvor üblichen Hochruf auf Stalin unterließ er nun, war dieser doch vor der Fertigstellung dieses Filmes, weggestorben. Im Sinne des sich traditionell schnell umorientierenden Ulbricht war der Film also bereits nicht mehr aktuell. Aber noch ließ er ihn über den grünen Klee loben ... nicht zuletzt auch, um die Zuschauer in die Kinos zu kriegen. Sie sollten ja lernen, »so zu werden wie ER« – Ernst Thälmann, das große Vorbild für alle Lebenslagen.

»Der Film schildert Thälmann (...) als den Beginn eines ganz neuen Menschen in Deutschland – den Arbeiterfunktionär, der aus den Tiefen des Volkes kommt, sich die Lehren der Klassiker aneignet und zum Strategen der Revolution, zum Gewissen der Nation wird.« Stephan Hermlin, so schrieb im April 1995, zum 80. Geburtstag dieses »schöngeistigen Sozialisten«, eine große Berliner Zeitung, »hat sich immer nach Schönheit und Harmonie gesehnt«. – »›Ich wußte ja‹, erklärt er lachend, ›wie wir sind‹« – läßt ihn eine andere nicht weniger große Berliner Zeitung sagen. Aber auch erst 1995.

Wir Jungen wußten nicht, »wie wir sind«. Wir erfuhren es auch nicht von solchen von uns bewunderten Größen wie Hermlin. Und wir glaubten ihnen. Wie werden sie eigentlich mit dieser Verantwortung fertig? Warum mußte Hermlin diesen Film so über Gebühr loben? Wurde er dazu gezwungen? Wie sollten wir dann wissen, daß er verlogen und nur Bestandteil einer parteioffiziellen Legende war? »Die Größe dieses Films«, schrieb Hermlin am 11. April 1954 in der Zeitung »Neues Deutschland«, »liegt darin, daß er, in diesem Frühjahr 1954, da der Feind dieser Klasse, ihr Erbfeind, noch einmal seinen Anspruch auf die Niederschlagung der europäischen Völker und der ›eigenen‹ Arbeiterklasse anmeldet und seine traditionellen sozialdemokratischen Herolde und Liktoren das Ende dieser Arbeiterklasse und ihr ›Aufgehen im Bürgertum‹ und den endgültigen Verzicht auf die Lehre Marx' und Engels' proklamieren (...) daß er diese deutsche Arbeiterklasse sichtbar macht, ihre ganze Wirklichkeit, ihren Mut, ihre Intelligenz, ihre Tränen, ihr Lachen, ihr Gesicht (...) Dieser Film ist, einem Klüngel von Revanchepolitikern samt ihrem Troß von ›oppositionellen‹ Kapitulanten und faschistischen Spekulanten zum Trotz, ein Signal an zahllose Menschen, an die, welche sich in diesem Film um Thälmann geschart erblicken.« Beweihräuchernde Schachtelsätze eines »schöngeistigen Sozialisten« über einen lügenhaften Film ... und frevelhafte Verzerrung eines Persönlichkeitsbildes – Politik und Bewußtsein bildend. Warum? Wußte selbst er es nicht besser? Ach ja: »Ich wußte ja, wie wir sind.« Autoren, Gestalter und Schauspieler des Films wurden zu agitatorischen Veranstaltungen in der DDR aufgeboten.

Wir, die wir damals mit Spannung und Erwartung und offenen, begeisterungsfähigen Herzens ins Kino gegangen sind, lesen heute mit Erstaunen in den archivierten offiziellen Parteiunterlagen: Die SED-Führung hatte schon zu tun, das Volk ins Kino zu kriegen. So prangerte die Kulturabteilung des ZK die »zögerliche Propaganda« für den Film an. Einige

Deutschland« vom 8. Oktober 1955. Das war einen Tag nach der Uraufführung dieses zweiten Thälmannfilms: »Kein besserer Tag (konnte dafür) gefunden werden (...) als der Tag unserer Republik (gemeint war der 7. Oktober, der Gründungstag der DDR 1949). Denn die Deutsche Demokratische Republik stellt das bessere Deutschland dar, an dessen Kommen Ernst Thälmann bis zum letzten Augenblick geglaubt hat und dem auch im Film seine letzten Worte gelten.«

Natürlich sang dieser Film auch das Heldenlied von Thälmann in der Haft. Was spielte es schon für eine Rolle, daß gerade diese Lebensperiode Thälmanns kaum erforscht worden war? Die wackeren Drehbuchautoren mußten dabei noch nicht einmal ihrer Phantasie die Zügel schießen lassen, hatte die offizielle Legende doch alle Eckdaten vorgegeben. So eben auch jene Episode, die »Thälmanns ungebrochenen Kampfesmut« und seinen Glauben an die durch Stalin geführte Sowjetunion symbolisieren sollte. Ist es in den einschlägigen Schriften über Thälmann ein kriegsmüder Gefängniswärter, der als Frontsoldat nach Bautzen auf Urlaub kommt und den Vorsitzenden der KPD in seiner Zelle besucht, so sind es im Film die SS-Bewacher, die auf die triumphierende Bemerkung von den deutschen Siegen in der Sowjetunion Thälmanns »klassische« Antwort erhalten: »Stalin bricht Hitler das Genick«. Übrigens: »SS-Bewacher« hat Thälmann nie gehabt.

Am 22. März 1944 verhörte die sowjetische Armeeabwehr den notgedrungen »kriegsmüden«, weil kriegsgefangenen deutschen Gefreiten Walter Lesser. Bis zu seiner Einberufung hatte er erst als Gefängnisaufseher und dann als Wirtschaftsleiter im Straf- und Untersuchunggefängnis in Bautzen gearbeitet. Im Oktober 1943 fuhr er auf Urlaub und besuchte auch seine ehemaligen Kollegen im Gefängnis. Von ihnen erfuhr er, daß Thälmann sich seit kurzem dort befand. Er paßte eine Gelegenheit ab, ihn in seiner Zelle zu besuchen.

»Als ich die Zelle betrat, saß Thälmann am Tisch und las in einem Buch. Ich habe ihn sofort erkannt. Trotzdem fragte ich ihn, ob er Ernst Thälmann, der Führer der KPD, sei. Er antwortete lächelnd: ›Ja, dieser Thälmann bin ich.‹ Darauf sagte ich zu ihm, daß ich aus Brest in Frankreich, wo sich mein Truppenteil befindet, auf Urlaub gekommen bin (...) und nachdem ich Kenntnis von seiner Anwesenheit im Gefängnis erhielt, beschlossen hätte, ihn zu fragen, was er über den Krieg gegen Rußland und von der Lage Deutschlands denke. Thälmann erwiderte in einem Ton, der keinen Widerspruch zuließ, daß der Krieg mit Rußland ein Riesenfehler Hitlers sei. Deutschland, sagte Thälmann, kann Rußland niemals besiegen, weil das russische Volk nach mehr als zwanzigjähriger Erziehung unter der Leitung der Bolschewiki sich niemals unterwerfen wird. Und Rußland sei im ganzen stärker als Deutschland. An einer Freundschaft zwischen Deutschland und Rußland sei in erster Linie das deutsche Volk interessiert. Das Gespräch dauerte ungefähr vier bis fünf Minuten und ging nicht über andere Fragen.«

Das russisch abgefaßte Protokoll wurde durch Artur Pieck, den Sohn des späteren Staatspräsidenten der DDR, ins Deutsche übertragen. Wer nun aus der sachlichen Darlegung Lessers diesen parteipoetischen Ausspruch: »Stalin bricht Hitler das Genick« gemacht hat, wurde nicht überliefert. Das ist schade, wurde doch gerade dieser markige Ausdruck zu einem geflügelten Wort in der Thälmannlegende. Im Nachruf auf Thälmann, den am 17. September 1944 die sowjetische Parteizeitung »Prawda« abdruckte, hatten die Autoren wirklichkeitsfern wie eh und je geschrieben: »In ganz Deutschland wächst heute der Haß gegen die faschistischen Ungeheuer und Kriegsbrandstifter. Thälmann verkörperte diesen Haß (...) Und durch die Steinmauern und Eisengitter der deutschen Gefängnisse drang zu uns auf verschlungenen Wegen die Nachricht, wie Thälmann (...) auf eine an ihn gestellte Frage, wie er auf den Krieg schaue, antwortete: ›Deutschland hat den Krieg verloren, als es die Sowjetunion überfiel. Stalin wird Hitler zertrümmern. Die Sowjetunion, die antihitlerische Koalition, wird siegen.‹ Millionen Menschen kannten Thälmann gerade so: Er glaubte an den Sieg der Sowjetunion unter Führung des Genossen Stalin.«

Thälmanns Tochter Irma aber wußte es schon viel früher. Sie brauchte auch keinen »kriegsmüden deutschen Soldaten«. Deshalb offerierte sie in ihrem Bändchen »Erinnerungen an meinen Vater« diese Variante: »Bei meinem ersten Besuch nach dem faschistischen Überfall auf die Sowjetunion sagte der Gestapomann Heller: ›Wir führen einen Blitzkrieg gegen die Russen. In wenigen Tagen sind wir in Moskau. Da werden Sie endlich an die berechtigte Vorherrschaft unseres arischen Volkes glauben. Mit Stalin ist es aus!‹ Vater entgegnete: ›Stalin bricht Hitler das Genick.‹ Die Gestapoleute lachten darüber.« Heller lachte nicht mit. Der war zu dieser Zeit bereits seit einem Jahr als Gestapochef in Potsdam. Und dumm war er auch nicht. Mariechen schreibt Geschichte. Eine schöne Geschichte. Die »Biographie« läßt den »genickbrechenden Stalin« klugerweise gleich ganz weg. Sie zitiert dafür aber einen Bautzener Oberwachtmeister: »Er (Thälmann) prophezeite das Kriegsende schon im Frühjahr 1944 für April/Mai 1945 mit treffender Begründung.« Die Begründung selbst wurde nicht mitgeliefert.

Die Drehbuchautoren Tschesno-Hell und Bredel haben noch eine andere Zellenszene erfunden und ihr ebenfalls Symbolkraft untergeschoben. Es ist, wie »Neues Deutschland« tiefsinnig bemerkte, jene Szene, in der Hermann Göring, damals nach Hitler der zweitmächtigste Mann im Nazistaate, zu Ernst Thälmann in die Zelle kommt »und versucht, mit Heuchelei auf Thälmann einzuwirken. Als dies an der eisigen Ruhe Thälmanns völlig abgleitet, beginnt Göring zu toben (...)« Nun ist aber gerade Göring als Widerpart Thälmanns mehr als untauglich. Thälmann rechnete immer mit der Sympathie Görings.

Er appellierte an ihn, fühlte sich auch von ihm gerettet, als er nach dem Mord an Kattner durch den Gestapobeamten Giering geschlagen wurde. »Wenn Sie, Herr Ministerpräsident, mir einen Wunsch bzw. eine Bitte erfüllen wollen, so nur den bzw. die, mich so schnell wie möglich aus dieser Hölle zu befreien und nach Moabit zurückzulassen. Totenblaß aber doch gefaßt stand ich vor ihm und er antwortete mit einem Ja! ich will Ihnen diese Bitte erfüllen.« So beschrieb es Thälmann in seinem Brief an den »teuren sozialistischen Schicksalsgenossen und revolutionären Mitkämpfer« in Bautzen, an den Kriminellen Lehmann. Er veranlaßte auch seine Frau, sich an Göring um Hafterleichterungen oder gar Freilassung zu wenden. Im Mai 1937 – die Gestapo hatte gerade begonnen, Thälmanns Briefe an seine Angehörigen nur auf der Polizeiwache lesen zu lassen und dann sofort einzuziehen – sagte Thälmann zu seiner Frau Rosa: »Du wirst ein Gesuch an Göring machen und verlangen, daß Du die Briefe wiederbekommst. Ich bin überzeugt, daß Göring von diesen Maßnahmen nichts weiß. Wenn ich an Deiner Stelle wäre, ich würde ihm schon ein Schreiben schicken, da kannst Du Dich darauf verlassen.«

»Die letzte Rede von Göring sei die beste gewesen, die er bisher gehalten hat«, stellte Thälmann nach dem Abschluß des Münchener Abkommens 1938 ebenfalls in einem Gespräch mit seiner Frau fest. Das berichtete zumindest der Thälmannkurier »Edwin«, der Rosa Thälmann aufgesucht hatte. Einige Wochen früher schon hatte er sich, laut Rosa Thälmann, über die Reden verschiedener Nazigrößen ausgelassen, so über den Chefideologen Rosenberg, über Göring und den Führer der Deutschen Arbeitsfront, Dr. Robert Ley. »Der Rosenberg habe sehr gut gesprochen ... Der Ley habe ihm nicht gefallen. Er sagte, wenn er früher hätte wollen so eine Rede halten wie Ley, dann wären ihm die Arbeiter davon gelaufen (...) Göring habe ihm gut gefallen.«

»Papa sagt auch, daß der Göring ein ganz anständiger Kerl ist, so persönlich gesehen«, formulierte es – nach »Edwin« – am 5. Januar 1938 Thälmanns Tochter Irma. Na also: eine klare Faschismusanalyse ... rein persönlich gesehen. Im Film allerdings vermißt man sie. Dort hat man sich, wie »Neues Deutschland« tiefschürfend hervorhob, »aufs Wesentliche« konzentriert. Wie sagte doch Thälmann? »Wenn man will, kann man durch die Presse jede Wahrheit zum Tode verurteilen!« Der Film ist zumindest »ein Hohelied auf den proletarischen Internationalismus«! Besonders hoch gesungen haben dabei die Soldaten der Sowjetarmee. An ihren Oberkommandierenden in Deutschland, den späteren Verteidigungsminister Gretschko, wandte sich Walter Ulbricht persönlich. Er bat ihn um Hilfe bei den Kampfszenen, »in welchen Einheiten der Sowjetarmee mitwirken«. Es war im Film zu sehen: Gretschko erfüllte seine internationalistische Pflicht – im umfassenden Sinne. An rollenden Panzern, schießenden Geschützen, vorwärtsstürmenden Soldaten und donnerndem Kampfeslärm mangelte es dadurch nicht. »Wir brauchten in Kalinin«, so erzählte später der Aufnahmeleiter für den zweiten Thälmannfilm, »für Aufnahmen, in denen ein deutscher Gefangenenzug der vormarschierenden Panzerdivision ›Ernst Thälmann‹ (gab es diese überhaupt?) begegnet, über 1.000 Mitwirkende.«

Ehrengäste bei der Premiere dieses zweiten Teils des Thälmannfilms waren neben Ministerpräsident Grotewohl, dem sowjetischen Ideologiesekretär Suslow und dem polnischen Ministerpräsidenten Cyrankiewicz vor allem die SED-Politbüromitglieder mit Walter Ulbricht »an der Spitze«. Und das war, zitieren wir noch einmal die informative und objektive Zeitung »Neues Deutschland«, »trotz aller Erschütterung, trotz aller Erinnerungen ein gutes, freudiges Gefühl, das nach dem Film überwiegt. Viele, die damals an der Seite von Ernst Thälmann standen, stehen heute an der Spitze unserer Republik (...) Der Kampf war nicht umsonst.« So gesehen – nein.

Thälmann ist niemals gefallen

31 Jahre später, am 7. Februar 1986, konnten die Kinder in der DDR endlich mal etwas früher ins Bett gehen. Aber nicht ohne das »Sandmännchen« natürlich. Das hatte vierzehn Tage früher das kinderliebe Politbüro beschlossen – als es am 14. Januar 1986 der »Aufführung des Fernsehfilms ›Ernst Thälmann‹ zustimmte«. Auch an die Großen hatte es wohlwollend gedacht. Sie sollte die langweilige »Aktuelle Kamera« an diesem Tage zehn Minuten weniger langweilen und bereits um 18.30 Uhr beginnen. Das Abendprogramm sollte mit dem neuen zweiteiligen Thälmannfilm ausgefüllt werden. Damit ihn aber vor allem die Parteifunktionäre zu ihrer ideologischen Festigung nutzen konnten, hatte das Politbüro Sondervorstellungen für die Mitarbeiter des Zentralkomitees und der Bezirksleitungen der SED, aber auch des Zentralrats der FDJ und für die Schüler der SED-Parteihochschule beschlossen. In »Presse, Rundfunk und Fernsehen« sollte – noch ehe er aufgeführt wurde – eine »wirksame Öffentlichkeitsarbeit zum Fernsehfilm ›Ernst Thälmann‹ durchgeführt« werden. Außerdem wollte das Politbüro »Vorschläge zur Auszeichnung von Mitgliedern des Schöpferkollektivs unterbreitet« haben.

1986 – vor hundert Jahren war Thälmann geboren worden. Dieser Jahrestag führte zu einer wahren Orgie bei der Verbreitung der Thälmannlegende. Die Mariechens hatten Hochkonjunktur. Offiziell hatte zu dieser Filmpremiere am 6. Februar Honecker eingeladen ... der – was sonst? – »Kampfgefährte Thälmanns«. Das Politbüro hatte genau festgelegt, wie der Premierenabend abzulaufen hatte. Danach sollte der »Generalsekretär des ZK der SED und Vorsitzende des Staatsrates der DDR, Genosse Erich Honecker,« vor dem Berliner Filmtheater

»Kosmos« durch »Genossen des Partei- und FDJ-Aktivs und am Kinoeingang durch den Vorsitzenden des Staatlichen Komitees für Fernsehen begrüßt« werden. Herzlich natürlich. Diese Politbürositzung, auf der dies am 22. Januar 1986 beschlossen wurde, hat Honecker selbst geleitet. Damit ist eigentlich alles auch zum Inhalt und zum Anliegen dieses zweiteiligen Thälmannfilmes gesagt. Er wurde nicht von der DEFA, sondern vom DDR-Fernsehen hergestellt. Die »Schöpfer« wurden zuverlässig und sachkundig durch die Autoren der Thälmann-»Biographie« beraten. Die »Filmschöpfer« widmeten diesen Film, wie eine Regisseurin bei der Premiere verkündete, dem »XI. Parteitag der SED«.

Nun hatte Honecker Walter Ulbricht als Haupterbe Thälmanns abgelöst. Doch die Liste der Einzuladenden führt auch die anderen wichtigen Erben fast alle auf. Zuallererst gehörten dazu natürlich wieder die Mitglieder und Kandidaten des Politbüros – aber auch andere bedeutsame Funktionäre wie Margot Honecker und der FDJ-Vorsitzende Aurich sowie einige »verdienstvolle Veteranen« wurden nicht vergessen. Verdienstvoll wodurch, ist man beim Lesen der paar Namen versucht zu fragen. Die wirklichen Widerstandskämpfer fehlten auch diesmal. Wer von ihnen nicht zur »Nomenklatura« gehörte, hatte in diesem erlauchten Kreis der Edelkommunisten eben nichts zu suchen.

Es ist regelrecht schizophren. Wer in der DDR verglich schon Darstellung und Aussage dieses neuen zweiteiligen Films, seinen historischen Hintergrund mit denen der Filme vor dreißig Jahren? Die »absolute Wahrheit« von damals war nun der »absoluten Wahrheit« von 1986 gewichen. Ohne Probleme und ohne Diskussion oder gar Auseinandersetzung. »Im Mittelpunkt steht Ernst Thälmann, fest verwurzelt im arbeitenden Volk«, hieß es.

Dazu gehörte vor allem nun der Kommunistische Jugendverband Deutschlands, die von den SED-Geschichtsschreibern hochgelobte »Massenorganisation« der KPD. In den einschlägigen Geschichtsbüchern wurde zwar eine Unmasse Zahlen genannt, jedoch vermied man sehr sorgfältig eine Angabe über die Mitgliederzahl des KJVD. Realistische Quellen geben sie mit ungefähr 2.000 an. Demgegenüber wuchs allein – nach Angaben der 1973 in der DDR erschienenen »Geschichte der deutschen Arbeiterjugend« – die nazistische Hitlerjugend von 18.000 Mitgliedern im Jahre 1930 auf ungefähr 100.000 im Jahre 1932. Müßig zu sagen, daß zu den Funktionären des von der Jugend abgekapselten sektiererischen KJVD der spätere DDR-Staatsratsvorsitzende Honecker zählte. Zum sogenannten Reichsjugendtreffen 1930 in Leipzig war auch Thälmann angereist. Man hört ihn förmlich zu seinem Referenten sagen: »Dieser Trommler dort, ja, der kleine Blonde in der fünften Reihe, dieser Saarländer – wäre das nicht der Vorsitzende, den das deutsche Volk braucht?« Auf jeden Fall erhielt die Thälmannlegende und damit die Geschichtsfälschung und Geschichtsbeweihräucherung nun eine neue Zielrichtung. Wie im Film, so auch in der »Wissenschaft«.

Nun konnte auch nicht mehr Stalin herhalten, um die theoretische Grundlage des Filmemachens zu beschreiben. Diesmal war es Friedrich Engels – einer der Gründerväter der kommunistischen Bewegung. »Realismus«, so zitierte ihn Dr. Harald W., einer der beamteten Meinungsmacher in der DDR, in seiner Zeitung »Neues Deutschland«, »bedeutet meines Erachtens (seines Erachtens?), außer der Treue des Details, die getreue Wiedergabe typischer Charaktere unter typischen Umständen.« Engels kannte eben seine Nachfolger nicht. Sie bestimmten nicht nur die »typischen Charaktere«, sondern auch die »typischen Umstände«. Es gab nun einige neue Köche – aber das Rezept war immer noch das alte.

Vielleicht sollten wir hier noch einen englischen Beobachter zitieren, den der Westberliner Sender RIAS zu dieser Premiere entsandt hatte: »Was ich sehr bedaure ist, daß Thälmann eigentlich nicht sehr gut herauskommt (...) Es werden wirklich sehr viele Phrasen gedroschen. Er wird gezeigt als ein Mensch, der jedem zu helfen versuchte, der immer auf dem richtigen Kurs ist, der alle Anfechtungen auch innerhalb der Partei abzuwehren versteht – aber er spricht mit einer Phraseologie, die überhaupt nicht wirklich überzeugen kann. Und ich glaube, da wird man ihm nicht gerecht (...) Es ist ein großes Problem, den Konflikt zwischen der KPD und den Sozialdemokraten richtig zu zeigen. Denn da waren ja Fehler auf beiden Seiten in dieser Vorbereitung auf den Kampf gegen den Faschismus. Beide haben ja versagt in Wirklichkeit (...) Es werden ein paar gute Sozialdemokraten gezeigt, die dann immer auf der Seite der Kommunisten sind, und das Gros der Sozialdemokraten, also die Partei als solche, wird ziemlich verdonnert (...) Gleichzeitig aber wird Thälmann dargestellt als jemand, der unbedingt eine Kooperation, ein Bündnis mit den Sozialdemokraten gegen den Faschismus haben wollte. So stimmt das nicht, wie es dargestellt wurde. Ich vermute, da steckt auch etwas dahinter, was die heutige Politik anbelangt (...) Die Nazis werden insgesamt natürlich ziemlich brutal gezeigt. Das Engagement des deutschen Kapitals in der Unterstützung Hitlers wird deutlich gezeigt. Hitler ist ein bißchen Karikatur in diesem Film.« So hat dieser Augenzeuge dem »normalen« Rundfunkhörer das Dilemma der SED-Geschichtsschreibung recht deutlich dargelegt. Es ist schade, daß so großes künstlerisches Vermögen so gewissenlos verschleudert wurde wie in diesem lügenhaften Film. Ausgerechnet der ORB – der Ostdeutsche Rundfunk Brandenburg – erweckte diesen Film im August 1994 wieder zum Leben, strahlte ihn in voller Länge aus und trug so – »der Wahrheit verpflichtet und nur der Wahrheit« – seinen Teil dazu bei, die Legende am Leben zu erhalten. Der Mariechen gibt es viele – auch dort, wo man sie gar nicht vermutet.

Dieser zweiteilige Film begann übrigens nicht wie seine Vorgänger im ersten Weltkrieg, sondern erst 1929. Das war jenes Jahr, in dem Erich Honecker in die KPD eintrat. Wie der Zufall so spielt ...

Wenige Monate nach diesem zweiteiligen Fernsehfilm flimmerte auch ein sogenannter Dokumentarfilm »Thälmann ist niemals gefallen« über den Bildschirm. Verwendet wurden zum größten Teil »Dokumente«, die in der SED-Geschichtswerkstatt entstanden waren, so seine sogenannten »Briefe an seine Angehörigen« oder der gleichfalls gründlich bearbeitete »Brief an einen Kerkergenossen«. Wie auch in der Thälmann-«Biographie« hatten sie nun als Beweise für die Originalität und Echtheit der Aussage zu zeugen. Doch damit nicht genug. Neben diesen »Quellen« bürgte zusätzlich noch Dr. Heinz K., einer der Thälmann-«Biographen« aus dem IML, für den »historischen Wahrheitsgehalt«. Das einzig wirklich Dokumentarische daran war das (bearbeitete!) Fragment einer Rede, die Thälmann etwa 1928 auf einer sowjetischen Metallarbeiterkonferenz gehalten hatte. Was in diesem Film als »neuentdecktes« Dokument verkauft wurde, hatte der DDR-Rundfunk bereits lange zuvor gesendet und recht objektiv kommentiert. Dieses vier oder fünf Minuten lange Band ist das einzige Tondokument Thälmanns, das die russischen Archivare aus ihrem Film- und Tonarchiv in Krasnogorsk den »brüderlich verbundenen Genossen in der DDR« übergeben hatten. Thälmanns Ausführungen auf diesem Tonband sind so verworren, daß der Verdacht besteht, daß es die Russen großmütig verschenkt haben, weil sie den Inhalt dieser Rede nicht verstanden.

Aus einem Bericht über die Aufführung dieser »Dokumentation«: »›Thälmann ist niemals gefallen‹ – sinnfälliger hätten Leitgedanke und Titel der Fernsehdokumentation kaum ausgedrückt werden können als in Bildern wie diesen: Im Oktober 1949 begrüßte eine Million Werktätige Wilhelm Pieck, den soeben zum Präsidenten des ersten deutschen Arbeiter- und Bauernstaates gewählten Kampfgefährten Ernst Thälmanns. Das Treugelöbnis der Jugend zu ihrer Republik sprach auf dieser Kundgebung Erich Honecker, der damalige Vorsitzende der FDJ, der sich 1929 in die Thälmannsche Partei eingereiht hatte (...) ›Thälmann ist niemals gefallen‹ – die Fernsehdokumentation bekräftigte diesen Gedanken noch einmal zum Schluß mit einem Zitat aus der Ansprache Erich Honeckers vor FDJ-Sekretären 1973, in der er die allseitige Stärkung unserer Republik als Handeln im Geiste Ernst Thälmanns charakterisierte.«

»Politik ist die in der Gegenwart sich vollziehende Geschichte«, soll Thälmann gesagt haben. Und ihren Vollziehern hat sie auch zu dienen. Eine Geschichte als Manual für die Praxis jener Politik, für die sie erfunden worden ist.

»... hoch die Faust!«

Die »Kampfgefährten Thälmanns« rangierten an vorletzter Stelle, vor den »weiteren Arbeiterveteranen« in der mehrere Zeitungsspalten füllenden Aufzählung. Sie begann natürlich mit dem »Politbüro« von Axen bis Walde. Alles schön dem ABC nach, damit es keinen Streit gab unter den eitlen Großkopfeten. Noch vor den »Repräsentanten der Blockparteien« – im Volksmund treffend »Blockflöten« genannt – kamen die Vorsitzenden solch enorm wichtiger Parteien wie »DKP« und »SEW« – die Ableger der SED in Westdeutschland und in Westberlin. Na ja, und dann folgten die anderen alle, genau nach dem – auch für Zeitungen, Rundfunk und Fernsehen in der DDR – vorgeschriebenen und verbindlichen Protokoll. »An der Spitze« stand immer der »Generalsekretär«. So auch diesmal ... bei der Einweihung des Ernst-Thälmann-Denkmals in Berlin-Prenzlauer Berg. Das war am 15. April 1986 – einen Tag vor Thälmanns hundertstem Geburtstag.

100.000 waren – laut offizieller Zählung – bei diesem »Ereignis von internationalem Rang« dabei. Dafür von ihrer Arbeit in Betrieben und Verwaltungen »freigestellt«, bildeten sie die Kulisse für die Rede Erich Honeckers. »Auch auf Balkonen und an den geöffneten Fenstern der alten und neugeschaffenen Straßenfronten wohnten viele der Einweihung bei«, meldeten die Massenmedien der DDR.

Jene, die diesen Satz vorgegeben hatten, wußten natürlich genau, daß die Balkone nicht betreten werden durften und die Fenster geschlossen zu halten waren, wenn der Generalsekretär kam – noch dazu das ganze kostbare Politbüro in seinem Gefolge. Es war also klar, wer da als »Volk« auf den Balkonen und an den geöffneten Fenstern stand. Nicht umsonst dankte einige Tage später Minister Mielke herzlich denjenigen seiner Genossen, die ihren »Sicherungsauftrag so vorbildhaft« erfüllt hatten – als Balkon- und Fenstersteher, als Mitjubler in der großen Masse, als FDJler in ihren blauen Hemden, als Posten vor und hinter den Kulissen. Nur die Thälmannpioniere waren echt ... wenn auch besonders dafür ausgewählt.

Die Berliner Bezirksleitung der SED dankte den »Genossen in den Betriebs- und Wohnparteiorganisationen«, die schon Tage vorher die Mitbewohner auf das »große Ereignis« vorbereitet hatten. Nicht vergessen bei dieser großen Danksagung wurde die Stadtreinigung, die Kundgebungsplatz und umliegende Straßen pieksauber gefegt und gewaschen hatte. Auch sie hatte ihren »Kampfauftrag« also einwandfrei erfüllt. In die anderen Straßen kamen Honecker und die Politbüromitglieder ja nicht. Und wenn schon, dann wurden nicht nur ihre »spontanen Begegnungen« mit ausgewählten und auch politisch durchleuchteten und sogar gesundheitlich gründlich untersuchten Bürgern – Erwachsenen wie besonders gern Jugendlichen und Kindern – wochenlang vorher geplant, ihnen ihre Fragen an die »führenden Genossen« und ihre Antworten auf deren mögliche Fragen zum Auswendiglernen aufgeschrieben, sondern auch die spezielle Besenbrigade trat rechtzeitig in Aktion. Nichts durfte schiefgehen.

Der Genosse Honecker und sein Troß sollten ein wahres Bild vom Leben »unserer Menschen« gewinnen. Auch daher der Begriff »realer Sozialismus«. Nur, wer das Leben so kannte, wie es wirklich war, konnte auch lebensnahe Beschlüsse fassen. Und das war ja wohl bei der SED und in der DDR der Fall – oder?

»Nichts erinnert mehr daran, was hier früher einmal war, nichts mehr an den Gestank, an die schlechten Arbeits- und Lebensbedingungen der Menschen (...)« sagte Honecker. Und unter Hinweis auf das Häuserviertel, das rings um das Thälmanndenkmal errichtet worden war, fügte er hinzu: »Es ist nicht zufällig, daß mit dem Ernst-Thälmann-Park auf dem Gelände der ehemaligen Gaskokerei ein neues innerstädtisches umweltfreundliches Wohnensemble geschaffen wurde (...) Damit handeln wir ganz im Sinne Ernst Thälmanns (...)«

»›Blub‹ machte es bei Baggerarbeiten im Thälmann-Park«, schrieb im September 1995 eine große Berliner Zeitung. Sie hatte ihre Reporter ins Gebiet um das Thälmanndenkmal entsandt, wo der Berliner Senat begonnen hat, unter großem Aufwand das Gelände zu sanieren. »Ein Giftsee kam zum Vorschein. Der Boden ist total verseucht – mit Benzol. Schon geringste Mengen können Leukämie auslösen (...) Das Gift stammt aus unterirdischen Leitungen des früheren Gaswerks. Zwar wurde das Gaswerk in den achtziger Jahren für das Prestigeprojekt Ernst-Thälmann-Park weggesprengt, die Rohre blieben jedoch im Boden. Über sie ist Gras gewachsen. Lagepläne der Leitungen existieren nicht mehr.« Dort war allerdings nicht nur Gras gewachsen, auf dem sich die Anwohner sonnten. Auf einem Spielplatz tollten auch ihre Kinder. Nun wurde dort im Schutzanzug gearbeitet. Täglich mußte dieser gewechselt werden. Stündlich mußten die Filter für die Atemmasken ausgetauscht werden.

Ganz im Sinne Thälmanns? Kaum anzunehmen. Hat seine Partei nicht unermüdlich Gift- und Gasskandale, wie zum Beispiel Ende der zwanziger Jahre in Hamburg, aufgedeckt? Die gemeinsame Erprobung von Gasmunition durch Reichswehr und Rote Armee allerdings hat sie vornehm übergangen. Die diente ja auch der »Stärkung der Sowjetunion«, und dazu war Thälmanns Partei jedes Mittel recht.

»Am Rande« dieser Einweihung traf Honecker auch mit der SED-Chefin des Stadtbezirks Prenzlauer Berg, Steffi Leinkauf, zusammen. Er »zollte«, so im Jubelbericht über die Einweihung, »der umsichtigen Arbeit der Parteiorganisation von Prenzlauer Berg Anerkennung«. Und er sagte zu Frau Leinkauf die inhaltsschweren Worte: »Ich erinnere mich, als wir darangingen, Geruch und Schmutz der alten Gasanstalt zu beseitigen.« Vielleicht hat er den Spaten doch nicht tief genug ins Erdreich gestoßen – wie die Verseuchung des Gebietes ahnen läßt. Doch eine Erinnerung kommt selten allein. Deshalb auch fügte der Genosse Generalsekretär und Staatsratsvorsitzender hinzu:

»Ich erinnere mich auch der Jahre des Kampfes, an 1935 zum Beispiel, als ich hier in der Nähe war.«

Hier in der Nähe, das war einige Kilometer weiter im Stadtbezirk Pankow. Die Jahre des Kampfes in Berlin waren nicht ganz vier Monate lang. Als Funktionär des Kommunistischen Jugendverbandes, der »Jungen Garde Thälmanns«, kam er im Spätsommer nach Berlin. Am 4. Dezember 1935 beendete die Gestapo dort seine »Jahre des Kampfes« im »Thälmannschen Geist«. Über die genauen Zusammenhänge seiner Festnahme damals – und über sein wenig kluges Verhalten, das dazu führte – ist nie etwas öffentlich bekannt geworden. Die Gestapoakte darüber hatte Mielke in seinem Panzerschrank eingeschlossen.

Honecker: »Das Denkmal für Ernst Thälmann, der im Volksmund liebevoll ›Teddy‹ genannt wurde, kündet für immer davon, daß mit der Errichtung der Arbeiter- und Bauernmacht auf deutschem Boden ein neues Kapitel in der Geschichte unseres Volkes aufgeschlagen wurde.« Es war nicht Honecker, der den »liebevollen Teddy« erfunden hatte. Das waren andere vor ihm. Der »Volksmund« also war in Wirklichkeit der »Funktionärsmund« – aber das war im Verständnis der SED-Politbürokraten identisch. Und es war Thälmann selbst, der, wie echte Überlieferungen sagen, fuchsteufelswild wurde, wenn er als »Teddy« bezeichnet wurde. Das neuaufgeschlagene Kapitel in der Geschichte unseres Volkes, für das das Denkmal für Ernst Thälmann kündete, ist nun auch wieder zugeschlagen. Wie es aussieht, für immer. Dazu haben die selbsternannten Erben Thälmanns wohl am meisten beigetragen.

Im April 1986 blieb ihnen noch eine Frist von etwas mehr als drei Jahren. Zeit genug, das »große Werk des Sozialismus« vollends zu ruinieren. In diesem großen Werk des Sozialismus, meinte Honecker, lebt Ernst Thälmann ebenso wie »in unserem Kampf um den Frieden und in unserem Beitrag zum Fortschritt der Menschheit«. Ist das große Werk gestorben – ist also der darin lebende Thälmannsche Geist mitgestorben. Ist damit auch die Legende endgültig aus und vorbei? Der Beitrag zum »Fortschritt der Menschheit« war wohl das

Verschwinden dieser Partei, die das »Vermächtnis Ernst Thälmanns« bewahrte. Wann hat er es ihr überhaupt übertragen?

Dreizehn Meter hoch und nahezu achtzehn Meter breit ist dieser Thälmannkoloß im Prenzlauer Berg. Es steht auf einer mit grauen Steinen gepflasterten Freifläche. Darauf gab es zwei Schrifttafeln. Auf der einen war ein Ausspruch Thälmanns, auf der anderen ... Honeckers. Der Thälmannsche Sinnspruch wurde seinem »Brief an einen Kerkergenossen« entnommen. Der Satz wurde zwar richtig zitiert, jedoch wurde sein »Einstieg« weggelassen: »Entsprossen aus nordischem Blut ...« Honeckers weise Worte bezogen sich darauf, daß mit der DDR und deren Sozialismus dem »kühnen Streiter für Freiheit, Menschlichkeit und sozialen Fortschritt unseres Volkes« – gemeint war Ernst Thälmann – ein »würdiges Denkmal gesetzt« wurde.

Im September 1976 wurde zum erstenmal öffentlich darüber gesprochen, im Bezirk Prenzlauer Berg ein Thälmann-Denkmal zu errichten. Honecker selbst hatte sich diese Verlautbarung für eine Tagung des Berliner »Parteiaktivs«, einer der regelmäßigen Zusammenkünfte der aktivsten SED-Funktionäre Ostberlins, vorbehalten. Offiziell beschlossen wurde es dann im April 1981 auf dem X. Parteitag der SED. Das war, als Honecker auch davon sprach, daß die SED »die Partei der revolutionären Aktion« sei. »Sie verkörpert die Übereinstimmung von revolutionärer Theorie und Praxis, von Wort und Tat.« – »Im Thälmannschen Geist« ... vergaß er hinzuzufügen. Irma Gabel-Thälmann, die als Gast an diesem Parteitag teilnahm, schwärmte in den Zeitungen von dem herrlichen Park und den schönen Wohnungen, die auf dem alten Gaswerksgelände entstehen würden: »Nur wenige der fast 130 Jahre alten Bauten wird man stehenlassen und rekonstruieren. Das Gasometer zum Beispiel oder das Eingangstor aus roten Backsteinen. Durch dieses Tor marschierten am 25. Januar 1933 auch kampfentschlossene Gaswerker.«

Ab und zu gingen auch müde Arbeiter hindurch und nach Hause. Auch die Direktion benutzte dieses Tor. Kampfentschlossen oder müde – wer weiß es? Den verseuchten und

Kreisleitungen kritisierten demgegenüber aber die ihnen zur Verfügung gestellten Werbemittel, vor allem die Plakate. Sie seien nicht nur »zu spät gekommen, sondern ließen auch nicht genau erkennen, was sie eigentlich darstellen«, teilte die SED-Kreisleitung Bitterfeld mit. Das ZK mahnte die Bezirks- und Kreisleitungen der SED, den Film ja »in der Partei und unter den Werktätigen unserer Republik entsprechend seiner politischen und künstlerischen Bedeutung planmäßig« einzusetzen. Dabei duldete es keine Nachlässigkeit, forderte immer wieder Zuschaueranalysen an und sorgte dafür, daß die Schulen geschlossen zu diesem Film geführt wurden, daß die »Arbeitskollektive« ein Gleiches taten wie ebenfalls die Grundeinheiten der SED, der FDJ und der anderen Organisationen. Für diese Besuche wurden noch nicht einmal Eintrittsgelder verlangt. Die Parteiführung wollte zu jeder Zeit genau über Besucherstärke, Meinungen zum Film und Effekt der Vorführung unterrichtet werden. Um das zu kontrollieren, wurde auch »die Sicherheit« aufgeboten. Aber auch dabei gab es Pannen und Nachlässigkeiten. So rügte denn die Kulturabteilung des ZK, daß die »Abteilung Röbelen« nicht rechtzeitig mit dem »Einsatzplan des Thälmannfilmes« ausgerüstet worden war. Die »Abteilung Röbelen« war die Sicherheitsabteilung des Zentralkomitees.

Das einmal eingespielte Propagandaszenario des ersten wurde auch für den zweiten Teil des »Thälmannepos« übernommen. Schon der erste Teil war ja, so der damalige DDR-Kulturminister und Dichter Johannes R. Becher am 28. März 1954 in der sowjetischen Zeitung für Deutschland, »Tägliche Rundschau«, ein »nationales Heldenepos«. Dies jedoch war Becher noch zu schlicht. Deshalb ernannte er diesen Film zu einem »unsterblichen Werk«, zu einer »großen nationalen Tat im Interesse der Erhaltung des Friedens und der Wiedervereinigung Deutschlands, zu »einem der ruhmreichsten Kapitel in der Geschichte der deutschen Arbeiterbewegung«. Der zweite Teil des Thälmannfilmes – »Führer seiner Klasse« – wurde deshalb schlicht zu einem »Filmwerk (...), das ohne Beispiel in der deutschen Geschichte steht«. Das ist nachzulesen im Zentralorgan »Neues vergifteten Boden erwähnte sie nicht. Das hatte ihr – aus gutem Grund – niemand aufgeschrieben.

Das Mammutdenkmal Thälmanns ist ein Werk des russischen Bildhauers Lew Kerbel. Es geht die Sage, daß er es mit Honecker auf einem Empfang in der Moskauer DDR-Botschaft ausgehandelt haben soll. Dabei hätte es bestimmt auch in der DDR Bildhauer gegeben, die einen in die Zukunft blickenden Thälmann hätten entwerfen und auf einen hohen Sockel aus ukrainischem Granit hätten setzen, stellen oder auch legen können. Es hatte ja bereits früher den Versuch gegeben, für Thälmann ein gigantisches Denkmal zu erichten.

Am 1. Juli 1950 hatte Walter Ulbricht den »Genossen Pieck und Grotewohl«, den gemeinsamen Vorsitzenden der SED, vorgeschlagen, »in der nächsten Politbürositzung die Frage des Thälmanndenkmals zu behandeln«. Zu diesem Zweck sollten drei Modelle, die »nach unserer Meinung in Frage kommen«, zum Parteihaus gebracht werden. Einige Entwürfe stammten von der Bildhauerin Ruthild Hahne. Ende 1995 stellte sie sie im Berliner Schadowhaus aus. Einer von ihnen zeigte Thälmann an der Spitze einer vielköpfigen Arbeiterschar. Auch hier reckt er seine Faust dem imaginären Klassenfeind entgegen. Wahrscheinlich ist er immer mit hoch erhobener Faust herumgelaufen. Ernstzunehmende Quellen berichten darüber nichts. Eines aber scheint sicher: Wo Thälmann war, war immer auch der Klassenfeind. Frau Hahne hat, wie sie erklärte, nie erfahren, wo dieses Denkmal eigentlich aufgestellt werden sollte. Der Prenzlauer Berg jedenfalls war damals nicht im (Politbüro-)Gespräch. Eine Zeitung wollte wissen, daß es sich in der Wilhelmstraße, auf den Trümmern der ehemaligen Reichskanzlei, erheben sollte. Das war nahe der Sektorengrenze. Und das wäre, so meinte die Zeitung, auch der Grund gewesen, daß das Politbüro nach langen Jahren das Projekt fallen ließ. Außerdem hatte man in diesen Jahren auch Wichtigeres zu tun, als sich um diesen Thälmann und um das Monument für ihn zu kümmern. So galt es, ein viel monumentaleres Denkmal für den Sozialismus zu errichten: die Berliner Mauer.

Letzten Endes entspricht das Denkmal im Prenzlauer Berg – das der Stadtbezirk, wie es scheint, nun nicht mehr los wird ... oder wenn, dann nur unter immensen Kosten – ganz Thälmanns eigenen Denkmalvorstellungen. 1938 kam er in einem aus dem Gefängnis geschmuggelten Brief auf einen Vorschlag zurück, den er, wie er schrieb, bereits zur Zeit des VII. Weltkongresses der Kommunistischen Internationale (das war im Sommer 1935) unterbreitet hatte. Darin plädierte er u. a. für monumentale Denkmäler und »Heldengedenkstätten« der russischen Oktoberrevolution und der Komintern: »Eine symbolische Steigerung von erstaunlicher Wucht mit gewaltigen Türmen und Säulen ausgedrückt, ist hier künstlerisch angebracht. Die großen Meisterkunstwerke der Menschheit aus Granit, Marmor oder Erz werden stets hineinragen in die Jahrtausende der Zukunft (...) Wo ist das große nationale Meisterkunstwerk, der gigantisch stumme Zeuge des heroischen Zeitalters (...) wo die monumentalen Heldengedenkstätten als Erinnerung an die unzähligen mutigen Opfer der gewaltigen proletarischen Revolution, wo die symbolische Verherrlichung dieser großen Zeit in einem alles überragenden Nationaldenkmal?«

Seine Erben haben seinen Ruf verstanden. Auch in der Sowjetunion – wie man weiß. Noch heute stehen ja in Rußland oder in der Ukraine oder in den anderen ehemaligen Republiken der ebenfalls ehemaligen großen Sojus die geschmackvollen Zeugen sowjetischer Denkmalskunst. Auch Denkmäler für Thälmann sind darunter. So wurde 1986 auch im Moskauer Frunsestadtbezirk ein solches enthüllt. Wie der Maschinist Sergej Jazkow im Mai 1985 bei der Grundsteinlegung versichert hatte, sollte es »Ansporn sein, auch künftig unablässig für die weitere Stärkung des Sozialismus und des Friedens zu wirken«. Aber auch hier hatte der in Stein gehauene und in Bronze gegossene Thälmann als Talisman kläglich versagt. Wie auch all die mehr oder minder großen Thälmannbüsten und -statuen in der früheren DDR.

Gegenwärtig aber hat man noch den Kopf im Prenzlauer Berg. Das freut manchen. Zumindest auch die Thälmanntochter Irma, die am 18. August 1994 die Chance nutzte, um dort zu Herzen gehende Worte über ihren Vater zu sprechen. »Von dem, was Du über Ernst, Deinen Vater, und aus Deinem Erleben gesagt hast, waren alle auf dem Platz gerührt«, schrieb denn auch Isolde Pf. im Namen der Genossen ihrer PDS-Basisgruppe an die Zeitung »Neues Deutschland«. Einige Tausend waren es schon, die an diesem 18. August 1994 am Thälmanndenkmal zusammengekommen waren, um des – wie es hieß – 50. Todestages ihres Idols zu gedenken. Der Schauspieler Hans-Peter Minetti zitierte dort aus Thälmanns »Brief an einen Kerkergenossen«. Waren wirklich schon fünf Jahre nach der Wende in der DDR vergangen? Noch immer sind die verfälschten Thälmannworte heilig ... wie eh und je.

Das ehemalige SED-ZK-Mitglied Minetti also rezitierte daraus – wie früher. »Stört sie dabei nicht der Ort?«, fragte ihn eine Berliner Zeitung. Antwort: »Spielen Sie auf das Monument an? (...) Damit sollten wir leben können, besonders in dieser Zeit der Geschichtsklitterung. Ich finde es schlimm, wenn Pieck und Ulbricht quasi als ›Unpersonen‹ im Stalinschen Sinne aus der Ausstellung in der Gedenkstätte Deutscher Widerstand in der Stauffenbergstraße verbannt werden sollen, weil sie als Kommunisten Widerstand leisteten. Und wenn der exemplarische Widerstandskämpfer Thälmann dort überhaupt nicht vorkommt, deutet das auf schwere ideologische Befangenheiten hin.«

Weder Pieck noch Ulbricht fielen in der erwähnten Gedenkstätte dem antikommunistischen Übereifer einiger weniger zum Opfer. Und fehlt der »exemplarische Widerstandskämpfer« Thälmann dort wirklich? Lange Jahre aber fehlten zum Beispiel in der DDR-Geschichtsschreibung die »Männer des 20. Juli 1944«, für die Stauffenberg, dessen Namen die erwähnte Straße trägt, steht. Ebenso lange stand in den DDR-Geschichtsbüchern nichts über »bürgerliche« Widerstandskämpfer, über exemplarische Widerständler aus Glaubensgründen – es sei denn, sie hätten irgendeine Verbindung zu den Kommunisten gehabt.

An einer Wand im ehemaligen KZ Mauthausen lesen wir heute die Namen von Menschen, die hier wegen ihres Widerstandes gegen das Hitlerregime umgebracht worden sind. Die ehemaligen DDR-Bürger kennen sie nicht, haben sie nie gehört. Bei Mauthausen fällt uns nur der Kommunist Dahlem ein. Was erfuhren wir über den sozialdemokratischen Widerstand? Antifaschismus wurde doch über Jahrzehnte hinweg kommunistisch buchstabiert. Und waren nicht sogar viele Kommunisten »im Stalinschen Sinne« wirkliche Unpersonen?

»Der Mythos Thälmann, mit dem jedes Kind in der DDR zwangsläufig aufwuchs, ist endgültig passé«, meinte eine überregionale Zeitung im August 1995. Und sie zitiert – na, wen wohl? – die Thälmanntochter, daß »gerade in diesen Tagen ein revolutionärer Freundschaftsbund ›Ernst Thälmann und Genossen‹ seine Gründung vollzogen hat«. Sie sei dem natürlich sofort beigetreten. »Es fängt eben alles wieder von vorn an«, meinte sie abschließend zum Interviewer. Um Gottes willen. Sie irrt doch hoffentlich. Wenigstens einmal im Leben!

»Ernst Thälmann, er ging uns voran, die Faust bereit zum Schlagen (...)« dichtete Erich Weinert 1935. »Für den Kameraden Thälmann: Hoch die Faust!«, schrie denn auch Erich Honecker am 15. April 1986 bei der Einweihung des Thälmanndenkmals in Berlin-Prenzlauer Berg die letzte Zeile Weinerts in die Mikrofone.

»Hoch die Faust!« Wäre der Gebrauch des Kopfes nicht nützlicher gewesen?

Personenregister

JAN EIK

Besondere Vorkommnisse

Politische Affären und Attentate

Der bekannte Krimi-Autor Jan Eik hat sich auf Recherche begeben und verschwiegene oder verfälscht dargestellte, in jedem Fall aber »besondere Vorkommnisse« in der DDR unter die Lupe genommen. In Akten und Archiven und durch Befragungen gewann er überraschende und sensationelle Erkenntnisse, etwa über den Hubschrauberabsturz des Honecker-Kronprinzen Lamberz, den Selbstmord des Film- und Fernsehstars Dean Reed oder den seinerzeit in den Medien verschämt erwähnten mutmaßlichen Mordanschlag auf den Staatsratsvorsitzenden und den Selbstmord des Attentäters. Ein spannender Kriminalreport, der auch ein Stück DDR-Geschichte aufrollt.

ISBN 3-359-00766-2

256 S., brosch., mit zahlreichen Fotos und Dokumenten

Verlag Das Neue Berlin

ISBN 3-359-00800-6

1. Auflage

Umschlagentwurf: Jens Prockat
Druck und Bindung:
Wiener Verlag